全国高等职业教育物流专业课程改革规划教材

物流企业管理实务

主　编　蔡玉秋　肖晓旭
副主编　王　丽　张中美

中国财富出版社

图书在版编目（CIP）数据

物流企业管理实务／蔡玉秋，肖晓旭主编 . —北京：中国财富出版社，2014.1

（全国高等职业教育物流专业课程改革规划教材）

ISBN 978 - 7 - 5047 - 5076 - 1

Ⅰ.①物… Ⅱ.①蔡… ②肖… Ⅲ.①物资企业—企业管理—高等职业教育—教材 Ⅳ.①F253

中国版本图书馆 CIP 数据核字（2013）第 298931 号

策划编辑	马 军	责任印制	何崇杭
责任编辑	王 琳 杨 璐	责任校对	饶莉莉

出版发行	中国财富出版社（原中国物资出版社）		
社　　址	北京市丰台区南四环西路 188 号 5 区 20 楼	邮政编码	100070
电　　话	010 - 52227568（发行部）	010 - 52227588 转 307（总编室）	
	010 - 68589540（读者服务部）	010 - 52227588 转 305（质检部）	
网　　址	http://www.cfpress.com.cn		
经　　销	新华书店		
印　　刷	中国农业出版社印刷厂		
书　　号	ISBN 978 - 7 - 5047 - 5076 - 1/F · 2068		
开　　本	787mm×1092mm　1/16	版　　次	2014 年 1 月第 1 版
印　　张	21.75	印　　次	2014 年 1 月第 1 次印刷
字　　数	543 千字	定　　价	39.00 元

版权所有·侵权必究·印装差错·负责调换

内容简介

作为全国高等职业教育物流专业课程改革规划教材，本书的主要特点是依据高职物流教育的培养目标，紧紧围绕物流企业管理岗位的要求，力求培养符合社会需要的"精操作、能管理、懂经营"的高端技能型物流人才，体现物流岗位技能要求，注重学生思维发展和操作能力的培养。在内容上坚持"必须"和"够用"原则，注重理论联系实际，突出职业能力和职业素养的培养和提高，兼顾知识性，努力提高教材的实用性。

本教材设置有物流企业管理基础、物流企业典型经营模式、物流企业经营管理、物流企业营销管理、物流企业人力资源管理、物流企业作业管理、物流企业内部运营管理、物流企业资本管理、物流企业信息管理和物流企业客户服务管理十个模块。每个模块都设有知识目标、能力目标和任务描述，模块中的每个任务基本都是按照知识准备→任务实施→知识拓展的顺序进行阐述，并设有课后作业，供学生复习巩固。

物流企业管理实务课程是高等职业教育物流管理专业的主干课程。本教材可作为高职高专院校物流管理专业和财经类其他专业教学用书，也可供广大物流管理爱好者自学参考。

序　言

　　《全国高等职业教育物流专业课程改革规划教材》是在《物流业调整和振兴规划》大力实施以及全国高等职业教育课程改革逐步推进的背景下，由中国财富出版社物流出版分社与高职教育专家及众多一线教师在广泛研究和讨论的基础上所开发的一套适合全国高等职业院校物流专业教学的教材。

　　2009 年物流产业被国务院列为十大振兴产业之一，《物流业调整和振兴规划》提出要加快物流人才的培养，发展多层次教育体系和在职人员培训体系。为此，要求出版社和学校充分利用社会资源，与企业、科研机构大力合作，编写精品教材。

　　教育部 2006 年 16 号文件《关于全面提高高等职业教育教学质量的若干意见》提出了我国高等职业教育人才培养的教学模式：工学结合、任务驱动、项目导向、顶岗实习。大力提倡高等职业院校与行业企业合作开发课程，根据技术领域和职业岗位（群）的任职要求，参照相关的职业资格标准，改革课程体系和教学内容，建立突出职业能力培养的课程标准，规范课程教学的基本要求。为此，国家将启动 1000 门工学结合的精品课程建设，改革教学方法和手段，融"教、学、做"为一体，强化学生能力的培养，加强教材建设，重点建设好 3000 种左右国家规划教材，与行业企业共同开发紧密结合生产实际的实训教材。

　　为了加强高等职业院校学生实践能力和职业技能的培养，配合高等职业院校推行工学结合、校企合作的培养模式。中国财富出版社在对物流企业进行大量实地调研的基础上，组织编写了这套基于工作过程教学模式的教材。教师在教学中使用本套教材，可以很好地引导学生提高学习主动性和实践操作能力。本套教材设计了如下基础课程和有针对性的专业课程，包括：现代物流基础、物流客户服务、物流企业管理实务、企业物流管理、第三方物流管理、商品养护技术、商品学、物流法律法规、物流企业会计核算与报表分析、仓储管理实务、运输管理实务、配送管理实务、采购与库存管理实务、供应链管理、物流信息管理、物流成本管理、国际物流实务、国际货运代理、物流企业营销实务、物流技术与设备运用、物流单证与结算。

　　本套教材的编写人员主要是在教学第一线任教的教师，他们熟练掌握物流基础知识，了解学生需求，具有丰富的教学实践经验，通过参加中国财富出版社组织的"基于工学整合的教材研讨会"，他们已经掌握了基于工作过程教学模式的教材编写的基本思想；此外，本套教材还邀请了具有丰富的物流相关岗位实践操作经验的企业人员参与编写和审稿，从而使本套教材更加贴近物流工作的实际，这就为培养具有较强实操能力的物流专业学生提供了教学保障。

本套教材不仅可以作为高等职业教育物流专业学生的教材，也可以作为对初级物流从业人员进行培训的教材，还可以作为刚刚踏入物流行业的从业人员的实际操作指南。

编委会
2013 年 9 月

前 言

为了加快我国物流产业的发展，国务院于 2009 年 3 月出台了《物流业调整和振兴规划》，并在同年 6 月把《落实物流业调整和振兴规划工作部门分工方案》下发至各相关部委，要求各相关部门根据分工方案中的要求，做到责任到位、措施到位，尽快制定和完善各项配套政策措施。在良好的政策环境支持下，我国的物流企业得到了迅速发展。然而随着世界经济一体化不断发展，我国物流企业面临着巨大压力，如外资物流企业纷纷进入我国市场；我国的物流企业绝大部分采用传统的经营方式，适应不了现代经济发展的需要；我国缺少先进的物流企业管理经验等使我国物流企业的发展面临严峻的挑战。因此，转变企业理念、进行组织改革、应用现代管理方法对物流企业进行管理将是我国物流企业适应市场发展的必要途径。

为培养能适应我国经济发展需要、特色鲜明并具有较高水平的物流人才，满足物流企业对人才的需要，同时也为解决物流管理教学的实际需要，我们编写了《物流企业管理实务》一书。这本教材是根据高职高专人才培养的需要和新课改的要求编写的。在编写的过程中我们注重用任务驱动法来提高学生的学习兴趣，通过"任务实施"锻炼学生解决实际问题的能力，通过"知识拓展"不断启发学生思考并锻炼学生的实际操作能力。本教材内容充实，实用性较强，主要介绍了物流企业管理基础、物流企业典型经营模式及物流企业经营管理、营销管理、人力资源管理、作业管理、内部运营管理、资本管理、信息管理和客户服务管理这几部分内容。

本书由蔡玉秋和肖晓旭担任主编，王丽和张中美担任副主编，杨俊和侯思萌担任参编。具体分工如下：蔡玉秋编写前言、内容简介和模块八；肖晓旭编写模块一和模块三；张中美编写模块二；王丽编写模块四和模块五；杨俊编写模块六和模块七；侯思萌编写模块九和模块十。

本书在编写过程中参考了许多专家的研究成果和大量的书籍、文献资料及网上资料（恕不一一列出），从而使本教材内容更贴近实际应用，在此表示感谢。同时，得到了中国财富出版社的支持和信任，在此表示衷心的感谢。由于编者水平有限，书中难免存在不足之处，敬请广大读者批评指正，提出宝贵意见。

编 者

2013 年 10 月

目　录

模块一　物流企业管理基础··（1）

　　任务一　物流与物流企业···（1）

　　任务二　物流企业文化···（11）

　　任务三　物流企业管理制度与方法·······································（16）

　　任务四　物流企业业务流程优化与重组·································（21）

　　模块小结···（28）

模块二　物流企业典型经营模式··（29）

　　任务一　流通型物流企业典型经营模式·································（29）

　　任务二　第三方物流企业经营模式·······································（36）

　　任务三　第四方物流···（47）

　　模块小结···（53）

模块三　物流企业经营管理···（54）

　　任务一　物流企业经营环境分析···（54）

　　任务二　物流企业市场调查与预测·······································（61）

　　任务三　物流企业经营战略选择···（76）

　　任务四　物流企业的经营决策··（81）

　　模块小结···（87）

模块四　物流企业营销管理···（88）

　　任务一　物流企业营销计划与组织·······································（88）

　　任务二　物流企业营销执行与控制·······································（97）

　　任务三　物流企业新产品开发策略·······································（103）

　　任务四　物流企业定价策略···（108）

　　任务五　物流企业产品促销策略···（119）

　　模块小结···（130）

模块五　物流企业人力资源管理··（131）

　　任务一　物流企业人力资源规划与分析·································（131）

　　任务二　物流企业岗位人员作业规范与作业流程··················（137）

　　任务三　物流企业员工的招聘、录用和培训·························（143）

任务四 物流企业员工的激励 ……………………………………………………… (150)

任务五 物流企业工作绩效考评与薪酬管理 ……………………………………… (155)

模块小结 ………………………………………………………………………………… (163)

模块六 物流企业作业管理 ……………………………………………………………… (164)

任务一 物流企业采购管理 …………………………………………………………… (164)

任务二 物流企业运输管理 …………………………………………………………… (179)

任务三 物流企业仓储管理 …………………………………………………………… (189)

任务四 物流企业配送管理 …………………………………………………………… (199)

任务五 物流企业装卸与搬运的管理 ……………………………………………… (207)

任务六 物流企业流通加工管理 …………………………………………………… (213)

模块小结 ………………………………………………………………………………… (219)

模块七 物流企业内部运营管理 ……………………………………………………… (220)

任务一 物流企业的质量管理 ……………………………………………………… (220)

任务二 物流企业的设备管理 ……………………………………………………… (225)

任务三 物流企业的合同管理 ……………………………………………………… (230)

任务四 物流企业的风险管理 ……………………………………………………… (244)

模块小结 ………………………………………………………………………………… (248)

模块八 物流企业资本管理 ……………………………………………………………… (249)

任务一 物流企业筹资管理 …………………………………………………………… (249)

任务二 物流企业投资管理 …………………………………………………………… (252)

任务三 物流企业财务管理 …………………………………………………………… (266)

模块小结 ………………………………………………………………………………… (277)

模块九 物流企业信息管理 ……………………………………………………………… (278)

任务一 物流企业信息管理 …………………………………………………………… (278)

任务二 物流企业信息系统的建立 ………………………………………………… (288)

任务三 物流企业信息安全维护 …………………………………………………… (295)

任务四 物流企业信息管理与电子商务 …………………………………………… (299)

模块小结 ………………………………………………………………………………… (304)

模块十 物流企业客户服务管理 ……………………………………………………… (305)

任务一 物流企业客户服务的内涵建设 …………………………………………… (305)

任务二 影响物流客户服务因素与客户满意度维度分析 ………………………… (311)

任务三 物流表现与客户满意度管理 ……………………………………………… (322)

任务四 以客户为中心的物流战略分析 …………………………………………… (330)

模块小结 ………………………………………………………………………………… (335)

参考文献 …………………………………………………………………………………… (336)

模块一　物流企业管理基础

知识目标

1. 了解物流及物流企业，掌握物流企业的主要类型有哪些
2. 了解物流企业文化的内涵和作用
3. 了解物流企业管理制度的内容，掌握物流企业管理的方法
4. 了解物流企业业务流程优化与重组的概念、方法

能力目标

1. 能够运用物流企业的评价指标对物流企业进行评价
2. 掌握物流企业文化的建设途径
3. 掌握物流企业业务流程优化与重组的工作过程，并能对物流企业的业务流程进行改革

任务一　物流与物流企业

任务描述

近年来，物流产业在我国得到了迅速发展，由此引发的一些管理问题也受到了越来越多的关注。为了进行有效的物流企业管理活动，我们应当了解什么是物流和物流企业，只有这样才能有针对性地进行物流企业管理活动，同时也不要混淆物流企业和企业物流这两个基本概念。

知识准备

一、什么是物流

观点一：物流是供应链活动的一部分，是为了满足客户需求，而对商品、服务以及相关信息从生产地到消费地的高效、低成本流动和储存进行的规划、实施与控制的过程。

观点二：物流是指利用现代信息技术和设备，将物品从供应地向接收地准确、及时、安全、保质保量及门到门的合理化服务模式和先进的服务流程。

观点三：在中国国家标准《物流术语》的定义中指出：物流是"物品从供应地到接收地的实体流动过程，根据实际需要，将运输、储存、装卸、搬运、包装、流通加工、配

送、信息处理等基本功能实施有机结合。"通常情况下，我们使用中国国家标准《物流术语》的定义。

二、物流的产生和发展

物流是随着商品经济的发展而逐渐发展起来的，并且与生产力发展水平密切相关，科学技术的进步对物流的发展产生了重要影响。

（一）萌芽阶段（20世纪初—50年代）

20世纪初，西方发达资本主义国家出现生产过剩与需求相对不足的经济危机，市场竞争不断加剧，于是人们开始关注分销工作，萌发了物流的概念。这一时期物流的发展处于初级阶段，运输与储存相分离，各自独立经营。

（二）快速发展阶段（20世纪60年代—70年代）

在这个时期，采用电话的方式进行信息交换，通过产品本身的标记对产品进行跟踪，企业一般使用自主开发的软件，并使用小型计算机作为信息处理的硬件平台。

（三）合理化阶段（20世纪80年代—90年代）

这一时期，物流管理的内容从企业内部延伸到企业外部，电子数据交换、准时制生产、配送计划等物流方法和技术不断涌现，为企业进行物流管理提供了强有力的保障。

（四）现代物流阶段（20世纪90年代至今）

20世纪90年代以来，物流不断发展和完善，这一阶段主要强调物流系统要实现信息化、标准化。射频技术、GPS、GRS及互联网等的广泛应用，使物流的发展日趋成熟。

三、物流的功能要素

（一）运输

运输是指用设备和工具，将物品从一地点向另一地点运送的物流活动。其中包括集货、分配、搬运、中转、装入、卸下、分散等一系列操作。运输可以分为联合运输、直达运输、中转运输、甩挂运输、集装箱运输、门到门运输等许多种。典型的运输方式主要有铁路运输、公路运输、水路运输、航空运输和管道运输。

（二）储存

储存是指保护、管理、储藏物品。储存对于调节生产与消费之间的矛盾、促进商品生产的发展和流通产业的进步等都具有十分重要的作用。储存可以为物品创造时间价值，能够发挥"蓄水池"式的调节作用，可以降低企业的物流成本，并能保护物品的价值和使用价值。

（三）装卸搬运

装卸是指物品在指定地点以人力或机械装入运输设备或卸下。搬运是指在同一场所内，对物品进行水平移动为主的物流作业。装卸搬运是连接物流各环节的桥梁，它衔接各种不同的运输方式，使多式联运得以实现。

（四）配送

配送是指在经济合理区域范围内，根据用户要求，对物品进行拣选、加工、包装、分割、组配等作业，并按时送达指定地点的物流活动。配送可以完善和优化物流系统，能够改善末端物流的效益，还可以通过集中库存使企业实行低库存或零库存的经营策略。

（五）包装

包装是指在流通过程中，为保护产品、方便储运、促进销售，按一定技术方法而采用的容器、材料及辅助物等的总体名称。也指为了达到上述目的而使用容器、材料、辅助物的过程中施加一定技术方法等的操作活动。包装具有保护功能、方便功能和促销功能。

（六）流通加工

流通加工是指物品在从生产地到使用地的过程中，根据需要施加包装、分割、计量、分拣、刷标志、拴标签、组装等简单作业的总称。流通加工可以弥补生产加工的不足，满足需求的多样化需要，提高物流作业效率，增加物品的附加价值。

（七）物流信息

物流信息是指反映物流各种活动内容的知识、资料、图像、数据、文件的总称。它是组织物流活动所必需的，或者物流活动中所生成的各种有关信息。物流信息与其他物流职能要素结合在一起，可以保证物流活动的顺畅进行。

四、什么是物流企业

为了解物流企业，我们首先了解企业的含义。企业是指从事生产、流通或服务等活动，为了满足社会需要进行的自主经营、自负盈亏，实行独立核算，具有法人资格的基本经济单位。

在 GB/T 18354—2001 中规定：物流企业（Logistics Enterprise）是从事物流活动的经济组织。在 2005 年 3 月 24 日发布，2005 年 5 月 1 日开始实施的国家标准 GB/T 19680—2005《物流企业分类与评估指标》中的定义：物流企业（Logistics Enterprise）是至少从事运输（含运输代理、货物快递）或仓储一种经营业务，并能够按照客户物流需求对运输、储存、装卸、包装、流通加工、配送等基本功能进行组织和管理，具有与自身业务相适应的信息管理系统，实行独立核算、独立承担民事责任的经济组织，非法人物流经济组织可比照应用。

 小 贴 士

　　企业物流（Internal Logistics）是指企业内部的物品实体流动。它从企业角度上研究与之有关的物流活动，是具体的、微观的物流活动的典型领域。企业物流又可分为以下不同典型的具体物流活动：企业供应物流、企业生产物流、企业销售物流、企业回收物流、企业废弃物物流等。

五、物流企业的类型

在《物流企业分类与评估指标》中，根据物流企业以某项服务功能为主要特征，并向物流服务其他功能延伸的不同状况，物流企业可以分为运输型物流企业、仓储型物流企业和综合服务型物流企业。

（一）运输型物流企业

运输型物流企业是指以从事货物运输服务为主，包含其他物流服务活动且具备一定规模的实体企业。

1. 主营业务活动

（1）企业的主要业务活动应以为客户提供门到门运输、门到站运输、站到门运输、站到站运输等一体化运输服务，以实现货物运输为主。

（2）根据客户需求，运输型物流企业可以提供物流功能一体化服务。

2. 设施设备要求

（1）应具备一定的办公场所，以及业务经营活动的场所。

（2）按照业务要求，企业应具备必要的运输设备。

（3）按照业务要求，企业应具备或租用必要的仓储设施、设备。

（4）企业应具备一定的网络信息传递设备，保证信息系统的正常运行。

3. 服务要求

（1）企业应配置专门的机构和人员，建立完备的客户服务体系，能及时、有效地提供客户服务。

（2）具备网络化信息服务功能，对所运货物可通过信息系统进行状态查询、监控。

（二）仓储型物流企业

仓储型物流企业以从事区域性仓储服务为主，包含其他物流服务，具备一定规模的实体企业。

1. 主营业务活动

（1）企业应以为客户提供货物存储、保管、中转等仓储服务，以及为客户提供配送服务为主。

（2）企业应可以为客户提供其他仓储增值服务，如商品经销、流通加工等。

2. 设施设备要求

（1）应具备一定的办公场所，以及业务经营活动的场所。

（2）企业应具备一定规模仓储设施、设备。

（3）按照业务要求，企业应具备或租用必要的货运车辆。

（4）企业应具备一定的网络信息传递设备，保证信息系统的正常运行。

3. 服务要求

（1）企业应配置专门的机构和人员，建立完备的客户服务体系，能及时、有效地提供客户服务。

（2）具备网络化信息服务功能，应用信息系统可对货物信息进行状态查询、监控等各项信息处理。

（三）综合服务型物流企业

综合服务型物流企业是以从事多种物流服务活动，并可以根据客户的需求，提供物流一体化服务，具备一定规模的实体企业。

1. 主营业务活动

（1）业务经营范围广泛，为客户可以提供运输、货运代理、仓储、配送等多种物流服务项目，并能够为客户提供一类或几类产品契约性一体化物流服务。

（2）为客户制订整合物流资源的解决方案，提供物流咨询服务。

2. 设施设备要求

（1）应具备一定的办公场所，以及业务经营活动的场所。

（2）按照业务要求，企业应具备或租用必要的运输设备以及仓储设施和设备。

（3）企业应具备一定的网络信息传递设备，保证信息系统的正常运行。

（4）企业应具有跨区域性货物分拨网络。

3. 服务要求

（1）企业应配置专门的机构和人员，建立完备的客户服务体系，能及时、有效地提供客户服务。

（2）具备网络化信息服务功能，应用信息系统对物流服务整个过程的信息进行状态查询和有效监控等。

这三种类型的物流企业管理要求主要有：企业建立一整套健全管理机构和与之相适应的管理制度，并有效实施；企业应具备合理的人力资源管理与绩效考核制度并有效实施；培训制度健全，能够对员工在技术及职业道德等方面进行系统培训及考核。

 任务实施

评价物流企业

不同类型的物流企业在进行评价时应参考不同的标准，因此我们分三个部分来评价物流企业。在对物流企业进行评价时，我们应根据所掌握的物流企业资料，按照如下标准进行评价。等级越高物流企业的服务水平就越好，否则反之。根据评价结果有利于我们对被评价物流企业的了解，方便顾客选择相应的物流企业位置提供服务。本文主要从经营、资产设备设施、管理及服务、人员素质和信息化水平这几个方面对物流企业进行评价。不同类型的物流企业评价标准有所差异，主要内容如下文所述。

一、运输型物流企业评价

表 1－1－1　　　　　　　　　运输型物流企业评价指标

评价指标		级别				
		AAAAA 级	AAAA 级	AAA 级	AA 级	A 级
经营	年总营业收入（元）*	10 亿以上	2 亿以上	4000 万以上	800 万以上	300 万以上
	年货运业务收入（元）*	6 亿以上	1.2 亿以上	2400 万以上	480 万以上	180 万以上
	企业开业时间*	3 年以上	2 年以上		1 年以上	
资产	企业资产总额（元）*	10 亿以上	2 亿以上	4000 万以上	800 万以上	300 万以上
	资产负债率*	不高于 60%				

续　表

评价指标		级别				
		AAAAA 级	AAAA 级	AAA 级	AA 级	A 级
设备设施	自有运输车辆（辆）*	500 以上	300 以上	100 以上	50 以上	20 以上
	运营网点（个）	50 以上	30 以上	15 以上	10 以上	5 以上
管理及服务	管理制度	有健全的经营、财务、统计、安全、技术等机构和相应的管理制度				
	质量管理*	通过 ISO 9001—2000 质量管理体系认证			—	
	业务辐射面*	全球范围		跨省区	省内范围	
	客户投诉率	小于 0.05%		小于 0.1%	小于 0.5%	
人员素质	中高层管理人员*	80% 以上具有本科或相当于本科以上学历	60% 以上具有本科或相当于本科以上学历		40% 以上具有本科或相当于本科以上学历	
	业务人员	60% 以上具有相关专业知识和专业资格	50% 以上具有相关专业知识和专业资格		30% 以上具有相关专业知识和专业资格	
信息化水平	网站功能	实现电子商务交易		实现电子交换、信息发布		静态页面
	电子单证管理	90% 以上	70% 以上		50% 以上	
	货物跟踪*	90% 以上	70% 以上		50% 以上	
	客户查询	联网图形实时数据自动语音	联网数据实时数据半自动语音		录入数据手工语音	手工语音

二、仓储型物流企业评价

表 1-1-2　　　　　　　　　　　仓储型物流企业评价指标

评价指标		级别				
		AAAAA 级	AAAA 级	AAA 级	AA 级	A 级
经营	年总营业收入（元）*	8 亿以上	1.6 亿以上	3200 万以上	600 万以上	200 万以上
	年货运业务收入（元）*	4.8 亿以上	9600 万以上	1920 万以上	360 万以上	120 万以上
	企业开业时间*	3 年以上	2 年以上		1 年以上	
资产	企业资产总额（元）*	10 亿以上	2 亿以上	4000 万以上	800 万以上	300 万以上
	资产负债率*	不高于 60%				

续 表

评价指标		级别				
		AAAAA 级	AAAA 级	AAA 级	AA 级	A 级
设备设施	自有仓储面积（m²）*	10 万以上	5 万以上	1 万以上	3000 以上	1000 以上
	可控运输车辆（辆）	200 以上	100 以上	50 以上	30 以上	10 以上
	配送供应点（个）	400 以上	300 以上	200 以上	100 以上	50 以上
管理及服务	管理制度	有健全的经营、财务、统计、安全、技术等机构和相应的管理制度				
	质量管理*	通过 ISO 9001—2000 质量管理体系认证			—	
	业务辐射面*	全球范围		跨省区	省内范围	
	客户投诉率	小于 0.05%		小于 0.1%	小于 0.5%	
人员素质	中高层管理人员*	80% 以上具有本科或相当于本科以上学历	60% 以上具有本科或相当于本科以上学历		40% 以上具有本科或相当于本科以上学历	
	业务人员	60% 以上具有相关专业知识和专业资格	50% 以上具有相关专业知识和专业资格		30% 以上具有相关专业知识和专业资格	
信息化水平	网站功能	实现电子商务交易		实现电子交换、信息发布		静态页面
	电子单证管理	90% 以上		70% 以上		50% 以上
	货物跟踪*	90% 以上		70% 以上		50% 以上
	客户查询	联网图形实时数据自动语音		联网数据实时数据半自动语音	录入数据手工语音	手工语音

三、综合服务型物流企业评价

表 1 - 1 - 3　　　　　　　　　　综合服务型物流企业评价指标

评价指标		级别				
		AAAAA 级	AAAA 级	AAA 级	AA 级	A 级
经营	年总营业收入（元）*	10 亿以上	2 亿以上	4000 万以上	800 万以上	300 万以上
	年一体化物流业务收入（元）*	2 亿以上	6000 万以上	1600 万以上	400 万以上	150 万以上
	企业开业时间*	3 年以上	2 年以上		1 年以上	
资产	企业资产总额（元）*	5 亿以上	1 亿以上	2000 万以上	600 万以上	200 万以上
	资产负债率*	不高于 75%				

评价指标		级别				
		AAAAA 级	AAAA 级	AAA 级	AA 级	A 级
设备设施	可控仓储面积（m²）*	10 万以上	5 万以上	1 万以上	3000 以上	1000 以上
	可控运输车辆（辆）	500 以上	400 以上	300 以上	200 以上	100 以上
	运营网点（个）	100 以上	50 以上	30 以上	10 以上	5 以上
管理及服务	管理制度	有健全的经营、财务、统计、安全、技术等机构和相应的管理制度				
	质量管理*	通过 ISO 9001—2000 质量管理体系认证			—	
	业务辐射面*	全球范围		跨省区	省内范围	
	咨询服务	提供物流规划、资源整合、方案设计、业务流程重组、供应链优化，物流信息化等方面服务			提供整合物流资源、方案设计等方面的咨询服务	
	客户投诉率	小于 0.05%	小于 0.1%		小于 0.5%	
人员素质	中高层管理人员*	80%以上具有本科或相当于本科以上学历	70%以上具有本科或相当于本科以上学历		60%以上具有本科或相当于本科以上学历	
	业务人员	60%以上具有相关专业知识和专业资格	50%以上具有相关专业知识和专业资格		40%以上具有相关专业知识和专业资格	
信息化水平	网站功能	实现电子商务交易		实现电子交换、信息发布		静态页面
	电子单证管理	100%以上	80%以上		60%以上	
	货物跟踪*	90%以上	70%以上		50%以上	
	客户查询	联网图形实时数据自动语音	联网数据实时数据半自动语音		录入数据手工语音	手工语音

注：1. 表 1-1-1、表 1-1-2 和表 1-1-3 中标注的 * 的指标为企业达到评价等级的必备指标项目，其他为参考指标项目。

2. 表 1-1-1 和表 1-1-3 中运营网点是指在经营覆盖范围内，由本企业自行设立可以承接并完成企业基本业务的分支机构。

3. 表 1-1-1 中对业务辐射范围指标体系的表述，全球范围是指可以开展全球性、国际性业务，全国范围是指可以在我国境内大部分地区开展业务，跨省区是指可以跨越国内部分省、区、直辖市开展业务，省内范围是指可以在省、区、直辖市内开展业务。

4. 表 1-1-1、表 1-1-2 和表 1-1-3 中客户投诉率是指在年度周期内客户对不满意业务的投诉总量与企业业务总量的比率。

5. 表 1-1-2 中配送供应点是指企业向客户提供配送服务过程中所有客户的网点。

6. 表 1-1-2 和 1-1-3 中可控运输车辆是指企业自有、租用以及通过契约合同等方式可以进行调配、掌控的运输专用车辆的总量数。

7. 表 1-1-3 中可控仓储面积是指企业自有、租用以及通过契约合同等方式可进行调配、掌控的仓储总面积。

8. 表 1-1-3 中对运行网点覆盖范围指标的表述，全国范围是指运营网点覆盖全国大部分地区，跨省区是指运营网点覆盖部分省区，省内范围是指运营网点覆盖省、区、直辖市区域范围内。

 **知识拓展**

欧洲物流业发展的经验与启示①

物流产业在欧洲是一个正在快速发展的新兴服务领域，对欧洲各国经济发展产生了重要影响。

一、物流产业发展需要政府的参与和必要的政策支持

1. 协调政府的管理职能，为物流产业发展提供良好的制度环境

一是欧盟在促进欧洲统一市场形成的过程中，制订和大力推行的统一贸易政策、运输政策、关税政策、货币政策等，极大地促进了货物在全欧洲范围内的自由流动。二是欧洲各国政府积极地为本国物流产业发展营造良好的制度环境。

2. 打破垄断，减少政府干预，创造充分竞争的市场环境

近年来，欧洲各国政府实施了一些打破垄断、放松管制的政策措施，对促进各国物流产业发展有积极的影响。

3. 加强基础设施的投入，为物流产业健康发展提供运行平台

这方面的政策包括：一是以最大限度地发挥各种运输方式效率为中心的基础设施协调发展政策；二是促进大型货运枢纽、物流基地、物流中心和公共配送中心等新型物流基础设施发展的政策。

4. 推进物流产业的标准化进程

一是针对物流基础设施、装备制订的基础性和通用性标准；二是针对安全和环境制订的强制性标准；三是支持行业协会对各种物流作业和服务制订相关的行业标准。

5. 支持物流知识和技术的创新与推广，加快物流产业的现代化进程

一是提高对物流知识和技术创新与推广的重要性的认识；二是加大对物流知识和技术创新与推广的资金投入；三是要支持和资助科研机构、大学在物流方面知识与技术的研究和创新活动；四是要鼓励企业与大学及科研机构合作，以加强应用性物流知识与技术的开发和应用。

6. 制订必要的导向性政策，引导和鼓励物流产业发展

我国物流产业要想得到快速发展，一定要依靠国家制订必要的政策，引导我国物流产业朝着健康的方向发展。与此同时，一些鼓励政策可以促进我国一些不规范的物流企业向规范化转变，有利于我国物流业的发展和壮大。

二、物流行业协会组织在物流产业发展中作用显著

1. 引导和促进作用

如欧洲物流协会组织的物流企业问卷调查，跟踪和分析整个欧洲物流产业发展状况，

---

① 资料来源：http://www.56885.net/new_view.asp? id=236980

结合世界物流产业的发展趋势，引导和促进整个行业的发展。

2. 咨询服务作用

如荷兰国际物流配送协会，专门提供配送中心选址、规划、经营等方面的咨询和信息，帮助成员企业降低成本、提高效率，促进成员企业的发展。

3. 教育和培训作用

目前，欧洲各物流协会的物流课程设置、教学大纲基本上采用的是欧洲物流协会开发和制订物流教育培训标准，并形成了相应的物流从业资格制度。

4. 行业规范作用

如欧洲物流协会与欧洲标准化委员会及各种标准化研究机构合作，参与制订了多种物流行业标准；并合作编写物流词典，规范物流用语。

5. 联络和交流作用

一是利用研讨会组织专项研究活动等，促进物流产业内部的交流和合作；二是建立与欧盟组织和各国政府的对话机制和交流渠道，反映行业的呼声和利益要求，积极寻求政府对物流产业发展的支持。

三、国际经验给我国物流产业带来的借鉴与启示

1. 建立协调统一的管理制度，为物流产业发展营造良好的政策环境

鉴于我国物流管理体制中存在着条块分割现象，对物流产业发展形成了一定程度的制约，近期有必要成立政府职能部门和行业管理部门参加的协调机构，专门负责研究、制订和协调物流产业发展的相关政策。在此基础上，结合政府当前的政策取向，在物流基础设施建设与物流装备更新的融资政策、物流基地的土地使用政策、物流服务及运输价格政策以及工商登记管理政策等方面，研究制订有利于物流产业发展的支持性措施。

2. 改变基础设施分散规划、投资的格局，注重新型物流基础设施的规划和建设

改变目前按不同运输方式和行业管理部门进行规划和投资的方式，将政府在基础设施规划和投资方面的职能适当集中，以统筹规划和布局各种基础设施，促进基础设施之间的配套和协调发展。同时，中央政府应当加强对物流基地、物流中心等新型物流基础设施的规划，并注意协调地区之间、城市之间的物流发展规划。

3. 打破行业、地区界限，促进全国统一物流市场的形成

一方面，要制订全国统一的贸易、运输管理政策，进一步放宽政府的干预和管制，促进全国统一市场的形成和货物在全国范围内的自由流动。另一方面，要在规范市场准入的基础上，鼓励物流企业进入不同运输服务领域，为物流产业发展创造公平的市场竞争环境。

4. 采取积极的措施，推进物流标准化的进程

协调行业主管部门、行业协会加快物流用语、计量标准、技术标准、数据传输标准、物流作业和服务标准等制订工作。同时，清理和规范已有的与物流活动相关的各种国家标准、行业标准。

5. 重视物流技术的研究和应用推广工作，加快物流人才的培养

政府应积极支持和鼓励物流技术的研究和应用，一方面要支持和资助大学及科研机构

在物流方面的研究和创新活动，提高我国物流理论和技术的整体水平；另一方面要鼓励企业建立物流研究机构，鼓励企业与大学和研究机构合作，以加强应用性物流技术的开发和应用。在物流人才培养方面，应促进多层次、多样化的物流教育体系的形成。

6. 注意物流行业协会组织的发育，发挥物流行业协会的积极作用

要尽快培育中国的物流行业协会，一是促进商业、物资、运输、外贸等行业协会中各物流专业委员会之间的合作，以尽快形成全国性的物流行业组织；二是参考欧盟的做法，赋予协会一些职责和权力，在制订和推广物流行业标准、物流教育规范、物流从业人员资格的认证等方面发挥协会的作用。

思考：

1. 政府行为对物流企业的发展有何影响？
2. 试分析我国政府对物流产业有哪些相关政策，并产生什么影响？

 **作　业**

1. 请同学们查阅资料，比较分析物流企业与企业物流之间的区别与联系。
2. 利用本文中物流企业评价的标准评价你熟悉的物流企业。

任务二　物流企业文化

 任务描述

物流企业是由许多员工共同组成的有机整体，需要统一思想、统一行动，并且有利于每个人充分发挥各自的才能。因此物流企业必须建设优秀的企业文化，才能为其高效运行提供强大的精神动力和智力支持。企业文化具有丰富的内涵，物流企业应善于利用一切途径建设自己的企业文化，为企业塑造良好的企业形象。

 知识准备

一、物流企业文化的含义

（一）物流企业文化的定义

企业文化（Corporate Culture）是一个组织由其价值观、信念、仪式、符号、处事方式等组成的其特有的文化形象。

物流企业文化是指物流企业在长期的生产经营中，逐步形成了为全体员工所认同、遵守、带有本企业特色的价值观念、企业精神、道德规范、发展目标及企业组织行为规范等的总和。它是物流企业个性意识及内涵的总称，是物流企业的灵魂，是推动物流企业发展

的不竭动力。

（二）物流企业文化的内涵

物流企业文化是物流企业在长期的生产经营中逐渐积累和沉淀下来的，充分反映了企业的核心价值观、经营宗旨等。它的内涵极为丰富，我们主要从以下几个方面理解。

1. 价值观念

物流企业的价值观，是指物流企业职工对其存在的意义、经营目的、经营宗旨等的价值评价和为之追求的整体化、个性化的群体意识，是物流企业全体职工共同的价值准则。价值观是物流企业文化的核心，因此它决定着职工行为的取向，关系到企业的生死存亡。物流企业的价值观不能只顾自身和眼前利益，否则将会影响企业形象，甚至导致企业失败，只有树立正确的价值观，企业才有希望。

2. 企业精神

物流企业精神是指基于自身特定的性质、任务、宗旨、要求和发展方向，并经过精心培养而形成的企业全体成员的精神风貌，是员工共有的内心态度、思想境界和理想追求。物流企业精神以价值观念为基础，对物流企业的团体意识、制度、形象和使命等有着重要影响。

3. 团体意识

团体意识是物流企业内部凝聚力形成的重要心理因素。在物流企业团体意识形成的过程中，每个职工把自己的工作和行为都看成是实现企业目标、完成企业使命的一个组成部分，从而对自己是企业的成员而感到骄傲，对企业的成就产生荣誉感，进而把自己和企业看成是命运共同体。物流企业文化应重视团体意识的重要作用，在领导进行决策时，应广泛征求员工意见，加强二者之间的沟通，尽量群策群力。

4. 企业制度

物流企业的企业制度是物流企业在经营过程中，对员工的行为带有强制性，并能保障一定权利的各种规定。它是物流企业文化的重要组成部分，是协调企业内部、外部各种关系，推动员工积极合作、团结一致，调动各方面积极性的重要手段。物流企业如果具有良好的企业制度，可以为员工营造公平、公正、公开的工作环境，充分调动员工的工作积极性，有利于企业目标的实现。

5. 企业形象

物流企业的企业形象是指被社会认同的企业文化的综合反映和外部表现，是物流企业的服务、员工素质、公共关系、精神风貌等在顾客和社会公众中的总体印象。物流企业形象是企业文化内涵的重要体现，以企业的经营理念为动力，充分体现企业的核心价值观，对企业的发展产生深远影响。

6. 企业使命

物流企业使命是指物流企业在社会经济发展中所应担当的角色和责任，为企业目标的确立与战略的制订提供重要依据。物流企业使命要表明企业在社会经济领域中所经营的活动范围和层次，具体表现为企业在社会经济活动中的身份或角色。物流被视为"第三方利润源"，对国民经济的增长起着重要的作用，因此物流企业一定要在其经营过程中努力实现企业使命，为社会创造更多的财富。

二、物流企业文化的作用

(一)导向作用

物流企业文化对企业的发展具有重要的导向作用,企业应从实际出发,以科学的态度去建设企业文化,确立企业的发展目标,并用以指导企业的经营活动。企业文化对企业的价值取向、行为取向及企业成员的心理、行为等都具有导向作用。企业核心价值观与企业精神,发挥着无形的导向功能,能够为企业提供具有深远意义的正确方向,可以把企业与个人的意志统一起来,使企业更快、更好、更稳定地生存与发展。

(二)激励作用

物流企业文化中积极向上的价值观念和行为准则,能够调动和激发员工的积极性、主动性和创造性,能激发员工的潜能,使员工的能力得到全面发展,并提升其自主管理能力、自主经营能力,增强企业的整体执行力。物流企业文化的激励作用主要表现在目标激励、尊重激励、感情激励、奖惩激励、领导行为激励等方面。只有不断的激励企业的员工,才能使他们具有十足的干劲,不断推动物流企业的发展。

(三)凝聚作用

物流企业通过企业文化可以使员工紧紧地黏合、团结在一起,使员工明确目的、步调一致。员工之间通过情感和思想的沟通,可以对企业目标、准则、观念产生认同感,并产生对本职工作的自豪感和企业的归属感,从而增强企业员工的团队意识。物流企业文化的凝聚力来自于企业根本目标的正确选择。只有物流企业的目标既符合企业的利益,又符合绝大多数员工个人的利益,这样凝聚力才具备产生的利益基础。否则,企业凝聚力的形成都只能是空想。

(四)协调作用

物流企业具有较多的职能部门,各个职能部门之间总会存在这样或那样的矛盾,员工之间也会存在多种多样的矛盾,良好的企业文化可以对物流企业发生的各种矛盾起到一定的调节作用。良好的企业文化可以使企业的员工为了共同的理想和信念互相配合、通力合作,为实现企业目标而努力,同时也能协调企业之间、企业和顾客之间的矛盾。

(五)约束作用

企业文化是一种无形的、精神上的力量,可以对员工形成一种超越制度规范的约束。

企业文化是企业的群体行为规范,可以对企业全体成员的行为构成一种无形的压力,如舆论的压力、理智的压力、感情的压力等。这种约束主要通过道德规范、伦理道德、社会公德、规章制度等起作用。企业文化的约束作用能够提高员工的自觉性、积极性、主动性,并进行自我约束,使员工工作目的明确,从而提高其责任感和使命感。

 任务实施

物流企业文化的建设

物流企业文化建设是指与物流企业文化相关的理念形成、塑造、传播等过程。物流企业文化建设是一项系统工程，是现代物流企业竞争的有力武器。在进行物流企业文化建设时，通常方式有宣传动员、规范管理、领导带动、树立模范、过程整合等。

一、宣传动员

在目标确定后，应通过各种方式、方法对物流企业文化进行宣传和推广，让这种文化深入人心，并让全体员工达成共识，成为他们共同努力的目标。对物流企业文化的宣传动员要有组织、有计划，通过宣传、灌输、强化，逐渐让员工理解和接受，最终自觉地遵照和执行。只有进行了充分地宣传动员，物流企业文化才能迅速地深入人心，成为员工共同的信念。通常可以通过广播、宣传栏、录音、录像、企业杂志、标语、文体活动等对物流企业文化进行宣传和动员。

二、规范管理

物流企业制度是物流企业文化的重要组成部分，也是企业文化的集中体现。其实，物流企业文化建设的过程也就是物流企业各项规章制度健全、规范、落实的过程，同样物流企业制度落实的过程也就是企业文化建设的过程。因此，在进行物流企业文化建设时，必须按照企业文化的精神，建立健全必要的规章制度，使物流企业员工既有价值观作为行为导向，又有制度对其进行约束，进而使物流企业文化按照个性化的方向发展，更好地促进物流企业发展。

三、领导带动

物流企业管理层的经营理念、价值取向、精神风貌等直接决定着企业文化的目标和内容建设，因此领导带动是物流企业文化建设的关键。领导在进行物流企业文化建设的过程中要以身作则，通过自己的行动向全体员工灌输企业倡导的价值观。在企业经营管理的过程中管理人员要认真维护企业形象，严格遵守各项规章制度，与员工进行良好沟通等，充分发挥领导的带动作用，进而使全体员工共同努力，不断地促进企业文化建设。

四、树立模范

在优秀的物流企业中，势必会存在一些模范人物，他们会受到全体员工的爱戴和尊敬。这些模范人物集中体现了企业的价值观，并使其"人格化"，是全体员工学习的榜样，他们的行为是被企业员工效仿的行为规范。物流企业文化的各项内容是很难进行量化描述的，只有具体形象才可使员工充分理解，通过典型的培养、宣传和示范，让员工看到企业倡导什么，崇尚什么，追求什么，形成学习先进、积极向上的良好氛围。

五、过程整合

物流企业的文化建设需要对物流运营管理的全过程进行整合，使物流企业文化贯穿于物流管理的各个环节。物流是根据客户需求为客户提供服务的一个特殊的行业，因此物流企业在进行文化建设时，应充分考虑其经营业务的特殊性，对管理过程中的各个环节、各个部门进行充分的整合，从而有利于物流企业树立正确的价值观和良好的企业形象，建立各项规章制度等，有利于通过各种途径对企业文化进行传播。

知识拓展

德邦物流企业文化[①]

德邦是国家"AAAAA"级物流企业，主营国内公路零担运输业务，创始于1996年。截至2013年8月，公司已开设直营网点3700多家，服务网络遍及全国，自有营运车辆6600余台，全国转运中心总面积超过88万平方米。运输线路四通八达的德邦物流运行线路，使您的货物可达至每一处有需要的地方。在全国20多个经济中心城市设有大型的货物中转基地，为您的货物及时中转提供了可靠保障，日吞吐货量近3万吨。

1. 企业使命

为中国提速

2. 企业愿景

成为中国人首选的国内物流运营商

3. 核心价值观

成就客户——竭尽所能满足目标客户

卓越运作——没有好的运作，一切都是白费

创新发展——要做创新的人，不做教条的猪

长远视角——30年后成功才算成功

激情进取——绝不被淘汰

4. 企业精神

发动机精神（四个那样）

德邦人要像发动机那样，认真敬业

德邦人要像发动机那样，充满激情

德邦人要像发动机那样，团结协作

德邦人要像发动机那样，令行禁止

5. 企业作风

四个"特别"：特别能吃苦；特别能团结；特别讲效率；特别会创新

6. 管理理念

以人为本，人企双赢

适度竞争，宽严相济

7. 经营理念

以客为尊，放心托付

---

① 资料来源：http：//www.deppon.com/introduce/culture.html

追求卓越，勇于争先

思考：

通过对德邦物流企业文化的了解，请您分析该企业文化有何特别之处？

 **作业**

1. 请结合当地某物流企业的实际情况阐述如何进行物流企业文化的建设。
2. 请为一个虚拟的物流企业设计其物流企业文化。

任务三　物流企业管理制度与方法

 任务描述

　　物流企业管理的规章制度是为了适应现代物流企业发展的需要而制订的，这些规章制度不仅能反映客观规律的要求，而且有利于企业迅速而健康的发展。因此，物流企业的全体人员应自觉遵守。物流企业管理方法是管理体系中一个复杂而又灵活的因素，它具有多样性。一个物流企业只有具备了规范的管理制度和科学的管理方法，才能使物流企业的管理活动起到事半功倍的效果。

 知识准备

一、物流企业管理的含义

　　物流企业管理（Logistics Enterprise Management）指在社会再生产过程中，根据物质资料实体流动的规律，应用管理的基本原理和科学的方法，对物流活动进行计划、组织、领导、协调和控制，使各项物流活动实现最佳的协调与配合，以降低物流成本，提高物流效率和经济效益。

　　物流企业通过有效的管理活动，使企业服务成本降低，或在既定的成本条件下，提高顾客服务水平，不断地提高客户服务效率，进而实现经济效益和社会效益的统一。

二、物流企业管理制度

（一）物流企业管理制度的含义

　　为了加强物流企业的管理，完善各项工作制度，促进企业发展壮大，提高经济效益，根据国家有关法律法规结合企业实际，应制订物流企业管理制度。物流企业的管理制度是企业一系列规章制度的总称，通常这些规章制度，是物流企业多年经验的总结，合乎企业的科学管理理论，能正确地反映客观规律的要求。因此，物流企业的全体人员应当自觉遵守。物流企业规章制度的中心内容是依据企业内部各个环节、各项工作特点，从各个方面规定物流企业经营管理过程中应当遵循的基本原则和方法。

（二）物流企业管理制度的主要内容

物流企业的所有管理制度，都是依据经营管理活动的内容和实际需要而定的。物流企业管理制度涉及许多方面的内容，具体包括物流企业经营管理制度、组织机构管理制度、财务管理制度、人事管理制度、采购管理制度、仓储管理制度、运输管理制度、营销管理制度、后勤管理制度和总务管理制度等。

任何物流企业的管理制度都是企业的"法律"，是企业各项经济活动的监督检查准绳，每个员工都必须严格遵守，只有这样才能保证企业的各项经济目标得以实现。

（三）物流企业管理制度的作用

物流企业管理制度必须具有科学性、文明性、系统性、权威性和目的性。这些规章制度能使领导干部、管理人员和广大员工的日常工作有章可循，可以防止管理的任意性，保护职工的合法权益。制订和实施合理的规章制度不仅能满足职工公平感的需要，激励员工为企业的目标和使命努力奋斗，而且是督促检查各项经营管理活动的标准；不仅可以减少领导人员对日常工作的指示、指挥活动，避免不必要的重复指令、布置内容等工作，而且能保障物流企业的运作有序化、规范化，降低企业经营运作成本，使日常经营管理活动向既定目标前进，顺利完成计划，提高经济效益。

 任务实施

运用各种方法对物流企业进行管理

物流企业管理方法是指为了实现物流企业预定的目标、任务和履行管理职能所采取的方式、方法、手段及措施的总称。在物流企业进行管理的过程中，采用的管理方法是否正确，直接关系到企业能否按原则办事，能否充分调动和发挥全体员工的积极性、主动性和创造性，能否把企业管好、搞活。因此，认真研究和正确运用管理方法并不断地进行完善，是物流企业管理活动的一个重要内容。

物流企业管理方法是管理体系中一个复杂而又灵活的因素，它具有多样性。每一种方法有各自的特点和作用，但管理过程中出现的问题是多种多样的，因此应利用各种方法相互补充，对其进行综合运用，才能取得最佳的管理效果。主要的方法如下：

一、经济管理

经济方法是指以物质利益为基础，按照客观经济规律的要求，运用各种经济手段和经济方式来执行管理职能，实现管理目标的一种方法。经济方法的具体内容及其实现方式具有多样性，其主要工具有：工资、股票、期权、奖金、福利、价格、成本、利息、税金、经济合同、定额、指标、提成、分红、实物补助和荣誉奖衔等，这是物流企业管理的主要方法。

运用经济方法应遵循一定的原则，主要有：经济手段要公平、合理，符合经济规律的客观要求；赋予管理者相应的权力，并提供必备的客观条件（如人、财、物的调配权），使责任和利益能够很好的结合；运用经济方法时，应进行宏观控制，并与其他管理方法结合使用。

经济方法不具有强制性，需要运用适当的物质对企业员工进行激励和约束，具有较强的实效。但是，这种方法忽视了精神鼓励和道德约束对人的激励作用。

二、行政管理

行政方法是指在企业内部，运用企业的行政权力来执行管理职能，实现管理目标的一种方法，它是物流企业管理的基本方法，具有权威性。运用行政方法，必须按客观规律办事，讲究科学性，注意从实际出发，只有正确的指令、规定，才能保证管理的效率。行政方法通过一系列行政手段来实现管理任务，主要手段有：指令性计划、行政命令、指示、通知、各种规定、条例、规章制度、办事细则等。

运用行政方法应坚持的原则有：使被管理的下级明确其工作任务、办事程序、制度规范、完成期限和权利的大小并使其具体化；使用的行政方法应符合客观经济规律和现实条件的要求；必须建立在民主集中制的基础上，集思广益，充分发挥员工的主动性、积极性和创造性，并建立健全权力制约和权力监督机制；行政方法要与其他必要的管理方法结合使用。

行政方法具有强制性、明确的适用性、速效性的特点，运用这种方法管理效果显著。但是，如果过分强调和依赖行政方法，可能会忽视下属部门和员工的经济利益，助长官僚主义和长官意识；容易造成权力过分集中，而产生主观主义，甚至造成决策和计划失误；不利于部门之间和员工之间的协作和情感沟通，影响企业组织的协调发展。

三、法律管理

法律方法是指将管理中稳定、成熟、带有规律性的经验，用国家立法的形式固定下来，以保证物流企业管理中各项经济政策、经济制度、经济方法的运用和实施，并用以调整物流企业间及物流企业内部的经济关系的方法。法律方法与行政方法相同的是都具有强制性和权威性，但是，法律方法在效力上更权威，在时间上更稳定，在作用范围上更具有普遍的约束力。法律方法具有规范性、稳定性、防范性和平等性，它也是企业管理中必不可少的一种方法。

物流企业管理的法律方法主要是指运用经济法规来管理企业，可以防止和解决经济活动中争执并制裁违法犯罪活动。主要的法律有公司法、合同法、税法、会计法等。法律方法的局限性表现在：采用法律方法进行管理的活动缺少灵活性或弹性，容易使管理僵化；不便于处理特殊问题。

四、社会学、心理学管理

社会学、心理学方法是通过运用社会学、心理学的研究成果，对员工的特长、思想、爱好、情绪、愿望及社会关系等加以引导，给予适当鼓励，使他们保持最佳的精神状态，充分发挥自己的聪明才智，以实现企业预期目标的各种方法。

社会学方法主要是协调人与人之间的关系，通过统一协调企业内各成员的行为，使企业整体活动有利于或有助于企业计划目标的实现。还可以通过工作经验交流、劳动技能或知识竞赛、评优、文娱活动、集体旅游、宣传教育活动等来增强员工的参与意识，提高员工工作的积极性，满足其荣誉感、成就感和集体归属感等。在物流企业管理中，心理学方法主要研究小型群体最优人数和心理相容性理论。通常一个高效率的集体最优管辖幅度为6～12人，因此部门、机构的设置人数不能过多。物流企业内员工之间关系是否和谐、行动是否一致，取决于他们心理上的相容性如何，即取决于各成员的性格和专长是否互补。员工之间如果不能很好地配合和互助，就会给企业整体目标的实现带来负面影响。

在物流企业管理中经常会使用这种方法来引导员工的行为，根据员工的具体情况作出适当调整，有针对性的解决一些其他管理方法无法解决的问题。由于这种方法是对人的思想、愿望、情绪等产生影响，并发挥作用，因此这种方法的效果不容易计量。

五、数量分析管理

数量分析方法是指以定量分析为主，运用数学原理、数学公式、数学图形等，通过建立数学模型，并对模型进行计算和求得最优解，从而为企业管理提供选择方案的一系列方法、技术的总称。数量分析方法的使用不仅有助于物流企业对系统进行管理，并能对管理系统进行定量分析，有助于选择满意的决策方案，使物流企业管理的科学性和工作效率得到显著提高。

六、现代化管理

现代化管理方法是指运用现代社会科学、自然科学与技术科学的理论、方法和手段对物流企业进行管理，在管理过程中达到高效率、高质量的一种管理方法。它主要运用计划管理、劳动管理、组织管理、经营业务管理、科技管理、情报管理、市场与价格管理等科学管理方法和预测技术、决策技术、线性规划、排队论、模拟方法、统筹方法、系统工程、价值工程、全面计划管理、全面质量管理、方针目标管理、全面经济核算等科学的技术方法对物流企业的工作进行管理。现代化管理方法主要是对物流企业的经营业务活动进行定量分析、决策，使物流企业管理达到科学、合理、有效的目的。

物流企业管理方法多种多样，在实际中通常要结合实际工作需要，运用多种方法对物流企业实施管理才能取得最佳效果。

知识拓展

马士基物流想顾客之所想[①]

当今，商业物流和客户联盟常与其他的远洋运输物流业者进行激烈地竞争。物流业的佼佼者马士基物流——商业和客户联盟，也发现自己的竞争对手不仅有业内企业，还有包

---

① 资料来源：http://www.56885.net/new_view.asp?id=6346

括远洋运输物流业以外的企业，如联邦快递、联合包裹服务和德国邮政。

马士基相信，远洋运输业的改革势必会改变运输物流业的现状。在这种形势下，客户也提出了希望得到综合物流服务的要求，这对公司是一个挑战。快递公司想通过与速递、非航运运输及第三方物流企业合作，来扩大他们的海运服务范围。这些公司提供各式各样的物流服务，他们的目标与马士基一样，都是希望客户以最小的代价得到最快捷、最可靠的送货上门服务。

马士基的物流公司合并后，成为当今最大的货运物流企业之一。它在世界各地有160多个办事处，3000多名雇员。而以前的名字，商业物流和客户联盟变成了今天的马士基物流。马士基国际物流分为美洲分公司、欧洲分公司和亚太分公司。在美国，马士基有7个办事处，在欧洲有40多个，在我国也有13个。这些办事处分地区处理着公司的物流业务。同时，公司在美国还有4个自己的物流货仓网络，负责货物的转运、存储。实际操作中，在统一的经营方针指导下，马士基物流又分成了9个分部，货场管理、供应链管理、空运、NVO服务、信息技术、金融、公关和市场、商业过程和仓储分运。这些部门是由商业和客户两方组成的，由于减少了中间环节，它们运作得非常好。它们彼此间默契的配合并不仅仅靠总部统一的命令，而是靠减少中间环节来实现。为更好地为客户服务，马士基还与一家中间转运公司达成了合作协议，此中转公司专门有6个办事处为马士基的客户服务，提供中转及NVO服务。马士基本身有能力完成中间商的工作，但考虑到客户与中间商长久而密切的合作关系，马士基还没有决定是否应扩大自己的服务网络，来代替中间商所起的作用。

在北美，马士基物流重新培训了95%的原公司雇员。组建新公司时，公司从来没想到要裁员。他们的雇员与客户非常熟悉，并建立了良好的关系。他们认为，雇员是公司的财富。在马士基物流，数据传送电子化与货运有着同等重要的地位。马士基还想把它的供应链全部自动化。公司的技术人员正在努力使系统自动接收航班发货地的数据。通过研究，他们发现，自动化的"瓶颈"往往来自供货商，所以他们给供货商提供了一个网站，让供货商能输入班轮信息，自动发到系统上而不必硬拷贝或发传真。马士基生产了不少终端系统，给供货商使用。这些计算机设备都是免费为客户安装的，公司在这方面花费了上百万美元。这样，客户工作起来就会更方便，这是马士基的主要目的。马士基一直关注新技术的发展，希望公司与客户一起发展，跟上时代前进的步伐。

客户和商家都对马士基提供的更广泛业务范围很感兴趣。与客户良好的合作关系，使公司有更好的商业发展前景，这种稳定的关系受到客户的称赞。在公司整个改革过程中，公司员工与客户经常联系，并告诉客户每一个变化，让客户了解公司的改革内容。为了更好地为客户服务，马士基物流从不画地为牢，只要需要，宁愿与APL的ACS物流合作，来提高自己为客户服务的质量。客户对马士基包括海运、仓储及转运的物流服务越来越感兴趣，马士基物流的综合服务吸引了很多新客户。只要客户需要，他们就会提供相应的服务，这正是他们成功的关键。

思考：

1. 马士基是如何满足顾客需求的？
2. 马士基的物流管理活动有何特色？

作业

1. 物流企业管理的方法有哪些?
2. 什么样的企业管理制度适合中小型物流企业发展的需要?

任务四　物流企业业务流程优化与重组

任务描述

物流企业在管理过程中,由于经营环境和经营目标的改变,有时需要改变原有的业务流程。物流企业业务流程的变革,按其程度一般可以分为三个层次,分别是业务流程的建立和规范,业务流程优化,业务流程重组,具体内容如图 1-4-1 所示。

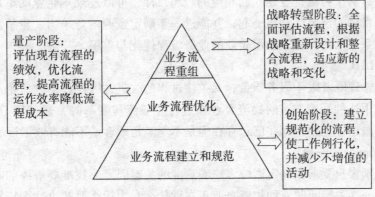

图 1-4-1　物流企业业务流程变革

一、业务流程优化与重组的含义及原则

业务流程是指一组共同给顾客创造价值的相互关联的活动进程,可以规范企业的业务运作,不断总结和固化优秀的经验,并提升企业核心竞争力。任何一个物流企业的业务流程都不可能是一蹴而就的,而是在物流企业管理的过程中不断探索出来的。

业务流程优化（Business Process Improvement, BPI）是帮助企业在业务流程操作上获得重大改进的系统方法。1993 年,在 Michael Hammer 和 James Champy 合著的《公司重组——企业革命宣言》一书中提出了业务流程重组 BPR（Business Process Reengineering）的思想。书中指出,BPR 是对企业的业务流程作根本性的思考和彻底重建,其目的是在成本、质量、服务和速度等方面取得显著的改善,使得企业能最大限度地适应以顾客（Customer）、竞争（Competition）、变化（Change）为特征的现代企业经营环境。业务流程优化是对业务流程的改良和完善，而业务流程重组是对业务流程的彻底重建，企业通常是先进行优化工作，如果不能解决问题，再进行重组。

业务流程优化与重组的主要原则有：组织结构应以创造的价值为中心，而不是以任务为中心；将信息处理工作纳入产生信息的实际工作中去；将各地分散的资源视为一体，将并行工作联系起来；使决策点位于工作执行的地方，在业务流程中建立控制程序；流程多样化；单点接触顾客；一次性地获取信息等。

二、业务流程优化与重组的常用方法

（一）标杆瞄准法

标杆瞄准法/基准化分析法（Benchmarking，BMK）是将本企业各项活动与从事该项活动最佳者进行比较，从而提出行动方法，以弥补自身不足的一种方法。在物流企业经营管理过程中，将本企业经营的各方面状况和环节与竞争对手或行业内外一流的企业进行对照分析，用优秀企业的持久业绩作为自身企业的发展目标，并将外界的最佳做法移植到本企业的经营管理环节中，从而可以发现并弥补企业的不足，为企业打造核心竞争力。

这种方法有利于物流企业建立起相应的赶超目标，可以发现本企业的不足，从而将市场、竞争力和目标的设定结合在一起，并能进一步确定企业的竞争力、竞争情报、竞争决策及其相互关系，从而有利于物流企业的业务流程优化与重组。

（二）DMAIC 模型

六西格玛管理既着眼于服务质量，又关注过程的改进，因此许多物流企业都采用这种管理方法。采用这种管理方法的物流企业在进行业务流程变革时，通常用 DMAIC 模型对业务流程进行改进，适用于那些已经存在但是不能满足顾客或不能有效运行的流程。

1. D（Define）——界定

界定是识别客户要求，确定影响客户满意度的关键因素，找准要解决的问题。在这一步，必须抓住一些关键问题，如物流企业正在做什么？为什么要解决这个特别的问题？顾客是谁？顾客需求是什么？过去是怎样做这项工作的？改进这些工作好处是什么？

2. M（Measure）——测量

测量是六西格玛管理分析的基础，是校准 Y 的测量系统，收集整理数据，为量化分析做好准备。任何一个物流企业的服务流程都有输入和输出，通常把需要输入的东西用 x 表示，把产生的结果或输出用 y 表示。所以任何流程都可表示成这样一个函数：

$$y = f(x)$$

输入是多种多样的，变量 x 可以是一个向量，表示这个输入是由多种因素组成。因此，函数 $f(x)$ 可看成是一个物流企业的运作系统，输出 y 也可以是一个向量。如：

$$y = （运输、仓储、流通加工……）$$

量测就是对关键的 y 与 x 进行数据收集和计量。

3. A（Analyze）——分析

分析就是运用多种统计技术和方法找出存在问题的根本原因。影响产品质量和顾客满意度的因素很多，运用统计方法可找出影响顾客满意度的主要原因。可利用流程分析、回归分析、图形分析、假设检定等方法，列出统计上显著的原因，并根据历史资料分析做选择。

4. I（Improve）——改进

改进是确定影响 y 的主要原因 x，寻求 x 与 y 的关系，建立 x 的允许变动范围。物流企业流程可以表示为：$y = f(x_1, x_2, \cdots, x_p) + \varepsilon$，其中 x 是 p 个原因，称为自变量，y 是因变量，ε 是随机干扰项，这一项真切地刻画出 y 与 x 有着密切的关联，但 y 又不能由 x 完全确定的奇特关系。模型就是一个系统，y 是不可控制的随机变量，由系统产出的；x 是一些可控制的确定性变量；ε 是不可控的随机变量。改进是实现目标的关键步骤，对系统中的某些因素进行改进可以使系统结果最优，常用的统计工具有相关分析、回归分析、试验设计、方差分析等。当用统计方法找到了要改进的环节和方案之后，实施是难点，因为企业中长期形成的习惯是很难改变的。

5. C（Control）——控制

控制是将主要变量的偏差控制在许可范围。对流程进行一定的改进之后，接下来的问题就是坚持避免"突然"回到旧的习惯和流程，这是控制的主要目的。在控制过程中，流程中的每个环节的每个人都必须要有工作描述，必须坚持始终如一。

DMAIC 模型应用是一个反复循环的过程，只有不满足现状，勇于创新，不断改进，才能在六西格玛管理中取得卓越成效。

（三）ESIA 分析法

物流企业的最终目的是提升顾客在价值链上的价值分配，业务流程优化与重组的根本目的就是为了以一种新的结构方式为顾客提供这种价值的增加，及其价值增加的程度。具体表现为尽一切可能减少流程中非增值活动，调整流程中的核心增值活动。ESIA 法是减少流程中非增值活动以及调整流程的核心增值活动的实用原则和方法。

1. 清除（Eliminate）

清除主要指对物流企业现有流程的非增值活动予以清除，同时又不给流程带来负面影响，是重新设计流程的主要问题。非增值的活动主要体现在活动间的等待、不必要的运输、重复作业、过量的库存、活动的重组、反复的检验、跨部门的协调等。

2. 简化（Simplify）

简化是指在尽可能清除非必要的非增值环节后，对剩下的活动仍需进一步简化。一般简化工作从以下方面进行：

（1）表格。许多表格在流程的运作中没有实际作用，或者是表格设计的内容重复。根据重新设计表格和 IT 技术的介入，可以减少工作量和工作环节。

（2）程序。有些程序在设计时，认为流程内员工的信息处理能力有限，将一个流程割裂成多个环节，让足够多的人来参与流程任务完成。可以运用必要的手段使信息处理能力增加，简化流程的程序，提高流程结构的效率。

（3）沟通。简化沟通，避免沟通的复杂性，提高工作效率。

（4）物流。虽然大部分物流的初始设计都是自然、流畅且有序的，但在使用过程中为了局部改进而进行的变动，在很大程度上使整体流程变得低效。有时调整任务顺序或增加一条信息就能简化物流。

3. 整合（Integrate）

整合是指对分解的流程进行整合，以使流程顺畅、连贯、更好地满足顾客需求。整合的主要内容包括活动、团队和顾客。

（1）活动。赋予一个人权力完成一系列简单活动，将活动进行整合，从而可以减少活动转交的发错率，并能缩短工作处理时间，实现流程与流程之间的"单点接触"。

（2）团队。合并专家组成团队，形成"个案团队"或"责任团队"，使得物料、信息和文件流程简化，改善同一流程上工作人员之间的沟通。

（3）顾客（流程的下游）。整合客户组织和自身的关系，将自己的服务交送于顾客组织的流程。

（4）供应商（流程的上游）。企业和供应商之间建立信任和伙伴关系，整合双方的流程。

4. 自动化（Automate）

自动化是在对流程任务的清除、简化和整合基础上应用自动化。适宜自动化的工作内容有：

（1）脏活、累活与乏味的工作。

（2）数据的采集与传输，减少反复的数据采集，并降低单次采集的时间。

（3）数据的分析，通过分析软件，对数据进行收集、整理与分析，加强对信息的利用率。

应用 ESIA 方法时，有些物流企业需要做"加法"，即"填补"增值的活动。方法也就演变为 ESEIA，即在清除、简化的减法完成以后，再做 E（Establish，填补）的加法，然后再进行整合与自动化。

 任务实施

业务流程优化与重组的工作过程

一、业务流程优化与重组准备工作

（一）组建团队

1. 成立领导小组

领导小组的负责人一般由物流企业的董事长或总经理担任，负责动员和对重大事宜的决策。

2. 成立工作小组

工作小组成员由流程管理、经营管理、规划发展等部门的成员组成，在流程优化与重组过程中负责跟进和协调。在这里还应成立流程编写小组，根据部门间联系的紧密程度，将企业划分为若干个子系统，不能以部门为单位，否则容易站在本位的角度考虑问题，而忽视部门间的衔接，影响工作效率。工作小组组长应对企业的运作比较熟悉，责任心强，并且有一定的权威性，一般由各个业务领域的高层担任；工作小组成员要对企业的运作比较熟悉，一般由入职两年或两年以上的员工组成；最后根据流程的数量确定工作小组人数。

（二）制订项目计划与技术方案

在制订项目计划时应考虑其是否具有可操作性，能根据目标分阶段进行计划，并且不能干扰正常业务，注意短期目标与长远目标的衔接。为了保证计划的实施，还应撰写技术方案，在此应注意方案的可行性、先进性、可扩展性及其与应用模式的匹配。

（三）组织培训

日常工作小组负责联系、挑选培训讲师，要求培训讲师有业务流程优化与重组的实操经验。培训对象一般为工作小组成员，但不局限于此部分人员，可以拓宽至所有主管级人员，有利于日后推行与维护。通过培训可以使业务流程优化并使重组的观念得到普及，能够引起员工的广泛关注，增强业务流程变革成功的信心。

二、业务流程现状评估和分析

（一）明确业务流程目标，并进行评估

物流企业进行业务流程现状的评估和分析时，要明确该流程的目标，寻找合适的衡量指标和评估要素，进而对整个流程进行初始评估。一般情况下流程的主要评测指标是关键绩效指标（KPI），主要的评估要素包括客户满意度、周期、返工、缺陷、决策制订、人力资源利用、成本、信息有效性、流程管理、人力资源、信息技术等。同时还可以应用20/80原则明确流程中的关键区域和步骤，并结合实际情况对整个业务流程的关键活动进行单个评估。假设一个物流企业有 $n+1$ 个活动，我们对其中第 n 个活动进行评估，可以按照图 1 – 4 – 2 的方法进行。

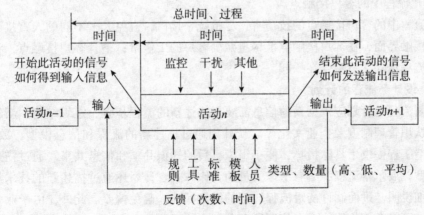

图 1 – 4 – 2　单个活动评估

（二）业务流程分析

对业务流程进行了评估后，应运用头脑风暴等方法，对其进行充分的分析研究，明确该流程的问题出在哪里，优势有哪些，改进机会点是什么，对企业具有什么价值等。

（三）制订业务流程处理的决策

通过前两步的分析，在这步应对整体业务流程的处理作出决策，决定是废弃该流程，

还是保持现状，或者是进行部分优化，或者是进行彻底重组。如果整个业务流程的工作效率十分低下、成本较高、并且经常出现返工现象、人力资源不能得到充分利用等问题十分严重，可以考虑废弃这个业务流程，对其进行彻底的重组；如果流程中只是部分环节问题比较严重，通过优化可以改善目前的问题，则可以进行优化；如果业务流程十分优秀可以继续保持现状。

三、设计新流程

在该阶段需要用 ESIA 分析法、标杆瞄准法、DMAIC 模型等各种方法对原有的业务流程进行优化和重组，从而设计出新的业务流程。

（一）消除流程中非增值因素

1. 消除或压缩业务流程中的等待和传递时间

消除或压缩业务流程中等待和传递时间的技巧有：删除不需要活动，减少流程环节；合并内部环节；调整各个环节的地理位置，或导入 IT 应用；压缩每个环节时间，规定时间期限等。

2. 优化流程中的检查、评审点

优化流程中的检查、评审点的技巧有：根据发生错误的概率来决定检查、评审点设置的必要性；取消重复审批点；根据控制对象重要程度，进行分层审批；采用窗口式服务或集中式审批等。

3. 减少流程中的返工

减少流程中的返工的技巧有：提高流程中决策点的透明度；定义操作级流程、重要活动的操作规范、模板；规范对流程执行人员的培训；建立经验教训共享知识库等。

4. 优化流程中的客户接触点

优化流程中的客户接触点的技巧有：尽量统一接口，避免太多不同的人直接与客户接触；简化接触界面，在客户接触点上尽量减少客户的工作量；整合客户接触点，将需要客户参与的流程活动尽量整合在一起。

（二）设计新流程的计划

设计新流程的计划应依据新的信息需要，描述新的流程步骤、组织结构、新的技术规格、新的认识管理制度及企业文化等。新计划通过描述新的流程和信息模型、数据模型，为流程再造工程提供了具体指导，便于组织日后的知识共享和信息共享。通过描述新的组织结构模型，展示新流程中所有工作人员的合作方式。计划还通过描述新的技术规格，对其进行详细说明，进而制订衡量流程转型的衡量标准，避免偏差。此外，由于业务流程的优化与重组可能会使价值体系、信用体系和管理体系等产生变动，可能会使企业文化发生改变，因此应对新的管理战略、绩效评估、补偿系统、报酬系统等进行说明，便于在实施过程中遵照执行。

（三）设计新的流程

在设计新流程时，首先应考虑一些原则，主要包括构造有助于控制关键偏差的组织；工作的基础单元是"整体工作"；工作团队成为组织的构建模块；在源头控制偏差的发生；提供信息反馈系统；在工作点进行决策；将控制流程与信息流程集成；设计能够激励员工的工作；功能存在冗余；工作团队是一个学习系统；使用信息技术获取、处理和分享信息。最后根据实际需要，设计新的流程。

四、检验新流程

新流程设计出来后，应该通过模拟它在现实中的运行对设计进行检验，以确定它的效果、效率和灵活性指标。如果流程能够处理好大多数事例，则这个流程可以投入使用，不能处理的个别事件可以作为特例单独处理；如果不能解决多数实例问题，则应重新设计。

五、实施阶段

如果新设计出的业务流程通过检验，就应根据具体情况实施新业务流程。这时，应通过开发和使用新的信息系统和技术以支持新的流程，根据流程的需要设计新的组织结构，重新分配人力资源，制订相应的规章制度，并根据流程需要组织人员培训。

 知识拓展

基于六西格玛与绩效管理的第三方物流业务流程重组①

第三方物流行业竞争焦点的转变，迫使物流行业重新进行管理系统再造。本文创新地将六西格玛理念与绩效管理相结合，对业务流程进行重组，实现管理系统再造的有效实施。它是硬性管理与软性管理的交叉创新，保证了系统再造的成功率。

经济全球化和信息网络化的今天，第三方物流行业竞争的焦点已不再是诸如运输和储运的传统业务，而是能够满足客户的个性化需求，且能为客户提供增值服务的创新性服务。许多物流企业都面临着业务流程重组的必然。由此，集内部优化和外部拓展为一体成为物流行业发展与改革的新趋势，从长远的观点来看，第三方物流企业要想更好地适应企业今后的生存和发展要求，要想在未来的发展中取得优势，就必须以六西格玛理念、流程重组、绩效指标体系为核心要素，对物流企业的经营管理系统进行再造。

首先，导入六西格玛理念，奠定变革的文化基础。其指导思想是从顾客需求出发，精确地确定顾客价值，以流程持续改进和创新为基本策略，它强调的是为满足客户要求而进行操作的可靠性。

其次，业务流程重组。将职能型的结构转变成流程型网络结构，垂直业务结构转变成水平业务流程，形成首尾相接和完整连贯的新的业务流程。

最后，构建以绩效指标体系为核心的经营管理系统。从战略层面上看，企业把外部市场目标转化为企业内部目标。而良好的绩效管理则可以把企业内部目标转化为每个人的工作目标。

---

① 资料来源：http://www.gongkong.com/webpage/solutions/200912/2009121013244700002.htm

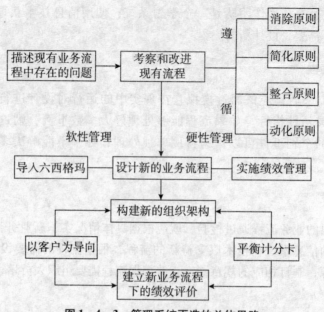

图 1 - 4 - 3　管理系统再造的总体思路

思考:

1. 请阐述什么是六西格玛?
2. 基于六西格玛与绩效管理的第三方物流业务流程重组优点是什么?

作业

1. 如何进行物流企业业务流程重组?
2. 物流企业业务流程优化与重组常用的方法有哪些?

模块小·结

　　本模块主要完成了物流与物流企业、物流企业文化、物流企业管理制度与方法、物流企业业务流程优化与重组这四个任务。首先,在物流与物流企业这个任务中让我们清楚地了解了物流与物流企业是什么,介绍了物流企业的类型及评价标准。其次,我们介绍了物流企业文化的内涵、作用及其建设的途径,通常的途径有:确定目标、宣传动员、规范管理、领导带动、树立模范、过程整合等。在物流企业管理制度与方法中主要介绍了物流企业管理的概念、管理制度和管理方法。最后,在物流企业业务流程优化与重组中主要介绍了业务流程优化与重组的常用方法及工作过程。物流企业业务流程优化与重组的工作过程主要包括准备工作,业务流程现状评估和分析,设计新流程,检验新流程和实施阶段。

模块二 物流企业典型经营模式

知识目标

1. 理解流通型物流企业典型的经营模式、第三方物流及其服务内容、第四方物流的优势
2. 认识新型业务外包
3. 掌握新型业务外包的决策并熟悉第三方物流与第四方物流运作模式

能力目标

1. 能够独立制订业务外包方案
2. 能够制订科学的第三方物流设计方案
3. 能够制订科学的第四方物流设计方案
4. 能够根据第三方物流与第四方物流的比较，制订最优化物流设计方案

任务一 流通型物流企业典型经营模式

任务描述

对于任何流通型企业来说，要做好物流、供应链环节的各项管理工作，必须明确企业分工，要做到每个环节的精细化管理。而且分工合理与否，主要看企业的物流系统在整个公司业务运作过程中所起到的作用的大小，只有这样，才能明确企业的物流经营模式，为企业的商品流通提供更好的服务平台，从而提高企业的经营效益和经营水平。下面就流通型物流企业典型经营模式做一定分析。

知识准备

一、流通型企业

流通型企业，主要是以商品流通为核心，通过低价格购进商品、高价格出售商品的方式实现商品进销差价，以此弥补企业的各项费用和支出，获得利润的企业。

流通企业通过商品购进、销售、调拨、储存（包括运输）等经营业务实现商品流转，

其中购进和销售是完成商品流通的关键业务，调拨、储存、运输等活动都是围绕商品购销展开。

二、流通型企业的物流

在整个商品流通的环节中，物流占有非常重要的作用，主要体现在：①可以通过销售物流使流通企业获取更多的流动资金，降低流通企业的商品渠道成本；②可以快速扩大商品的市场占有份额，降低交易成本，提高企业市场竞争力；③流通企业物流的快速发展，可以使企业的人、财、物等资源达到优化配置。

三、流通型物流企业典型物流模式

（一）按照流通企业物流的承担者及物流费用支付由谁负责划分

1. 供应商导向物流模式

供应商导向的物流模式，主要是指在整个供应链条中，供应商扮演着将商品直接或间接的送到最终消费者手中的角色，即商品流通任务，主要由上游供应商来完成，并由其支付相应的物流费用，这样可以提高交货时间和交货效率，供应商和流通企业都可快速地获得流动资金，并提高商品占有市场的速度。供应商导向模式的主要表现如图 2-1-1 所示。

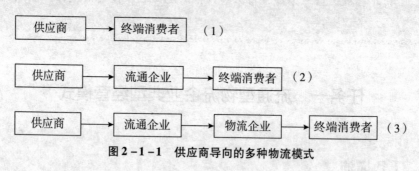

图 2-1-1 供应商导向的多种物流模式

图 2-1-1（1）指供应商直接将商品送到最终消费者手中，承担商品流通的门到门的物流服务。

图 2-1-1（2）指供应商将商品送到流通企业手中，然后流通企业再将商品送到最终消费者手中。

图 2-1-1（3）指供应商将商品送到流通企业手中，然后流通企业再将运输任务外包给第三方，将商品送到最终消费者手中，完成最终的商品流通任务。

2. 流通企业导向物流模式

流通企业导向的物流模式，主要是指在整个商品流通过程中，由流通企业本身来主要承担物流任务及其发生的物流费用，通过流通企业自身主导物流，可以快速地对终端消费者及市场作出快速反应，及时为客户提供所需产品，提高企业市场竞争力和客户信誉度。流通企业导向的物流模式主要表现如图 2-1-2 所示。

图 2-1-2（1）指流通企业到供应商处自提货品，然后再将商品送到终端消费者手中或者由消费者自提。这种模式与供应商导向物流模式的第二种模式形式上相同，但是本

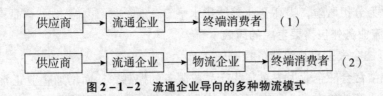

图 2 - 1 - 2　流通企业导向的多种物流模式

质区别就在于流通企业的这种物流模式的物流费用是由流通企业自己承担。

图 2 - 1 - 2（2）指流通企业到供应商处自提货品，然后再将运输任务外包给第三方，将商品送到最终消费者手中，同样物流费用由流通企业自己承担。

3. 物流企业导向物流模式

物流企业导向的物流模式，是指供应链上游的供应商或者分销渠道的流通企业委托第三方物流公司承担商品流通的整个物流任务。流通企业只需将采购和销售信息及时快速地传递给物流公司，物流公司则根据具体要求完成所有物流任务。物流企业导向的物流模式表现如图 2 - 1 - 3 所示。

图 2 - 1 - 3　物流企业导向的物流模式

（二）按照流通企业物流的正式化和一体化划分

1. 智能型物流模式

这是流通企业早期采用的物流经营方式。通过将生产、营销、财务、物流等活动划分为企业的单个职能或部门，企业把性质与目的类似的事物集中交由专人负责处理，其各职能部门的调整全由企业总体决策。这样可以通过高度专业分工，减少人员和设备的重复配置。

2. 现代事业部物流模式

以客户需求为中心的营销体系的建立可以提升物流管理在企业中的地位，这种物流模式通过成立物流总部使物流活动统一化和集中化。物流总部的设立，可以决定物流发展战略，不断完善企业的物流管理体系，更好地为企业经营服务。

3. 物流联盟模式

随着供应链管理等物流一体化战略的兴起，企业的注意力开始转向企业与企业之间的关系。流通企业与供应商、客户、同行业企业、相关行业企业，甚至不相关行业的企业在物流领域实行战略联盟，组建物流联盟型组织，这样可以保障彼此的长期业务合作，建立战略合作伙伴，达到双赢、多赢的目的。

四、了解物流业务外包

业务外包（outsourcing），是指生产或销售等企业为了获得比单纯利用内部资源更多的竞争优势，将其非核心的业务交由合作企业来完成。外包是一种长期的、战略的、相互渗透的、互利互惠的业务委托和合约执行方式。之所以出现物流外包，是企业为了强化企业的核心竞争力、利用企业外部资源、降低和控制成本，节约资金、分散风险的需要。

物流外包的原因主要有：生产或销售等企业核心业务的需要；为了降低企业物流成本；企业本身的物流活动难以管理；企业不具备物流业务的资源；企业要不断完善物流服

务水平；企业为分担风险，提高企业柔性化水平。

（一）物流业务外包需要考虑的风险

1. 企业可能会失去对物流业务控制

业务外包常常会使企业失去对某些产品或服务的控制，从而增加企业正常生产经营的不确定性。在业务外包中，企业有可能会丧失对外包的控制而影响公司整个业务的开展。

2. 企业有关职能部门和部分员工的抵制

物流业务外包往往会影响企业的内部业务流程，需要企业的内部业务流程重组，这个过程很可能对所有员工都产生影响，受到企业内部员工的抵制而对企业正常的生产经营产生负面影响。

3. 物流外包后遗留问题的处理

企业如果长期依赖第三方物流公司，也无法控制他们，使企业不能取得终端客户的需求信息，从而影响企业的产品更新和市场占有情况。从长远看，由于对物流活动的失控可能阻碍核心业务与物流活动之间的联系而降低客户满意度。

4. 物流外包会导致市场交易成本上升

物流业务长期外包，会使第三方物流公司认为企业缺乏专业物流技术和完善物流系统，因此会恶意抬高物流服务的价格或提供较差的物流服务，从而遏制企业商品流通，使企业承担更高的交易成本。

5. 物流外包可能导致商业机密泄露

长期物流业务外包，可能会导致企业的一些重要商业机密特别是商品价格、技术参数等的泄露，因此建议在进行物流业务外包时，应定期对第三方物流公司进行考核评估，争取双方实现合作基础上的双赢。

（二）物流业务外包决策

对于企业而言，是选择自营物流还是外包物流，是一个十分复杂的决策问题。根据仓储协会的调查，生产企业和商业流通企业选择新型的第三方物流企业的意向如表 2-1-1 所示：

表 2-1-1　　　　生产企业和商业流通企业选择第三方物流企业需考虑的因素

考虑因素	生产企业	商业流通企业
综合物流满足能力	13%	13%
作业质量	40%	25%
没有考虑	47%	62%

物流外包决策如图 2-1-4 所示：

随着物流外包业务的推广，有些企业取得了较好的效果，但也有一些企业并未达到预期的效果。因此，企业在选择物流外包时必须周全考虑企业自身情况，在考虑物流外包优势的同时也必须重视其潜在的风险，用系统的、长远的观点进行物流外决策，并采取一定的应对策略来防范潜在的各种风险。

1. 明确企业的核心竞争力

企业应认清自身在市场上的竞争能力及发展潜力，并分析物流是否是企业的核心能

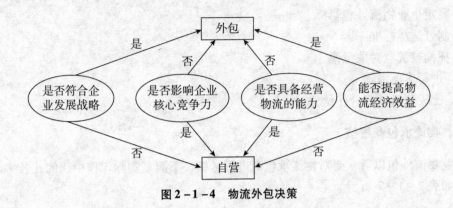

图2-1-4　物流外包决策

力，能否给企业带来经营效益，只有探讨了一系列问题，才能决定是否实施物流外包。

2. 第三方物流公司的慎重选择

需要对外部的潜在物流企业进行调查、分析、评价，调查物流公司的业务服务范围、战略导向、物流信息技术支持能力、管理水平、行业运营水平等，评价其从事物流活动的成本状况，评价其长远发展能力，评价其信誉度等。特别是对于物流公司的承诺和报价，企业必须认真分析考量。在评价的基础上，对潜在的多个物流外包商进行比较，针对企业具体物流业务可以让某个有潜力的物流公司试运营一段时间，在这期间对物流公司进行全面考核，从中选择最适合企业需要的外包伙伴。

3. 企业内组织结构调整

企业如何在无缝衔接的基础上调整内部业务流程，进行职能改革；如何对外包的物流功能进行持续有效的监控；企业文化是否鼓励创新与变革；企业领导和员工对变革的看法等。物流业务外包，致力于获得最佳合作伙伴，达到共赢，最终取得外包策略的成功。

4. 与第三方物流企业合作双赢是关键

企业与第三方物流公司的合作是将双方的利益捆绑在一起，任何一方的不良表现都将使双方受损。在选择物流公司时，要改变传统看法，即仅看中于企业核心竞争能力的提升，而置物流公司的利益不顾。企业要以长远的战略眼光来审视物流外包，通过外包既实现企业自身利益最大化，又有利于物流公司持续稳定的发展，达到双赢的目标。

 任务实施

一、第三方物流服务供应商的选择

1. 成立跨部门的物流外包组织

2. 明确自己的需求定位

3. 提供备选的物流公司名单

4. 发出征询方案

5. 复审备选对象的资质

6. 与物流合作伙伴签订合作合同

7. 确定企业物流外包目标

8. 制订选择标准

9. 征询被选取对象意愿

10. 进行实地考察

11. 比较分析选定合作伙伴

二、物流承包商考核

企业物流外包以后，要对物流承包商进行考核，下面是实际工作中用的比较多的考核内容，如表2-1-2所示。

表2-1-2　　　　　　　　　　　物流承包商考核表范本

考核项目	得分	备注
交货准时率		
包装破损率		
货物丢失率		
信息反馈率		
反馈速度比		
平均价格比		

三、物流外包注意事项

1. 要树立"双赢"观念

2. 共同编制操作指引

3. 注意对方的服务质量要求

4. 消除沟通上的障碍

5. 将信息技术融入外包计划

6. 提前解决潜在问题

 知识拓展

物流运作模式实例①

一、家电零售行业的物流经营模式

国美电器作为我国的家电零售巨头，在全国拥有自己的配送中心达49个，以大区为单位，向各个门店辐射。通过网上订货，经由供应商送货至配送中心，主要是采用自营物

---

① 资料来源：http://info.biz.hc360.com/2008/07/23065876315-2.shtml

流和外包物流相结合的模式。

另外一家家电零售领跑者苏宁电器，在全国有2个配送中心，50多个中转库，每家门店都设有仓库，且仓库的机械化水平高，苏宁电器通过80%的自营物流来完成商品流通任务，加大商品流通速度。

放眼全球，百思买是全球最大的家电零售企业，2003年在上海开设了中国的第一家门店，它几乎所有的物流配送任务都是由第三方物流企业来完成的，但是2011年百思买宣布暂时退出中国市场，这是由于百思买的本土化策略失败造成的。

从这三个典型的家电零售企业的物流经营模式来看，可以总体概括经营模式的特点是商品的直接门店配送和直接给终端消费者配送。

二、沃尔玛的物流经营模式

零售大佬沃尔玛依靠自己的物流供应体系，提供多种供应链服务。

由于沃尔玛在中国大陆市场的迅速扩张，越来越多的人把眼光聚焦于沃尔玛成功的秘诀。人们通常把快速转运、VMI（供应商管理库存）、EDLP（天天平价）当做沃尔玛成功的三大法宝，其中商品的快速转运往往被认为是沃尔玛的核心竞争力。

于是不少企业纷纷仿而效之，大力加快建设配送中心的步伐，认为只要加强商品的配送与分拨管理，就能像沃尔玛一样找到在激烈的商战中制胜的精髓。但经过一段时间的运营之后，效果却不尽如人意，究其原因，主要是曲解了沃尔玛的运营管理模式。沃尔玛之所以能成功，主要有以下原因：独特的发展背景；强大的后台信息系统；门店数量众多。

三、家乐福的物流经营模式

由于家乐福的选址绝大部分都集中于上海、北京、天津及内陆各省会城市，且强调的是"充分授权，以店长为核心"的运营模式，因此商品的配送基本都以供应商直送为主，这样做的好处主要有以下几方面：

（1）送货快速、方便，由于供应商资源多集中于同一个城市，上午下订单下午商品就有可能到达，将商品缺货造成的失销成本大幅降低。

（2）为了减少资金的占用及提高商品陈列空间的利用效率，超大卖场基本都采取"小批量，多频次"的订货原则，同城供应商能更有效地帮助此原则的实现。相对而言，沃尔玛的许多商店坚持的是中央集中配送的模式，由于路途的原因，虽然有信息系统的强大支撑，但商品到货的速度还是相对缓慢，因此在有的门店，"此商品暂时缺货"的小条在货架上随处可见。

（3）便于逆向物流商品的退换货，是零售企业处理过时、过期等滞销商品的最重要手段。如果零售商采用的是供应商直送的商品配送模式，零售商与供应商的联系与接触非常频繁，因此商品退换货处理也非常迅速，但如果采用中央配送模式，逆向物流所经过的环节大为增加，因此速度也相对变缓。

思考：

试比较分析各种物流经营模式。

作　业

1. 同学以小组为单位，调查你所在城市的某家零售企业，了解企业的物流系统运作情况，并调查该企业具体的物流经营模式，深入分析该企业物流经营模式的运作效果。

2. 请同学结合以上业务外包基础理论知识，谈谈物流业务外包的优劣势，并从个人角度说说企业物流经营模式的发展趋势。

任务二　第三方物流企业经营模式

任务描述

第三方物流经营模式就是组建综合物流公司或集团。综合物流公司集成物流的多种功能——仓储、运输、配送、信息处理和其他一些物流的辅助功能，例如，包装、装卸、流通加工等，组建完成各相应功能的部门，综合第三方物流大大扩展了物流服务范围，对上游生产商可提供产品代理、管理服务和原材料供应，对下游经销商可全权代理为其配货送货业务，可同时完成商流、信息流、资金流和物流的传递。

知识准备

在 2001 年 8 月 1 日实施的 GB/T 18354—2001 中华人民共和国国家标准《物流术语》中明确规定：第三方物流（3PL）是由供方与需方以外的物流企业提供物流服务的业务模式。它通过与供方或需方的合作来提供其专业化的物流服务，它不拥有商品，不参与商品买卖，而是为顾客提供以合同约束、以结盟为基础的系列化、个性化、信息化的物流代理服务，包括设计物流系统、EDI 能力、报表管理、货物集运、选择承运人、货代人、海关代理、信息管理、仓储、咨询、运费支付和谈判等。简单地说，第三方物流就是由供方与需方以外的物流企业提供物流服务的业务模式。

一、第三方物流服务的内容

第三方物流服务的内容是第三方物流服务提供者所提供的综合物流服务。传统功能性与增值服务的内容有：仓储、运输、货物拣配、装卸、集运、报关、流通加工、包装与贴标签、产品组配、进出口代理。

随着物流与供应链关系的进一步密切，生产企业普遍使用的 ERP 软件，同时不断引入 VMI、JIT、零库存等生产运作模式，以及全球一体化的供应链管理模式。所有这些都增加物流活动的复杂性，生产和流通企业在集中于自身核心能力的同时，将产生更多的额外需求，使物流服务所包含的内容越来越广泛。除传统功能性内容外，第三方物流服务还包括 EDI 信息交换、订货履行、自动补货、运输工具选择、运费谈判、运费支付、运输提供、存货管理报表等信息和应用物流管理软件等业务内容。

第三方物流服务内容中的任何一项业务都是相当繁杂的工作，涉及相关设备的引入和使用、人员的培训、操作和流程等制度的规范、科学合理的作业之间的相互协调和配合。我们注意到，物流不但是一项专业化很强的活动，而且还和行业的专业化要求密切相关。不同的行业所面临的物流需求大相径庭，而且所涉及的仓储、搬运、装卸、运输等作业都有不同的设备和技术要求。

从第三方物流服务内容我们可以进一步深入地理解第三方物流的含义，其实质就是为生产和流通企业提供两者衔接服务的业务模式，提供按物流需求者的要求将正确的产品从生产者送达消费者的各种活动的计划、执行和控制服务。

二、第三方物流网络

（一）第三方物流网络构建的模式

物流网络是第三方物流企业向客户提供物流服务的基础，也是提高客户满意度，满足客户需求的重要保证。客户在选择物流合作伙伴时，非常重视物流企业的网络，也就是物流企业的物流节点、线路。网店的密度、网络覆盖范围、网络平台及与之相适应的设施、设备、工具和管理信息系统是物流网络的重要内容。但是，建立和运作一个物流网络所需的资金、人员、设备是巨大的投入，第三方物流企业可根据企业实力、客户分布、企业战略、经济环境等来构建物流网络。

1. 自主网络

由企业根据经济实力、企业战略和客户服务要求，在一定范围内铺设物流网络，包括市内、省内、区域、全国，甚至全球性的网络。自主网络的构建主要采用以下两种方式。

（1）激进方式：首先铺设网络和信息系统，再寻求开发客户，开展物流活动。

（2）稳妥方式：在开发客户的同时铺设网络。

2. 联盟网络

与合作伙伴合作或者整合社会物流资源形成的物流网络。联盟网络的构建有以下两种方式。

（1）共享方式：与大企业结成联盟或成立合资物流企业，从而实现物流共享。

（2）整合方式：整合社会物流资源，实行同业联合，形成物流联盟，共同发展。

（二）第三方物流网络设施的结构设计

第三方物流企业网络的规划设计必须考虑网络点所在地的物流基础设施及经济环境，例如，车站、港口设施、公路、铁路、水运、航空，各种货物运输枢纽及货物集散、处理、分拨场地或仓储设施，各种运输工具（如汽车、火车、船舶、飞机），物流辅助性设施、设备（如搬运装卸设备、包装设备、条码设备）及集装箱、托盘等。

物流网络的设计需要依据区域内客户数量及业务量来确定承担物流工作所需设施的种类、数量和布局地点，即运输和仓储节点，形成一种据以进行物流作业的结构。

三、第三方物流企业战略联盟

（一）第三方物流企业战略联盟的含义

从资源集合的角度界定，战略联盟是指参与企业根据自己拥有资源的异质性，本着互利互惠的原则，结合资源的互补性，追求共同利益的行为。

物流企业战略联盟指两个或多个物流企业为实现特定的目标、达到比单独从事物流活动所取得的更好效果而形成的基于长期互利协定关系的、相互信任的物流伙伴关系。

（二）第三方物流企业战略联盟的分类

（1）纵向合作经营。纵向合作经营是指物流业务系统中的第三方物流企业，因不存在同类业务的市场竞争而与上游或下游第三方物流企业之间形成的分工合作关系。

（2）横向合作关系。横向合作关系是指彼此相互独立地从事相同物流业务的第三方物流企业之间的合作经营关系。横向合作经营的基础是地域市场划分前提下的资源共享。

（3）网络化合作经营。网络化合作经营是指物流企业间既有纵向合作也有横向合作的全方位合作经营模式。

四、第三方物流方案设计

（一）设计规范

设计规范是以客户的物流需求为导向，从物流总代理的角度为客户设计物流运作方案的范本。不同客户的需求侧重点不同，因此要为客户"量身定做"物流运作方案，细化客户差异性需求，确定每一个客户的需求模式，并据此相应地设计物流运作方案。

（二）设计思路

1. 客户的物流需求特征要素

（1）月物流总量

考虑要素：生产量、客户订单量（包括旺季订单量和淡季订单量）、周转频次。

据此确定：客户的主导作业类型。根据客户每月的生产量或客户订单量，确定客户厂外的物流总量，包括发运总量，再根据预计的周转频次确定库存量和配送量。

（2）发运地、到达地

考虑要素：发运地的位置和个数及到达地的位置和个数。

据此确定：运输线路、运输方式。

（3）各点每月物流分量

考虑要素：该点客户的订单量、订单个数和订单的平均规模。

据此确定：该点的主导作业类型，经济库存量、到达量、配送量、配送频次及运输方式、车型。

（4）产品特征

1）产品种类

考虑要素：产品的种类数，每种产品销售的季节性。

2）与配载要求有关的特征

考虑要素：单件体积、毛重、外包装规格与性能、可堆码高度。

3）与储运保管有关的特征

考虑要素：化学性质（防潮性能、防腐性能、防锈性能及保质期）、物流性质（抗震性能、抗压性能）。

据此确定：装卸方式、运输条件、储存条件、配载条件。

4）与保险、保价有关的特征

考虑要素：单价、价值密度。

据此确定：保费率、保价。

5）销售情况

考虑要素：销售方式、供货方式、退换货方式。

据此确定：作业主导类型、服务分类项目、提供的服务时间。

6）信息需求

考虑要素：货物在不同物流环节中的状态信息、数量信息和单据传递信息。

据此确定：信息流程。

2. 物流需求模型的确定

确定物流需求模型所采用的方法为标准判断法。

（1）仓储作业主导型

货物生产量或订单总量（需要外租库）>6000 立方米/月，发运频次<2 次/月，供货方式以自运自提为主。

（2）干线运输作业主导型（包括跨区的经济区内配送）

运输周转量>4000 吨/月，发运频次>15 次/月，运输距离>400 千米。

（3）市内配送主导型

供货方式以送货制为主，配送频次>20 次/月，运输距离<50 千米；配送点数一般为多点配送，时间要求为按客户要求，及时送到。

（4）流通加工作业主导型

客户要求的流通加工的作业占作业量的绝大部分，主要是进行包装加工等作业。

3. 物流运作方案的设计

（1）仓储方案

方法：优选法、经济预测法。

1）仓库作业主导型

A. 仓库的选择

位置：由于所需使用面积较大，仓库的位置一般选择在价格便宜的地方，并且要求总可使用面积大于实际使用面积。

库种：价格为首要选择标准，出入库频繁的选择平房仓库，出入库不频繁的选择楼房仓库也可。

其他设施：要求防潮、清洁的货物须有托盘及辅助搬运设施，如拖车、叉车等。

B. 库存量的确定

第一，非季节性产品

经济库存量的考虑因素：年货物周转总量或某点的需求总量、运费、订单处理费用。

经济库存量的方法：经济库存量规划法。

货物价值密度高，单件存储成本高的货物采用定量库存模型；货物价值密度低，单件储存成本低的货物采用定期库存模型。

其中，年货物周转总量根据历史数据或销售预测得来（年货运周转量＝历史数据×波动系数）；运费、订单处理费用及单件商品的储存成本的确定方法为：同种商品由往年的历史数据得来；在确定的线路上，运费、订单处理费和某点单件储存费可通过预算得来。

面积的考虑因素：堆码系数、堆码限高。

面积＝经济库存体积量（或客户要求的库存体积量）／（堆码层数×单件高度堆码系数）

其中，影响堆码系数的因素有：产品种类、批次要求、外包装的体积、表面积的光滑平整程度和堆码时的紧密程度。

第二，季节性产品

经济库存量的考虑因素：旺季周期、旺季周转量或某点的需求总量，旺季时的运费、订单处理费；旺季时单件商品的储存成本；淡季周期、淡季周转量或某点的需求总量，淡季时的运费、订单处理费用，淡季时单件商品的储存成本。

经济库存量的方法：经济库存量规划法。

货物价值密度高，单件储存成本高的货物采用定量库存模型；货物价值密度低，单件储存成本低的货物采用定期库存模型。

面积的考虑因素：堆码系数、堆码限高。

面积＝经济库存体积量（或客户要求的库存体积量）／（堆码层数×单件高度堆码系数）

堆码系数的确定方式同上。

2）干线发运作业主导型（包括省市的经济区内配送）

A. 仓库的选择

位置：到货、发货作业频繁，仓库的位置一般选择在靠近干线沿线的地方。

库种：一般选择平房仓，以便于出入库的操作。

其他设施：带有专用线、高站台。

B. 仓库面积的确定

方法：面积＝经济库存体积量（或客户要求的库存体积量）／（堆码层数×单件高度堆码系数）。

堆码系数：堆码系数的确定方式同上。

3）市内配送作业主导型

A. 仓库的选择

位置：考虑的因素为最大卸货量，最频繁卸货的卸货点位置及其与配送点的最短径距。

库种：一般选择平房仓库，以便于出入库的操作。

B. 库存量的确定

库存量＝该点的需求库存量＋安全库存量

方法：安全库存量的规划。

4）流通加工作业主导型

A. 仓库的选择

作业场所：流通加工库，仓储环境要求符合良好生产作业的标准。

B. 仓库面积的确定

$$面积＝库存面积＋作业面积$$

（2）运输方案

1）仓储作业主导型、干线作业主导型（区域配送）

A. 运输方式的选择

考虑因素：运输成本、安全性。

大批量、到达库专用线：选用铁路整车运输。

时间性强、中小批量、到达库无专用线：选用公路运输或铁路零担运输。

根据库存量和销售量，选择成本低的运输方式，铁路承运80%的货物，其余的20%以公路或快运方式保证商品的供应。

B. 车型的选择

根据货物的价格和商品性质，或客户的特定要求，选择敞式车、封闭车、半封闭车、保温车、冷藏车。

根据货物运量的需要和配载合理性，选择合适吨位的车或集装箱，尽量做到满载，不甩货。

C. 车源的选择

对于公路运输，时间紧急的从发运地发车，时间不紧急的尽量找回程车。

D. 保险

铁路保险：代客户办理铁路运输保险。

公路保险：代客户或由客户自己办理汽车货运保险。

E. 线路规划（综合规划）

单点间发运：根据不同的可行线路和运输方式及车型进行成本预算和时间预算，结合客户要求的侧重点，选择合适的方案。

同种货物的多点间发运或调拨：考虑因素为各始发点的位置和运输条件、始发点的可发货数量、到达点位置和接卸条件、到达点数量、各点间不同的里程价；目标为总运价最小；方法为多元线性回归分析法。

2）市内配送作业主导型

A. 车型的选择

根据货物运量的需要和配载合理性，选择合适吨位的车型，尽量做到满载。

根据货物的价格和商品性质或客户的特定要求，选择封闭车、半封闭车、保温车或冷藏车。

B. 车源的选择

根据各城市道路交通管理的规定，选择能在市内通行的车辆。

C. 线路规划

目标：时间短、线路合理、满载。

4. 方案的整体规划与优化

单点上最优的仓储方案、最优的运输方案、最优的配送方案不等于整体的最优，因此必须从网络的角度，综合仓储方案、运输方案、配送方案，选择最优的整体方案。

在客户的授权下，应从整个网络进行物流运作方案的整体设计，具体如下所述。

考虑因素：数量、各点的规模、位置。

主要职能：进行市内配送，实现高频次周转；该点仓租相对便宜，减轻仓租费用的负担。

设计方法：在现有的销售网点中选若干销售量较大的点作为该区的物流网点；以该点为中心，满足经济区域的配送范围为该区域的覆盖区域。

5. 方案的执行

以公司物流运作模式为基础，结合客户的特定需求设计服务于该客户物流作业流程和信息处理流程的物流运作方案；操作的过程要严格按照公司的操作标准进行作业，运作的质量要符合客户的质量管理体系。

 知识拓展

志勤美集——专业的第三方 IT 物流公司①

直到今天为止，志勤美集仍然是国内唯一一家专门向 IT 市场提供第三方物流服务的供应商。

2003 年 3 月 6 日，志勤美集科技物流有限公司在北京挂牌，上市公司联想控股占 51% 股份，海皇（NOL）集团旗下的美集物流公司（APLL）占 49% 股份。同时拥有 IT 与物流两大朝阳产业背景，集联想控股与 NOL 品牌优势于一身的它吸引了众多眼球。

一、物流渊源

实际上，志勤美集的业务早在 2002 年 6 月联想控股有限公司与 APLL 签约后就已展开，而联想控股与 NOL 的合作更是早在签约的两年前就已开始。

志勤美集中的"联想部分"前身是联想控股旗下的联想进出口有限公司，1997 年由外经贸部批准经营联想集团的进出口业务，负责联想在世界范围内的原材料采购。除了以进出口代理报关和各种国际贸易为主营业务外，当时他们在深圳还开展了另一项业务：联想南方工厂的整机运输和配送工作。当时参与这项工作的人很少，最多时只有 20 多人。然而就是这样一项让人不经意的业务，1999 年鼎盛时期却创造出六七千万元收入的良好业绩。

志勤美集常务副总裁文显伟认为，合作的基点是两家同时拥有 IT 与物流行业的专业人才。另外，APLL 拥有很强的第三方物流解决方案的设计与实施能力，在信息网络建设和国际化运作方面拥有丰富的经验，而联想控股则有对中国体制与文化环境的了解，在政府和客户中也有良好信誉，这都是合作成功的重要原因。

二、定位高端

"客户的需求从最初仅需要在进出口业务上提供方便，逐渐延伸到包括在运输、仓储、

---

① 案例来源：http://www.51test.net/show.asp? id = 533461&Page = 1

交货时间等各个环节上进行优化，根据这种需求，我们的业务自然要不断深化扩展下去。"文显伟说。

尤其是在志勤美集成立后，美集方面将自己物流一体化理念和解决能力不断输入到新公司的运作当中，需要为其提供解决方案的客户群也逐步壮大起来。目前，志勤美集的客户主要是一些 IT 制造企业的上游供应商，80% 的客户都集中在 IT 制造业密集的深圳和东莞，客户的货物一进到中国口岸，即可进入志勤美集在福田保税区的保税仓库，然后进行全国的分拨以及实时 JIT 配送。

过去联想进出口有限公司的业务，一直围绕在进出口这个环节，志勤美集显然是想坚持这个优势，在抓住进出口环节的基础上将业务延伸至整个物流和供应链，对每个环节的资源进行整合。

从联想进出口到志勤美集，公司在华南已经形成了进出口口岸、保税区、深圳机场、清水河配送仓、香港元朗中转仓等多节点的运作服务网络，同时在北京、深圳、上海、香港四地设有专业的操作平台，目前在苏州和昆山这两个 IT 产业正在崛起的地区也都进行了一些实体网络的铺设。

与此同时，志勤美集还进行了信息系统建设。信息系统将业界规范、标准流程与企业实际运作相结合，根据客户的不同需求设计不同的解决方案。运用信息技术，志勤美集实现了可视化管理，例如，库存可视化可以使用户非常方便地获取库存状况的信息，货运可视化可以提供网站访问，以便了解货运过程中货物状态和发生事件的情况。在 2013 年，志勤美集还将对公司 ERP 系统实施整合，以实现公司总部与各区域物流平台的信息对接，进一步优化流程。

过去的一年里，志勤美集用了很长一段时间对所有员工进行了一场"全面质量管理体系"的培训，这是母公司 NOL 多年来积累的一套高效的现代物流企业的管理体系，志勤美集希望通过全员参与，能够使每一个员工都独当一面，为客户提供高品质、个性化的服务。

三、期待共舞

90% 以上的采购通过互联网完成；工厂只需保持 2 小时的库存即可应付生产；供货商可以在信息系统上看到专属其公司的材料报告，随时掌握材料品质、绩效评估、成本预算以及制造流程变更等信息。这些就是戴尔公司的供应链管理模式，在美国，美集物流是这套模式的管家，为戴尔提供 VMI（供应商管理库存模式）服务。

按道理，志勤美集可以传承母公司的优势，将美集在美国的 VMI 服务经验拿到中国来，但文显伟告诉记者，目前国内的 IT 制造企业真正实现 VMI 还需要一个过程，不过，随着戴尔进到中国以来，很多国内 IT 制造厂商也都开始关注这个领域，联想就于 2012 年上马实施 VMI 项目。志勤美集已经看见这块市场的曙光。

业内有人戏言，IT 在中国风起云涌，而 IT 物流则始终像是巨人脚下的侏儒一样难成气候。对于 IT 这样一个高科技的行业来讲，它对物流运作水平的要求之高可想而知。可是在北京的中关村，简单的厢式小货车、三轮车甚至自行车几乎成了这个中国 IT 中心的主打物流方式。

于是，志勤美集这样一个定位高端市场的物流企业在现实的市场中必须面对尴尬。在它的客户结构中，需要一体化解决方案的只占了很低的比例，更多还是提供在运输、仓储、报关等具体环节上的服务。很难说到底是 IT 企业的不成熟造就了不成熟的 IT 物流，还是不成熟的 IT 物流限制着 IT 企业的发展。

不过，志勤美集对自己的将来并不担心，他们认为随着将来市场的细化，做专做精成为物流企业的一个必然选择，志勤美集会随着中国物流市场逐步成熟而同步成长。

目前，"年轻的"志勤美集主要精力将会放在内部管理流程和物流基础设施方面的建设和完善上。为其日后规模化发展奠定基础。

思考：
1. 志勤美集的物流网络建立方式是什么？
2. 试描述志勤美集的物流网络概貌。

 任务实施

ＸＸ生产企业物流方案设计

根据物流方案的设计方式，为某生产企业设计适合的物流配送方案，并考虑是否有成本上的节约。

假设销售额 6000 万元的箱包企业工厂总部位于北京，全国有九家分公司，距北京平均距离 1200 千米。销售额 10 家城市均摊，月均 50 万元。设标准包装箱为 45cm×33cm×60cm，约 0.09cbm，15kg，每箱 30 只。平均计价 144 元/只，每箱货值 0.43 万元。每城市每月销售 116 箱，约 11.25cbm。计费吨数为 34t。设该公司于每城市有 100 家销售网点，每个网点销售 116 箱，计 0.5 万元/家，约 38 只箱包。送货 3800 只/（月·城），10 城市总送货 38000 只，全年送货 45.6 万只。设每家销售网点布货品种 20 种，30% 为畅销品占销量的 70%，即 6 种箱包每月的送货量为 26 只，其余 14 种每月送货量为 12 只，分 3 次送完。计每城市每月送货 300 次，10 城市送货 3000 次，全年送货 3.6 万次。该公司的物流比率为 1.8%（2/1440）。

该箱包企业为了完成原料采购和产品分销等物流功能可以有两种选择：采用第三方物流和企业自营物流。公司自行承担物流功能需要车辆、仓库、办公用房等固定资产占用，要负担相应的维修及折旧费用，要负担有关人员的工资奖金费用，年物流费用为 277 万元，约占销售额的 4.62%。而采用委托第三方，采购全套物流服务，所需物流费用为 200 万元，约占销售额的 3.33%。两者之比为 72/100（200/277），如表 2-2-1 所示。

由此可见，利用第三方物流服务比本公司自营节省可见成本 28%。实践证明，采用第三方物流服务可为公司解决以下烦恼：降低物流成本；扩大公司业务能力；集中精力，强化主业；缩短出货至交货时间；增加车辆效率和减少油耗费用；彻底实施品质管理；避免遇到旺季人手不够。

我国物流业正在蓬勃发展，物流一体化和第三方物流正在引起我国物流业界和理论界人士的重视和关注。开展物流一体化的研究，促进第三方物流，探索适合我国国情的物流运作模式任重而道远。

表 2 - 2 - 1　　　　　　　　　　第三方物流与物流自营费用对照

第三方物流费用		物流自营费用	
费用项目	万元/年	费用项目	万元/年
长途运输费	47.98	长途运输费	47.98
仓储费	1.35	保养费税费	21.00
保险费	30.00	保险费	30.00
配送费	108.00	工资奖金1	35.60
服务费	12.60	工资奖金2	29.00
		仓库费用	2.70
		车辆油费	13.20
		管理费	28.00
		不可预见费	18.00
		折旧	35.00
		办公室房租	16.00
各项合计	199.93	276.48	
占销售额	3.33%	4.62%	

注：工资奖金1指司机的工资奖金支出；工资奖金2指仓库保管员的工资奖金支出。

 知识拓展

联邦快递的物流解决方案①

一、联邦快递的物流及配送

联邦快递是快递界首屈一指的全球领导者，结合空运、陆运及 IT 网络，提供最佳的物流及配送解决方案，帮助客户提高在全球经济中的竞争力。联邦快递促使客户成功的关键因素之一就是创新的仓储解决方案。

二、联邦快递的物流配送中心（LDC）

联邦快递以广大的 LDC 网络——遍布亚洲及全球各主要城市，提供1周7天、1天24小时的物流解决方案，让客户最具效益的成本，来管理具有时效性的存货。

（一）客户提供整合托运、仓储及追踪的解决方案

联邦快递的物流配送中心，从下列功能方面为客户提供整合托运、仓储及追踪的解决方案。

---

① 案例来源：邓永胜. 物流管理案例与实训 [M]. 北京：清华大学出版社，北京交通大学出版社，2008.

（1）储存或托运您的产品。

（2）减少昂贵的存货。

（3）使用准确、最新的信息及管理报告。

（4）透过实时追踪仓储或运输中的货件，让客户享受供应链透明化带来的好处。

（5）在准备清关文件上给予必要的协助。

（6）缩短循环周期。

（7）提高作业灵活度。

（二）竞争优势

联邦快递的解决方案为客户提供超值服务。与联邦快递携手合作，客户便可以将资源集中在公司的核心能力上，以增加公司的竞争优势，包括：

（1）增加利润。

（2）降低资金需求量。

（3）提高资产运用及生产力。

（4）拥有更适合、更具弹性的存货。

（5）实施"Just In Time"实时生成管理流程。

（6）快速、低成本地整合新信息技术。

（7）提高客户满意度。

思考：

1. 联邦快递的物流解决方案具有什么功能？

2. 联邦快递的物流解决方案具有什么优势？

 作 业

物流方案的设计

一、任务布置

1. 情景设定：A 企业物流公司以外包形式获得 B 制造公司的运输与配送业务

2. 设计过程按课程讲授内容进行，学生先在课下进行精心准备，在课上完成各角色扮演

3. 物流企业草拟物流方案

4. 制造企业审定研究物流方案

5. 签订合作合同

6. 物流业务的监管、检查、效果评价

二、成果与检测

1. 检查物流企业提交的物流方案文件

2. 管理外包合同

3. 双方谈判过程记录的存档

4. 合作合同的确定

5. 物流作业过程的查核

6. 物流作业检查及评价

7. 由教师做出统计与综合评估

任务三 第四方物流

任务描述

第三方物流从解决一定范围内企业物流来说是有效的，但是解决经济发展中物流瓶颈以及电子商务中心的物流瓶颈是远远不够的。与第三方物流相比，第四方物流既是一种全新的物流运作模式和一类新的物流服务提供商，也是一套更高效率、更低成本的供应链解决方案。第四方物流不仅能提供一整套完善的供应链解决方案，而且对整个供应链产生影响，增加价值。第四方物流的功能有供应链管理功能、运输一体化功能和供应链再造功能。

知识准备

第四方物流供应商是一个供应链的集成商，它对公司内部和具有互补性的服务供应商所拥有的不同资源、能力和技术进行整合和管理，提供一整套供应链解决方案。埃森哲公司最早提出了第四方物流的概念。目前对第四方物流还没有形成统一的界定，尽管埃森哲公司拥有"第四方物流"这个专有名词，其他的咨询公司也开始使用类似的服务，称之为"总承包商"或"领衔物流服务商"。无论称谓如何，这些新型的服务供应商可以通过其影响整个供应链的能力来为客户提供更为复杂的供应链解决方案和价值。第四方物流可以使迅速、高质量、低成本的产品运送服务得以实现。

一、第四方物流的特征

第四方物流的特征是提供了一个综合性的供应链解决方案，并且能够为整条供应链的客户带来利益。

（一）供应链再造

通过供应链参与者将供应链规划与实施同步进行，或通过独立的供应链参与者之间的合作提高规模和总量。供应链再造改变了供应链管理的传统模式，将商贸战略与供应链战略结合起来，创造性地重新设计了参与者之间的供应链关系，使之成为符合一体化标准的供应链。

（二）业务流程再造

将客户与供应商的信息和技术系统一体化，把人的因素与业务规范有机结合起来，使整个供应链规划与业务流程能够有效贯彻实施。开展多功能、多流程的供应链业务，其范围远远超出了传统外包运输管理和仓储运作的物流服务。企业可以把整条供应链全权交给第四方物流运作，第四方物流可为企业提供完整的供应链服务。

（三）综合效益提高

第四方物流的利润增长取决于服务质量的提高、实用性的增加以及物流成本的降低。由于第四方物流关注的是整条供应链，而非仓储或运输单方面的效益，因此第四方物流为客户及自身带来的综合效益是丰厚的。

（四）运营成本降低

运营成本的降低可通过运作效率的提高、流程的增加以及采购成本的降低来实现，即通过整条供应链外包来达到节约成本的目的。流程一体化、供应链规划的改善和实施将促进运营成本与产品销售成本的降低。同时，采用现代信息技术、科学的管理流程和标准化管理，使存货与现金流转次数减少，工作成本降低。

二、第三方物流与第四方物流的比较分析

（一）侧重点不同

第三方物流侧重于为企业客户提供策略性与操作性决策以及具体的物流解决方案，而非整体的物流决策规划，且缺乏对整个供应链进行规划所需的技术和具有专业知识的人才。第四方物流侧重于为企业客户提供一种战略性决策，并通过运用充分而准确的信息以及各方面的技术来对整个供应链与物流资源进行整合，从而提供一个决策方面的规划方案，进而达到资源优化配置与供应链之间的协调。

（二）服务功能不同

第三方物流虽然与企业客户之间是一种战略联盟关系，可节约企业客户的运营成本，提高物流运作效率，但二者之间难免会存在目标不一致等问题，甚至产生冲突，其主要原因在于第三方物流自身存在缺陷，不能承揽全部物流与供应链服务。而第四方物流则可通过管理咨询及第三方物流能力的集成为企业客户提供一个全方位的供应链解决方案，通过对整个供应链的整合获得更多的价值。所以，第四方物流在管理目标上与企业客户是一致的，能为企业客户带来更多的利益。

（三）合作目标不同

由于第三方物流缺乏系统性、综合性的技术以及整合应用技术的能力，企业客户不得不把物流业务外包给多个第三方物流提供商，这样会增加企业客户的运营成本和供应链的复杂性，使物流外包效率下降，所以企业客户与第三方物流之间是一对多的合作。而第四方物流可凭借充足的信息优势、整合应用技能以及具有专门知识的人才，为企业客户提供所需的服务，企业客户与第四方物流之间是一对一的合作，在外包程度上更高，在功能深度上更深。

（四）资产性质不同

第三方物流拥有固定资产和机械设备，更容易赢得客户的信任。此外，第三方物流更有操作经验，更能判断方案的可行性。相对于第三方物流，第四方物流虽然没有固定资产和机械设备，却拥有专业知识和技能，能够提供最佳的供应链管理模式和物流方案。第四

方物流最大的优越性在于它能够确保产品更快、更好、价格更低地送到需求者手中。由于角色和能力的双重优势，第四方物流比第三方物流拥有更多的技术与经验、更大的业务范围、更专业和便捷的服务。最重要的是，第四方物流能够提供满足客户需求的解决方案，为客户创造更多的价值。

三、第四方物流现状

第四方物流主要是指由咨询公司提供的物流咨询服务。咨询公司应物流公司的要求为其提供物流系统的分析和诊断，或提供物流系统优化和设计方案等。总之第四方物流公司以其知识、智力、信息和经验为资本，为物流客户提供一整套的物流系统咨询服务。第四方物流公司要从事物流咨询服务就必须具备良好的物流行业背景和相关经验，它并不需要从事具体的物流活动，更不用建设物流基础设施，只是对于整个供应链提供整合方案。

第四方物流是一个供应链集成商，调集和管理组织自己及具有互补性服务提供的资源、能力和技术，以提供一个综合的供应链解决方案。第四方物流不仅控制和管理特定的物流服务，而且对整个物流过程提出方案，并通过电子商务将这个程序集成起来，因此第四方物流商的种类很多，变化程度亦可以十分大。

第四方物流的关键在于为顾客提供最佳的增值服务，即迅速、高效、低成本和个性化服务等。而发展第四方物流需平衡第三方物流的能力、技术及贸易流畅管理等，但亦能扩大本身营运的自主性。

第四方物流为客户带来的效益包括利润增长和降低营运成本，即通过整条供应链外判功能得到提高运作效率、降低采购成本，从而达到流程一体化目的。

小贴士

所谓第四方物流，简单地说，就是通过搭建一个综合物流管理与服务平台，集纳第三方物流企业、运输车辆、仓储设施、货物运输交易信息等元素，为物流企业提供电子化办公、驾驶员和车辆档案信息化管理以及全程网络化跟踪服务。传化集团投资3亿多元，在萧山打造了一个以"第四方物流"运营模式为核心的"公路物流港"。目前该平台已集纳了420家物流企业，整合了近40万辆运输车源，每天承运的货物量达3万~5万吨，已成为连接国内与国际物流的重要枢纽节点。

今天动工兴建的传化苏州物流基地是传化物流连锁复制工程的首站，总投资10亿元，将全程复制第四方物流运营模式，打造一个崭新的"公路物流港"。据悉，2014年传化还将在成都"拷贝"同样的"公路物流港"，计划总计用3年时间在全国复制10个第四方物流模式的"公路物流港"，构织一张全国性的第四方物流平台网络。

四、第四方物流的优势和功能

第四方物流与第三方物流相比，其服务的内容更多，覆盖的地区更广，对从事货运物流服务的公司要求更高，要求它们必须开拓新的服务领域，提供更多的增值服务。第四方物流能保证产品得以"更快、更好、更廉"地送到需求者手中。第四方物流基本功能有三个方面：

（1）供应链管理功能。即管理从货主、托运人到用户、顾客的供应全过程。

（2）运输一体化功能。即管理运输公司、物流公司之间在业务操作上的衔接与协调问题。

（3）供应链再造功能。即根据货主、托运人在供应链战略上的要求，及时改变或调整战略战术，使其经常处于高效率的运作。第四方物流的关键是以"行业最佳的物流方案"为客户提供服务与技术。

第三方物流独自提供服务，或者通过与自己有密切关系的转包商来为客户提供服务，它不大可能提供技术、仓储和运输服务的最佳整合。因此，第四方物流成为第三方物流的"协助提高者"，也是货主的"物流方案集成商"。

 任务实施

掌握第四方物流运作模式

第四方物流组织具有较大的柔性，它能够根据成员组织的约定和目标，适应不同的组织，反过来也能够被行业结构与行为所塑造，形成灵活的运作模式。

一、协同运作模式

由第四方物流为第三方物流提供其缺少的资源，如信息技术、管理技术等，制订供应链策略和战略规划方案，并与第三方物流共同开发市场，而具体物流业务的实施则在第四方物流指导下由第三方物流完成，它们之间一般采取商业合同或战略联盟的合作方式。在这种模式中，第四方物流为实力雄厚的第三方物流服务商提供供应链战略方案、技术、专门项目管理等补充功能，并主要通过第三方物流为多个客户提供全面的物流服务和最优的解决方案。

二、方案集成模式

在这种模式中，通常由第四方物流与客户成立合资或合伙公司，客户在公司中占主要份额，第四方物流作为一个联盟的领导者和枢纽，集成多个服务供应商的资源，重点为一个主要客户服务。这种运作模式一般在同一行业范围内采用，供应商与加工制造商等成员处于供应链上下游和相关业务范围内，彼此间专业熟悉，业务联系紧密，具有一定的依赖性。第四方物流以服务主要客户为龙头，带动其他成员企业发展。

三、行业创新模式

第四方物流通过与具有各种资源、技术和能力的服务商协作，为多个行业的客户提供供应链解决方案。它以整合供应链的职能为重点，以各行业的特殊性为依据，领导整个行业供应链实现创新，给整个行业带来变革与最大化的利益。这种模式以第四方物流为主导，联合第三方物流及其他服务供应商，提供运输、仓储、配送等全方位的高端服务，为多个行业客户制订供应链解决方案。

四、动态联盟模式

这种模式是一些相对独立的服务商和客户，受市场机会驱动，通过信息技术相连接，在某个时期内结成的供应链管理联盟。这些企业在设计、供应、制造、分销等领域分别为联盟贡献自己的核心能力，以实现利润共享和风险分担。它们除具有一般企业的特征外，还具有基于公共网络环境的全球化伙伴关系及企业合作特征、经营过程优化的组织特征、可再构重组的敏捷特征等。能以最快的速度完成联盟的组织与建立，集成优势，抓住机遇，响应市场，赢得竞争。参加动态联盟的各成员企业，其组织、资源等内部特征都可由自己决定，而其外部特征则需要达到动态联盟的要求。一个企业可同时以不同形式参与到这个联盟中来。

第五方物流

关于"第五方物流"（Fifth Party Logistics，5PL）的提法目前还不多，还没能形成完整而系统的认识。有人认为它是从事物流人才培训的一方，也有人认为它应该是专门为其余四方提供信息支持的一方，是为供应链物流系统优化、供应链资本运作等提供全程物流解决方案服务的一方。

随着现代综合物流的开展，人们对物流的认知需要有个过程。

目前就是处在这样一种状况，当传统的物流方式正在被人们否定的时候，在大量的有关建立新的物流体系的介绍中，人们开始茫然和不知所措。因此，提供现代综合物流的新的理念以及实际运作方式便成为物流业中的一项重要的行业。即物流人才的培养。

培养具有这样思想和能力的人才，首先应当清楚这是一个需要长期为之努力的事业，必须制订中长期的人才培养计划。在制订计划时应确定基本理念、基本方针和进修体系，确定物流业经理等各类人员所必须具备的知识、技术、技能等的培养要求，及其实施办法。这些都是所谓第五方物流的从业人员可以做的工作。

UPS 的第四方物流网络①

当 2002 年 5 月，UPS 从朗讯手里接过了长达 5 年的物流管理合同时，这意味着 UPS 接过的是朗讯急剧挑战的欧洲、中东、非洲以及北亚全部天上地下的物流业务。在业内人士看来，UPS 将在更高层面上管理朗讯物流网络的运行。这一点就连被北美物流圈称为"挑剔的老头"的朗讯公司全球物流副总裁吉姆·约翰逊都深信不疑。实际上，UPS 有理由为朗讯的单子而自豪。为了能拿下这个单子，UPS 早在几年前就做好了准备。

尽管有多年为大客户服务的经验（包括给 HP 提供北美、欧洲的配送服务），但涉及分销、仓储、订单管理、信息跟踪、报关、维修、客户服务甚至配件管理等方方面面环节的运作，接管像朗讯这样全球的物流业务，对 UPS 还是头一次。更为重要的是，这也将第一次检验 UPS 的第四方物流的定位，即将不同业务流程的企业编织进一个庞大而又复杂的供应网络中。当然，UPS 准备好了。UPS 与朗讯的第一次物流亲密接触是在电信泡沫最大的 1999 年。由于 UPS 美国本土的网点比较齐全，自 1999 年起，在北美大陆和欧洲市场，UPS 开始从邻居开刀。1999 年，UPS 并购了 20 家与供应链相关的公司，包括 7 家物流、分销公司、11 家技术公司、1 家银行、1 家航空公司，其中包括加拿大最大的药品和化学制品物流企业 Liringston 以及法国最大的零部件物流公司 Finon Sofecome。一系列的收购，使 UPS 的物流能力大大提高，可以为任何客户提供物流的全方位的解决方案甚至包括增值服务，UPS 开始跻身世界一流物流企业之列。

2003 年 3 月 25 日，UPS 宣布推出新 LOGO。去掉盾牌标志上方用丝带捆扎的包裹图案，将原来的平面设计转化成"三维的设计"，寓意"物流、资金流、信息流真正三流合一"。并通过耗资近亿元的"夏季换装"秀，以现代第四方物流服务商的身份向全世界发出新冲锋的号角。在朗讯眼中，UPS 已经由开始的搬运工，变为能指挥调动供应链各个环节的高级指挥家。如果可以列一张被 UPS 的第四方物流理念征服的企业名单的话，可以清晰地看到大批的跨国制造企业，而这些原来往往是第三方物流的拥护者：HP、福特汽车、美国国家半导体公司、Lansinoh Laboratories（世界大型医药保健品公司）、Oneida（世界最大的不锈钢生产企业）。

十年前，UPS 还只有一种业务，就是每天负责运送数以万计的包裹。总是倾向于朝前看的当时 UPS 总裁吉姆·凯利认为，必须摆脱这种结构单一的模式。在与客户的接触中，他发现未来商业社会最重要的力量是"全程供应链管理"，也就是今天我们所提到的第四方物流模式。"成为供应链的链主，这才是 UPS 未来增长的源泉"。

思考：

1. UPS 做了哪些准备从一个特快专递公司发展成为一个第四方物流组织？

---

① 案例来源：http://www.56135.com/56135/info/infoview/2109.html

2. 除了硬件的准备，你认为从管理上 UPS 需要做哪些准备来成为一个合格的第四方物流组织？

 **作　业**

请同学们根据我国实际情况，讨论目前我国开展第四方物流的机遇和挑战何在。

模块小·结

这一模块主要介绍了物流企业典型经营模式，特别是介绍了流通型企业典型的经营模式、新型的业务外包、第三方物流和第四方物流运作模式，需要同学们理解各种模式的经营理念，只有很好地理解了物流企业的经营模式，才能更好地把先进的经营理念运用到企业中，提高物流企业的经营效益和降低运营成本。

在了解了各种经营模式的基础上，需要同学们掌握新型业务外包的决策方案，第三方物流服务内容及设计方案以及第四方物流的设计方案，再通过各种模式方案的比较，从中选出能适合物流企业发展的最佳运作模式。

只有充分了解了物流企业的运作模式及物流企业对物流系统所有权的占有情况，才能更好地进行物流企业运作，提高物流服务水平，为客户提供更好的个性化服务，提高物流企业在同行业中的竞争力，为企业获取更大的利润的同时，为社会提供更多的服务。

模块三　物流企业经营管理

知识目标

1. 了解物流影响物流企业经营的环境
2. 了解市场调查与预测的类型
3. 了解物流企业经营战略的类型、内容，并掌握几种典型的物流企业经营战略
4. 熟悉各种物流企业经营决策

能力目标

1. 掌握市场调查的程序，并能撰写市场调查报告
2. 能运用定量和定性的预测方法进行市场预测
3. 懂得如何进行物流企业经营战略的实施与控制
4. 能够运用所学的知识进行物流企业经营决策

任务一　物流企业经营环境分析

任务描述

物流企业经营环境是指对物流企业经营管理活动产生影响的一切因素和力量的综合，是由多种因素共同影响、共同作用形成的。随着社会经济的不断发展，国际时局的不断变化，物流企业经营环境变得日趋复杂，这些复杂多变的环境因素对物流企业经营管理活动产生重要的影响。因此，对物流企业经营环境的正确分析和把握可以帮助物流企业制订正确的经营计划和决策，有利于企业经营管理活动的开展。可以从多个角度对物流企业环境进行分析，本模块主要是从对物流企业经营活动影响的范围和可控程度进行划分，主要包括物流企业经营的宏观环境和微观环境。

知识准备

一、宏观环境分析

（一）经济环境

经济环境是指对企业生存和发展产生影响的社会经济状况和国家经济政策。社会经济

状况主要包括经济要素的性质、水平、结构、变动趋势等诸多内容，涉及国家、社会、市场及自然等多个领域。国家经济政策是国家履行经济管理职能，是调控国家宏观经济水平、结构，实施国家经济发展战略的指导方针。物流企业的经济环境是由社会经济水平、国民收入水平、产业结构、购买力、金融信贷、经济资源潜力及其配置，以及国家管理体制等多种元素构成的多元的动态系统。

经济环境对物流企业的经营和管理会产生重大影响，每一个经济政策和改变，都有可能改变企业的经营策略。例如，我国 GDP 有逐年上升的趋势，这表明中国经济大环境有良好的发展态势，为我国物流企业的发展，奠定了坚实的基础。国家统计局统计表明，"十一五"时期，交通运输业成就卓著，高速公路里程达到 7.41 万千米，居世界第二位。国家高速公路网主骨架预计"十二五"末将基本建成，届时，中国高速公路通车总里程将有望达 10 万千米，超过美国跃居世界第一。按照国务院公布的高速公路网发展规划，我国正在全力以赴地加快国家高速公路网主骨架建设。同时我国的铁路、水路和航空、管道运输等基础设施的建设也在快速发展，这为物流产业的发展提供了重要保障。

经济全球化与加入 WTO 给我国转型中的物流企业带来了机遇与挑战。自 20 世纪 90 年代以来，世界经济一体化发展对我国物流企业发展产生了重要影响。首先，国外资本加快了进入我国的步伐，增加了物流服务的需求量，为我国物流企业提供了更广阔的市场。其次，贸易壁垒的减少，有利于国外物流企业进入我国市场，对我国还未成熟的物流产业带来了巨大冲击。此外，国外物流企业加速对我国物流企业兼并与收购的步伐，这对我国物流产业的发展无外乎是雪上加霜。为此，我国应充分利用国家的经济政策和社会资源，加快我国物流企业的发展速度，创造出具有核心竞争力的本土物流企业，从而更加有利于我国国民经济的增长。

（二）政治法律环境

物流企业的经营管理活动势必要受到政治与法律环境的规范、强制和约束。政治法律环境主要是指一个国家或地区的政治制度、政治体制、政治形势、方针政策、法律法规及国际关系等，它规定了国民经济的发展方向和发展速度。我国物流企业所面临的政治法律环境是不断变化的，主要有两个明显的变化趋势：一是政治体制正在稳定中悄然变革，而且基本上是朝着有利于市场经济发展的方向演变；二是政府对物流的行政管制日益放松，逐渐向法制过渡。

目前，我国大力扶植物流产业，出台了许多有利于物流产业和企业发展的政策。2005年 11 月 28 日，海关总署发布了《中华人民共和国海关对保税物流园区的管理办法》（海关总署令第 134 号），解决了保税物流园区的政策障碍问题。2005 年 12 月 29 日，国家税务总局发出《关于试点物流企业有关税收政策问题的通知》，逐步解决物流企业营业税重复缴纳问题。2007 年 3 月 19 日，国务院下发《国务院关于加快发展服务业的若干意见》（国发〔2007〕7 号），明确要求优先发展运输业，提升物流的专业化、社会化服务水平，大力发展第三方物流。同时还要求积极支持符合条件的服务企业进入境内外资本市场融资，通过股票上市、发行企业债券等多渠道筹措资金，为现代物流服务业营造更好的发展环境。根据国务院《物流业调整和振兴规划》要求，2010 年 7 月 28 日，国家发展改革委编制的《农产品冷链物流发展规划》（简称《规划》）正式发布。该《规划》提出，到2015 年，建成一批运转高效、规模化、现代化的跨区域冷链物流配送中心，培育一批具有较强资源整合能力和国际竞争力的核心企业，冷链物流核心技术将得到广泛推广，并初步建成布局合理、设施装备先进、上下游衔接配套、功能完善、运行管理规范、技术标准体系健全的农产品冷链物流服务体系。预计 2015 年我国果蔬、肉类、水产品冷链流通率分别达到 20%、30% 和 36% 以上，冷藏运输率分别提高 30%、50% 和 65% 左右，流通环节产品腐损率分别降至 15%、8%、10% 以下。

近年来，我国陆续出台了促进物流发展的法律法规，如国务院发布的《中华人民共和国国际海运条例》、中国民航总局颁布的《中国民用航空货物国际运输规则》、外经贸部颁布的《外商投资现代物流管理规定》、交通部颁布的《国内水路货物运输规则》、铁道部颁布的《铁路货物运输管理条例》等法律法规。另外，《港口法》、《城市公共交通管理条例》、《运输市场准入条例》、《管道法》等法律法规也将相继出台，《铁路法》、《公路法》、《民航法》在修订之中，由中国物流与采购联合会组织专家研究制订的《物流术语》已成为国家标准。这些法律法规可以为物流业的发展提供一个公平、公正的发展环境，有利于物流企业发展的规范化和标准化，有利于我国物流产业与国际物流的接轨，为我国物流产业的发展奠定了坚实的法律基础。

（三）科学技术环境

在科学技术迅猛发展的今天，高新技术呈产业化发展趋势，这给物流企业发展提供了有利的机会，同时也带来了某种威胁。物流企业要想在激烈的市场竞争中求得生存和发展，就必须了解科学技术发展的新方向，研究和掌握新技术、新工艺，保持企业的技术优势和技术储备。

现代物流企业采用了许多先进的技术和设备，推动企业的快速发展，为企业创造核心竞争力提供了有力武器。目前，物流信息技术是物流技术中发展最快的领域，从数据采集的条码系统、仓储管理系统到办公自动化系统，各种终端设备等硬件、软件等都在日新月异地发展，并得到了广泛应用。集装箱技术、条码技术、无线射频技术、地理信息系统与定位技术、自动化立体仓库系统技术、包装技术等的运用也加快了物流企业发展的步伐。随着新技术的采用，企业物流基础设施得以优化利用，物流工具更加现代化、智能化，为企业物流发展创造了新的动力，并有利于提高物流企业的管理水平。

（四）自然环境

自然环境是指一个国家或地区的客观环境因素。主要包括自然资源、气候、地理环境和地理位置，这些因素对物流企业的发展也产生重要的作用。

自然资源包括矿产资源、森林资源、土地资源和水力资源等。自然资源的分布具有地理的偶然性，分布量的不均衡性。自然资源的分布情况决定着物流服务的需求分布，物流企业应根据其具体服务项目，根据不同的资源分布情况，制订相应的物流服务策略。

恶劣的气候会给物流企业经营带来不利的影响，例如，潮湿、多雨的气候容易导致设施、设备生锈，使其有形磨损增加，从而使物流服务成本增加。恶劣的天气状况会影响运输的效率，也会增加运输事故的发生率，因此物流企业应根据气候情况的变化适时调整运输方案，加强对员工安全意识的培养和锻炼。

地质、地形、地貌也会对企业的经营活动产生重要影响。一般来说，山区交通运输比较困难，河流有利于交通运输等。物流企业应对其所有运输路线的地形、地貌进行充分了解，让员工清楚其服务线路的交通路况，以避免不必要的伤害发生。物流企业还应充分注意地质情况，如果把仓库建在地质疏松的地方，很有可能会发生坍塌事件。物流企业的设施设备分布也要充分考虑地质、地形和地貌等情况。

优越的地理位置对物流企业的发展至关重要，沿海有利于发展外向型经济，内地可充分利用资源；城市基础设施好、市场容量大，乡村工业基础设施差、市场小；离交通干线近有利于原材料、产品运输等。物流企业如果建在地理位置优越的地方，有利于其对多种运输方式的选择，而且可以最大程度为客户提供服务，增加市场占有率。我国物流企业主要集中在交通便利、贸易发达的地区。

（五）社会文化环境

社会文化是一个社会的民族特征、价值观念、生活方式、风俗习惯、伦理道德、教育水平、语言文字、社会结构等的总和。物流企业在经营过程中要注重企业文化的建设，良好的企业文化可以使企业得到健康、快速的发展。不同地区的物流企业所面临的社会文化环境有所差别，企业应根据具体的社会文化环境对其企业文化进行建设，不能与当地的社会文化相背离，并结合实际制订出相应的服务策略。

教育水平的高低影响着客户的消费心理、消费结构，进而影响决策的选择。通常情况下，教育水平高的客户，对其服务水平要求较高。世界上语种很多，有些国家通用几种语言，这就要求输出国在商品包装分别写明，还要研究语言使用习惯、语言歧义和语言禁忌等，物流企业应加强对员工语言培训，有利于企业向国际化发展。不同的文化背景下，人们的价值观、审美观、风俗习惯等存在很大的差别，物流企业应根据具体情况制订出适合当地文化的服务策略。

二、微观环境分析

（一）物流企业

任何物流企业的经营管理活动都不是某个部门的孤立行为，在物流企业经营过程中，应注意企业自身对环境具有能动性的作用，不仅对环境有反应、能适应，而且还要对周围的环境进行积极创造和控制。物流企业的内部机制情况直接影响着周围环境的作用效果，这也就是为什么在同样的外部环境条件下，有的企业获得了空前成功，而有的企业却惨遭失败的重要原因。

物流企业在经营管理过程中应注重企业内部的组织结构的设置，并且不断提高部门之间的沟通和协调能力，使企业在工作过程中是一个有机整体，使企业的整体工作效率提高。同时，也可以把物流企业看成是物质利益和精神利益的统一体。我们这里谈到的物质利益的统一并不是让所有的员工得到相同的物质奖励或待遇，而是要根据企业员工的实际贡献大小给予相应的报酬和奖励，确立良好的激励机制，鼓励员工为企业多作贡献。物流企业与一般企业不同，它是服务性的企业，顾客对产品的感知主要是从人员服务的过程感受到的，因此员工的服务态度和水平直接影响顾客对我们提供产品的满意度，同时也影响企业的声誉和形象。一个企业如果想要有统一的精神，那么就一定要形成良好的企业文化，让职工接受并信服，在统一精神的指导下才会让企业顺利运行，并取得不凡的成绩。良好的企业文化在调动员工积极性、发挥员工主动性、提高企业凝聚力、优化企业形象、约束员工行为等方面具有积极的作用。企业内部形成良好的企业文化可以使员工的目标统一，能帮助企业员工进行良好的沟通，认同企业的经营理念。

（二）物流企业需求情况

行业的发展状况对企业的发展具有非常重要的作用，因此我国物流企业的发展与我国物流业的状况也是息息相关的。目前，我国物流市场呈现出潜在需求很大但实际需求不足的矛盾现象。我国物流市场的潜力是巨大的，每年物流费用支出约为当年名义 GDP 的 20%，国内运输和物流费用以年均增长率超过 8% 的较高速度增长。与此同时，企业有效需求不足，由于地方保护主义和小集团利益从中作梗，导致地区和部门的分割，再加上众多的工商企业和物流企业各自为营，市场极度分散，还没有形成统一的社会化物流大市场，也难以产生能够提供综合服务的、规模化经营的物流大集团。据调查分析，国内生产企业真正寻求物流服务总代理的仅占 10% 左右。大部分企业仍自己出资、出人搞仓储、运输等，不仅费力还把成本"摊"大了。既要管生产，又要忙运输，导致不少企业在物流上花费的时间几乎占整个生产过程的 90%，物流费用约占商品价格的40%。由此可见，我国物流市场上的潜在需求还是很大的，物流企业要获得生存和发展必须不断挖掘潜在需求，使之变成现实需求，同时要求物流企业不断提升自己的经营能力，适应顾客的需要。

（三）物流企业竞争情况

在物流企业竞争因素分析中，必须明确自己企业的竞争优势和竞争者的竞争优势，分析自身和对手的竞争优势，对企业的战略选择是十分重要的。

1. 供应商的讨价还价能力

在市场竞争中，供应商主要通过提高投入要素价格或者降低单位产品价格来影响行业中其他企业的赢利能力与产品竞争力。供应商讨价还价的能力主要取决于他们提供什么产品、重要程度如何等诸多方面。物流企业的供应商主要是提供物流系统软硬件设备的厂商，如集装箱的生产商、仓储设备的生产商、运输设备生产商、先进的电子信息系统供应商等，这些供应商讨价还价的能力取决于其产品的垄断程度。现阶段，我国的绝大部分产品市场皆属于买方市场，所以物流企业供应商的讨价还价能力是非常有限的。

2. 客户的讨价还价能力

物流企业的购买者主要是指对物流服务有需求的客户，它对行业或企业赢利能力的影响，主要通过其压低价格或者要求提供较高质量的产品或服务来实现。物流企业的客户主要包括生产企业、商业企业或其他类型的企业，这些企业要实现其产品的价值或者完成生产经营活动必然需要高质量的物流服务，而且物流环节对他们的成本和利润水平影响很大。现在，由于物流企业众多，市场竞争非常激烈，并且一些大型企业建有自己的物流服务系统，因此，物流企业的客户具有较强的讨价还价能力。

3. 新进入者威胁

新进入者可以给整个行业带来新的活力、新资源，同时也将瓜分现有的市场，最终导致行业中现有企业赢利水平降低，严重的话还有可能危及这些企业的生存。新进入者威胁的严重程度主要取决进入的障碍大小和现有企业的竞争能力。目前，我国物流市场大型物流企业较少，绝大多数物流企业还未形成规模效应。从事物流服务所需的资金、技术和其他投入相对不大，沉没成本不大，这使得物流行业的进入障碍较小，有着很多的潜在竞争者。

4. 替代品的威胁

两个处于不同行业的企业，可能会由于所生产的产品是互为替代品而产生竞争行为，这种源自于替代品的竞争会以各种形式影响行业中现有企业的竞争战略。替代品价格越低，质量越好，用户转换成本越低，其所能产生的竞争压力就越强。目前，对我国现有物流企业构成威胁的替代品主要是指传统企业以自我服务为主的物流活动模式。我国相当多的企业仍然保留着"大而全"、"小而全"的经营组织方式，从原材料采购到产品销售过程中的一系列物流活动主要依靠企业内部组织的自行完成。这种组织方式在很大程度上限制和延缓了商贸企业对专业化、社会化物流服务的需求，从而对物流企业的发展造成不利影响。

5. 行业内现有竞争者的竞争

处在同一行业中的企业，彼此之间的利益都是相互冲突的。作为企业整体战略一部分的竞争战略，其目标在于使得自己获得相对于竞争对手的优势。物流业在我国虽然是一个新兴的产业，但是发展非常迅速，无论哪种类型的物流企业都得到了很大的发展，竞争也越来越激烈。与此同时，随着我国加入世界贸易组织，国际上实力雄厚的物流企业不断在我国建立分公司，建立自己的物流配送网络，对我国物流企业的发展会带来巨大的冲击。

（四）物流企业社会公众

社会公众是指任何对物流企业实现其经营目标产生一定影响或有一定利害关系的社会群体。物流企业必须与周围的有关公众建立良好的关系，为企业经营管理活动创造一个良好的环境，并努力通过公众的传播效应达到提高企业社会形象的目的。

（1）金融公众，指那些为物流企业融通资金的企业或个人，主要包括银行、投资公司、证券交易所或个人等，帮助企业进行投资及提供信贷支持等。

（2）媒介公众，指各种新闻出版机构，如报社、杂志社、电台、电视台、互联网等，它对企业的声誉有着广泛的影响。

（3）政府公众，指对企业的经营活动进行管理的部门，如计委、税务、工商行政管理部门等，它们对企业的活动行使着监督权。我国许多的物流政策、法规都是由政府公众制订和颁布的，在很大程度上促进了物流企业的发展。

（4）公众团体，指由共同利益产生共同行动的群众组织，如我国的物流与采购联合会等对物流企业的发展具有巨大的推动作用。

（5）物流企业内部公众，指物流企业的全体员工，上至董事长，下至普通员工，企业内部公众对物流企业经营管理活动的影响最为直接。

知识拓展

荷兰物流业税收掠影①

现代物流产业是国民经济的支撑点之一，其作用对于一个国家经济发展来讲举足轻重。例如，荷兰虽说国土面积很小，但物流业十分发达，产值占其 GDP 三分之一。究其原因，是该国的税赋起到了重要作用。

荷兰为企业制订了税收合并制度，这种包括物流企业在内的企业可以进行综合纳税申报。这种制度的主要特点是集团内部一家公司的亏损可以抵消另一家公司的利润。荷兰的种种税收制度使得荷兰在欧盟国家中的竞争优势凸显。

目前，荷兰实行中央和地方两级课税制度，采用的是以所得税和流转税为"双主体"的复合税制结构，企业所得税、个人所得税、增值税和消费税等税种在税制结构中居重要地位，与其他直接税和间接税一起共同组成了荷兰税制结构的完整体系。

荷兰税收体系对物流企业国际税务筹划十分有利，以下列举一些主要优点：

（1）荷兰政府从 2007 年起将企业所得税从现行的 29.6% 下调至 25.5%，这一税率低于欧盟的平均税率 26.6%。

（2）通过避免双重征税的皇家法令减免双重征税，在缺乏税收条约时可适用。

（3）对付出利息和特许权使用费的不征收预扣税。

（4）参股所得免税，即对从合格持股所得红利和转让合格股权的资本收益不征企业所得税。

（5）广泛的税收条约帮助企业减免各项预提税和避免双重征税。

（6）对从荷兰向境外支付的利息和许可费不征预提税。

（7）纳税人可以就未来的税收待遇从税务机关得到预先明确。

（8）适用于外籍雇员的 30% 免税津贴。

此外，荷兰作为欧盟成员国可得益于各种欧盟指令。例如，关税和增值税递延政策，有效缓解企业流动资金的压力；没有利润分配要求；可以与具体项目类型有关的税收鼓励政策；对于节约能源或符合环保的新投资，在核定税基时可从投资总额中扣除一定百分比的款项；无外汇管制；航运公司受益的吨税。

思考：

1. 试分析宏观环境因素对物流企业发展的影响。

2. 荷兰的税收体制对物流企业的发展有何益处？产生了什么影响？

作业

1. 影响物流企业发展的环境有哪些？

---

① 资料来源：http://info. clb. org. cn/anlitongjian/jiejuefangan/50382. html

2. 我国的物流企业在发展过程中通常会遇到什么瓶颈？

任务二　物流企业市场调查与预测

任务描述

任何一个物流企业要想制订正确的经营战略和经营决策，都应进行充分的市场调查研究和预测，物流企业也不例外。为了能有效地开展物流企业的经营管理活动，物流企业应运用各种调研方法进行市场调研，并结合实际情况选择适当的方法作出预测，为物流企业制订经营战略和经营决策提供依据。

知识准备

一、物流企业市场调查

物流企业市场调查是指运用科学的方法，系统地收集、记录、整理和分析物流市场的信息资料，从而了解物流市场发展变化的规律和趋势，为物流企业经营决策提供科学的依据。物流企业市场调查是企业掌握物流市场的供给与需求及其变化规律的重要手段，是企业进行经营决策的前提和基础，为企业制订长远的战略规划提供参考依据。

（一）物流企业市场调查的类型

1. 按市场调查的方法划分

按调查方法的不同，物流企业市场调查可分为文案调查法、问卷调查法、实地调查法、实验调查法和网络调查法等。

（1）文案调查法

文案调查法是指将已经存在的各种资料档案，以查阅和归纳的方式让企业了解所需资料的市场调查。也叫间接调查法，又称"二手资料调查"或"文献调研"。文案调查法的调查对象是各种历史和现实的资料。

（2）问卷调查法

问卷调查法是调查人员以面对面或电话的方式询问被调查人员，或者是调查人员携带或邮寄调查表格到调查地点，或通过互联网由被调查人员填写表格方式，来收集市场资料的调查方法，亦称"书面调查法"，或称"填表法"。

（3）实地调查法

实地调查法是调查人员通过跟踪、记录被调查事物和人物的行为痕迹来取得第一手资料的调查方法。这种方法调查过程持续时间长；调查者和调查对象之间有更充分的认识和情感的交流；用定性分析的方法整理收集到的资料；调查结论具有参考性，暂时的结论往往是进行更深入探究的基础。

（4）实验调查法

实验调查法也称试验调查法，是指在调查过程中，调查人员通过分析影响被调查的人或事的因素，改变某些因素、假设某种环境或保持其他变量不变，以此来衡量这个变化因素的影响效果，认识实验对象的本质及其发展规律的调查。实验调查法主要包括实验者、实验对象、实验环境、实验活动和实验检测这五个基本要素。

（5）网络调查法

网络调查法也叫网上调查法，是指企业利用互联网了解和掌握市场信息的方式。这是一种新兴的调查方法，它的出现是对传统调查方法的一个补充，随着我国互联网事业的进一步发展，网络调查法将会被更广泛地应用。网络调查具有自愿性、定向性、及时性、互动性、经济性与匿名性。

2. 按调查样本产生的方式划分

按调查样本产生的方式，市场调查可分为市场普查、重点调查、典型调查、抽样调查等类型。

（1）市场普查

市场普查就是对调查指标有关的总体进行调查，即所要认识的研究对象全体进行逐一的、普遍的、全面的调查。这是全面收集信息的一种方法，可以获得较为完整、系统的信息资料，是物流企业科学管理的基础。

（2）重点调查

重点调查是指在调查对象总体中选定一部分重点单位进行调查。重点单位是指在总体中处于十分重要地位的单位，或者在总体某项标志总量中占绝大比重的一些单位。重点调查所选择的对象要能对本企业营销产生较大影响，这种调查方式较易选定为数不多的重点调查对象，这种调查可以使企业用较少的人力、物力、财力、时间取得重要的市场资料，但其准确性不如市场普查。

（3）典型调查

典型调查是在调查对象总体中有意识地选择一些具有典型意义或具有代表性的单位进行专门调查，通常用来研究新生事物以及新情况和新问题，或者用来总结先进经验，以便掌握典型情况，指导全面工作。

（4）抽样调查

抽样调查是指从市场调查对象总体中抽取一部分子体作为样本进行调查，然后根据样本信息，推算市场总体情况的方法。这是一种非全面调查，这种方法可能产生一些误差，但它比普查花费的时间少、成本低，并且有些无法进行市场普查的内容也可以采用，无力进行普查的企业也能进行，还可以利用抽样调查对普查的资料进行核对和修正。在市场调查的实践中，抽样调查是常用的方法，已被广泛应用。

3. 按市场调查的性质和目的划分

根据调查的性质和目的不同，可将市场调查分为探索性调查、描述性调查、因果关系调查和预测性调查等类型。

（1）探索性调查

探索性调查也称试探性调查，是指在调查专题的内容与性质不太明确时，为了了解问题的性质，确定调研的方向与范围而进行的搜集初步资料的调查。它的主要作用是发现问题或寻找市场机会。

（2）描述性调查

描述性调查主要是进行事实资料的收集、整理，把市场的客观情况如实地加以描述和反映，其资料数据的采集和记录，着重于客观事实的静态描述。描述性调研寻求对"是谁"、"是什么"、"什么时候"、"在哪里"和"怎样"等一些问题的回答。

（3）因果关系调查

因果关系市场调查，是为了研究市场现象与影响因素之间客观存在的联系而进行的市场调查。在描述性市场调查的基础上，对影响市场现象的各种影响因素搜集资料，指出其间的相互关联，研究各种现象间的相互关系的趋势和程度，进而研究这种联系的规律性。

（4）预测性调查

预测性调查是指专门为了预测未来一定时期内某一环节因素的变动趋势及其对企业市场营销活动的影响而进行的市场调查，这类调研的结果就是对事物未来发展变化的一个预测。

此外，按调查的组织形式不同可以分为专项调查、连续性调查和搭车调查。

（二）物流企业市场调查的工作程序

1. 明确调查问题和目标

物流企业市场调查的第一步首先要明确调查问题和目标，这对进行实质性的调查具有重要意义。调查问题一般由企事业单位提出一个不太具体、带有方向性的问题，它通常牵涉到企业未来的发展方向。市场调查部门根据调查范围和企业意图来确定调查的问题和目标，这样才能提出实质性的意见和建议。

2. 设计调查方案

市场调查方案又称市场调查计划，是指在正式调查之前，根据市场调查的目的和要求，对调查的各个方面和各个阶段所作的通盘考虑和安排。一个完善的市场调查方案，有利于确保调查工作有条不紊地展开，提高调查质量，主要包括确定调查内容、选择总的研究方法、选择数据收集的具体方法、确定调查的对象和调查范围、规定调查内容（所需的详细信息）、规定变量的测量方法和选择适当的量表、设计调查问卷和测试问卷、设计抽样方案和实施具体计划、制订调查实施的具体计划和质量控制方法、制订数据分析方案、预算调查经费、安排调查进度等。

3. 收集数据

设计调查方案之后就进入实地收集数据阶段，这是最艰苦的基础工作。收集数据不仅要求调查研究人员有埋头苦干、吃苦耐劳的精神和实事求是的科学态度，而且需要熟练地运用收集数据的方法和技术。目前收集数据常用的是文案调查法、问卷调查法、实地调查法、实验调查法等多种市场调查方法。

4. 分析数据

收集数据阶段完成后，还必须对收集到的数据进行处理和分析，这样才可能得到正确的结论。这一阶段的主要任务是在全面占有调查数据的基础上，对数据进行系统分析，其中包括统计分析和理论分析。

5. 总结成果

总结成果是市场调查的最后阶段，主要包括撰写市场调查报告、总结调查工作、评估调查结果等。撰写调查报告是市场调查的重要环节，是呈交给客户的最终产品，是经营决策者进行决策的重要依据。除了撰写市场调查报告外还应总结调查过程中的经验教训，以便于今后调查工作的开展。评估调查结果主要是从学术和应用两个方面进行，目的是总结市场调查所取得的成果。

（三）撰写物流企业市场调查报告

调查报告一般没有统一固定的结构，物流企业应根据问题的性质和具体要求来确定结构。市场调查报告的格式一般由标题、引言、主体、结语、附录五个部分组成，每一部分根据不同需要，有不同的写法，下面我们分别介绍这五个部分。

1. 标题

标题一般指调查报告的题目，它是对具体内容的高度概括，它必须准确揭示调查报告的主题思想，做到题文相符，要简单明了，具有较强的吸引力。好的标题，凝精聚华，能够吸引读者的兴趣，对于提高调查报告的应用效果、作用十分关键。所以，在确定标题时必须注意几个要点：概括文章主要内容，与报告主题相吻合；用词要活泼、新颖，有吸引力；文字简短，一目了然；能够表明作者的思想、倾向性。常用的标题主要有单标题、双标题和提问式标题。

2. 引言

引言也叫导语，是市场调查报告正文的前置部分，要写得简明扼要，精练概括。调查报告的导语部分一般应交代出调查的原因、目的、时间、地点、对象与范围、方法等，也可以概括市场调查报告的基本观点或结论，以便使读者对全文内容、意义等获得初步了解，然后用一句过渡句承上启下，引出主体部分。导语应能说明全文的目的或结论，文字要简练，简明扼要。

导语一般有开门见山，揭示主题；结论先行，逐步论证；交代情况，逐层分析；提出问题，引入正题这几种形式。导语的写法是非常灵活多样的，并不拘泥于某一种类，一般应根据调查报告的类型、目的、内容、篇幅以及主体部分所使用的材料等情况进行适当选择。

3. 主体

撰写调查报告的主体是市场调查报告的核心，也是写作的重点和难点所在，它决定了整个调查报告的质量高低和作用的大小。撰写主体时首先要安排好结构，再按结构要求组织材料，它要完整、准确、具体地说明调查的基本情况，进行科学合理的分析预测，在此基础上提出有针对性的对策和建议。主体的内容、结构安排是否恰当，直接影响报告的质量，主体一般可以分为基本情况、分析预测和建议三个部分。

4. 结语

结语也就是结尾，是市场调查报告的重要组成部分，好的结尾可以使读者明确主题，加深认识，启发读者思考，要写得简明扼要，短小有力。一般是对全文内容进行总括，以突出观点，强调意义或是展望未来。并不是每份市场调查报告都需要有结语，有时也可省略这部分，以使行文更趋简练。是否采用结语一般根据实际情况而定。结语一般有概括全文，深化主题；总结经验，形成结论；补充说明问题；提出问题，启发思考这几种形式。

5. 附录

附录是指调查者在调查报告正文部分无法提及但又需要附带说明的，与该项研究或调查报告有关、但与研究主题和研究结论的联系相对松散的一些材料，它是对正文报告的补充或更详尽说明。附录按顺序一般排列在正文之后，其主要内容包括：已经在报告的正文汇总的统计表和统计数字列表及其详细计算；第二手资料来源索引；第一手资料来源和联系对象的详细信息；为抽样调查而选定样本的细节问题；有关会议的记录、书籍、手册等；收集资料所使用的问卷和采访者指导说明书等。

二、物流企业市场预测

物流企业市场预测是指物流企业在市场调查研究的基础上，运用科学的方法和技术，对未来物流市场供应和需求的发展趋势以及有关的各种因素的变化进行预计和推测。预测的目的在于最大限度地减少不确定性因素对物流企业经营管理活动的影响，为物流企业的市场营销决策提供可靠的信息和依据，以便制订科学的经营计划，采取正确的经营策略。

（一）物流企业市场预测的种类

1. 按照预测的性质划分

按照预测的性质划分，物流企业的市场预测可以分为定性预测和定量预测。

（1）定性预测

定性预测是根据掌握的信息资料，凭借个人的知识和经验，运用主观判断的方法，对市场未来的趋势、规律、状态等作出预计和推测。这种预测方法要求在充分利用已知信息的基础上，发挥预测者的主观判断能力，它适合预测那些模糊的、无法计量也无法通过相关分析和回归分析预测的社会经济现象。定性预测方法简单、易行，便于掌握，而且时间快、费用低，应用广泛。对多种因素进行综合分析时，采用定性预测方法，效果更加显著。但是，定性预测方法缺乏数量分析，主观因素的作用较大，预测的准确性难免受到影响。

（2）定量预测

定量预测是依据历史数据或时间序列统计数据，通过建立适当的数学模型，分析研究经济现象发展变化规律并对未来作出预计和推测。运用这种方法进行预测时，要求有大量翔实的历史数据，有时还要求这些数据在时间上具有连续性。

2. 按时间长短划分

市场预测如果没有时间限制就会失去意义，所以按照时间长短划分，可以分为短期预测、中期预测和长期预测。

（1）短期预测

短期预测是以日、周、旬、月为时间单位，对一个季度内市场情况的预测，它为物流企业制订短期的经营管理决策提供依据。

（2）中期预测

中期预测是以年为时间单位，对1年以上、3年或5年以内的物流市场发展前景的预测，为物流企业制订五年计划或长期规划提供信息资料。

（3）长期预测

长期预测是以年为时间单位，对 5 年以上的物流市场经济前景进行预测，为制订长远规划、选择战略目标、制订重大物流企业经营管理决策提供科学依据。

此外，按照预测对象所处的空间范围的不同，物流企业市场预测还可以分为国际市场预测、国内市场预测和地区市场预测三种，这里就不做详细阐述了。

（二）物流企业市场预测的方法

1. 定性预测法

（1）顾客意见法

顾客意见法就是在直接征求顾客意见的基础上进行预测。适用于客户数量不大或客户与本企业有固定协作关系的物流企业。有些物流企业客户数量不多，这时只要根据这些客户对未来的服务需求就可以预测企业未来经营活动的方向和规模并制订相应的经营策略。

（2）专家会议法

专家会议法是指根据规定的原则选定一定数量的专家，按照一定的方式组织专家会议，发挥专家集体的智慧，对预测对象未来的发展趋势及状况，作出判断的方法。"头脑风暴法"就是专家会议预测法的具体应用。运用专家会议法时，专家小组规模一般 10 ~ 15 人为宜，会议持续时间一般 20 ~ 60 分钟效果最好。

专家会议法的优点主要包括：有助于专家们交换意见，通过互相启发，可以弥补个人意见的不足；能在较短时间内得到富有成效的创造性成果，为企业节省费用等。缺点主要包括：由于参加会议的人数有限，因此意见的代表性不充分；受权威的影响较大，容易压制不同意见的发表，而使一些有价值的意见未得到重视；由于自尊心等因素的影响，容易使会议陷入僵局等。

（3）德尔菲法

1）德尔菲法的含义

德尔菲法是以匿名发表意见的方式进行预测的一种方法，即专家之间不发生横向联系、不得互相讨论，只能与调查人员联系，通过多次征询专家对所提问题的看法，经过反复归纳、修改，最后形成专家基本一致的看法作为预测的结果。德尔菲法的优点主要包括：能充分发挥各位专家的作用，真正做到集思广益，准确性高；能把各位专家意见的分歧点表达出来，有利于彼此之间取长补短。缺点主要包括：过程比较复杂，花费时间较长，预测费用高。

2）德尔菲法预测的程序

①建立预测工作组。按照预测问题所需要的知识范围，确定专家。专家人数的多少，一般 20 人左右为宜。专家来源一般遵循"三三制"原则，即物流企业的管理人员占 1/3，物流行业专家占 1/3，政府、高校及科研机构占 1/3。

②对所有专家提出所要预测的问题及有关要求，并附上相关资料。同时请专家提出还需要什么材料，然后由专家做书面答复。

③各个专家根据他们所收到的资料，结合自身的知识和经验提出各自的预测意见，并说明自己是怎样利用这些资料进行预测的。

④将各位专家第一次判断意见汇总，列成图表，进行对比，再分发给各位专家，让专家比较自己同他人的差别，修改和完善自己的意见和判断。还可以把各位专家的意见加以整理，或请身份更高的其他专家加以评论，再把这些意见分送给各位专家，便于他们参考后修改自己的意见。

⑤将所有专家的修改意见收集起来，汇总，再次分发给各位专家，便于他们做第二次修改。收集意见和信息反馈一般要经过三四轮，这一过程重复进行，直到每一个专家不再改变自己的意见为止。在向专家进行反馈的时候，只给出各种意见，不能说明发表各种意见的专家的具体姓名。

⑥对专家的意见进行综合处理，提炼出有利于物流企业发展的预测结果。如图3-2-1所示。

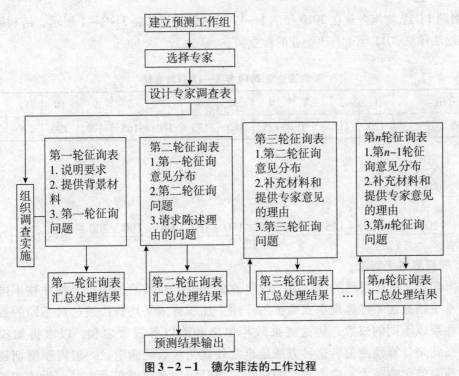

图3-2-1 德尔菲法的工作过程

2. 定量预测方法

定量预测的方法有很多种，在这里我们主要介绍时间序列法和回归分析法。

（1）时间序列法

时间序列法是将历史资料和数据按时间顺序排列成一系列，根据时间顺序所反映的经济现象的发展过程、方向和趋势，将时间序列外推或延伸，以预计市场的未来变化趋势，确定未来的预测值。这种方法对于短期预测的效果较好，具体做法很多，在此主要介绍几种常用的方法。

1）简单算数平均法

简单算数平均法是利用简单算术平均数在时间序列上形成的平均动态序列，来说明某种经济现象在时间上的发展趋势。这种方法简便易行、灵活迅速、花费较少、一般适用于短期预测，当对预测值的精确度要求不高时，常使用这种方法。如果时间序列有特别大或特别小的不均衡数据时，用简单算术平均数来代替预测值，其准确性会受到影响。其预测公式为：

$$\bar{X} = \frac{X_1 + X_2 + \cdots + X_n}{n} = \frac{\sum\limits_{i=1}^{n} X_i}{n}$$

式中，$\bar{X}$——算术平均数，即预测值；

X_1，$\cdots$，X_n——第 $1 \sim n$ 期的实际值；

n——预测资料的项数；

$\sum X$——各项实际值的总和。

【例题1】某物流企业在 2010 年的 1—12 月的营业额如表 3 - 2 - 1 所示，请利用简单算数平均法预测 2011 年 1 月该企业的营业额。

表 3 - 2 - 1　　　　　　　　X 物流企业 2010 年 1—12 月营业额

月份	1	2	3	4	5	6	7	8	9	10	11	12
营业额（万元）	120	115	130	125	160	170	180	165	170	190	200	195

$$预测值 = \frac{\sum\limits_{i=1}^{12} X_i}{n}$$

$$= \frac{120 + 115 + 130 + 125 + 160 + 170 + 180 + 165 + 170 + 190 + 200 + 195}{12} = 160（万元）$$

2）加权算术平均法

在物流企业进行预测的过程中，各期的统计数据对预测值的重要性往往不同，而简单算术平均数法不能体现重点数据的作用。加权算术平均数法通过对不同的数据按其重要性乘以不同的权数，将这些乘数相加之和除以各权数之和，以求得加权平均数，并以此来计算预测值。这种方法最难之处就是权数的确定，一般离预测期越近的数据对预测值影响越大，应取较大的权数。当时间序列数据变动大时，为体现各数据之间较大的差异，可以由远及近取等比数列作权数；如果不大，可以由远及近取等差数列作权数。其计算公式为：

$$\bar{X} = \frac{X_1 f_1 + X_2 f_2 + \cdots + X_n f_n}{f_1 + f_2 + \cdots + f_n} = \frac{\sum X_i f_i}{\sum\limits_{i=1}^{n} f_i}$$

式中，$\bar{X}$——加权平均数，即预测值；

X_1，$\cdots$，X_n——第 $1 \sim n$ 期的实际值；

f_1，$\cdots$，f_n——第 $1 \sim n$ 期实际值的权数。

【例题2】某物流企业在 2010 年的 1—8 月的营业额如表 3 - 2 - 2 所示，请利用加权算术平均法预测 2010 年 9 月该企业的营业额。

表 3 – 2 – 2　　　　　　　　　　X 物流企业 2010 年 1—8 月营业额

月份	1	2	3	4	5	6	7	8
营业额（万元）	120	115	130	125	160	170	180	165
权数								

由于该企业各个月份的营业额差距不大，因此我们可以取等差数列做权数，分别为 1，2，3，4，5，6，7，8。

$$预测值 = \overline{X} = \frac{X_1 f_1 + X_2 f_2 + \cdots + X_n f_n}{f_1 + f_2 + \cdots + f_n} = \frac{\sum X_i f_i}{\sum\limits_{i=1}^{n} f_i}$$

$$= \frac{120 \times 1 + 115 \times 2 + 130 \times 3 + 125 \times 4 + 160 \times 5 + 170 \times 6 + 180 \times 7 + 165 \times 8}{1 + 2 + 3 + 4 + 5 + 6 + 7 + 8} \approx 156.7$$

（万元）

3）简单移动平均数法

一般运用于预测目标的时间序列长期趋势基本平均状态的情况，它是以一组观察序列的平均值作为一下期的预测值。其基本公式为：

$$M_t = \frac{X_{t-1} + X_{t-2} + \cdots + X_{t-n}}{n} = \frac{1}{n} \sum_{i=t-n}^{t-1} X_i$$

式中，M_t——第 t 期的预测值；

X_{t-1}，$\cdots$，X_{t-n}——观察期内时间序列的各个数据，即预测目标在观察期的实际值；

n——数据的个数。

因而，就可以比较方便地以本期预测值来推算下期的预测值。

【例题 3】已知某物流配送企业 2010 年 1—9 月营业额如表 3 – 2 – 3 所示，试利用简单移动平均法预测该企业 10 月的营业收入是多少？（跨期间隔 n 分别为 4 和 5）。

表 3 – 2 – 3　　　　　　　　　　X 物流企业 2010 年 1—9 月营业额

t（月份）	Y（收入）	M_t（$n=3$）	M_t（$n=5$）
1	240	—	—
2	252	—	—
3	246	246.00	—
4	232	243.33	—
5	258	245.33	245.60
6	240	243.33	245.60
7	238	245.33	242.80
8	248	242.00	243.20
9	230	238.67	242.80

由于 $M_t = \dfrac{X_{t-1} + X_{t-2} + \cdots + X_{t-n}}{n} = \dfrac{1}{n}\sum_{i=t-n}^{t-1} X_i$,

因此，当 $n=3$ 时，预测值 $Y_{10} = M_{10} = \dfrac{X_{10-1} + X_{10-2} + \cdots + X_{10-3}}{3} = \dfrac{X_9 + X_8 + \cdots + X_7}{3} \approx$ 238.67

当 $n=5$ 时，预测值 $Y_{10} = M_{10} = \dfrac{X_9 + X_8 + \cdots + X_5}{3} \approx 242.8$

4）指数平滑预测法

指数平滑预测法是通过对预测目标历史统计序列的逐层的平滑计算，消除由于随机因素造成的影响，找出预测目标的基本变化趋势，并以此来预测未来，指数平滑预测法按平滑次数的不同又分为一次指数平滑法、二次指数平滑法等。

已知序列 X_1，X_2，$\cdots$，X_n，n 为序列总记录期数，一次指数平滑公式为：

$$S_t^{(1)} = \alpha X_t + (1-\alpha) S_{t-1}^{(1)} \quad (t=1,\ 2,\ \cdots,\ n)$$

式中，$S_t^{(1)}$——第 t 期的一次指数平滑值〔上标（1）为一次指数平滑〕；

　　　X_t——第 t 期预测目标的实际值；

　　　α——平滑系数（$0 \leqslant \alpha \leqslant 1$）。

上式表明：第 t 期的一次指数平滑值是本期的实际值和上期的一次系数平滑值的加权平均数，第 t 期实际值的权数为 α，第 $t-1$ 期预测值的权数为 $1-\alpha$。

如果对一次平滑的结果再进行一次平滑，就称为二次系数平滑，其公式为：

$$S_t^{(2)} = \alpha S_t^{(1)} + (1-\alpha) S_{t-1}^{(2)} \quad (t=1,\ 2,\ \cdots,\ n)$$

式中，$S_t^{(2)}$——第 t 期的二次指数平滑值。

依此类推，三次指数平滑的公式为：$S_t^{(3)} = \alpha S_t^{(2)} + (1-\alpha) S_{t-1}^{(3)} \quad (t=1,\ 2,\ \cdots,\ n)$

值得一提的是：二次指数平滑法适用于具有线性趋势数据的分析处理。若时间序列呈非线性变化趋势，则可用三次指数平滑法。

【例题4】某物流企业 2010 年的物流运输收入数据如表 3-2-4，请利用一次指数平滑法对其 2011 年 1 月的物流运输收入进行预测。

表 3-2-4　　　　　　　　**X 物流企业 2010 年物流运输收入数据**　　　　（单位：万元）

时间	实际观测值	平滑指数值		
		$\alpha = 0.3$	$\alpha = 0.5$	$\alpha = 0.7$
1	203.8	—	—	—
2	214.1	203.8	203.8	203.8
3	229.9	206.9	209.0	211.0
4	223.7	213.8	230.0	224.2
5	220.7	216.8	226.8	223.9
6	198.4	218.0	223.8	221.7
7	207.8	212.1	211.1	205.4

续 表

时间	实际观测值	平滑指数值		
		$\alpha = 0.3$	$\alpha = 0.5$	$\alpha = 0.7$
8	228.5	210.8	209.5	207.1
9	206.5	216.1	219.0	222.1
10	226.8	213.2	212.8	211.2
11	247.8	217.3	219.8	222.1
12	259.5	226.5	233.8	240.1

根据一次指数平滑公式：$S_t^{(1)} = \alpha X_t + (1 - \alpha) S_{t-1}^{(1)}$ （$t = 1, 2, \cdots, n$）

该企业 2011 年 1 月的运输收入为：

当 $\alpha = 0.3$ 时，预测值 $= 0.3 \times 259.5 + 0.7 \times 226.5 = 236.4$ （万元）

当 $\alpha = 0.5$ 时，预测值 $= 0.5 \times 259.5 + 0.5 \times 233.8 = 246.65$ （万元）

当 $\alpha = 0.7$ 时，预测值 $= 0.7 \times 259.5 + 0.3 \times 240.1 = 253.68$ （万元）

（2）回归分析预测法

回归分析预测法就是从事物变化的因果关系出发，建立因果变量间的数量关系近似表达的函数方程，并进行参数估计和显著性检验以后，运用回归方程式预测因变量数值变化的方法。表达因果变量之间关系的数学表达式称为回归方程。对于物流企业市场预测来说，因果关系是指物流市场活动及物流企业经营活动过程中的现象之间的彼此关联而构成的相互依存关系。

任务实施

编制物流企业市场调查问卷[①]

一、背景资料

企业名称：_____

地　　址：_____

电　　话：_____

传　　真：_____

二、问题

1. 贵公司 2010 年营业收入是在哪一个区间（人民币）？

A. 0 ~ 100 万

B. 100 万 ~ 1000 万

① 资料来源：http://dl.glzy8.com/temp/30x10x124x21x85x20x116x112x113x86x86x114x31.html

C. 1000 万 ~ 5000 万

D. 5000 万 ~ 1 亿

E. 多于 1 亿

2. 2010 年营业收入的前三个来源（请在空格中打"√"）

	物流外包协议	运费收入	仓储收入	包装服务收入	采购管理收入	销售合同录入收入	信息系统集成收入	软件使用费	咨询业务收入	反向物流收入	货代佣金	其他收入	请估计前三大收入来源各自占总收入百分比（%）
第一来源													
第二来源													
第三来源													

3. 请评估客户的规模构成（2010 年收入，人民币）

客户的业务收入范围	在此范围内客户数目占所有客户的百分比（%）
0 ~ 100 万	
100 万 ~ 1000 万	
1000 万 ~ 1 亿	
1 亿 ~ 10 亿	
10 亿以上	

注：客户的业务收入指签订服务合同的客户企业本身，而不是其所在的集团。例如，"五矿集团五金进出口有限公司湖北分公司"的 2001 年业务收入。

4. 有多少 2010 年的客户 2009 年也是贵公司的客户？

A. 0 ~ 20%

B. 20% ~ 40%

C. 40% ~ 60%

D. 60% ~ 80%

E. 80% ~ 100%

5. 贵公司*的业务网络（包括代理点）覆盖什么区域：

（*不包括贵公司的母公司或兄弟公司）

A. 一个或几个城市及周边地区

B. 一个或几个邻近省份

C. 一个或几个大区（华东、华南、华北等七个大区）

D. 全国

E. 跨国/跨洲

6. 目前中国第三方物流行业的最重要的三个趋势是（请在空格内打"√"）

	客户更重视寻找"一站式"服务的整体物流解决方案提供商	恶性价格竞争	客户积极寻求外包更多的供应链环节	电子商务、EDI等信息技术手段的普及应用	客户企业领导层对物流合作伙伴的重视	区域间物流企业合并，整合提高地域覆盖能力	第三方物流企业能力新项目都不断提高	母公司对第三方物流企业提出更苛刻的赢利/增长要求	国际知名第三方物流企业进入中国市场	其他
第一趋势										
第二趋势										
第三趋势										

如有未列出的重要趋势，请提示：

7. 目前中国第三方物流企业面临的主要机遇是：（请在空格内打"√"）

	企业供应链管理信息化程度的提高	WTO后生产型企业进入中国增多，进口增加	逐步放开的零售、分销领域存在潜在物流外包要求	横向联合和第三方物流企业的兼并、重组整合	国家对运输港口、机场、海关等基础设施投入增加
第一机遇					
第二机遇					
第三机遇					

如有未列出的重要机遇，请提示：

8. 目前中国第三方物流企业面临的主要问题是（请在空格内打"√"）

	企业信息系统不健全	企业不愿外包物流职能	企业对物流服务支付能力不高	物流企业一哄而上，良莠不齐，导致市场无序竞争	外国3PL的进入	难以寻找合格的物流专业人才	第三方物流企业过于零散，无法提供全国、跨国物流服务	政府政策、地方保护等因素	其他
第一挑战									
第二挑战									
第三挑战									

如果有未列出的重要挑战，请提示：

9. 目前中国第三方物流企业的关键成功要素有：

	成本控制能力	产品（服务项目）开发能力	信息系统能力	网络覆盖面	品牌形象	客户关系基础	资金/资产	良好的政府关系	物流/供应链解决方案的设计能力	物流/供应链解决方案的执行能力	其他
第一要素											
第二要素											
第三要素											
第四要素											
第五要素											

10. 您预测未来一年和三年内中国物流外包市场整体规模与贵公司物流服务业务增长情况为：

	物流外包市场增长率	贵公司的物流业务*增长率
明年增长（％）		
三年增长（％）		

注：*物流业务包括问题2中列示的前十种服务。

知识拓展

物流企业如何进行市场预测

物流企业在进行市场预测时一般按照以下程序进行：

一、明确预测目标

明确预测目标是物流企业进行市场预测工作中的第一步，它包括确定预测对象、范围和内容等。目标的确定使我们明确了预测工作要了解什么问题，解决什么问题，达到什么目的。如果没有明确的预测目标，预测工作将会带有盲目性。只有目标明确，预测工作才能做到有的放矢。物流企业市场预测目标的确定应根据其经营管理的实际需要来制订，通过目标分析，明确了预测及研究的相关内容，同时也为资料搜集、选择预测方法指明了方向。

二、收集、整理、分析资料

预测资料的数量和质量直接影响到预测结果的准确度。通常情况下，如果拥有的资料越充分、准确，那么对预测问题的理解就越深刻，得出的预测结果就越准确。因此，在进行预测时要尽可能扩大资料的来源。收集的资料可以分为一手资料和二手资料。在收集资料过程中，一定要通过各种方式来获取一手资料，同时利用多种渠道得到二手资料，并且还应注意收集资料的全面性、系统性和适用性，否则将无法说明要预测的问题。收集的资料，一定要进行认真审核，对不完整或不适用的资料，特别是历史统计资料，一定要做必要的推算、插补或删除，以保证资料的完整性和可比性。最后，还应对整理过的资料，采用科学的方法进行分析，识别不同因素对预测问题的影响程度，分析他们之间存在的内在联系，为实施预测打下坚实的基础。

三、选择预测方法

在前面我们讲述了多种市场预测的方法，如何对这些方法进行正确的选择，是物流企业进行市场预测的关键环节，直接影响着预测的工作效率和结果的准确性。各种预测方法都有其不同的原理、特点和适用性，要根据预测目标和资料拥有情况综合考虑。当一种方法无法解决预测问题时，要注意对多种方法的综合运用，一定要根据实际情况，选择行之有效的预测方法。

四、实施预测

实施预测是物流企业进行市场预测的关键阶段，它是在收集、整理、分析资料和选择预测方法的基础上，推测出预测目标的可能水平和发展趋势，进而作出分析与评估，得出最终预测结论。预测结果的准确性除了受到资料、预测方法等因素的影响，还和预测者的知识和经验密切相关。特别是进行定性预测时，预测者自身的知识、能力和经验可以成为左右预测成功的关键因素。

五、预测结果、方法的分析评价

进行预测之后，就会得到预测结果，但此时只是初步的预测结果，由于预测问题的复杂性，及资料不全或者预测人员知识经验不足等原因，会造成预测结果与实际情况存在一定的偏差。只有对预测结果及其采用的方法进行分析评价，才能确定预测结果的合理性及其方法的科学性，最终得出预测结论。分析评价常用的办法包括：根据以往的知识、经验，检查和判断结果是否合理；计算预测误差，看看预测误差是否超过预测要求；分析正在形成的各种征兆反映的未来条件的变化，并判断这些条件、影响因素的影响程度可能出现的变化。如果预测结果合理则进行适当的修正即可，如果不合理则需要重新选择方法进行预测。

六、撰写预测报告

对预测结果、方法进行分析评价之后，应撰写预测报告。物流企业市场预测报告是指物流企业以一定的经济理论为基础，以市场环境的调查和分析为出发点，运用科学的经济技术方法和手段，将预测对象、预测范围、预测结果用文字表达出来的书面文案。物流企业的市场预测报告要求对预测结果进行简单明了、客观公正的说明，并对预测过程、预测指标和资料来源等做出简明的解释和论证。

思考：

请同学们运用前面市场调查得到的资料模拟市场预测的过程，并撰写物流企业的市场预测报告。

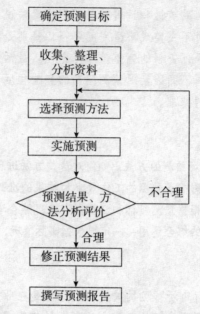

图 3 - 2 - 2　物流企业市场预测的程序

1. 请同学们根据当地某一物流企业的实际情况完善任务实施中的市场调查问卷，并实施调查活动。

2. 每组同学搜集调查问卷 100 份，调查活动结束后根据实际情况撰写市场调查报告。

任务三　物流企业经营战略选择

任务描述

物流企业作为社会经济的基本单位，其发展状况对国民经济和社会的平衡运作起到了极为重要的作用。随着全球经济一体化的发展，每个物流企业面临着国内外同行及其供应链中上、下游企业的竞争威胁，面对如此错综复杂的内外环境，物流企业应制订适合本企业发展的物流经营战略，使企业能在激烈的竞争环境中得到快速发展。

知识准备

一、物流企业经营战略的含义

"战略"一词来源于希腊字"strategies"，原意为"指挥军队的艺术和科学"。在企业经营管理中，战略用来描述一个企业实现其目标的策略。物流企业战略就是企业为了求得长远的发展，在对企业内部条件和外部环境进行有效分析的基础上，根据企业的经营总目标所确定的企业在一定时期内发展的总体设想和谋划。具体地说，物流企业战略是在充分分析物流企业内外环境的基础上，对企业的经营范围、成长方向、竞争对策等一些长远目标作出的整体规划，它是企业经营思想的集中体现，目的在于使物流企业在长期竞争中处于优势地位。物流企业经营战略具有全局性、长期性、竞争性和纲领性的特征。

二、物流企业经营战略的类型

物流企业由于其经营的是服务型产品及其在供应链中的特殊地位，它的经营战略具有一定的特殊性。物流企业经营战略层次主要分为战略层、经营层、结构层、职能层和执行层。战略层主要是确立物流对企业战略的协助作用，建设两大平台和两大系统，这是物流企业战略的最高层次；经营层主要是通过顾客服务建立战略方向；结构层是指对物流企业的结构设计和规划，包括渠道设计和设施的网络战略；物流战略职能层是指规划制订实现物流各种职能的战略；执行层主要负责日常的物流管理问题。在这里我们主要介绍总体战略和职能战略。

（一）物流企业总体战略

物流企业总体战略又称为物流企业战略，是企业最高管理层为实现企业的使命和总体目标而制订的企业战略总纲，是企业最高层次的战略。根据企业经营态势的不同，这种战略又可以分为发展战略、稳定战略和紧缩战略三种。

1. 发展战略

发展战略又叫进攻战略，是一种使物流企业从现有战略向更高目标发展的战略，其特点是物流企业不断地开发新服务和新市场，不断地提高市场占有率，努力掌握市场竞争的主动权。战略的着眼点是技术、服务、质量、市场和规模。采用这种战略的物流企业要有雄厚的实力或繁荣的市场。

2. 稳定战略

稳定战略也称维持战略，是指物流企业在战略规划期使经营水平与目前水平基本持平的战略。采用这种战略，物流企业目前所遵循的经营方向、生产规模、技术水平、市场份额等一些关键领域在一定时期内都不会发生太大的改变。适用于需求达到饱和状态或者市场容量不可能增加的物流企业。

3. 紧缩战略

紧缩战略是指物流企业从目前的战略经营领域和基础水平开始收缩和撤退的一种经营战略。与稳定型战略和发展型战略相比，紧缩型战略是一种消极的物流企业战略。在物流企业经营管理过程中，有时只有采取收缩和撤退的措施，才能抵御竞争对手的进攻，避开环境的威胁，迅速地实行自身资源的最优配置，达到以退为进的效果。适用于短期调整战略的物流企业。

（二）职能战略

职能战略是为贯彻、实施总体战略，根据物流企业内各职能领域的性质、特点制订的部门战略，如运输战略、仓储战略、流通加工战略、配送战略、人力资源管理战略等，其目的在于为总体战略的实现提供职能保障。

三、典型的物流企业经营战略

目前比较典型的物流企业战略主要有物流服务延伸战略、定制式物流服务战略、物流联盟战略、物流咨询服务战略和绿色物流战略。物流服务延伸战略是指在现有物流服务的基础上，通过向两端延伸，为客户提供更加完善和全面的物流服务，从而提高物流服务的附加价值，满足客户高层次物流需求的经营战略。订制物流服务战略是指将物流服务具体到某个客户，根据客户需求为该客户提供从原材料采购到产成品销售过程中各个环节的全程物流服务的战略，主要涉及储存、运输、配送、加工、包装、咨询等全部业务，甚至还包括订单管理、库存管理、供应商协调等在内的其他服务。物流联盟战略是指物流企业为了达到比单独从事物流服务更好的效果，与其他物流企业之间形成互相信任、共担风险、共享利益的物流伙伴关系的经营战略。物流咨询服务战略是指利用专业人才优势，深入到企业内部，为其提供市场调查分析，物流系统规划、成本控制、企业流程再造等相关服务的经营战略。绿色物流战略是指物流企业在运输、储存、包装、装卸和流通加工等物流活动中，采用先进的物流技术、物流设施，最大限度地降低对环境的污染，提高资源利用率的一种物流企业经营战略。废弃物流、回收物流等是绿色物流战略的具体体现。

四、物流企业战略的内容

（一）物流企业战略思想

物流企业战略思想由制订和实施经营战略的基本思路和观念构成，它是物流企业经营战略的基本点，指导经营战略决策的行动。物流企业经营战略思想的具体化，就形成企业的战略方针、战略目标和战略重点，因而它贯穿于企业全部经营战略之中，是企业经营战略的灵魂。

（二）物流企业战略目标

物流企业战略目标是物流企业经过经营战略的实施并经受风险，预期达到的总体经营成果指标。只有确定物流企业的战略目标，才能确定企业发展方向、经营范围、经营规模和经营成果。现代物流企业的经营战略目标一般包括优质服务、迅速及时、节约空间、规模适和库存控制等几方面的内容。

（三）物流企业战略方针

物流企业战略方针是为实现战略目标而制订的行为规范和政策性决策。在企业发展的不同时期，企业的战略方针不同。不同时期的战略方针体现了物流企业的战略特点，是一定时期内物流企业活动的行动纲领。

（四）物流企业战略规划

物流企业战略规划是为实施企业经营战略而制订的影响企业全局和未来的重要措施和基本步骤，是战略目标和战略方针的具体化。它既是企业经营战略的一个重要组成部分，又是指导战略实施的纲领性文件。物流企业在制订战略规划时，应明确企业的目标市场，采取准确的定位策略，突出企业的竞争优势，合理配置各种资源，详细制订每一个战略行动计划。

任务实施

物流企业经营战略实施与控制

一、物流企业经营战略实施

物流企业经营战略实施就是将战略计划转化为实际行动。物流企业制订科学合理的战略虽然重要，但如果不能保证战略实施顺利进行，一切都将是纸上谈兵。制订一个良好的经营战略仅仅是物流企业经营战略成功的一部分，只有保证有效地实施这一战略，物流企业的经营战略目标才能顺利实现。

物流企业经营战略实施的注意事项：

1. 制订详细的实施计划

在物流企业经营战略实施过程中，首先要制订详细的实施计划，主要包括制订详细的战略项目和行动计划、资金筹措计划、市场开拓计划等，以便有重点的推行物流企业经营战略。

2. 改变人们的行为

如果要适应物流企业战略目标的要求，就必须改变物流企业内人们的传统行为，建立起一种适合新战略所需要的行为规范、工作方法、价值观念和精神面貌。只有这样才能够保证工作计划能落到实处，并保证实施的质量和效率。

3. 建立与新战略一致的组织机构

首先要分析实施各种物流企业经营战略组织的优缺点，然后选择符合相应战略所需要的组织机构，对原有的组织机构进行改革，并明确新组织机构人员相应的责任和权力，建立各种有效的规章制度。

4. 正确地分配资源

在战略实施的过程中，资源分配的好坏将直接影响物流企业经营战略的执行效果。因此应根据战略需要，有效、正确地分配企业资源，最大限度的发挥人、财、物相应作用。

5. 有效地进行战略控制

在物流企业经营战略实施的过程中应当采取措施，进行有效的控制。

二、物流企业经营战略控制

物流企业经营战略控制就是将预定的战略评价目标或标准，经过与信息反馈回来的战略执行成效进行比较，以检测偏差的程度，然后采取措施进行纠正。物流企业经营战略控制的要素主要包括战略评价标准、实际成效和绩效评价。物流企业经营战略控制的方法主要有事前控制、事中控制和事后控制。

（一）物流企业经营战略控制的过程

首先，根据物流企业经营战略目标和要求制订相应的战略评价标准。其次，对战略执行前、执行中和执行后信息反馈的实际成效进行比较和分析，找出与战略计划的偏差。最后，针对找出的偏差采取措施进行纠正，以保证战略目标的实现。这三个方面的活动有机地结合在一起，构成完整的战略控制整个过程。

（二）物流企业经营战略控制系统

在许多物流企业中，人们越来越多的设计了控制系统（如 POS 系统、EDI 等）来实际控制物流企业内的各项活动。为了实现有效的控制，控制系统基本要求主要包括：控制系统应是节约的，应是各部门所需要的最低限度的信息；控制系统应是有意义的，能为各层管理人员提供真正需要的有价值的信息；控制系统应是适时的向信息管理者提供信息；控制系统应是简单的、实用的，能提供关于发展趋势的定性信息，并有利于信息管理者采取行动。

 知识拓展

锦程物流连锁经营实现网络布局战略模式分析①

依靠小舢板搭建起的物流巨舰，锦程国际物流仅仅用了不到 5 年的时间，就编织起了一个跨越海内外的物流连锁网络。锦程物流的成功，令业界刮目相看，纷纷探寻锦程模式的奥秘所在。从 1990 年创业至 2005 年，锦程物流在 15 年里从几个人、几间办公室的货代企业，发展成为今天资产过亿、拥有全球服务网络的大型国际物流集团；从单一功能的业务运营模式逐步转型为业务功能齐全的、综合性、国际性的物流运营集团。锦程物流董事长李东军说，锦程的成功赢在创新的战略上。

随着中国在 2001 年年底正式加入 WTO，中国在国际经济贸易合作道路上踏上了一个更加宽阔的舞台，这也给我国物流业的发展带来了前所未有的时机。外贸进出口量开始呈现出更为强劲的增长势头，在国际贸易拉动下，中国海运业务获得了快速发展，而海运业务中集装箱业务成为增长最快的业务。

经过周密的调查分析，锦程物流的高管层认为：在新的经济形势下，技术的进步必将推动产业升级，传统货代的变革即将展开。

2000 年，有了多年来对沃尔玛和亚马逊网上书店的研究心得，李东军将研究中获得的企业扩张理论用于锦程物流，这样，"以连锁经营为手段的网络布局、以业务整合为核心的集中采购、以全信息管理为基础的电子商务"的战略经管理念便诞生了。2001 年 3 月锦程正式更名为锦程国际物流集团股份有限公司。

这一战略经管理念对于中国的物流业来说可谓独辟蹊径，即使在国际物流发展史上，也还没有以连锁加盟来进行实体网络构建的经验，更没有以集中采购、批发运价作为赢利模式的先例，在物流业发展时间还不长的中国，采取这样的发展模式并不是万无一失的。但是，在新经济时代，技术水平已经远非发达国家物流业发展初期所能及，信息技术的应用为企业的发展带来了无限可能性，各行各业的资源，都能够通过互联网实现不同程度的资源整合，创新已经成为这一时代的发展主题。

2004 年年底，锦程国际物流集团根据战略发展建立了全球订舱中心，建立了中国物流业第一个专业呼叫中心，中国物流业第一个全球统一订舱电话，中国物流业第一张全球订

---

① 资料来源：http://www.examw.com/wuliu/anli/2007-2/200718713.html

舱卡，围绕"资源整合，集中采购"这一核心目标，锦程全球订舱中心不断发展，一个个行业奇迹接连创造；上海、深圳、青岛等八大口岸 LBC 相继设立并成功运营，标志着 GBC 八大口岸联网互动，全国覆盖服务功能的初步实现；与中海、中外运、APL、K - LINE 等多家船公司签约并达成合作意向，运价产品不断完善；网络媒体、传统期刊等创新营销推广手段组合联动，全面执行，覆盖全国的三级营销网络逐步展开。经过 1 年多的运营，目前的订舱中心已经成为锦程物流新的利润增长点。

李东军认为，锦程的创新商业模式核心，就是对中国物流市场分散资源的整合，然后通过整合做集中采购，获得整体的低价格竞争优势，凭低价集中客户资源，以集中客户降低采购价格。实际上，锦程物流的竞争力和发展之路就是先做国内的资源整合，通过用国内的资源整合，然后再做国际整合，通过集中采购形成核心竞争力，因为未来的中国是一个行业高度集中、高度竞争的市场，欲立足必先规模化发展。

思考：

1. 锦程物流连锁加盟的优势是什么？
2. 是否所有的物流企业都可以采用这种战略模式？采用这种模式应具备什么条件？

作　业

1. 物流企业经营战略的主要内容有哪些？
2. 如何制订物流企业的经营战略？

任务四　物流企业的经营决策

任务描述

制订物流企业的经营决策是企业在发展过程中最重要、最基本的职能，企业经营管理的每一个环节和每一个阶段都离不开决策。北京奥运会、上海世博会给国内物流市场带来了巨大的利润和无限的商机，国内外众多物流企业如何把握市场信息进行决策，成为讨论的热点。物流企业在运营管理过程中，经常会遇到一些重大问题需要决策，因此我们应掌握物流企业经营决策的相关内容。

知识准备

一、物流企业经营决策的含义

决策是人们确定未来行动目标，并从两个以上实现目标的行动方案中选择一个合理方案的工作过程。现代化物流企业管理是一个不断决策过程，它从提出问题、确定目标开始，并寻找为达到目标可供选择的各种方案，比较和评价这些方案，再进行最优方案的选择并做出决定，最后是执行这个决定，并在执行过程中进行核查和控制，以保证预定目标的实现。

物流企业的经营决策是指物流企业在组织商品流通和提供服务过程中，对经营活动的重大问题，诸如确定经营方向、经营目标、经营范围，以及对多种经营因素的合理组织等做出一系列决策的过程。物流企业的经营决策不仅是企业经营的核心职能，而且是一种现代化的经营方法。

二、物流企业经营决策类型

（一）按决策问题的条件划分

1. 确定型决策

确定型决策也叫标准决策或结构化决策，是指决策过程的结果完全由决策者所采取的行动决定的一类问题，它可采用最优化、动态规划等方法解决。决策的环境是完全确定的，作出选择的结果也是确定的，即决策的条件是确定的。

2. 非确定型决策

非确定型决策指在可供选择的方案中存在两种或两种以上的自然状态，并且这些自然状态所发生的概率是无法估计的。决策者无法预知将要发生事件的概率，只能凭借主观及综合考虑各种情况下发生的利弊和得失进行决策。

3. 风险型决策

风险型决策是指可供选择的方案中，决策的环境不是完全确定的，不论选择哪个方案，都有一定风险性的决策。此类决策存在不可控因素，一种方案会出现几种不同的结果，但其结果的概率是可以计算出来的。

（二）按决策的目标划分

1. 单目标决策

单目标决策是只有一个决策目标的决策，目的是为了满足某一个指标的要求。所以单目标决策的关键是选择准确的决策目标，只有选择出准确的目标才可以作出科学的决策，而决策目标又要根据所要解决的问题来确定。

2. 多目标决策

多目标决策是单目标决策的推广，它更接近人们的日常决策，因为对一项实际活动的决策总是涉及几个追求的目标。根据多个目标准则来确定一个方案是否可行的决策过程，是现代决策理论非常重要的内容。多目标决策的方法主要有化多为少法、分层序列法、直接求非劣解法、目标规划法、层次分析法、重排序法、多目标群决策等。

（三）按经营决策的重要程度划分

1. 战略决策

战略决策由高层管理人员作出决策的，也称为高层决策，是关系企业全局性、长远性、战略性的重大问题的决策。物流企业战略决策是企业经营成败的关键，它关系到企业生存和发展，重点解决企业与外部环境的关系问题。

2. 管理决策

管理决策由中层管理人员作出决策的，也称为中层决策，是指企业的中层管理者为了保证总体战略目标的实现而作出的、旨在解决组织局部重要问题的决策。重点解决企业经营策略性问题，如营销计划的制订、设备的更新及资金的筹措等。

3. 业务决策

业务决策由基层管理人员作出，也称为基层决策，是企业内部在执行计划过程中，为提高生产效率和日常工作效率而作的决策，重点解决生产、销售过程中常见的技术性较强、时间紧迫的一些具体问题。

（四）按决策问题的重复程度划分

1. 程序化决策

程序化决策多是在企业日常经营管理过程中经常重复发生的问题，已有了处理经验、方法和程序，可以按照常规的方法来解决的决策。

2. 非程序化决策

非程序化决策是指在企业经营管理过程中不常出现的问题，或者是新的问题，没有处理经验可参考，没有固定程序和常规处理办法，需要依靠决策者的判断和信念来解决问题的一次性决策。

 任务实施

物流企业经营决策的实施

一、确定经营目标

通过对市场深入细致的调查研究，在对物流企业外部环境和内部条件充分了解的基础上制订企业经营目标。经营目标是否明确、合理，是保证决策质量的关键。面对要解决的问题，经营目标要分清主要目标和次要目标、战略目标和具体目标、短期目标和长期目标，使它们协调一致，互相推进。经营目标还要具体，并且要尽量量化，以便于进行比较分析和决策。

二、拟订可行方案

物流企业在确定决策目标后，根据对信息资料的分析研究，拟订出两个或两个以上可供选择的可行方案，这是一个发现、探索的过程，也是淘汰、选取、反复进行的过程。首先，拟订的备选方案要符合客观实际，并应进行精心设计，大胆设想、勇于创新。其次，拟订的方案应具有先进性、经济性、合理性和可行性。最后，要进行内部员工及社会有关部门的沟通，征求专家、学者的意见，形成可量化或用其他方法可进行评价的方案体系。

三、对方案进行评价和选优

对备选方案进行评价和选优是物流企业经营决策的关键步骤。它是在对各种可行方案进行计算、分析、比较、评价的基础上，由决策者通过总体权衡之后，作出科学的决策，选择出一个最令人满意的方案。为此，既要有合理的选择标准，还要有科学的选择方法。选择标准主要有效益最大、成本最低、速度最快等，选择方法主要有经验判断法、数学分析法、实验法。

四、执行决策

经过大量反复的分析研究，可以给决策者提供大量的决策信息，便于决策者作出选择，并执行决策。决策实施主要应当制订相应的具体措施，保证方案的正确实施；确保与方案有关的各种指令被所有有关人员充分接受和彻底了解；建立重要的工作报告制度，以便及时了解方案进展情况，并能及时进行调整；应用目标管理方法把决策目标层层分解，落实到每一个执行单位或个人。

决策不是一次选择和决定就能完成的工作，需要经过反复的修正，直到各个方面都尽可能达到满意为止。决策在实施过程中还要根据实际情况不断进行调整和完善，寻求新机遇、新目标、新方案。

知识拓展

"中铁现代物流" 的企业运作经验①

中铁现代物流科技股份有限公司（以下简称中铁现代物流）是具有深厚铁路背景的大型第三方物流企业，公司组建时间不长，但发展却很快。这完全依赖于公司所拥有的几大优势：人才、体制、战略和网络。公司在物流的运作和发展中总结了以下几方面的经验：

一、坚持以人为本，选拔培养物流人才

中铁现代物流的质量方针是：坚持以人为本、持续创新改进、超越客户期望、追求卓越发展，公司始终坚持以人为本、把人才培养放在公司发展的首要位置。

（一）坚持"高起点、高定位"的招聘原则

通过多年的建设，拥有一大批高学历、高素质、经验丰富的物流人才，经过严格的选拔和再培训，已成为中铁现代物流科技股份有限公司的人才中坚。此外，公司有针对性的向社会公开招聘了一批包括仓储、陆路运输、海运、航空货代、国际货代、物流方案策划和管理咨询等各个专业方向的优秀物流人才，其中不乏许多知识复合型人才。在公司总部，拥有硕士学位的员工占40%，本科以上学历占80%，高素质、高学历的复合型物流人才成为中铁现代物流快速发展的基石。

（二）加强在职员工的培训力度

公司在招聘优秀物流人才的同时，也注重加强对从业人员的管理和业务培训。公司专门设立专门人员负责培训系统的建立及实施，包括培训计划的制订、实施、跟踪和管理。

---

① 资料来源：http://info.clb.org.cn/anlitongjian/jingyingzhidao/2010－08－30/50778.html

为了加大培训力度，公司与北京交通大学物流研究所结成战略伙伴关系，委托交大物流所的专家和教授对公司的物流管理和业务人员进行物流培训，培养和提高员工的理论素质和实战技巧。

（三）建立良好的用人机制

中铁现代物流一直视员工为最宝贵的财富，公司尊重和重视人才。每年，公司都会和员工共同制订员工个人发展目标和发展计划，并尽力为他们创造良好的工作氛围和实现价值的舞台。公司建立完善的考核和激励机制，奖励和选拔并提升表现突出的员工，而不受与工作表现无关因素的影响，这是我们尊重每一位员工所坚持的原则。

二、优化物流网络，发挥整体优势

在现代的市场经济环境中，物流企业要想做大做强，必须依靠现代化的网络，物流之道，网络为本。中铁现代物流根据企业的发展目标和既定方案，逐步建立起企业自己的资源网络、信息网络、管理网络、服务网络及决策网络，坚持网络化经营，发挥网络的整体优势。

（一）实体网络

中铁现代物流可利用的储运资源包括土地560万平方米，料场176万平方米，封闭式仓库31万平方米，专用线125条。经过一年的发展，公司在北京、上海、天津、广州、哈尔滨、大连、呼和浩特、洛阳、武汉、西安、成都、重庆、昆明等地建立了区域物流中心，指挥436个协作配送中心及作业部，依托6.8万千米的铁路网，与多家储运单位形成了业务联盟，形成了以枢纽为核心、覆盖全国的物流网络体系。目前，公司通过网络化运作，与一些大型原材料、建材制造企业、大型家电和IT企业、大型零售商业连锁企业以及部分世界知名跨国公司签订了综合物流服务协议，建立了稳定的客户合作关系。

（二）资本合作网络

国内物流企业要加快发展并迅速赶上国际先进物流企业，必须借助于国内外资本市场，通过资本运作，广泛整合社会物流资源，培育现代物流企业所应有的核心竞争力，实现跨越式发展。公司积极与国际、国内知名企业展开合作，在控股子公司万博网讯、中铁物讯公司业务顺利开展的情况下，与日本伊藤忠商社合资成立了武汉中铁伊通物流有限公司，与南车集团二七车辆厂合资成立了中铁二七储运有限公司，与中铁特货、中远物流合资成立海南中远国铁物流有限公司，与宁夏恒力合作成立宁夏中铁恒力金属制品有限公司等。

（三）信息网络

物流网络化的基础是信息化，信息化可以为中铁现代物流高起点推进现代物流成为可能。中铁现代物流公司正式挂牌之前就与美国的IBM、中国台湾络捷等国际知名信息技术企业合作，开发了一个大型的物流平台——中国铁路物流网，该网经过中国物流与采购联合会评估，被认为其处于影响中国物流业进程20个大的系统的前5名的水平。这个平台（网）是公司实现现代含义的网络化的基础和平台。这一平台包含了物流配送系统、一般贸易系统、集采专供系统、安全/认证/支付系统四大模块，可以为物流和贸易业务提供从订单处理到实时查询到财务结算等全方位的功能。

（四）管理网络

通过网络手段使企业的业务、调度、财务、人事等方面达到科学、快速、有效管理的目的，实现企业管理的科学化、业务运作的电子化、资源管理的信息化。目前公司的一切管理活动，包括业务管理、资源调度、财务结算和人事管理等方面都可以通过中铁物流网提供的平台来实现。这个现代化的网络，最主要的优势还是资金结算网络化。经过实践证明，只有资金结算网络化才能保证公司的物流成本最低、运作价值最大。

（五）服务网络

通过网络实现对客户的服务，提供各种客户需要的增值服务，提高客户满意度。中铁现代物流运作网络中的任何点，都具有仓储、接发货、装卸、配送等物流各环节运作功能，都严格遵循统一的服务标准、操作规程、管理规范，并通过基于 Internet 的信息系统确保网络化的信息沟通，确保公司总部对网络的集中控制，确保面向客户一致的、一体化的、可跟踪的全过程服务。它从根本上改变了传统储运接货、发货、送货多头负责，出现问题相互推诿的被动局面，极大地提高了客户满意度。

中铁现代物流通过全国性的车辆调度与配载，整合资源，提高资源利用率，降低运作成本，为客户节省了物流费用。物流功能完善、覆盖全面的服务网络使公司成功拓展了多家具有全国营销网络的客户。

（六）决策网络

通过网络数据的汇总、统计、分析使企业决策层建立一条科学的决策途径。中铁现代物流对于决策制订有严格的管理规定，每一个决策都是相应的决策机构在科学分析的基础上做出的，尽可能地避免了个人盲目的决策行为。

打造并拥有网络，代表了企业的实力和能力。我国加入世贸组织后，生产物流、大规模分销及零售将极大地促进物流业的发展，中铁现代物流将依靠自身的物流网络，继续秉承客户至上的经营理念，以陆路运输服务、仓储保管及衍生金融服务、配送、流通加工、国际国内货代、代理进出口、电子商务服务、物流管理信息系统开发、物流一体化解决方案，为客户提供全程物流服务。

三、超越客户期望，推行品牌服务

中铁现代物流始终把客户的利益放在首位，不仅仅满足于符合客户的要求，而是提出了超越客户期望的理念，大力推广中铁现代物流的品牌服务。

（一）实施大客户战略，提高客户忠诚度

为了摆脱物流只能是简单地提供运输和仓储等单项或分段的服务的狭隘观念，致力于为客户提供物流信息、库存管理、物流方案设计等增值服务以及完整的物流解决方案的承诺，中铁现代物流制订了大客户战略——为大型 IT 制造和分销商提供全国性物流配送中心的规划、建设和运行管理；为日用、食品等快速消费品行业的跨国公司提供全国性干线物流、终端物流中心管理及店铺配送服务；作为某跨国连锁零销商的国内战略合作伙伴，为其提供国内业务扩展的物流配套服务。目前的主要客户包括圣戈班（中国）、施耐德电气、神州数码、佳通轮胎、农夫山泉、纳爱斯等，这些都是中铁现代物流依托铁路优势，建立起来的大客户伙伴关系。中铁现代物流将保持良好的客户关系视为双方合作成功的重

要标志，我们对客户关系的处理始终围绕这一原则展开。

（二）优化顾客价值链，提供整体解决方案

一个企业的竞争力归根结底是通过对顾客价值链施加影响并在为顾客创造价值的过程中形成的。为顾客创造价值体现在两个方面：降低顾客成本和增加顾客效益。

中铁现代物流根据不同客户的特定要求，通过特定物流活动的计划、组织、协调与控制，为其专门设计并提供集仓储、装卸、搬运、理货到运输、配送及信息管理于一体的个性化定制物流服务。实现我们的服务与客户运行的无缝链接，使客户在提高效率和降低成本上达到双赢。

（三）以技术创新为优势，提升客户服务水平

中铁现代物流通过将信息技术切入企业的业务流程来实现对企业各生产要素（车、仓、驾等）进行合理组合与高效利用，降低经营成本，大大提高了企业的业务预测和管理能力，通过"点、线、面"的立体式综合管理，实现了企业内部一体化和外部供应链的统一管理，有效地帮助企业提高服务质素，提升整体的物流服务水平。

思考：

1. 中铁物流经营过程中可以借鉴的经验有哪些？
2. 通过阅读本案例你得到了什么启示？

 **作　业**

请查找相关资料，结合当地某一物流企业的实际情况，为其制订适合它发展的经营决策？

模块小·结

本模块共完成四个任务，分别是物流企业经营环境分析、物流企业市场调查与预测、物流企业经营战略选择和物流企业的经营决策。首先我们介绍了物流企业经营的宏观环境和微观环境分析。宏观环境主要包括：经济环境、政治法律环境、科学技术环境、自然环境和社会文化环境。微观环境主要包括：物流企业、物流企业需求情况、物流企业竞争情况和物流企业社会公众。其次在物流企业市场调查与预测中主要介绍了什么是物流企业市场调查、类型、工作程序及如何撰写物流企业市场调查报告。在物流企业经营战略选择中我们主要介绍了物流企业经营战略的类型、典型的物流企业经营战略、物流企业战略的内容及其战略实施与控制。最后，在物流企业的经营决策中主要介绍了物流企业经营决策类型及如何实施物流企业经营决策。

模块四 物流企业营销管理

知识目标

1. 掌握物流营销计划与组织形式
2. 掌握营销执行与控制
3. 理解物流企业新产品的含义
4. 了解新产品开发的程序及策略
5. 掌握物流企业产品定价的方法和策略
6. 掌握物流企业产品促销组合策略

能力目标

1. 具有物流企业营销组织计划的能力
2. 具有物流企业营销执行与控制的能力
3. 能为物流企业设计新产品
4. 能够应用物流企业产品的定价方法进行定价
5. 能够制订物流企业产品的定价策略
6. 能够运用物流企业产品促销的方法

任务一 物流企业营销计划与组织

任务描述

从现代物流企业的发展现状来看，营销观念已经深入到物流企业的经营理念之中，贯穿、渗透到企业各个环节、各个部门，而组织与计划是物流企业营销的关键一步，是物流企业实现营销管理的大前提，现代物流企业的营销管理只有制订了正确的营销计划，并做好相应的组织工作，才能够实现物流企业营销策略的成功。本任务旨在对物流企业进行研究分析的基础上，制订物流企业营销计划以及执行这一计划所应设定的企业组织形式与职能。

知识准备

一、物流企业营销计划

物流企业营销计划是物流企业为实现物流营销活动目标所制订的一系列营销活动的具

体安排。

（一）物流企业营销计划类型

1. 按计划时期的长短划分

按计划时期的长短划分，可分为长期计划、中期计划和短期计划。

（1）长期计划的期限一般在 5 年以上，主要是确定未来发展方向和奋斗目标的纲领性计划。

（2）中期计划的期限 1~5 年。

（3）短期计划的期限通常为 1 年，如年度计划。

2. 按计划涉及的范围划分

按计划涉及的范围划分，可分为总体营销计划和专项营销计划。

（1）总体营销计划是企业营销活动的综合性、全面性计划。

（2）专项营销计划是针对某一产品或特殊问题而制订的计划，如新产品开发计划、价格计划和促销计划等。

3. 按计划的程度划分

按计划的程度划分，可分为战略性计划、策略性计划和作业性计划。

（1）战略性计划是对企业将在未来市场占有的地位及采取的措施所做的策划。

（2）策略性计划是对营销活动某一方面所做的策划。

（3）作业性计划是各项营销活动的具体执行性计划，如一项促销活动，需要对活动的目的、时间、地点、活动方式和费用预算等方面做策划。

（二）市场营销计划的实施

市场营销计划的实施（Marketing Implementation）是指物流企业为实现其战略目标而致力于将营销战略和计划变为具体营销方案的过程。市场营销计划的实施包括以下五项内容：

1. 制订行动方案

为了营销计划实施的更有效，必须制订详细的行动方案。该方案应该明确营销战略、计划实施的关键性决策和任务，并将这些决策和任务的执行者与责任人落实到位。

2. 建立组织结构

物流企业的正式组织在营销战略计划的实施过程中有决定性的作用。它将战略计划实施的任务分配给具体部门和人员，规定明确的职权界限和信息沟通渠道，协调物流企业内部的各项决策和行动。值得注意的是，组织结构必须同企业本身的特点和营销环境相适应。

3. 制订相应的政策和报酬制度

这些政策和制度直接关系到计划实施的成败。以物流企业对管理人员工作的评估和报酬制度为例，以短期的经营利润为标准的，其行为将导致短期化行为，难以调动为实现长期战略目标而努力的积极性。

4. 开发人力资源

营销战略计划最终要由物流企业内部的工作人员来实施，所以，人力资源的开发是非常重要的，它涉及人员的考核、选拔、安置、培训和激励等问题。为了激励员工的积极性，必须建立完善的工资、福利和奖惩制度。

5. 建设企业文化和创造管理风格

企业文化是指一个企业内部全体人员共同拥有和遵循的价值观、基本信念和行为准则。企业文化对物流企业经营思想和领导风格，对职工的工作态度和作风均起着决定性的作用。企业文化包括企业环境、价值观念、模范人物和经营理念等，这些基本信念和价值标准是在一定的环境中逐渐形成的，是通过模范人物塑造和体现、通过正式和非正式组织加以梳理并深化和传播的。塑造和强化企业文化是营销实施过程中不可忽视的环节，一旦形成就具有相对稳定性和连续性。

二、物流企业营销组织

物流企业营销组织是物流企业为了制订和实施市场营销计划，实现市场营销目标而建立起来的部门或机构，有利于对物流市场需求做出快速反应，使营销效率最大化。简单来说，就是物流企业内部涉及市场营销活动的各个职位及其结构。

（一）营销组织结构的演变

从 20 世纪 30 年代初起，西方企业的销售部门已从单一的销售功能发展到具有复杂功能的结构，并成为组织中的核心部门，市场营销组织经历了由低级向高级的演变。其过程大体经历了五个阶段。

1. 简单的销售部门

20 世纪 30 年代以来，西方工业企业以生产为中心，把生产作为重点，强调先有生产后有市场。企业以生产观念为导向，生产部门是企业的核心。企业组织设置以生产部门为主，销售部门服务于生产部门。因此，采用设立简单推销部的组织形式，设有一个简单的销售部门，这是最初的营销组织形式。销售经理的职责是主管销售业务、管理推销员并亲自从事推销工作。简单的销售部门只适合需求比较单一，选择性较小且同质性较高的产品的销售。

2. 销售部门兼营其他营销职能

20 世纪 30 年代以后，生产力进一步提高，社会商品供应量增多，市场竞争压力增加，顾客消费有了更多选择机会并且注重产品质量，宁愿花多一点的价钱去购买质量较高和比较新型的产品。企业开始向推销观念转变，开始开展市场调研、预测、广告宣传及其他促销活动，销售部门职能增加，具有一定营销功能，企业组织设置了兼具营销职能的销售部门。

3. 独立的市场营销部门

随着工业化和机械化的发展，出现了供大于求的现象，激烈的竞争促使企业在营销职能上增加投入，如市场调查活动、新产品开发和广告宣传活动等，需要建立一个独立于销售部门的市场营销部门，把产品尽快大量地推销出去。企业开始设立独立的营销部门，负责营销调研、新产品开发、广告等营销活动，为企业寻找新的发展机会。于是，就形成了营销部门与销售部门并列的格局。

4. 现代市场营销部门

随着市场竞争变得日益激烈，而顾客却变得越来越挑剔。供方不仅必须使其产品具有竞争能力，而且更重要的是要了解顾客的需求，激起和满足顾客的欲望，把顾客作为整个市场活动的起点和中心，企业的推销观念逐渐演变为市场营销观念。在企业内部，虽然销售和市场营销部门的工作应是目标一致的，但平行和独立又常常使它们的关系充满竞争和矛盾。例如，销售经理注重短期目标和眼前销售额，而市场营销经理注重远期目标和开发，满足消费者长远需要的产品。为了解决销售活动与营销活动之间日益扩大的冲突，最终导致公司总经理将它们合并为一个部门。使企业市场营销活动在组织上得以保证。

5. 现代市场营销公司

随着市场的发展，需要企业树立以顾客为中心的现代市场营销观念，因此，管理人员都要认识到企业的一切工作是"为顾客服务"的。在观念及组织权责上，由于市场营销部门直接面向市场，能够较好地传达顾客需求，其他部门积极自觉地配合营销部门做好工作，形成一致的营销理念。营销不仅是一个部门的职能，而且是整个企业的指导思想。这样的企业就可称为现代市场营销企业。

（二）市场营销组织的形式

由于受宏观环境和微观环境的影响，物流企业营销组织的形式也得到不断完善和发展，出现职能型、产品管理型、地区型、市场管理型和事业部型五种组织形式。

1. 职能型组织

这是最常见也是最原始的市场营销组织形式，它强调市场营销各种职能的重要性。其主要营销职能包括广告、销售、市场调研和新产品开发等。根据职能设立部门，各部门的经理通常由一些专家担任，他们分别对营销总经理负责，营销总经理主要负责协调职能部门之间的活动。职能型组织形式，如图 4-1-1 所示。

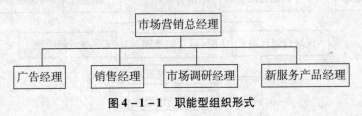

图 4-1-1　职能型组织形式

职能型组织的优点是分工明确，易于管理。不足之处是营销效率低下，各职能部门在利益面前容易相互争执，对于责任互相推诿，内部协调性差。

2. 产品管理型组织

产品管理型组织是美国 P&G 公司于 1927 年首创的，是以不同产品项目来设立营销组织管理结构的组织形式。由于企业经营多品种或多品牌的产品，并且各种产品之间的差别很大，则适合建立产品管理型组织。产品管理型组织形式，如图 4-1-2 所示。

产品管理型组织的优点是能够为开发某种产品市场而协调各方面的力量，能对物流市场上出现的问题做出快速反应，营销职责与权力相统一，做到了权责利相结合，有利于充分发挥和挖掘物流服务经理的能力。其不足之处是缺乏整体观念，各个产品经理相互独立，容易为争取各自的利益而发生摩擦，甚至是部门冲突，降低营销效率。产品经理虽然能成为自己所经管的产品的专家，但很难成为公司其他功能的专家。

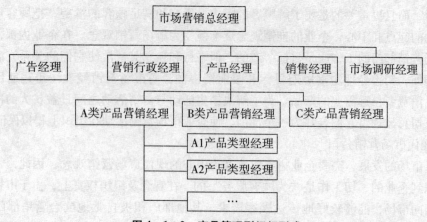

图4-1-2 产品管理型组织形式

3. 地区型组织

地区型组织是根据地理位置、区域的不同而设置营销机构，其业务范围涉及全国甚至更大范围的物流企业，该机构设置包括1名负责营销业务的营销总经理、若干名区域经理、若干名地区经理和若干名推销人员等。地区型组织形式，如图4-1-3所示。

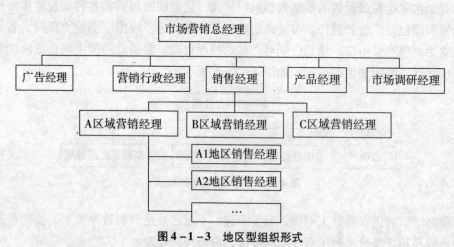

图4-1-3 地区型组织形式

该组织形式的优点是区域经理能够根据本区域的具体情况开展针对性的营销活动，上下级之间的关系容易协调，能够最大限度地挖掘该地区市场机会，扩大物流企业产品的销售。其不足之处是由于地理位置较远，各地区机构设计相对独立，管理跨度较大，使高层管理对各地市场营销人员的控制难度加大，雇用推销人员数量较多增加了营销总成本。

4. 市场管理型组织

市场管理型组织是按照不同类型的顾客设置营销机构，针对顾客消费偏好、习惯性行为特征的差异而设立市场营销组织机构。许多物流企业都在按照该种组织类型安排其市场营销机构，使市场成为各部门为之服务的中心。市场管理型组织形式，如图4-1-4所示。

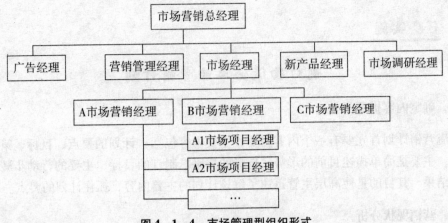

图 4 - 1 - 4　市场管理型组织形式

市场管理型组织的最大优点是营销人员可以针对不同的顾客消费习惯、行为特征和爱好开展营销活动，做到以市场为中心，满足顾客的需要。在西方发达国家中，很多企业都采用市场管理组织形式。其不足之处是存在权责不清和多头领导的情况。

5. 事业部组织

事业部组织形式是按照物流服务产品的类别来设置市场营销组织机构。该组织结构适用于环境较简单、稳定、产品种类多、市场区域分布广的物流企业，特别是大型组织和跨国公司。物流企业设立不同的事业部，并且各事业部又设置了各自的职能部门及服务部门，建立了自成体系的事业部营销组织形式。事业部组织形式，如图 4 - 1 - 5 所示。

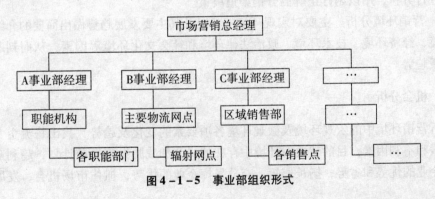

图 4 - 1 - 5　事业部组织形式

事业部组织形式的优点是事业部实行独立核算，更能发挥经营管理的积极性，更利于组织专业化生产和实现物流企业的内部协作；物流企业领导能够集中精力考虑全局问题；事业部之间带有竞争性，有利于物流企业的发展；事业部内部的供、产、销之间容易协调；事业部经理要从事业部整体来考虑问题，这有利于培养和训练管理人才。其缺点是事业部的职能机构重叠，容易造成管理人员重复设置；事业部实行独立核算，各事业部只考虑自身的利益，影响事业部之间的协作；物流企业对各事业部的约束力减弱，协调指导的机会减少，有时会造成物流企业机构松散。采取此种组织形式必须加强制度约束，加大物流企业的协调能力。

任务实施

制订物流企业的营销计划

一、确定内容提要

物流营销计划首先要有一个内容提要，主要内容包括：计划的要点、目标、策略的简要概括，主要是简单描述目前的形势、选择的战略、制订的目标、主要的行动步骤和可能的财务结果。其目的是使高层主管迅速了解该计划的主要内容，抓住计划的要点。

二、营销现状分析

该部分主要包括市场分析、产品分析、竞争分析、分销分析和营销环境分析等内容，结合营销环境对企业营销现状做出准确分析。

（1）市场分析。对物流企业现有市场规模、年增长量、市场占有率、顾客数量及特征和目标市场状况等方面进行分析，用以掌握现有市场状况。

（2）产品分析。对物流企业产品种类、产品数量、产品价格、产品销量和产品利润等方面进行分析，用以了解产品现状。

（3）竞争分析。对竞争者数量、竞争者规模、竞争者营销策略、竞争者行动和潜在竞争者等方面进行全面分析，并能够确定主要竞争者。

（4）分销渠道分析。对分销渠道模式、分销渠道效率、分销渠道成本和分销渠道发展等方面进行分析，用以制订正确的分销渠道决策。

（5）营销环境分析。主要对宏观环境的状况及其主要发展趋势做出简要的介绍，包括人口环境、经济环境、技术环境、政治法律环境和社会文化环境等因素，从而判断某种产品的发展趋势。

三、机会分析

分析营销环境中的宏观环境及微观环境各项要素的变化及趋势，找出物流企业面临的有利因素和不利因素，目的就要对环境中存在的机会和威胁做到提前计划，趋利避害。分析物流企业的优势和劣势，扬长避短，充分发挥企业的优势，抓住市场机会，发展核心竞争力。

四、制订营销目标

在上述总结分析的基础上制订物流企业营销目标，主要包括销售额、市场占有率、利润率和投资收益等，营销目标应在综合平衡的基础上确定，尽量具体化和量化，设立具体的指标体系。这些目标将成为各部门制订次级目标和阶段目标的基础和依据。例如，企业营销计划中指出，需要在一年时间内将市场占有率提高10%，投资收益率提高30%，净利润率提高10%，营销工作者需要思考采用何种营销措施才能实现营销目标。

营销目标是企业营销计划核心内容，在市场分析基础上对营销目标作出决策。营销计划应包括财务目标和营销目标，目标要用量化指标表达出来，要注意目标的实际、合理，并应有一定的开拓性。

（1）财务目标。财务目标即确定每一个战略业务单位的财务报酬目标，包括投资报酬率、利润率和利润额等指标。

（2）营销目标。财务目标必须转化为营销目标。营销目标包括：销售收入、销售增长率、销售量、市场份额、品牌知名度、分销范围等。

五、制订营销策略

营销策略注重从总体上考虑采用何种方法达到预定的目标。物流企业将采用的营销策略包括确定目标市场、营销组合和营销费用等。

（1）确定目标市场。需要确定物流企业服务于哪个细分市场，如何进行市场定位；目标市场顾客特征是什么，市场需求满足状况等。

（2）营销组合。企业拟采用什么样的产品、渠道、定价和促销策略，运用产品策略、价格策略、渠道策略和促销策略等营销策略，通过制订正确的营销策略从而实现营销目标。

（3）营销费用。根据营销活动制订营销费用。

六、行动方案

行动方案是营销策略的具体行动计划，具体包括整体行动方案和具体阶段的任务两方面。例如，开展一次促销活动的时间、地点、人物、数量、主题、道具以及负责的部门和负责人等内容，行动方案制订应尽量详细并具有可操作性。具体说明每一时期应执行和完成的活动时间安排、任务要求和费用开支等，使整个营销战略落实于行动，并能循序渐进地贯彻执行。

七、编制预算

营销活动往往都会需要费用，为此，营销计划中应编制营销预算。预算应包括物流企业收入和支出总额，并具体分配到各部门和各个行动阶段，此预算将成为材料采购、营销人员安排、财务计划和市场营销工作的依据。西方企业编制营销预算通常采用两种方法，即目标利润计划法（Target Profit Planning）和利润最大化计划法（Profit Optimization Planning）。

（1）目标利润计划法。这种计划法是根据物流企业在一定时间内争取达到的利润目标，反映着一定时间财务、经营状况的好坏和经济效益高低的预期经营目标。

（2）利润最大化计划法。这种计划法要求管理人员确定销售与营销组合各因素之间的关系，可以利用销售—反映函数来表示这种关系。

八、执行过程的控制

为了达到营销活动的预期效果，需要对即将开展的营销活动有一个落实检查和控制的过程，其目的是检查和监督预期的销售和利润目标是否顺利完成，用以保证营销效果，这是制订营销计划的最后一部分。典型情况是将营销计划规定的目标和预算按月分解，以便于企业高层管理者进行有效的监督与检查。凡未完成计划的部门，应分析问题原因，并提出改进措施，以争取实现预期目标，使企业营销计划的目标任务都能落实。

 知识拓展

SW 物流公司

SW 物流公司是居市场领先地位的现代物流企业，属于中外合资的第三方物流企业。

一、产品与服务

SW 物流公司为国内外广大货主和船东提供现代物流、国际船舶代理、国际多式联运、公共货运代理、空运代理、集装箱场站管理、仓储、拼箱服务；铁路、公路和驳船运输、项目开发与管理以及租船经纪等服务。

SW 物流公司总部在北京，下设大连、北京、青岛、上海、宁波、厦门、广州和武汉多个区域公司，韩国、日本、新加坡、希腊和中国香港地区设有代表处，并与国外多家货运代理企业签订了长期合作协议；在中国国内 19 个省、直辖市、自治区建立了 260 多个业务网点，形成了功能齐全的物流网络系统。SW 物流凭借国际化的网络优势，在细分市场的基础上，重点开拓了汽车物流、家电物流、项目物流和展品物流，为客户提供高附加值服务。

二、企业实力

目前，汽车物流主要为上海别克、一汽捷达、神龙富康等厂家提供进口汽车组装的物流配送服务，为沈阳金杯提供零公里成品车物流配送服务；家电物流客户主要有海尔、科龙、小天鹅、海信、澳柯玛及长虹等知名企业。项目物流主要开发了长江三峡水电站、秦山核电站、江苏田湾核电站、齐鲁石化工程、厦门翔鹭 PTA、上海磁悬浮轨道梁等国家重点建设工程的物流项目。展品物流在完成"中华文化美国行"、"德国亚太文化周"、"亨利·摩尔巡回展"、"北京国际工程机械暨技术设备展览会"等多项具有经济和社会效应的展品物流项目的基础上，SW 物流已初步形成以北京、上海和广州为中心的跨国展运物流服务核心经营体系。

思考：

试为 SW 物流公司设计营销组织结构图，并阐述各部门机构职能。

 作 业

1. 试述物流企业营销的组织形式。
2. 请同学结合当地物流企业实际为其制订营销计划。

任务二　物流企业营销执行与控制

任务描述

　　物流企业营销的执行与控制是物流企业营销管理的关键部分，只有做好了物流企业营销的执行与控制，才能够做好物流企业的营销管理。当不同企业采用相同或相似的策略时，往往效果却会大相径庭，很大的可能是：营销组织的执行能力存在差异。当大多数企业已经了解了如何进行市场分析和制订营销计划时，企业之间最重要的差别就在于谁能把营销计划执行得更到位。营销执行力和控制力已经成为中国企业营销成败的关键。

知识准备

一、物流企业营销执行

　　物流企业营销的执行是指为实现企业营销目标而把营销计划转变为营销行动的过程。一个好的营销计划如果没有很好地实施，那么也只能说是纸上谈兵。一个物流企业只有具备良好的执行力，才能保证各种计划保质、保量地完成。企业是否能成功地实施市场营销计划取决于企业能否将行动方案、组织结构、决策和奖惩制度、人力资源和企业文化这五大要素紧密结合，形成一个具有较强执行能力的组织。

（一）物流企业营销的执行

1. 制订执行方案

　　为了能够有效地执行营销计划，企业要制订详细的执行方案，以保证能顺利完成营销目标。执行方案要解决以下问题：做什么；何时做；谁来做；费用多少等。在制订执行方案时，一定要综合考虑各种因素的影响，制订出科学合理的方案，这可以帮助物流企业顺利完成营销计划，达到预期目标，进而促进物流企业不断发展壮大。

2. 调整组织结构

　　物流企业的组织结构在市场营销计划的执行中发挥着巨大的作用，因此组织结构是否科学合理，直接影响着计划执行的效果。为了完成一个营销计划可能会打破原有的组织结构，对其进行调整，这就要求物流企业的组织结构具有一定的灵活性，同时也要培养一些具有综合素质的人才，以保证角色转换时可以顺利完成组织交给的任务。物流企业的组织结构应当可以根据企业战略、营销计划等的实际需要进行调整。

3. 形成规章制度

　　无规矩不成方圆，为了保证计划有效地执行，物流企业必须设计相应的规章制度。通过这些规章制度可以明确企业组织成员的权利与责任和企业的奖惩制度。物流企业只有用规章制度来约束员工的行为，才能避免一些事故的发生，同时良好的奖惩制度也能激励员工完成工作目标。物流企业不但应当用规章制度来约束员工的行为，还应培养员工自觉遵守规章制度的能力，这样有利于物流企业人员管理。

4. 协调各种关系

物流企业是一个由多种成员和组织结构组成的有机整体，企业在实施计划时总会遇到各成员之间出现矛盾与冲突的时候，那么这时就应当努力协调各方关系，以保证能够顺利完成计划。因此，要想使企业成为一个有机整体，物流企业就需要具有较强的协调能力，这也是执行营销计划的一个重要方面。

（二）执行营销计划面临的问题

1. 计划脱离实际

由于营销计划的制订者和执行者的身份地位不同，经常会出现计划脱离实际的情况，给物流企业的经营带来很大的困难。计划脱离实际经常会导致以下问题：计划过于笼统和流于形式，从而难以执行；市场营销计划的执行人员在没有完全理解营销计划战略的情况下盲目地加以执行；脱离实际的战略导致计划人员和执行人员相互对立和不信任。这些问题往往是由于计划的制订者和执行者之间缺乏沟通导致的。因此，企业在制订营销计划时，应当让计划的执行人员参与制订，从而使得营销计划更加符合实际情况，以有利于市场营销计划的执行。

2. 长、短期目标相互矛盾

在执行营销计划时经常会发生执行人员为了当前业绩而损害企业的长远利益，只注重短期目标，而忽略长期目标的现象。因此，市场营销计划通常存在长期目标与短期目标相互矛盾的问题，企业只有充分衡量长期目标和短期目标给企业带来的利益，综合考虑各方因素，做出适当调节，才能保证计划的顺利执行。

3. 具体明确的执行方案匮乏

要想成功地执行营销计划必须制订一个详尽、具体的行动方案。因为一个营销计划会涉及许多部门、人员和环节，过程复杂，其中任何一个部分出现问题都会影响计划执行的效果。因此，为了保证计划顺利完成，计划执行的方案越具体越好。

4. 市场环境的变化难以掌控

市场环境瞬息万变，每一种环境的变化都会影响计划的顺利执行。由于环境的变化而难以掌控，那么环境变化对市场营销活动影响的效果、程度等也难以估量，因此这些不确定性会影响营销计划的执行。

二、物流企业营销控制

随着物流市场营销环境的复杂多变和竞争的加剧，物流企业营销控制变得越来越重要。市场营销控制（Marketing Control）是市场营销管理者用于跟踪企业营销活动过程每一环节，以确保其计划目标运行而实施的整套工作程序或工作制度。如果出现不一致或没有完成计划，就要找出原因，并采取适当措施和正确行动，以保证物流企业市场营销计划的完成。物流企业营销控制主要包括年度计划控制、赢利能力控制、效率控制和战略控制四种不同的控制过程。

（一）年度计划控制

年度计划控制是指对物流企业在本年度内营销战略与计划实施结果进行衡量与评

估，检查实际绩效与计划之间是否有偏差，采取改进措施以确保市场营销计划的实现与完成。它是一种短期的及时控制，由高层管理者负责。年度计划控制的主要目的在于：促使年度计划连续不断地推进，发现企业存在的问题并及时解决，作为年终绩效评估的依据。许多企业每年都制订相当周密的计划，但执行的结果往往与之有一定差距。这说明，营销目标的实现不仅取决于计划的正确性，还取决于计划执行与控制的效率。年度计划控制常用的方法包括销售分析、市场占有率分析、营销费用分析和顾客购买态度分析等。

1. 销售分析

销售分析主要用于衡量和评估经理人员所制订的计划销售目标与实际销售之间的关系。这种关系的衡量和评估有两种主要方法。

（1）销售差距分析。这种方法用于衡量和评估不同影响因素对销售业绩差异的不同作用。

（2）区域销售分析。该方法注重于具体产品或地区销售额未能达到预期份额的分析。

2. 市场占有率分析

市场占有率是反映企业市场竞争状况的有利指标，市场占有率分析包括以下三种度量方法：

（1）全部市场占有率。用物流企业的销售额占全行业销售额的百分比来表示。利用这一指标必须做出两项决策：①要用单位销售量或以销售额来表示市场占有率；②正确认定行业的范围，即明确本行业所应包括的产品、市场等。全部市场占有率是衡量物流企业在本行业中的实力地位的指标。

（2）目标市场占有率。目标市场占有率是企业在目标市场，即某个销售区域内的销售额占全行业在该地区市场销售额的比重。它是企业首先需要达到的目标。

（3）相对市场占有率。将本企业的市场占有率与行业内领先的竞争对手的市场占有率进行比较，大于 1，表示本公司为行业的领先者；等于 1 表示本公司与最大竞争对手平起平坐；小于 1，表示本公司在行业内不处领先地位。如果相对市场占有率不断上升，则表示公司正不断接近领先的竞争对手。另外，也可用相对市场份额（相对于最大竞争者），是把企业销售额与市场最大竞争者的销售额相比。

运用市场占有率分析还需要考虑多种影响因素，例如，营销环境因素对同行业中的企业的不同影响，不同竞争者进入本行业市场，导致竞争结构的变化；企业的各项措施对市场销量的影响等。

3. 市场营销费用对销售额比率分析

年度计划控制要确保物流企业不会为达到其销售额指标而支付过多的费用，关键就是要对市场营销费用同销售额比率进行分析。年度计划控制检查与销售有关的市场营销费用，以确定物流企业在达到销售目标时的费用支出。市场营销费用对销售额之比是一个主要的检查比率，其中包括销售队伍对销售额之比、广告对销售额之比、促销销售额之比、营销调研销售额之比和销售管理销售额之比等。营销管理人员的工作就是密切注意这些比率，以发现是否有任何比率失去控制。当一项费用对销售额比率失去控制时，必须认真查找问题的原因。

4. 财务分析

市场营销管理人员根据不同的费用对销售额的比率和其他的比率进行全面的财务分析，以决定企业如何以及在何处展开营销活动，降低成本，最终获得赢利。营销管理者能够运用财务分析来判断影响企业资本净值收益率的各种因素。

5. 顾客态度跟踪

由于开发新客户的成本日益提高，保留老客户就更加重要，企业营销管理者需要及时发现客户对本企业和产品的态度，一般主要采用顾客投诉和建议系统、典型户调查系统、定期的用户随机调查系统来追踪顾客的态度。

（二）效率控制

效率控制是通过高效率角度对销售人员、广告、销售促进及分销等工作的管理与控制。如果企业某一产品或地区所得的利润很差，那么，企业就应该考虑该产品或地区在销售人员、广告和分销等环节的管理效率问题。

1. 销售人员效率

销售人员效率控制，即企业进行对各地区的销售经理需要记录本地区销售人员效率的几项重要指标，如销售人员每100次销售访问的订货单百分比、每一期新的顾客数目和丧失的顾客数目、销售队伍成本占总成本的百分比等，企业可以从以上分析中发现一些重要问题。

2. 广告效率

广告效率控制是指企业高层领导者可以采取若干步骤来改进广告效率，包括进行更有效的产品定位、确定广告目标、利用计算机来指导等。

3. 促销效率

促销效率控制是管理层应该对每一次销售促进的成本和销售影响做记录，并注意做好一系列统计工作。

4. 分销效率

分销效率控制是指企业主管应该调查研究分销经济性，主要是对企业存货水准、仓库位置及运输方式进行分析和改进，以达到最佳配置并寻找最佳运输方式。

控制的目的是使营销工作有效地达到预定目标。控制是和目的性直接相关的，没有目的就谈不上控制；同样，没有控制，也就达不到目的。效率控制能够有效提高人员推销、广告、促销和分销等市场营销活动的效率，市场营销经理必须关注若干关键指标，采取措施改进执行情况。

（三）战略控制

战略控制（Strategic control）是指在检查物流企业为达到目标所进行的各项活动的进展情况，评价实施企业战略后的企业绩效，把它与既定的战略目标与绩效标准进行比较，发现战略差距，分析原因，纠正偏差，使物流企业战略得以实现。

战略控制能够确保企业目标、政策、战略和措施与市场营销环境相适应，能够对企业的发展战略及其与市场营销环境的适应程度加以考核和控制，避免目标不适应复杂多变的市场环境，误导企业正常经营。因此，每个企业都应注重定期评估营销战略及其实施情况。战略控制着重于战略实施的过程，战略评价侧重于对战略实施过程结果的评价，主要的考核工具是市场营销审计。

赢利能力控制

赢利能力控制是对不同产品、不同地区、不同顾客群、不同渠道和不同订货规模的赢利能力进行分析与控制的过程。其目的是为了找出影响获利的原因，以便采取相应措施，排除或削弱不利因素。通过赢利能力控制所获取的信息，有助于营销管理人员决定各种产品或市场营销活动决策。

一、赢利能力分析的方法

（1）利润表中的有关营销费用转化为各营销职能费用，如广告、市场调研、包装、运输和仓储等。

（2）将已划分的各营销职能费用按分析目标如产品、地区、客户和销售人员等分别计算。

（3）拟订各分析目标的利润表。

二、赢利能力的考察指标

利润是所有物流企业重要的目标之一。企业在对营销成本进行分析后，需要按照以下赢利能力指标进行考察：

（1）销售利润率。销售利润率是指利润与销售额之间的比率，表示每销售 100 元使企业获得的利润。其计算公式为：

$$销售利润率 = \frac{本期利润}{销售额} \times 100\%$$

值得注意的是，由于存在税费和利息支出，两者对利润水平都会产生不同程度的影响，所以计算销售利润率时往往把两者考虑进去比较好，因此，销售利润率的计算公式为：

$$销售利润率 = \frac{税后息前利润}{产后销售收入净额} \times 100\%$$

（2）资产收益率。资产收益率是指企业所创造的总利润与企业全部资产的比率。其计算公式为：

$$资产收益率 = \frac{本期利润}{资产平均总额} \times 100\%$$

由于同样存在影响利润水平的税费和利息支出两个因素，因此，资产收益率的计算公式为：

$$资产收益率 = \frac{税后息前利润}{资产平均总额} \times 100\%$$

（3）净资产收益率。净资产收益率是指税后利润与净资产所得的比率。净资产是指总资产减去负债总额后的净值。这是衡量企业偿债后的剩余资产的收益率。其计算公式为：

$$净资产收益率 = \frac{税后利润}{净资产平均余额} \times 100\%$$

由于净资产不包括负债，往往不会产生利息支出，所以在此公式中没有考虑利息。

（4）资产管理效率。资产管理效率主要包括资产周转率和存货周转率两个指标。

第一，资产周转率是指一个企业以资产平均总额去除产品销售收入净额而得出的全部资产周转率。其计算公式为：

$$资产周转率 = \frac{产品销售收入净额}{资产平均占用额} \times 100\%$$

该指标表明，当企业资产周转率越高，表示企业投资的利用效率越高；反之，则越低。

第二，存货周转率是指产品销售成本与存货（指产品）平均余额之比。其计算公式为：

$$存货周转率 = \frac{产品销售成本}{存货平均余额} \times 100\%$$

该指标表明，存货周转次数越多，表示存货水准越低，周转快，资金使用效率高。

W 速递服务公司的执行与控制[①]

W 速递服务公司成立于 1980 年，一直都是独立开展速递业务。公司在中国尽管拥有从繁华都市到偏僻乡镇这样庞大的覆盖网络，但并没有充分发挥网络优势，缺乏对市场的反应能力。虽然推出了一系列诸如"当日递"、"次晨达"等标准化服务，但在北京、上海、广州等城市，人们依然对这个拥有"恐龙骨架"的速递公司持不确定态度。

2006 年，物流业全面开放，允许外资在中国设立独资快递公司开展国内业务。中国是利润最高、技术与知识最为密集的高端国际市场，近 80% 的份额握在国际快递公司手中，业内的"四大天王"（Fedex、DHL、UPS、TNT）总共拥有 70% 以上的份额。

2006 年 10 月底，某省广电集团组建电视购物时，除了对直播所售商品进行严格的筛选之外，还决定从配送、客户投诉率等各个环节改变人们对于电视购物的印象。负责人对配送和代收货款的第三方速递物流公司提出了 14 条标准，如向收件人提供开箱验货；费用不以重量结算，一律按协议价格以件结算；配送及回款信息以电子数据形式每天交换；客户投诉率不得超过 0.5% 等。根据电视购物最初的估计，2006 年 3 月开播，初期日销售量 400 件，至同年 7 月日销售量可超过 1000 件，每月速递物流费用将为 50 万元。这是一个可带来年速递收入超过 500 万元的大客户。因此，尽管电视购物条件苛刻，但是很多公司都跃跃欲试。W 速递服务公司也积极参与竞标，甚至专门成立了业务组，为"电视购物"量身订制一套新的营销方案。由于组织管理效率低下，对工作缺乏监督管理，在成为

---

① 资料来源：陈玲，王爽．物流服务营销［M］．上海：立信会计出版社，2010.

电视购物的物流合作方之后，接到很多顾客投诉，最高时一天400多宗投诉，投诉率高达7%，时任电视购物物流管理部的部长找到了当时W总经理，生气地说："偌大的速递网络送不出几单货物。如果W速递服务水平很难做出改变，就全面撤退，电视购物决定通过招标的方式，重新选择合作伙伴。"从执行和控制的角度思考，W总经理应该采取哪些措施解决目前的问题？

分析该案例可知，营销控制不仅是对企业营销结果进行的控制，还必须对企业营销过程本身进行控制，而对过程本身的控制更是对结果控制的重要保证。因此，营销管理者必须依靠控制系统及时发现并纠正小的偏差，以免给企业造成不可挽回的损失。控制系统的作用在于：帮助管理者看到形势的变化，并在必要时对原来的计划做出相应的修正。任何一种营销控制模式都不是万能的，不可能适合于所有的管理环境。企业选择了恰当的营销控制模式，不但可以规范销售人员的行为，而且可以保证营销计划顺利实施，实现企业营销目标。

思考：

通过对本案例的了解，试阐述W速递服务公司是如何进行营销的执行与控制的。

作　业

试阐述物流企业应如何进行营销执行与控制活动，试举例说明。

任务三　物流企业新产品开发策略

任务描述

物流企业的市场营销活动是以满足客户的需求为中心的，而市场客户需求的满足只能通过提供某种物流产品来实现。物流企业只有在产品上不断创新，使之富有特点和个性，才能在激烈的市场竞争中立于不败之地。没有适合客户需要和具有核心竞争力的产品，物流企业的其他营销组合策略就无从谈起。物流产品是物流企业一切营销活动的基石，也是决定物流企业成败的首要因素。本任务旨在认识物流企业新产品的含义、了解新产品开发意义的前提下，能按照标准的流程为物流企业开发出新产品。

知识准备

一、物流企业新产品

物流企业新产品是指物流企业根据用户需求的变化或是根据自己对未来用户需求的预测而推出的在服务形式、服务内容上不同于以往的物流服务产品。

物流企业在推出物流服务新产品的过程中，一是要根据用户的需求推出新产品；二是要根据自己对未来用户需求的预测推出新产品。相比较而言，后者对于物流企业的发展更为重要。通过对物流需求者需求的预测，可以使物流企业走在同领域的前列，引导物流服务的发展方向，有利于物流企业的生存和发展。相反，如果一个物流企业只是跟随其他企业推出新产品，只能永远处在别的企业的后面，免不了有朝一日被竞争淘汰。同时，对于需求者服务需求的预测一定要准确，要用敏锐的目光洞察市场上的一切，准确预测出用户需求的动态变化，并相应调整产品开发战略，适应市场需求。

需要指出的是物流服务的新产品，一方面可以是全新的服务，另一方面也可以是在以往服务内容基础上的完善和改进。在基于客户需求的基础上，可以结合本企业自身的资源情况，选择开发全新服务，或是对原有服务进行升级改造。

二、物流企业新产品的属性

（1）附属性，即物流服务是附属于商流而产生的。

（2）非物质性，即存在于物流活动的一种服务，同时产生于生产、销售和消费三个环节中的即时服务。

（3）动态性，即物流服务模式不是一成不变的，要根据物流需求者的要求提供动态的、个性化的产品，可做到实时调整。

（4）专业性，即从物流设计、操作、技术工具、设施，到物流管理都要体现出专业化的水准。

（5）增值性，即通过物流服务可使货物的价值或使用价值得以增加。

（6）可替代性，即从供给方面来看，物流企业所提供的物流服务，具有一定的被自营物流所取代的可替代性。

（7）对信息的依附性，即任何物流服务需要物流相关信息的支持，以确保物流效率和效益的最大化。

综上所述，物流企业新产品的开发对企业自身技术和信息资源的依赖性很强，换言之，物流企业新产品的设计与开发，对技术和信息含量要求极高，这就决定了物流企业新产品开发必须以强大的信息源和信息库为支撑，并严格按照科学合理的流程进行开发设计，以保证物流产品的针对性和服务提供有的放矢。

三、物流服务新产品开发的意义

（一）物流企业的生存发展需要其不断开发新产品

在市场竞争日益激烈的今天，企业要想在市场上保持竞争优势，必须不断创新，开发新产品。另外，物流企业定期推出新产品，可以提高企业在市场上的地位和信誉，并促进新产品的市场销售。因此，对于物流企业来说，在科技日新月异、市场瞬息万变、竞争日益激烈的今天，开发新产品对物流企业而言，是应付各种挑战与变局、维护企业生存与可持续发展的重要保证。

（二）客户需求的变化需要不断开发新产品

随着客户的发展，其对物流服务产品的需求也会发生一些变化，这就要求物流企业在完善甚至淘汰难以适应需求的老服务产品的同时，还要积极为客户提供新开发的服务产品，以适应市场变化。

（三）产品生命周期的客观存在要求物流企业不断开发新产品

企业同产品一样，也存在生命周期。如果物流企业不开发新产品，那么当产品走向衰退时，企业也同样走到了生命周期的终点。相反，物流企业如能不断开发新产品，就可以在原有产品退出市场时利用新产品占领市场。一般而言，当一种产品投入市场时，企业就应当着手设计另一种新产品，使企业在任何时期都有不同的产品处在周期的各个阶段，从而保证企业利润的稳定增长。

四、物流企业新产品开发策略的选择

物流企业新产品的开发要以满足物流市场需求为前提，以企业获利为目标，遵循"根据市场需要，开发适销对路的服务产品；根据物流企业的资源、技术等能力确定开发方向；量力而行，选择切实可行的开发方式"的原则进行。

采用何种策略则要根据物流企业自身的实力，根据物流市场情况和竞争对手的情况。当然，这与物流企业决策者的个人素质也有很大关系，开拓型与稳定型的领导者会采用不同的策略。常用的策略有：

（一）先发制人策略

是指企业率先推出新服务产品，利用新服务产品的独特优点，占据市场上的有利地位。采用先发制人策略的物流企业应具备强烈地占据市场"第一"的意识。因为对于广大消费者来说，对企业和产品形象的认知都是先入为主的。因此，采取先发制人策略，就能够在物流市场上捷足先登，利用先入为主的优势，最先满足消费者的需求，从而取得丰厚的利润。而且，从物流市场竞争的角度看，如果你能抢先一步，竞争对手就只能跟在后面追，而你不满足占领已有的市场，连续不断地更新换代，推出以前没有的新服务、新项目，竞争对手就会疲于奔命。这样就会取得竞争优势。采用先发制人的策略，企业必须具备以下条件：企业实力雄厚，且设备设施先进、完善，并具备对物流市场需求及其变动趋势的超前预判能力。

（二）模仿式策略

就是等别的物流企业推出新服务产品后，立即加以仿制和改进，然后推出自己的产品。这种策略是专门模仿物流市场上刚刚推出并能被广大消费者所接受的服务产品，进行追随性竞争，以此分享物流市场收益。所以，又称为竞争性模仿，既有竞争，又有模仿。竞争性模仿不是刻意追求物流市场上的领先，但它绝不是纯粹的模仿，而是在模仿中创新。因此，它会通过对市场领先者的创新产品做出许多建设性的改进，有可能后来居上。

（三）系列式产品开发策略

就是围绕物流服务产品向上下左右前后延伸，开发出一系列类似的、但又各不相同的服务项目，形成不同类型不同规格、不同档次的服务系列。采用该策略推出新服务，企业可以尽量利用已有的资源，设计开发更多的相关服务。

**任务实施**

新产品开发的程序

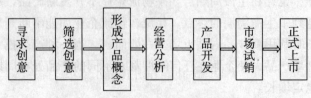

图4-3-1 新产品开发程序

一、寻求创意及其可行性分析

新产品的开发过程都是从寻求创意开始的。对于物流企业来说，应根据市场环境的现状及未来发展趋势，结合用户的需求，可以通过企业员工、用户及竞争对手等不同渠道获得新产品开发的创意。

获得全新的创意后，物流企业应对这些创意加以评估，研究其可行性，并挑选出可行性较强的创意，将公司有限的资源集中于成功机会较大的创意上。对新的创意进行可行性分析的过程中，一般要考虑两个因素：一是该创意是否与企业的战略目标相适应；二是企业有无足够的能力开发这种创意，表现为资金能力、技术能力、人力资源和销售能力等。

二、形成产品概念

经过筛选后保留下来的产品创意还要进一步发展成为产品概念，即从用户的角度对这种创意进行详尽的描述，如新的物流产品的内容、运作方式及其预期功能等。确定好产品概念，以及明确产品的市场定位后，就应当对产品概念进行试验。也就是通过文字描述或者流程演示等手段，将新的服务产品展示给对应用户，并观察他们的反应。

三、完善产品制订推广方案

在详细了解、分析既定目标市场对新产品的反应后，对产品进行完善、修改。认真分析目标市场，基于企业自身资源条件及发展目标，进一步明确新产品定位及服务内容，使新的服务产品成熟化。同时初步决定新产品的收费标准，在此基础上制订新产品的推广方案。此外，物流业还应为新产品的推广构建硬件、软件环境，即购买新的设备、引入新的员工及管理方法等。

四、推向市场

经过一系列的产品完善和准备工作完成后，新的服务产品即可推向目标市场，接受用户的检验。在新产品的最初推广过程中，最重要的是关注服务产品产生的效应，如用户的反应、为企业带来的收益等。根据市场环境的变化，物流企业应对新的服务产品不断进行完善和调整。也就是说，推向市场后，新产品仍要处于一个动态的、不断变化的状态，时时进行更新，最终达到成熟状态。

 **知识拓展**

UPS 新产品的创新①

UPS 于 2008 年 8 月开始在中国和巴西针对出口到美国的产品推出名为"UPS 贸易直航"的包括海运服务在内的一体化物流解决方案。这项新的物流服务品种，是 UPS 推出的运输和物流服务项目中最大的整合服务项目，旨在进一步推动全球贸易的发展和简化国际贸易程序。新的物流服务项目由 UPS 货运服务公司负责实施，将减少海运货物的陆上停留环节和时间，从而加速海运过程。该项合同服务比较适合大的服装、体育用品和电子产品制造企业，以及其他将海运作为经济运输手段并希望将产品直接送交客户的制造商。采用该项服务的客户价值体现在两个方面：一是直接的客户价值，即可省去若干分销或配送中心，发货人基本上可以不要仓库，因为将物流过程中搬倒次数降到最少，降低了货损，也加快了交货的速度。目前使用该项服务的客户普遍反映交货时间节约了 2~20 天。二是间接的客户价值，包括存货周转率加快，企业现金流和应收账款周转率加快，存货维持成本下降。统一的单证也有助于减少物流运作管理的行政开支。该项服务的运作流程是这样的：客户把货物送到 UPS 的货运服务中心，发往美国客户的小包裹被挂上标签并装箱；然后，这些集装箱被送到港口并装船，舱位已经事先由具有无船承运人资格的 UPS 海运服务公司预订好；货物抵达目的港之前，UPS 已经完成了清关手续；货物抵港后，将通过 UPS 的地面和空运网络将货物快速发往收货人；这时货主和客户均可在网上查询货物的状态；UPS 对货运全程进行跟踪监控。该项新服务的推出，实际上是 UPS 把海运服务资源给整合了，UPS 借此进入了海运服务领域。

思考：

1. UPS 新产品的创新体现在哪些方面？

2. 物流企业产品创新应注意哪些问题？

 **作　业**

1. 物流企业新产品开发的程序主要包括哪些内容？

2. 物流企业新产品与生产制造业新产品开发有哪些异同？

---

① 资料来源：www.chinawuliu.com.cn

任务四　物流企业定价策略

任务描述

物流企业产品价格是现代营销组合因素中十分敏感而又难以控制的因素，它直接关系着消费者对物流系统及其所提供的服务的接受程度，影响着物流市场的需求和物流企业的利润，涉及供应链上下游节点成员等各个方面的利益。价格制订的正确与否将影响物流活动的广度、深度及顺畅性。科学的价格折扣策略，可吸引客户加大订货量，仓库的作业将趋向于处理大宗货物，搬运和运输作业都将变得简单而高效，这在实行配送制时尤为突出。因此，本任务旨在了解物流企业产品价格的构成、影响因素等知识要点的前提下，并能为物流企业的不同服务产品选择适当的定价方法、制订科学的定价策略。

知识准备

一、物流企业产品价格的内涵

（一）含义

物流企业产品是物流企业为客户的物流需求提供的一切物流活动，是以货主的委托为基础，进行独立的物流业务作业，一般认为是一种无形产品。而企业为提供这种无形产品所收取的报酬即是物流企业产品价格。该价格的构成要件应包括：

（1）要保证将顾客所期望的商品数量与品种，进行正确的储存、保管和输送等服务产品价格。

（2）要保证在顾客所期望的时间内，准时传递商品并做质量保证的服务产品价格。

（3）要保证顾客所期望的服务质量的价格。

对物流服务价格的认识

物流服务是无形的，既不能存储也不能被调拨，只能满足一时一地发生的某种服务需求。物流企业服务产品的生产过程，也是其产品的消费过程。它包括进行备货服务价格；保证客户所期望的商品数量与品种等正确的服务价格、输送服务价格；保证在客户所期望的时间内准时传递商品的服务价格和品质保证服务价格；保证客户所期望的商品质量服务价格。

（二）特点

与一般性商品价格不同，物流企业产品作为一种以专业设备资源提供劳务服务的无形产品，其价格呈如下特点：

（1）物流企业产品价格是一种劳务价格。物流企业为社会提供的不是实物形态的产品，而是实现货物在空间上和时间上的变动，而在这物流作业服务的过程中，物流企业为客户提供了相应的劳务活动，物流企业产品价格就是相应的劳务价格。

（2）物流企业产品价格是商品销售价格的组成部分。一般情况，商品的生产地在空间上是与消费者相隔离的，这就必须要经过运输等物流服务才能使物质产品从生产领域最终进入到消费领域，从而满足消费者对商品的实际需要。而在此过程中又必须通过价格作为媒介来实现商品的交换。因此，物流企业的物流服务价格就成了商品销售价格的重要组成部分。

（3）物流企业产品价格体现消费者预期价值。物流企业为了尽可能获得最大利润，需要选择一个既不过高又不过低的价格，确定一个最接近目标消费者预期价值的价格。

（4）物流企业产品价格具有按不同的服务产品时间或过程而有所区别的特点。商品按不同的服务时间或因过程不同而导致最终服务时间效率不同，甚至会影响商品的实际使用效用，这样就会针对不同的商品按不同交货时间规定相应的企业物流服务价格。

（5）物流服务价格具有比较复杂的比价关系。由于物流货物的种类、运载数量大小、距离、方向、时间、速度等差异，而导致货物所需要的物流服务有时可采用不同的物流服务手段或工具加以实现，最终达到的效果也各不相同。例如，物流企业服务采用人工包装或机械包装甚至无人操作的自动化包装设备进行，其所产生的时间等方面的效果是不同的。而这些差别就会影响到物流成本和供求关系，进而影响到价格。

二、影响物流服务定价的因素

在物流企业进行服务定价中，企业的定价目标、经营成本、市场需求和竞争状况等因素是影响定价的具体因素。

（一）定价目标

定价目标是指物流企业通过制订一定水平的价格所要达到的预期目的。定价目标一般可分为利润目标、销售额目标、市场占有率目标和稳定价格目标。

1. 利润目标

利润目标是物流企业定价目标的重要组成部分，获取利润是物流企业经营的直接动力和最终目的，是物流企业生存和发展的必要条件。由于每个物流企业所处时期不同，因此该阶段的总目标不同，这一目标在实践中分为以追求最大利润为目标和以获取适度利润为目标两种。

2. 销售额目标

销售额目标是在保证一定利润水平的前提下，谋求销售额或者营业额（统称销售额）的最大化。在一定状况下，物流企业服务产品的销售额由销售量和价格共同决定着，因此，销售额的最大化既不一定是销售量最大，也不一定是价格最高。

3. 市场占有率目标

市场占有率又称市场份额，是指物流企业的销售额占整个物流行业销售额的百分比，或者是指物流企业的某项服务产品在某市场上的销售量占同类物流服务产品在该市场销售总量的比重。直接反映企业所提供的物流服务对消费者和用户的满足程度，在整个物流市场上所处的地位，也就是企业的控制能力。市场占有率越高，表明企业经营、竞争能力越强。

4. 稳定价格目标

稳定的价格通常是大多数物流企业获得收益的必要条件，市场价格越稳定，经营风险也就越小。稳定价格目标的实质是通过本物流企业产品的定价来左右整个物流市场价格，避免不必要的价格波动。按这种目标定价可以使市场价格在一个较长的时期内相对稳定，减少物流企业之间因价格竞争而造成的损失。

（二）经营成本

经营成本是物流产品价值的基础部分，它决定着产品价格的最低界限。如果价格低于成本，企业便无利可图。物流产品的成本可以分为两种，即固定成本和变动成本。固定成本是指不随产出而变化的成本，在一定时期内表现为固定的量，如建筑物、物流设备、办公家具的折旧费、管理人员的工资、维修成本等。可变成本包括与具体物流服务过程相关的劳动力成本、能耗费用和维护保养物流设施工具的费用，如燃料费、搬运费、邮寄费等。

（三）市场需求

企业的产品价格不同，就会导致不同水平的需求。市场需求影响顾客对产品价值的认同，决定着产品价格的上限；市场竞争状况调节价格在上限和下限之间不断波动的幅度，并最终确定产品的市场价格。物流企业在制订价格策略、考虑需求因素的影响时，通常使用价格需求弹性法来分析。

价格弹性对企业的收益有着重要影响。通常企业产品销售量的增加会产生边际收益，而边际收益的高低又取决于价格弹性的大小。是什么决定着需求的弹性呢？当产品很奇特，或在品质、声望或排他性上都不同寻常时，购买者就不会很在意价格。在现实生活中，不同物流产品的需求是不尽相同的，如果对物流的需求是有弹性的，那么其定价水平就特别重要。物流企业可以考虑采取降价的策略，因为较低的价格会带来更多的总收益。只要增加的生产和销售成本不超过增加的收益，这一做法就是可行的。

（四）竞争状况

市场竞争状况直接影响着企业定价策略的制订。由于物流市场竞争激烈，产品差异性较小，使物流企业制订价格的自主性也相应缩小。为了更准确地为本企业物流服务定价，企业应分析竞争对手的具体情况，与竞争对手的物流服务产品进行比较。如果二者质量大体一致，那么价格也应与竞争对手大体一样，否则定价过高可能会使本企业物流产品卖不出去。另外，还应意识到竞争对手也可能随时调整价格及其他营销组合变量。因此，对于竞争对手的变化，企业要及时掌握相关信息，并做出明智的反应。

（五）其他因素

当企业营销环境急剧变化时，物流企业制订定价策略还应考虑许多相关因素的影响，如国际国内的经济状况、通货膨胀、利率、汇率和政策法令等。对于物流企业而言，行业特征也是影响物流产品定价的重要因素。而且不同的物流产品和市场状况，行业特征所造成的影响也不同。

三、物流企业服务产品定价方法

物流企业服务这种产品和一般产品相比有其特殊性，因此，物流企业要有特定的定价方法。

（一）成本导向定价法

所谓成本导向定价法是指企业依据提供物流服务的成本决定物流价格的定价方法。这里所讲的成本是指服务产品的总成本，包括固定成本和变动成本两部分。成本导向定价法在具体实施时有成本加成定价法、投资报酬率定价法及非标准合同定价法三种。

1. 成本加成定价法

成本加成定价法是指按照单位成本加上一定百分比的加成来制订产品销售价格的方法。成本加成的具体做法是：

（1）按单位总成本定价。即以平均总成本加预期利润定价。若产品的平均总成本为100元，加成20%，售价则为120元。加成率多少对加成定价法极为关键，必须依据服务性质、营销费用、竞争程度以及市场需求等情况慎重确定。

（2）按边际成本定价。边际成本是指每增加或减少单位物流产品所引起的总成本的变化量。按照这种方法定价，价格就等于边际成本。由于边际成本与变动成本比较接近，而变动成本的计算更容易一些，所以，在定价实务中多用变动成本代替边际成本。当市场价格低于企业产品的总成本，企业又拿不出别的对策时，只好按边际成本定价。只要边际成本小于市面价格，企业即可获得一定的边际贡献来弥补企业的固定成本，这样总比不做生意好。因为，不管企业是否做生意，固定成本一样支付，不做将损失更大。边际成本是定价的极限，如若产品的市面价格已经低于企业的边际成本的话，生意就不能做了，因为在这种情况下做多亏多，不如不做。边际成本定价的基本要求是不求赢利，只求少亏。

边际成本的计算

假定某运输企业某月份完成的运输周转量为5000万吨千米，运输总成本1000万元，则单位运输成本为0.20元/吨千米。当运输周转量增至520万吨千米时，总成本增加了30万元，达到1030万元，这时的边际成本为0.15元/吨千米（30÷200）。因此，如果按照边际成本定价，此时的每吨千米的运输价格就为0.15万元。

2. 投资报酬率定价法

按投资报酬率定价，也是一种很好的方法。投资报酬率定价法又称目标报酬率定价法，是指以投资额为基础计算加成利润（投资报酬）后，再计算出产品价格的定价方法。

投资报酬是投资额与投资报酬率的乘积。这种投资报酬率的多少由企业或投资者裁定，具有一定的技巧，但一般不低于银行的存款利率。

3. 非标准产品合同定价法

非标准产品合同定价法是加成定价法中常用的一种形式，是指企业的非标准服务产品，无市价资料可供参考计算的，只能以成本为基础协商定价，并签入合同的一种定价方法。合同定价有不同的内容：

（1）固定价格合同。当买卖双方对产品的成本计算均有一定知识和经验，经过双方协商一致同意的价格，作为明确的合同价格固定下来，不管今后卖方产品的实际成本高低，均按此固定价格结算。这种定价方法能促使卖方努力降低成本，但合同的双方无论哪一方缺乏经验，都可能受损失，风险较大。

（2）成本加成合同。对买方迫切需要定购的产品，买方签订合同，卖方成本（实际生产成本）在合理的和允许的范围内实报实销，并按此成本和规定的成本利润计算卖方应得的利润。以实际生产成本与应得利润之和为价格。此外，卖方有时会故意抬高成本，使委托方蒙受损失，故一般较少采用此方法。

（3）成本加固定费用合同。合同规定价格由实际成本加固定费用两部分构成。成本实报实销，固定费用由合同写明具体金额。这种合同定价既不会促使卖方提高成本，减少委托方的风险，又能保证卖方取得一定的利润，但缺乏鼓励供应方降低成本的动力。

（4）奖励合同。合同明确定出预算成本和固定费用额，并规定实际成本超过预算成本是可以实报实销。成本如有节约，则按合同规定的比例，由双方分成，给卖方的即成为鼓励卖方降低成本的奖励。这种定价方法，有利于鼓励卖方尽力降低成本。

（二）需求导向定价法

需求导向定价法，就是很多企业根据市场需求强度来确定物流产品的价格，不仅仅是考虑成本，而且要考虑市场需求的强度和顾客的价值观，根据目标市场顾客所能接受的价格水平定价。即在市场需求强度大时，可以适当提高价格，而在市场需求强度小时，则适当降价。这种定价方法综合考虑了成本、产品的市场生命周期、市场购买能力、顾客心理和销售区域等因素。需求导向定价法包括习惯定价法、理解价值定价法、区分需求定价法和比较定价法等。

1. 习惯定价法

习惯定价法又称便利定价法，是指企业考虑并依照长期被顾客接受并习惯的价格来定价的一种方法。在价格稳定的服务市场上，有许多产品由于人们长期交易所养成的习惯，逐渐形成一种习惯价格或便利的价格。这种习惯的、便利的价格，在物流业中较为常见。顾客已习惯按某一种价格购买。对这类产品，任何生产者要想打开销路，必须依照习惯价格或便利价格定价，即使生产成本降低，也不能轻易减价，减价容易引起顾客对产品质量的怀疑；反之，生产成本增加，也不能轻易涨价，只能靠薄利多销以弥补低价的损失，否则将影响产品的销路。当市场上存在着强有力的习惯价格时，如果产品未具备特殊优越条件，只能依照一般价格定价，甚至在由于原材料、燃料等因素涨价，原售价已无利润可图，确实需要调整价格时，也只能通过技术革新，提高劳动生产率，降低成本来解决，或推出改型、换代等新产品，以求获得一定的利润。

2. 理解价值定价法

理解价值定价法是指根据顾客对产品价值的理解，即产品在顾客心目中的价值观念所决定的定价法。这种定价法不是以卖方的成本为基础，而是以买方对产品的需求和价值的认识为出发点。企业运用销售推广策略，特别是其中的非价格因素，以影响顾客，使顾客在头脑里形成一种价值观念，然后，根据这种价值观念制订价格。一个企业在某个目标市场发展一种新产品，从质量、服务、价格以及广告宣传等方面，事先为产品在市场上树立了一个形象，然后再去估计以这个价格出售时的市场销售量，并据此估算生产量、投资额和单位成本。最后，企业根据这些数据核算能否获利，决定是否从事营销。

理解价值定价法的关键之一是要求企业对顾客理解的相对价值有正确的估计和决断。如果企业对顾客理解的价值估计过高，定价必然过高，影响销售量；反之，如定价太低，不能实现营销目的。

3. 区分需求定价法

区分需求定价法是指某种产品并不按照边际成本的差异制订不同的价格，而是根据不同的顾客、产品形式、时间和地点制订不同的价格的定价法。

同一产品，成本相同，但对不同顾客，亦可照价目表出售或可通过讨价还价，给予一定的折扣。不同季节、日期和时间可以规定不同的价格。实行这种区分需求不同的定价，要注意一些问题，如市场要能够细分并能掌握其需求的不同；要确实了解高价细分市场的竞争者不可能以较低价格竞销；差别价格不致引起顾客反感等。

4. 比较定价法

比较定价法是指根据产品需求弹性的研究与市场调查来决定价格的方法。一般认为，价格高，获利则多；反之，获利就少。其实，根据市场需求情况，实行薄利多销，定价虽低，销量增加，反而可以获得较高的利润。究竟是采取低价薄利多销，还是采取高价高利少销，可以通过对价格需求弹性的研究与市场的调查来决定。对于具有需求弹性的产品，可以采取降低价格的办法；对于缺乏需求弹性的产品，则应采取提高价格的办法。企业通过市场调查，分别按高价、低价出售，然后计算其销量和利润，比较其利润大小，从而判断采用哪种价格对企业有利。这种定价方法有较高的实用性，深受现代企业的青睐与欢迎。

（三）竞争导向定价法

竞争导向定价法是指根据同一市场或类似市场上竞争对手的物流产品价格来制订本企业物流产品的价格的方法。这种方法只需要了解竞争对手的物流项目和相应的价格即可，因而简便易行。其不足之处是当特殊市场没有参考价格时，很难对这种市场上的专门物流或特殊物流制订价格。此外，在许多情况下，有关某些细分市场及竞争对手的定价方式等信息也不容易获得。竞争导向定价法主要包括随行就市定价法、低于竞争者产品价格定价法、高于竞争者产品价格定价法、投标定价法、变动成本定价法、倾销定价法和垄断定价法等。

1. 随行就市定价法

随行就市定价法是指以本行业平均定价水平作为本企业定价标准的一种定价方法。这种定价方法适用于企业难以对顾客和竞争者的反应做出准确估计，自己又难以另行定价的情况。随行就市是依照现有本行业的平均定价水平定价，这样就容易与同行业和平共处，并且易于集中本行业的智慧，获得合理的收益。在竞争十分激烈的同一产品市场上，顾客对行情很清楚，物流企业彼此间也十分了解，价格稍有出入，顾客就会涌向价廉的物流企业。一家跌价，别家会跟着跌价，需求仍不会增加；一家提价，别家不一定提，销量下降。所以，随行就市定价法是一种很流行的方法。例如，中远集团远洋集装箱运输采用的就是随行就市定价，这种定价使企业在激烈的航运市场竞争中能有效配合营销组合策略。

2. 低于竞争者产品价格定价法

低于竞争者产品价格定价法是指那些成本低于同行平均成本的企业准备推销产品，渗入其他企业已经建立牢固基础的市场，或扩大市场占有率时所用的一种方法。当企业以低于竞争者产品的价格出售其产品时，往往是服务项目较少。

3. 高于竞争者产品价格定价法

高于竞争者产品价格定价法是指能制造特种产品和高质量产品的企业，凭借其产品本身独具的特点和很高的声誉，以及能为顾客提供较之别的企业有更高水平服务的保证等，而与同行竞争的一种定价方法。这些按较高价格出售的产品，一般是受专利保护的产品，或是企业具有良好形象的产品。

4. 投标定价法

投标定价法是指事先不对产品规定价格，而是运用各种方式大力宣扬产品的价值和特点，然后规定时间，采取公开招标的方式，由顾客投标出价竞购，以顾客愿意支付的最高价格拍板成交的定价方法。投标定价不是以本企业的成本和主观愿望为依据，而是根据买者竞争出价情况决定的。在投标中，企业递价的目标是中标。企业递价仍有一定的界限，即使一个迫切希望中标的企业，也不愿递价低于边际成本。同时，企业也不能只顾赢利，递价过高，反而不能中标。因此，参加投标的企业往往要计算期望利润，然后根据最高的期望利润递价。期望利润可以根据估计的中标率和利润计算。凡是大型企业，经常参加投标，一般采用期望利润作为递价标准比较合适。但是，当一个企业出于某种原因，对于投标势必要中，以期望利润作为递价标准就不一定适宜，自然应该以力争低于竞争者标价为递价原则。

5. 变动成本定价法

变动成本与边际成本很相似，只是变动成本不计算边际贡献。变动成本定价是指企业以变动成本为依据，考虑市场环境，对付竞争的一种定价方法。当市场竞争少时，企业根据产品价格需求弹性的情况，一般定价略高；当市场竞争激烈，企业为了提高产品的竞争能力，定价较低。在维持和提高市场占有率时，产品的定价只要能收回变动成本或稍高于变动成本即可。

6. 倾销定价法

倾销定价法是指企业在控制了国内市场的情况下，以低于国内市场的价格向国外抛售，借低价打击竞争对手而占领市场的方法。以低价基本控制国外目标市场后，继续实行薄利多销，以获取总体利润为目标，不断开拓国际市场。

7. 垄断定价法

垄断定价法是指少数垄断企业控制了某项产品的生产与流通，结成垄断同盟或达成垄断协议，使产品定价大大超过其价值，同时对非垄断企业的原材料或零配件，定价则低于这些产品的价值的方法。

四、物流服务产品定价策略

营销定价策略的关键就是在一定的营销组合条件下，如何把产品价格定得既能使顾客易于接受，又能为企业带来比较多的收益。企业在定价策略制订中，往往会有灵活多变的手段和技巧，物流服务市场也不例外。

（一）新产品定价策略

新提供一项物流服务，或新开辟一个客户而进行的定价都可列入新产品定价的范畴。由于物流服务产品是组合多变的，特别是在现代物流行业，强调服务的个性化，因此，物流企业定价时，常要考虑推出一项新的物流服务应采取何种营销组合策略。新产品定价是营销策略中一个十分重要的问题。根据现代服务营销理论，在推出新产品时的定价策略一般包括取脂定价、渗透定价和君子定价三种策略。

1. 取脂定价策略

取脂定价策略又称撇油定价策略，是指企业以高价将新产品投入市场，尽可能在产品市场生命周期的开始阶段取得较大的利润，尽快收回成本。"取脂"本意是指从牛奶中撇取奶脂，在此喻指赚取丰厚利润。这一策略利用消费者的求新心理，以高价将新产品打入市场。其优点是能提高产品的身价，树立高价、高质形象，刺激顾客购买，尽量在较短时期内收回成本，获取利润。同时，产品初上市时制订高价，有利于在竞争激烈时削价竞销，保持竞争优势，抵制竞争者加入。但这一策略的不足之处是当新产品刚刚上市，还未被消费者所了解和喜爱时，高价令人望而生畏，甚至难以被消费者接受。高价、高利也容易诱发竞争，吸引竞争者加入，但好景不长。无论性能多么优良、质量多么过硬的产品，高价是难以长期维持的。采用此策略的条件是：

（1）新的服务产品质量高，具有较强竞争力，在短期内很难被模仿或被取代。

（2）服务项目面对的市场和客户处于中高端，价格弹性小，高价不会影响市场的开拓。

（3）物流服务者拥有垄断的服务资源，或服务技术较为复杂，竞争者难以模仿。

（4）确实能为客户带来较预期高很多的服务及发展前景。

（5）市场可提供该类服务的数量有限，尽管提供该服务成本较高，但由于价格高出成本许多，仍然会有较大收益。

2. 渗透定价策略

与取脂定价策略相反，渗透定价，是指将产品定价低于预期价格，以便于更好的被市场接受，迅速打开市场的定价策略。同时，低价、低利能有效地排斥竞争者加入，吸引客户，占领市场，以谋取远期的稳定利润。渗透定价适用于以下情况：

（1）市场需求对价格极为敏感，需求弹性大的服务产品，低价会刺激市场需求迅速增长。

（2）服务成本和经营成本会随服务产品销量的增大而迅速降低，实现所谓规模经济。

（3）面向经济实力差的小客户，低价易为顾客所接受。

（4）属于潜在市场大的服务产品，竞争者很容易进入市场。实行低价薄利，有利于阻止新竞争者的进入。

3. 君子定价策略

实行高价和低价各有其利弊，都比较极端。有的企业处于优势地位，本可定高价获得最大利润，但为了博得顾客的良好印象，采取君子定价策略，既吸引购买，又赢得各方的尊敬，也被称为介于取脂定价和渗透定价之间的温和定价。采取这一策略的具体定价方法是采用反向定价法，通过调查或征询分销渠道的意见，以拟定出顾客易于接受的价格。

以上三种新产品的定价策略，各有其利弊，如何选择，主要取决于以下几个方面：

（1）物流企业服务能力的大小。服务能力大，能大量提供该项服务，宜采用渗透定价策略薄利多销；反之，不如采用取脂定价策略。

（2）技术门槛或服务质量门槛是否较高。如果竞争者易于加入，宜采取渗透定价策略，以便有效地排斥竞争者，减少竞争量；反之，可采用取脂定价策略。

（3）需求弹性的大小。需求弹性小，可采用取脂定价策略；反之，宜采用渗透定价策略。

（4）让顾客满意。有的企业处于优势地位，本可定高价取得最大利润，但为稳定客户，可采取温和定价策略，既吸引购买，又得到各方尊敬。

（二）折扣定价策略

在大多数物流服务产品市场上，都可以采用折扣定价策略。企业营销通过折扣方式可达到两个目的：折扣是对服务产品承揽支付的报酬，以此来促进物流服务的生产和消费（某些市场付给中间者的酬金）的产生；折扣也是一种促销手段，可以鼓励提早付款、大量购买或高峰期以外的消费。

1. 数量折扣

数量折扣是指物流企业因货主需要服务产品的数量大，而给予的一种折扣。它应向所有的货主提供。数量折扣分为累计性折扣和一次性数量折扣，前者是规定在一定时期内，购买量达到一定数量即给予的折扣。后者是一次数量折扣，又称"非累计性数量折扣"，是对一次消费超过规定数量或金额给予的价格优惠，目的在于鼓励顾客增大每份订单购买量，便于组织批量服务而获得价格谈判优势。

2. 现金折扣

现金折扣是指物流企业对以现金付款或提前付款的顾客给予一定比例的价格折扣优待。现金折扣的目的是促进确认成交，加快收款，防止坏账。这种折扣通常写成："2/10全价30"，意思是若顾客在10天内付清款项，可享受2%的折扣，否则须在30天内按全价付清账款。

3. 季节折扣

季节折扣是指物流企业在淡季给予顾客一定的价格折扣，以刺激顾客需求的一种折扣。

4. 代理折扣

代理折扣是指物流企业给予一些中间商（如货运代理商、票运代理商等）的价格折扣。

5. 回程和方向折扣

回程和方向折扣是指物流企业在回程或运力供应富裕的运输线路与方向，给予的价格折扣，以减少运能浪费的一种折扣。

（三）差别定价策略

差别定价策略是一种根据客户需求、服务产品或地理位置的差异而采取不同价格的定价策略。差别定价策略的形式包括价格时间的差异、客户支付能力差异、服务产品的品种差异和地理位置差异。为了适应货主、货物和运输线路等方面的差异，物流企业可以修改基本价格，实行差别定价。差别定价策略主要有货主差别定价、货物差别定价和运输线路差别定价。

（四）高价位维持策略

高价位维持策略是当物流购买者把价格视为品位时使用的一种定价策略。在某种情况下，某些企业往往有意地造成高质量、高价位姿态。凡是已经培养出一种特殊的细分市场，或已建立起特殊专属高知名度的物流企业，不妨使用此种以价格作为质量指标的定价策略。

（五）牺牲定价策略

牺牲定价策略是指一次订货或第一个合同的要价很低，希望借此能获得更多的生意，而在后来的生意中再提高价格的一种定价策略。当顾客不满意目前的服务供应者或者买主不精通所提供的物流服务产品时，可以考虑此法。

这种定价策略的最大不利之处是，起初的低价位可能成为上限价位。一旦此上限价位成立，顾客便会拒绝再加价。

（六）产品组合定价策略

产品组合定价策略是指将多种产品或服务组合成产品组合，制订能使整个组合获得最大利润的共同价格的一种定价策略。如某种产品只是产品组合中的一部分时，物流企业需要制订一系列的价格，从而使产品组合取得整体的最大利润。产品组合定价主要有服务产品系列定价和单一价格定价。

 任务实施

物流企业制订服务产品的价格

一、定价目标

物流企业有效定价的目标一般可分为利润目标、销售额目标、市场占有率目标和稳定价格目标。因此，在进行物流服务报价前，特别是承揽大的外包服务项目报价，应首先考虑企业的定价目标。

二、确定需求

物流企业有三种方法确定在不同价格条件下的定价：

（1）用统计方法分析过去的价格、销售数量和其他因素的数据来估算它们的关系。

（2）价格实验法通过系统变化价格，来观察对销售的影响。

（3）询问顾客在不同的价格水平下，他们会买多少产品。

三、估计成本

在估计成本时，作为一个优秀的业务人员，不仅应估计物流企业服务产品项目的服务成本，包括与物流业务相关部门的成本、物流信息系统成本与履行物流业务合同成本三类。

此外，还应考虑物流企业经营成本在此项目业务中的价格体现，包括企业经营的固定成本和变动成本。

由于物流市场的服务价格受燃油、货币、季节、技术条件和经济环境等多方面因素的影响，价格波动频繁，因此，要密切关注市场价格的变动及其对服务成本的影响。

四、分析客户价格期望和竞争者价格状况

服务报价的理想状态是，不仅满足顾客总成本（c）＜顾客总价值（$vT + vE + vP$），同时，还能在市场中提供较竞争者更好、更有竞争力的服务质量和价格比。

五、确定定价策略，选择定价方法

在确定定价策略、选择定价方法时，应结合前述步骤中的分析结果，结合企业目标、客户需求、市场状况和竞争环境等诸多因素选定具体的策略与方法。

六、确定最终价格

确定最终价格是一个系统的核算过程，将各项服务成本加总求和后还要考虑经营的固定和可变成本，考虑各项影响因素，考虑定价的策略和方法，应是前述步骤的一个总结。

七、价格变动与调整

在定价策略形成后，物流企业还将面临价格变动问题。有时候需要主动降价或提价，而对竞争者的价格变动又要做出适当的反应。

当物流企业服务能力过剩、市场占有率下降或者成本费用比竞争者低时，企业可主动降价。当物流服务供不应求或者成本膨胀时，企业就得提价。任何价格变化将会受到购买者、竞争者、其他利益相关者甚至政府的关注。价格变化后，顾客经常提出质疑。对于降价，顾客会认为这种产品将会被新产品代替；这种产品可能存在缺点，销售不畅；企业财务困难导致经营困难；价格还会跌；这种产品质量下降了等。竞争者会认为，降价的企业企图悄悄地夺取市场或者经营状况不佳，并企图增加销售量或者试图通过减价以刺激行业的总需求。对于提价，可能会被顾客或竞争者认为，这种产品畅销；这种产品很有价值；卖主想尽量取得更多利润。对竞争者发动价格变动的反应，不同的企业各不相同。市场的领导者常常面临较小企业发起的降价，对降价的反应有：①维持原价；②维持原价并增加价值；③降价；④推出廉价产品线予以反击。

知识拓展

物流企业定价策略分析①

　　K 物流公司在某大城市对超市进行市内配送时，由于受到车辆进城作业的限制，转而寻求当地的搬家公司（M 公司）提供配送车辆支持。但是 M 公司开出的配送价格是半天（小时）200km 以内为 200 元/车，大大超过了 K 物流公司可接受的 120 元/车的底线。

　　K 物流公司经过仔细调查分析后发现，M 搬家公司 20% 的搬家作业均在上午进行并在中午左右结束，这就意味着 M 搬家公司大部分的车辆和人员在下午基本上处于空闲状态，其上午搬家作业的收益已经足够支持其成本的支出和期望得到的利润。而 K 公司的市内配送业务却基本上在下午 2：00 以后进行，K 公司支付给 M 搬家公司的费用除去少量的燃油费作为额外成本外，其余的都应该是 M 搬家公司得到的额外利润。如果按每天下午一辆车行驶 200km 计算，燃油费不应高于 50 元。从这个角度上看，K 物流公司的市内配送业务带给 M 搬家公司的不仅是新增加的业务和实在的收益，而且对其资源的合理应用也是非常有利的。

　　最后的结果是，经过 K 物流公司与 M 搬家公司在价格和服务方面的仔细测算，双方就 80～90 元/车的价格达成了共识。

思考：
K 物流公司采用了哪种定价方法，这种定价方法的优点有哪些？

作　业

　　集装箱运输产品的需求是一种派生的需求，而且是有弹性的。由于目前市场竞争激烈，加上运输成本构成项目多，难以准确计算，以及整个行业有工会组织、战略联盟合作的基础，该集装箱运输公司实行的是随行就市的定价方法。对于不同的市场，实行不同的运价定位，采取不同的价格策略。一般而言，客户不同，运价不同，对已签约的大客户实行优惠运价；季节不同，运价不同，对于未签约的客户，实行淡季低运价，旺季高运价。

请思考：
该集装箱运输公司为什么要实行随行就市的定价方法？其价格策略给物流企业提供的启示是什么？

任务五　物流企业产品促销策略

任务描述

　　物流企业要取得市场营销活动的成功，不仅要发展适销对路的产品、制订合理灵活的

---

①　资料来源：陈玲，王爽. 物流服务营销［M］. 上海：立信会计出版社，2010.

价格，还必须采取适当的促销方式促进销售、传播信息。因此，促销是物流企业市场营销活动的重要内容。通过促销活动可以使物流企业的服务产品有效地展示在需求者的面前，可以更好地促进物流服务产品的销售。同时，在物流服务促销的过程中不仅要注意销售人员的管理，也要根据物流企业的不同发展阶段选择适合企业产品的广告媒介，从而更好地促进物流企业的良性发展。

知识准备

一、物流企业促销的认知

（一）促销的含义

促销即促进销售，是指营销者通过一定的传播和沟通手段向消费者传递有关本企业及产品的各种信息，说服或吸引消费者购买其产品，从而达到扩大销售量的目的全部营销活动的总称。促销实质上是一种短期造势的沟通活动，是营销者在一定的时间内发出作为刺激消费的各种信息，把信息传递到一个或更多的目标对象，以影响其态度和行为。常用的促销手段有广告、人员推销、营业推广和公共关系。企业可根据实际情况及市场、产品等因素选择一种或多种促销手段的组合。

物流企业促销是指物流企业通过一定的有效途径向顾客传递物流服务提供的方式、内容、信息等，加深及引起顾客购买或使用本企业物流服务的兴趣和欲望，激发顾客的购买行为，从而达到提高物流企业的业务量和赢利为目的的全部营销活动的总称。

物流企业促销组合也可称为"物流市场营销信息沟通组合"，是一种组织促销活动的策略思路，它主张物流企业应把广告、公共关系、营销推广及人员推销四种基本促销方式组合为一个策略系统，使企业的全部促销活动相互配合、协调一致，最大限度地发挥整体效果，从而顺利实现促销目标。促销组合是一个重要概念，它体现了整体营销。

（二）物流企业促销的作用

促销具有传递信息的功能，能够把物流企业的产品、服务、价格、企业形象、品牌等信息传递给目标顾客，并且吸引目标顾客的注意，提高消费者对该企业产品及服务的认知度；良好的促销活动通过各种有效的方式来解除目标客户对产品或服务的疑虑，说服目标客户坚定购买决心。这不仅可以诱导需求、刺激需求，而且可以起到创造需求，发掘潜在顾客的作用。促销实质是一种竞争，它可以改变一些消费者的使用习惯及品牌忠诚。因受利益驱动，消费者可能大量购买。因此，在促销阶段，常常会促进消费，提高销售量；好的促销活动能够改善物流企业形象，提高物流企业的知名度和美誉度；促销活动与消费者息息相关，在促销活动过程中能很细致地分析目标顾客，了解市场行情，强化市场渗透，提高企业的市场竞争渗透能力。

（三）物流企业促销的目标

促销目标就是指企业促销活动所要达到的目的。不同的促销目的所选择的促销组合方式是不同的。例如，在一定时期内，某物流企业的促销目标是刺激需求，提高产品及服务的销售量，扩大企业的市场份额；而另一物流企业促销目的则是加深消费者对企业的印象，树立企业的形象，为其产品今后占领市场、提高市场竞争地位奠定基础。显然，这两个企业的促销目的不同，因此，促销组合决策就有所不同。前者属于短期促销目标，为了近期利益，它宜采用广告促销和营业推广相结合的方式。后者属于长期促销目标，其公关促销具有决定性意义，辅之以必要的人员推销和广告促销。在决策中，企业还须注意，企业促销目标的选择必须服从企业营销的总体目标，不能为了单纯的促销而促销。

（四）物流企业促销的方式

物流企业促销的方式通常有四种，分别为人员推销、广告宣传、公共关系、营业推广，四种方式的优缺点如表 4 - 5 - 1 所示。

表 4 - 5 - 1　　　　　　　　　物流企业四种促销方式的比较

促销方式	优点	缺点
人员推销	直接沟通信息，反馈及时，可当面促成交易，灵活性，针对性强，双向性，效果明显	费时，费钱，费工，占用人员多，成本较高，促销面窄
广告宣传	传播面广，形象生动，节省人力，覆盖面广，传播迅速，影响力大，形式多样	间接性，单一性，盲目性，效果不易测定，只能对一般消费者，难以立即促成交易
公共关系	影响面广，信任程度高，可提高企业知名度和声誉	花费力量较大，效果难以控制，见效慢
营业推广	吸引力大，激发购买欲望，可促成消费者当即购买行动，影响力大，刺激性大，效果直接	接触面窄，有局限性，有时会降低商品身价，信用度低，不宜长期使用

二、物流企业促销策略

（一）人员推销策略

人员推销是指物流企业派出销售人员（销售代表）或委派专职推销机构深入中间商或消费者进行直接的宣传介绍活动，寻找现有的和潜在的客户，运用一定的推销方法和技巧接近顾客，通过采用口头陈述与宣传、面对面的谈话方式、处理各种异议等内容，以致最终成交促进产品销售的活动过程。在物流市场经济高度发达的现代社会，人员推销这种最古老的形式仍焕发着青春，是现代社会最重要的一种物流商品促销方式。

小贴士

物流企业市场营销最有效的方式之一是人员销售

第三方物流商需要获得长期稳定的业务，而在生产者市场进行物流营销中最有效的方式之一就是人员销售。通过促销人员与客户企业的负责人的联系，分层次建立长期合作关系。当然，在人员销售中，除了要很好地了解客户需求、客户成本，方便客户购买和双向沟通外，还要很好地把握关联关系、响应速度、关系营销和价值回报等营销要素，按照物流领域人员销售模型去运作。

推销人员不仅要承担产品推销的任务，同时要兼做市场调查工作，并对市场需求的发展变化做出预测，为公司进行市场预测提供科学的依据。为了出色地完成推销任务推销人员不仅要掌握物流企业知识、物流产品或服务知识、市场知识及推销技巧等能力，而且必须具备一定的素质要求，如个人的文化素质、工作能力和政治素质等。

在具备以上要求的基础上，推销人员要出色地完成推销任务，必须实现下列推销：

（1）推销自己。人员推销的目的是推销物流企业的产品和服务，推销人员是企业和客户的桥梁，在推销产品和服务之前应让消费者接受你，认可你，对推销人员产生良好的印象，发生兴趣，进而产生信任感，愿意同你进一步交往。

（2）推销企业价值观念。通过与消费者的双向交流与沟通，增强消费者对物流企业产品及服务性能的了解，改变和强化消费者的价值观和认识事物的思维方式，使消费者接受物流企业新的观念。

（3）推销企业。对企业的了解，特别是在消费者的印象中树立起企业的良好印象，是促成消费者购买的重要条件，推销人员代表的是物流企业，因此，推销人员的形象如何将直接影响到顾客对物流企业的形象。

（4）推销产品知识。广泛介绍与产品及服务相关的生活、生产知识，加强消费者对产品的认识能力，是推销产品最有利的方式。巧妙地运用推销方法和推销技巧来提高产品销售量。

人员推销主要包括上门推销、柜台推销、会议推销和电话推销等。人员推销能促使中间商或消费者采取购买行为的促销方式，是销售人员帮助和说服购买者购买某种物流商品或劳务的过程。推销人员在与潜在购买者的接触过程中发现客户需求，通过探讨购买问题，解决所面对复杂的问题，不断提出解决它的合理方案，有利于发展长期客户，而这在物流服务营销中是非常重要的。根据不同的物流产品特征，物流企业人员推销的组织策略主要有四种：

（1）区域结构式：按地理区域配备推销人员，设置销售机构，推销人员在规定的区域负责销售企业的各种产品。优点是责任明确，有助于与顾客建立牢固的关系，可以节省推销费用。适合产品品种简单的物流企业。

（2）商品结构式：按物流产品线配备推销人员，设置销售机构，每组推销人员负责一条产品线在所有地区市场的销售。条件是产品技术性强、品种多且其相关性不强。

（3）顾客结构式：按消费者分类来配推销人员，设置销售结构。优点是能满足不同用户需求，提高推销成功率。缺点是推销费用增加和市场覆盖面不广。

（4）复式结构式：将上述三种方式结合起来，按照区域—产品、区域—顾客、区域—产品—顾客来配推销人员，适合有多种产品且销售区域广阔的大物流企业。

（二）物流企业广告促销策略

1. 物流企业广告的内涵

1890年以前，西方社会对广告较普遍认同的一种定义是：广告是有关商品或服务的新闻。1894年，美国现代广告之父Albert Lasher认为：广告是印刷形态的推销手段。这个定义含有在推销中劝服的意思。1948 年，美国营销协会的定义委员会形成了一个有较大影响的广告定义：广告是由可确认的广告主，对其观念、商品或服务所作之任何方式付款的非人员式的陈述与推广。美国广告协会对广告的意义是：广告是付费的大众传播，其最终目的为传递情报，改变人们对广告商品之态度，诱发其行动而使广告主得到利益。在现代，广告被认为是运用媒体而非口头形式传递的具有目的性信息的一种形式，它旨在唤起人们对商品的需求并对生产或销售这些商品的企业产生了解和好感，告之提供某种非营利性目的的服务以及阐述某种意义和见解等（韦伯斯特辞典 1988 版）。

广告是为了某种特定的需要，通过一定形式的媒体，公开而广泛地向公众传递信息的宣传手段，以激起顾客的注意和兴趣，促进商品销售的工具。广告有广义和狭义之分，广义广告包括非经济广告和经济广告。非经济广告指不以赢利为目的的广告，又称效应广告，如政府行政部门、社会事业单位乃至个人的各种公告、启事、声明等，主要目的是推广；狭义广告仅指经济广告，又称商业广告，是指以赢利为目的的广告，通常是商品生产者、经营者和消费者之间沟通信息的重要手段，或企业占领市场、推销产品、提供劳务的重要形式，主要目的是扩大经济效益。

2. 广告的分类

根据不同的需要和标准，可以将广告划分为不同的类别。不同的标准和角度有不同的分类方法，对广告类别的划分并没有绝对的界限，主要是为了提供一个切入的角度，以便更好地发挥广告的功效，更有效地制订广告策略，从而正确地选择和使用广告媒介。以下介绍一些较常运用到的广告类别。

根据广告的内容和目的分为商品广告、企业广告、公益广告。如图 4 - 5 - 1 所示。

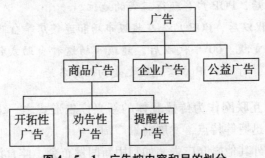

图 4 - 5 - 1　广告按内容和目的划分

按广告媒介的物理性质进行分类是较常使用的一种广告分类方法。使用不同的媒介，广告就具有不同的特点。在实践中，选用何种媒介作为广告载体是制订广告媒介策略所要考虑的一个核心内容。传统的媒介划分是将传播性质、传播方式较接近的广告媒介归为一类。因此，一般有以下七类广告：

印刷广告，也称为平面媒体广告，即刊登于报纸、杂志、招贴、海报、宣传单、包装等媒介上的广告；

电子广告，是以电子媒介如广播、电视、电影等为传播载体的广告；

户外广告，是利用路牌、交通工具、霓虹灯等户外媒介所作的广告；还有利用热气球、飞艇甚至云层等作为媒介的空中广告。

直邮广告，通过邮寄途径将传单、商品目录、订购单、产品信息等形式的广告直接传递给特定的组织或个人。

交通广告：利用交通工具如飞机、船、火车、公共汽车、地铁等上面张贴的广告画和设置的广告宣传品等广告。

销售现场广告，又称为售点广告或 POP 广告（Point of Purchase），就是在商场或展销会等场所，通过实物展示、演示等方式进行广告信息的传播。有橱窗展示、商品陈列、模特表演、彩旗、条幅、展板等形式。

购买点广告

购买点广告（POP 广告）有广义和狭义两种。广义的 POP 广告，是指在商业空间、购买场所和零售商店的周围、内部以及在商品陈设的地市所设置的广告物，如商店的牌匾、店面的装潢和橱窗，店外悬挂的充气广告、条幅，商店内部的装饰、陈设、招贴广告、服务指示，店内发放的广告刊物，进行的广告表演，以及广播、录像电子广告牌等。狭义的 POP 广告，仅指在购买场所和零售店内部设置的展销专柜以及在商品周围悬挂、摆放与陈设的可以促进商品销售的广告媒体。

POP 广告起源于美国超级市场和自助商店里的店头广告。1939 年，美国 POP 广告协会正式成立后，POP 广告获得正式的地位。

20 世纪 30 年代以后，POP 广告在超级市场和连锁店等自助式商店频繁出现，于是逐渐为商界所重视。60 年代以后，超级市场这种自助式销售方式由美国逐渐扩展到世界各地，所以 POP 广告也随之走向世界各地。

网络广告，是利用互联网作为传播载体的新兴广告形式之一，具有针对性、互动性强，传播范围广，反馈迅捷等特点，发展前景广阔。

除了以上广告类别外其他媒介广告，如利用新闻发布会、体育活动、年历、各种文娱活动等形式而开展的广告。

随着科学技术水平的不断提高与发展，媒介的开发和使用也是日新月异地变化着，新兴媒介不断进入人们的视野，成为广告形式日益丰富的催化剂。也可以将广告分为产品广告、企业广告、品牌广告、观念广告等类别。

3. 制订物流企业广告促销方案的要点

物流企业广告促销方案一般包括五个主要步骤，可以简称为五个"M"：①广告目标是什么（Mission）；②广告费用是多少（Money）；③传递什么广告信息（Message）；④利用什么广告媒体（Media）；⑤怎样估价广告效果（Measurement）。

（1）确定广告目标。广告目标是物流企业通过广告活动要达到的目的，其实质就是要在特定的时间对特定的受众（包括听众、观众和读者）完成特定内容的信息沟通任务。

可以根据广告目标特点的不同，把广告目标分为告知性广告、劝说性广告、提示性广告三大类。

（2）确定广告预算。通常可供物流企业选择的确定广告预算的方法有四种：承受能力法、销售额比例法、竞争平衡法（也称竞争对抗法）、目标任务法。

在确定广告预算时，要考虑以下五个因素：产品的经济生命周期、市场份额和消费者群体规模、竞争和市场秩序、广告频率。

（3）确定广告信息。一项有创造性的广告活动包括广告信息的产生、广告信息的评价和选择以及广告的制作。

（4）确定广告媒体。根据物流企业产品的特征及广告目的来选择最合适的媒介。

（5）估价广告效果。广告的传播效果是指广告活动对广告受众在意识、知识和偏好方面的影响。估价广告的传播效果主要有三种方法，即直接评分法、组合测试法和实验测试法。

（三）物流企业营业推广策略

营业推广又叫特种推销或销售促进，是指企业为了刺激需求、扩大影响，运用各种短期促销形式，要求迅速产生销售效果而采取的特殊而短暂性的促销方式。是企业为鼓励购买、销售商品和劳务而采取的除广告、公关和人员推销之外的所有企业营销活动的总称。它是物流企业销售的开路先锋与推进器。

物流企业营业推广的目标有三类：一是针对直接消费者的营业推广方式，如免费赠送样品、礼品或奖品、折价赠券、交易印花、现场示范、订货会或展销会、连带促销等；二是针对中间商的，如购货折扣、合作广告、推销奖金、经销竞赛、展览会、人员培训等；三是针对物流企业推销人员的，如有奖销售或推销竞赛、推销津贴或奖品、推销奖励旅游、度假或晋升的机会等。

物流企业营业推广计划方案的制订由推广目标的确定、推广工具的选择、推广方式的配合安排、选择适当的时机和期限。

（1）确定推广目标。营业推广目标的确定，就是要明确推广的对象是谁，要达到的目的是什么。只有知道推广的对象是谁，才能有针对性地制订具体的推广方案，例如，是为达到培育忠诚度的目的，还是鼓励大批量购买为目的。

（2）选择推广工具。营业推广的方式方法很多，但如果使用不当，则适得其反。因此，选择合适的推广工具是取得营业推广效果的关键因素。物流企业一般要根据目标对象的接受习惯和产品特点，目标市场状况等来综合分析选择推广工具。

（3）推广的配合安排。营业推广要与营销沟通其他方式如广告、人员销售等整合起来，相互配合，共同使用，从而形成营销推广期间的更大声势，取得单项推广活动达不到的效果。

（4）确定推广时机。营业推广的市场时机选择很重要，如季节性产品、节日、礼仪产品，必须在季前节前做营业推广，否则就会错过了时机。

（5）确定推广期限。即营业推广活动持续时间的长短。推广期限要恰当，过长，消费者新鲜感丧失，产生不信任感；过短，一些消费者还来不及接受营业推广的实惠。

（四）物流企业公共关系策略

物流企业公共关系（简称公关），是指物流企业在经营管理过程中利用各种信息传播沟通媒介，沟通内外部关系，促进组织与相关公众之间的双向了解、理解、信任与合作，为物流企业塑造自身良好形象，为企业的生存和发展创造良好环境的经营管理艺术。

从物流企业经营管理的各个环节来看，公共关系所发挥的作用和职能是多方面的，主要有：搜索信息、传播沟通、协调关系、处理纠纷、参与决策、改善环境、增进社会效益、树立企业形象等。公共关系的全部活动和职能，最终都是为了塑造物流企业的良好形象。

新闻媒介是物流企业重要的公关对象。新闻媒介具有传递信息迅速、广泛和真实的特点，舆论导向力极强。得之锦上添花，失之名声扫地。利用新闻媒介搞好公关，主要应进行两个方面的工作：一是将本单位有新闻价值的东西写成稿件，投寄给新闻媒介，或请记者到本单位采访，或在合适的地点举行记者招待会。二是制作公关广告。目前，对广告的使用已十分广泛，有旨在塑形象的形象广告、用以维护名誉与尊严的驳斥广告，以及旨在介绍企业情况的信息广告等。这些广告的目的都是树立企业形象和加深观众印象，所以被称为"观念广告"或"公众利益广告"，总称"公共关系"广告。

物流企业要搞好这项工作，专职公关人员应该注意把握新闻媒介的动态，对不同媒介的受众对象、发行范围、影响力和版面栏目安排都要有透彻的了解，同时积极提供有价值的材料，并使自己成为新闻媒介可以信赖的朋友。

物流企业的公共关系策略分三个层次：一是公共关系宣传，即通过各种传播手段向社会公众进行宣传，以扩大影响、提高物流企业的知名度；二是公共关系活动，即通过举办各种类型的公关专题活动来赢得公众的好感，提高物流企业的美誉度；三是公共关系意识，即物流企业员工在日常的生产经营活动中所具有的树立和维护物流企业整体形象的思想意识。

物流企业公共关系涉及的不单指是一种产品或一个时期的销售额，而是有关企业形象的长远发展战略。

物流企业公共关系的作用面很广泛，其作用对象包括物流企业的顾客、厂商、经销商、新闻媒体、政府机构、内部员工以及各方面的社会公众。

物流企业公共关系可以采用的传播手段很多，可通过新闻、宣传等传播媒介进行间接传播、可通过人际交往形式进行直接传播。

任务实施

确定促销组合策略

一、物流企业促销组合策略

物流企业在实际促销活动中，是采用一种促销方式，还是采用两种或两种以上的促销方式是需要选择的。如果选择两种或两种以上的方式，就要涉及以哪种方式为主、以哪几种方式为辅的问题。把各种促销方式有机搭配和统筹运用的过程就称为促销组合。大体可分为两类：人员促销和非人员促销。具体说来又可以分为四种方式：人员推销、广告、公关、营业推广即销售促进。如图4-5-2所示。

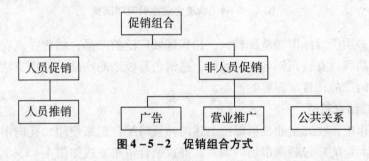

图4-5-2　促销组合方式

物流企业促销组合策略是指物流企业根据产品的特点和营销目标，在综合分析各种影响因素的基础上，对人员推销、广告、营业推广和公关等促销方式进行有机结合和综合运用，侧重使用某种促销组合方式的策略。

物流企业四种促销方式之间既可相互代替，又可相互促进。四种方式的代替性和互补、互促性使促销活动生动、有效，更具有艺术性。

二、物流企业促销组合策略综合运用

一般来说物流企业促销组合策略有三种：

（一）推动策略

推动策略是物流企业以人员推销为主要手段，首先争取中间商的合作，利用中间商的力量把新的商品或者服务推向市场，推向消费者。派出推销人员上门推销产品，提供各种售前、售中、售后服务等。物流企业推动策略示意图，如图4-5-3所示。

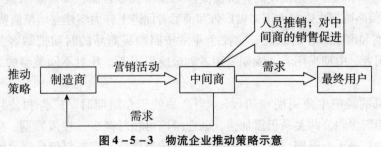

图4-5-3　物流企业推动策略示意

（二）拉引策略

拉引策略又称"拉式策略"，就是物流企业通过运用广告、营业推广、公共关系等促销手段，直接面向最终消费者的展开强大促销攻势，把新的商品或者服务介绍给最终市场的消费者，使之产生强烈的购买欲望，形成急切的市场需求，然后"拉引"中间商纷纷要求经销本企业的产品或服务。物流企业拉引策略顺序，如图 4 - 5 - 4 所示。

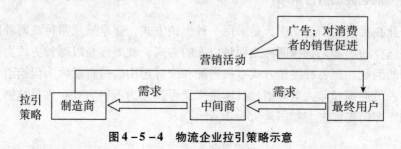

图 4 - 5 - 4　物流企业拉引策略示意

拉引策略多用于目标市场范围较大，销售区域广泛的产品；销售量正在迅速上升和刚刚打开销路的品牌；有较高知名度的品牌，感情色彩较浓的产品；使用方法容易掌握的产品和易选择性的产品；日常需要的产品。

（三）推拉结合策略

在实际操作中，物流企业也可以把上述两种策略配合起来使用，在向中间商大力促销的同时，通过大量的广告刺激市场的需要。推拉结合策略方式如图 4 - 5 - 5 所示。

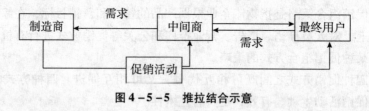

图 4 - 5 - 5　推拉结合示意

物流企业可以根据各自的需要、在不同的时候选择上述不同的促销策略。

三、确定促销组合时应考虑的因素

（1）产品类型与特点。一般对于日常物流品的经营，最大量地使用广告这种方法，其次依序为特种销售方法、人员销售和公共关系方法。

（2）推或拉的策略。"推"的策略要求用特殊推销方法和各种商业促进手段通过营销渠道把商品由生产者"推"到批发商，批发商再"推"到零售商，零售商"推"到消费者那里。"拉"的策略则把主要精力用来做广告和消费者促销上，力图建立培植消费者的需求。

（3）现实和潜在顾客的状况。物流企业常按照购买商品的时间把顾客分为最早采用者、早期采用者、中期采用者、晚期采用者和最晚采用者，并对不同类型的顾客采用不同的促销方式。

（4）产品的经济生命周期"阶段"。当产品处于介绍期时，广告和公共关系效果最佳；在成长期广告和公共关系仍需加强，营业推广可相对减少；在成熟期，应增加营业推广，削弱广告；进入衰退期，某些营业推广仍可适当保持，广告仅仅是提示而已。

小贴士

1. 试探性策略。又称"刺激—反应"策略，推销人员在尚未了解到顾客具体要求的情况下，事先准备好几套话题，进行"渗透性"交谈。通过试探"刺激"，看顾客的反应，然后进行说服、宣传，以激发顾客的购买行为。

2. 针对性策略。又称"配方—成交"策略，推销人员事先已大致掌握了顾客的基本或可能需求，从而有针对性地与之交谈，投其所好，引起对方的兴趣和购买欲望，促成交易。

3. 诱导性策略。又称"诱发—满足"策略，通过交谈，看对方对什么感兴趣，然后诱导他对所感兴趣的产品产生购买动机；接着，因势利导，不失时机地介绍本企业经营的产品如何能满足这些需要，使其产生购买行为。这是一种"创造性的推销"，要求推销人员有较高的推销艺术，使顾客感到推销员是他的"参谋"。

知识拓展

联邦快递树形象、促销售①

联邦快递公司（简称 FedEx 或 FDX），全球快运业巨擘。用 25 年时间、发展为现有 130 多亿美元、在小件包裹速递、普通递送、非整车运输、集成化调运管理系统等占大量市场的行业领袖，跃入世界 500 强。

公司现有全球员工总数 14.5 万，有业务的国家和地区 211 个，全球业务空港 366 座，备有各类型运输飞机达 624 架，日出车数近 4 万辆、处理超过 2 百万磅的空运货物。

该公司每月提供两次机会供人参观，一批批客人愿付每人 250 美元票价到其在田纳西州孟菲斯的超级调运中心，亲身感受它的恢弘气度、高速繁忙而精确的作业现场，领略其非凡的竞争力。

FDX 形象令人仰慕，想到 FDX 就会想到创新——联邦快递总是在寻找各种独特的方法来满足或预测顾客的需求。

FDX 激励员工树立公司形象，塑造为客户、为员工着想的企业形象；从不找借口、精心建立有益于保持并扩大市场份额的 FDX 形象；成功的广告节目加强了公司声誉；员工更是信心百倍、自豪，这些使公司声誉倍增、形象良好。

社会公众现已把"交给联邦快递"这句话同遵守诺言等同起来，这是联邦快递的成绩、是 FDX 良好形象的最好表现。

---

① 资料来源：www.clp.com.cn

请思考：

1. 联邦快递公司是借助什么方法塑造企业形象的？效果如何？
2. 这对促进该企业的销售有何作用？

1. 物流企业的促销方式有哪些？试对其进行对比分析。
2. 如何运用物流企业的促销组合策略？应注意哪些问题？

模块小·结

　　本模块主要介绍了物流企业的营销计划、组织、执行、控制、新产品开发策略、定价策略、促销策略。首先介绍了物流企业营销计划的类型及如何制订营销计划，营销组织的演变及其主要形式。在物流企业营销执行与控制中主要讲解了物流企业营销的执行，执行过程中面临的问题及物流企业营销控制。物流企业营销控制方法主要包括年度计划控制、赢利能力控制、效率控制和战略控制。物流企业新产品开发策略主要介绍了物流企业新产品的含义、属性、开发的意义、开发策略的选择及新产品开发的程序。物流企业定价策略主要介绍了物流企业产品价格的内涵、影响物流服务定价的因素、物流企业服务产品定价方法、定价策略及如何制订物流服务产品的价格。物流企业产品促销策略主要介绍了对物流企业促销的认知、促销策略及促销组合策略的综合运用。

模块五　物流企业人力资源管理

知识目标

1. 了解物流企业岗位人员作业规范及流程及物流企业人力资源规划的含义和内容
2. 理解和掌握物流企业人力资源规划的预测方法
3. 理解物流企业工作分析、招聘与录用的流程及培训的方法
4. 掌握物流企业员工绩效考核的基本流程及人力资源绩效考评、薪酬管理和员工激励等基本方法

能力目标

1. 能够预测物流企业人力资源的需求和供给
2. 懂得如何进行物流企业员工招聘、录用和培训
3. 能够制作物流企业员工工作日志
4. 能够运用考评方法对物流企业员工进行考评

任务一　物流企业人力资源规划与分析

任务描述

物流人力资源规划是物流人力资源管理的重要组成部分，也是物流企业经营发展的基本前提，是物流企业人事决策的重要依据。我们每个人都知道，做事如果没有计划，那么成功的可能性就很小，即使成功的话也是盲目的。凡事预则立，不预则废。同样的道理，要成功进行物流人力资源管理，制订适当的物流人力资源规划是至关重要的。

知识准备

一、物流企业人力资源规划的内涵

物流企业人力资源规划，主要是指科学地预测、分析物流企业在变化环境中人力资源需求和供给的状况，制订必要的政策和措施，确保物流企业在需要的时间和需要

的岗位上，获得所需要的合适数量、质量和种类的人力资源的过程。它主要包括三层含义：

（1）物流企业所处的环境是不断变化的。物流企业所处的环境是一个动态的变化过程，人力资源需求和供给也在不断变化中，人力资源规划就是要对这些变化进行科学的预测和分析，以确保企业在近期、中期和远期都能获得必要的人力资源。

（2）物流企业应制订必要的人力资源政策和措施，保证对人力资源需求的满足。例如，物流企业内部人员的调动补缺、晋升或者降职、外部招聘和培训及奖惩都要切实可行，否则，就无法保证人力资源计划的有效实现。

（3）在实现物流企业组织目标的同时，也要满足员工的个人利益。物流企业的人力资源规划要创造良好的条件，充分发挥每个员工的积极性、主动性和创造性，以提高工作效率，实现企业组织目标。与此同时，物流企业也要关心每个员工的利益和要求，帮助他们在为企业作出贡献的同时，实现个人目标。只有这样，才能吸引和招聘到更多的人才，来满足物流企业对人力资源的需求。

二、物流企业人力资源规划的内容

物流企业人力资源规划是一种整体性的、综合性的规划，不仅涉及人力资源数量的规划，还涉及人力资源质量和结构的规划。因此，通常是由人力资源部或战略规划部的专业人员来制订。物流企业人力资源规划可分为中长期规划和年度计划。中长期规划对物流企业的人力规划具有方向指导作用，而年度计划则是中长期规划的贯彻和落实。

物流企业的人力规划主要包括总体规划和业务规划。总体规划是以企业战略目标为依据，对计划期内人力资源开发利用的总目标、总方针和政策、实施步骤、时间安排、总费用预算等所做的总体安排。而业务规划则是在总体规划指导下对人力资源管理的具体工作所做的规划，主要包括：总规划、岗位职务规划、人员补充计划、人员使用计划、人员接替与提升计划、教育培训计划、评估与激励计划、劳动关系计划、退休解聘计划。如表5-1-1所示。

表5-1-1　　　　　　　　　　　物流企业人力资源规划的内容

计划类别	目标	政策	预算
总规划	绩效、人力资源总量、素质、员工满意度	基本政策：如扩大、收缩、改革、稳定	总预算
岗位职务规划	企业定岗定编、岗位职务标准	部门职能、岗位需求、职务等级	
人员补充计划	类型、数量对人力资源结构及绩效的改善等	人员标准、人员来源、起点待遇等	招聘、选拔费用
人员使用计划	部门编制、人力资源结构优化、绩效改善、职务轮换	任职条件、职务轮换、范围及时间	按使用规模、类别及人员状况决定工资、福利

续 表

计划类别	目标	政策	预算
人员接替与提升计划	后备人员数量保持、改善人员结构、提升绩效目标	选拔标准、资格、试用期、提升比例、未提升人员安置	职务变化引起的工资变化
教育培训计划	素质与绩效改善、培训类型与数量、提供新人员、转变员工劳动态度	培训时间的保证、培训效果保证	教育培训总投入、脱产损失
评估与激励计划	离职率低、士气提高、绩效改善	工作政策、奖励政策、反馈	增加工资、奖金额
劳动关系计划	减少期望离职率、雇佣关系改善、减少员工投诉与不满	参与管理、加强沟通	法律诉讼费
退休解聘计划	编制、劳务成本降低、生产率提高	退休政策、解聘程序等	安置费、人员重置费

三、物流企业人力资源工作分析

工作分析又称职务分析，是指对某特定的工作做出明确规定，并确定完成这一工作所需的行为过程。工作分析的实质就是通过一系列系统化程序，找出某个职位的工作性质、任务、责任及执行这些工作所需具备的技能和知识。

（一）工作分析的内容

工作分析的内容主要包括以下几个方面：

（1）职务名称的分析。用简洁准确的文字对该工作进行概括，包括工种、职称、等级等项目。

（2）工作任务的分析。调查研究和分析企业中各个职位的任务性质、内容、形式、完成任务的步骤和方法及所使用的机器设备、器具等。

（3）工作职责的分析。调查研究和分析各职位任务范围、职位责任大小及重要程度。

（4）职位关系的分析。本职位与相关的上下左右各职位间的关系。

（5）分析各职位的劳动强度及工作环境。

（6）调查研究和分析各职位所需员工的知识、技能、经验、心理素质等资格条件。

（二）搜集工作分析信息的方法

1. 面谈法

也称访谈法，是通过与担任有关工作的员工面对面地谈话来搜集相关信息资料。主要包括个别访谈、群体访谈和主管访谈。该方法的优点是可以广泛运用于以确定工作任务和责任为目的的分析；可以简单而迅速地搜集所需资料；可以发现一些在其他情况下不可能了解的工作活动和行为；并提供了解释工作分析必要性和功能的机会。缺点是员工可能会将其视为变相考核，从而夸大其承担的责任和工作难度；打断被访者正常工作，也有可能造成生产损失；分析者的提问可能会带有主观倾向性，并对被访者有一定的影响。

2. 问卷法

适用于脑力工作者、管理工作者或工作不确定因素很大的员工。让员工通过填写问卷来描述其工作中所包括的任务和职责。以标准化的问卷形式列出一组任务或行为，并要求调查对象给各项任务或行为的出现频率、重要性、难易程度及整个工作的关系等打分，然后由计算机对打分结果进行统计分析。该方法的优点是快速高效地从大量雇员中获取信息可以量化，数据可以由计算机处理。缺点是设计问卷并进行测算比较耗时、耗资。

3. 观察法

适用于体力工作者和事务性工作者。观察者通过感官或利用其他工具仔细观察、记录在正常的情况下员工的工作情况，获得其工作的内容、特点和方法，并提出具体的报告。观察法通常与访谈法结合使用先观后访或边观察边访。该方法的优点是能比较全面和深入地了解工作的要求。缺点是不适用于脑力劳动成分较高的工作及管理工作；不适于研究偶然发生，但却非常重要的工作；而且不能得到有关任职者资格要求方面的信息。

4. 现场工作日记法

工作分析人员事先设计好详细的工作日记单，让员工在一段时间内对自己工作中所做的全部活动进行系统的记录，并作为工作分析的资料。该方法优点是提供一个非常完整的工作图景，适用于确定有关工作职责、工作内容、工作关系及劳动强度等信息；费用低；速度快，可以在工作之余完成，节省时间。缺点是只适用于工作循环周期较短、工作状态稳定的职位；信息整理量较大，归纳工作烦琐；会因理解不同而产生信息误差。

（三）物流企业工作程序分析

物流企业工作程序分析，可分为准备阶段、调查阶段、分析阶段和完成阶段四个阶段，如表 5 - 1 - 2 所示。

表 5 - 1 - 2　　　　　　　　　　　　工作程序分析

阶　段	内　容
准备阶段	明确目的、意义、方法、步骤
	宣传解释，使有关者有一定的心理准备
	建立组织机构——工作小组
	确定调查分析样本
	分解工作分析为若干元素和环节
调查阶段	确定所需信息的类型
	识别工作信息的来源
	编制调查问卷和提纲
	确定调查的方法
	广泛收集信息，注意必备信息的收集

续 表

阶 段	内 容
分析阶段	审核信息
	分析发现关键信息
	归纳总结必需信息
完成阶段	编制工作描述和工作说明书

 任务实施

物流企业人力资源规划是在企业高层决策者的指导下，由企业人力资源职能部门协调企业所有成员共同参与并且制订的企业人力资源管理活动的未来行动计划或方案。它一般要经过以下主要的程序，如图 5-1-1 所示。

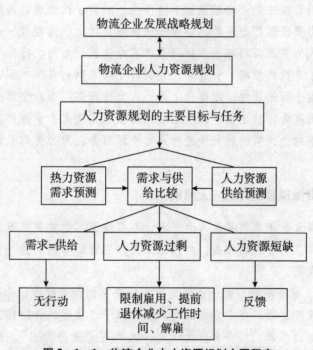

图 5-1-1 物流企业人力资源规划主要程序

1. 确定企业人力资源规划的主要目标和任务；
2. 分析企业人力资源开发与管理内外环境；
3. 确定影响企业人力资源状况的关键要素；
4. 制订企业人力资源开发与管理的行动计划。

 知识拓展

从扬子江快运的人力资源计划看规划的实施①

成立于2002年6月17日的扬子江快运公司（简称扬子江快运），在依托了海航集团的雄厚资本后，他们把目光聚焦在了"知识资本"上，通过切实可靠的计划及其执行以及对计划的实时调整，为迅速编织快运人力资源网提供了有效的保障。

一、计划制订的上下关系

每年的12月到下一年的1月，是扬子江快运制订年度计划的时候。在扬子江快运，年度计划的制订表现为自上而下和由下往上两种逻辑关系。

由于扬子江快运是海航集团的子公司，因此公司的年度计划是依据海航集团的整体战略目标制订的。其制订程序是：海航集团下达任务——扬子江快运的总经理对任务进行分解——总经理、人力资源部门与各部门协商——确定目标上报总经理——部门与总经理签订目标责任状——人力资源部门与业务部门具体实施监控计划的执行。

扬子江快运除了人员的招聘、引进外，还制订了一系列的员工培训、绩效考核、企业文化培养等计划。由于扬子江快运刚落户上海，人力资源部门正在全面分析竞争对手在人力资源管理方面的优劣势，找出扬子江快运在上海获取优质人力资源的渠道，使扬子江快运能在知己知彼的基础上，有的放矢地进行人力资源配备，为公司的长远发展提供强有力的人力资源支持。

二、年度人力资源预算制订的三大原则

扬子江快运的观点是年度预算是人力资源计划贯彻落实的重要保障，人力资源计划必须紧密依靠全面预算，两者相辅相成，共同保障人力资源战略的实施。扬子江快运制订年度预算有以下三大原则：

（1）量力为出、综合平衡。由于海航集团实行全面的预算管理，作为子公司的扬子江快运也被纳入全面管理之列。在人力资源预算上，扬子江快运的计财部门会在海航集团的总体预算额度下，制订各部门的资金使用计划，这就是"量力为出"。然后各部门对这一计划进行讨论，根据各部门上年度的资金使用情况对计划提出修改意见，最后交由计财部门，形成最终的预算方案，使"综合平衡"的原则得以体现。

（2）全面、全额、全员。"全面"是指预算资金的分配涉及了人力资源管理的各个方面，尽量让全部的HR计划都得到有效的资金支持。"全额"是指每一项使用计划，比如培训费用的支出，要细化到每个月，费用标准一旦制订出来，财务部门将严格按照标准全额支出费用，以确保培训目标的实现。"全员"是预算的制订过程，实行全员参与的原则。

---

① 资料来源：http://www.chinahrd.net/case/info/48847

（3）相互衔接。在预算的制订过程中，做到部门与部门之间、模块与模块之间的相互协调与统一，不仅能让预算对单一的项目或活动提供有效的保障，也对公司整体的运作起到良好的支持作用。

在扬子江快运，预算的执行按照人力资源管理的各项业务进行归口管理，在归口管理的额度内自主使用，资金的使用还将受到适时监控，确保公司年度各项人力资源计划的实现。

三、双重监控与适时调整

计划总跟不上变化，因此对计划进行监控和调整就显得非常重要。计划的监控主要由业务部门和人力资源部门负责。业务部门主要负责计划目标的实现，而反馈到人力资源部门的则是对部门及员工的绩效考核上。扬子江快运对计划进行适时监控，每月进行调整。其调整有两个前提：一是不应超越年度总目标，二是调整的过程必须非常快。

思考：

通过对本案例的阅读，请分析扬子江快运的人力资源计划的实施有何特点？对一般物流企业有何借鉴意义？

 作　业

1. 请论述物流企业人力资源规划主要程序。
2. 物流企业人力资源工作分析的主要内容有哪些？

任务二　物流企业岗位人员作业规范与作业流程

 任务描述

作业规范是完成某项工作所需技能、知识、品格等生理要求和心理要求，以及对工作程序、任务的具体说明，是工作分析结果的重要组成部分。在实际工作中需要对工作描述进行更加详细的说明，规定执行一项工作的各项任务、流程以及在工作中所需的特定技能、知识、能力等。为此，物流企业可在工作分析的基础上，单独设立岗位人员规范与流程。

 知识准备

物流企业的规模不同，承担的业务也各有侧重，应根据具体的情况，制订各自的作业规范和岗位流程。一般可将物流企业岗位人员作业规范归为以下几大类：

一、进货、理货、出货岗位人员作业规范

这类作业人员的工作性质都是与货物进出库房有关的业务。进货入库作业是物流企业对客户服务周期的开始。货物一旦被允许入库，物流企业就要对货物完整性负责任，所以确认即将入库的货物有无损坏，数量、规格是否正确，是进货人员的最基本工作要求。同时，进货人员要随时掌握客户计划中或者在途中的进货量，库房可用的储位数及装卸人力，适时地与客户、储位管理人员及装卸人员沟通协调，掌握进货数量和进货时间。此外，现场验收进货与填写相关单据、熟悉不同储存条件的验收程序，都是例行的工作内容和要求。理货作业是出货最主要的前置活动，占仓储工作时间的大部分和消耗相当多人力。当仓储作业人员接到理货单后，管理人员会分配适当的工作量给作业人员，作业人员再依据理货单上的内容说明，按照出货优先顺序、储位区域库别、配送车辆趟次、先进先出的原则，把出货商品整理出来，经复核人员确认无误后，放置到暂存区准备装货上车。如果在冷冻冷藏库房里作业，作业人员要有御寒的装备，并采取不同于常温的理货方法。出货是仓储保管与运输配送两个业务部门间在现场交接货物的作业。交接的好坏直接影响货物送达到商店的时效性和正确性。出货人员依照约定的时间，把放置在暂存区或理货区即将出货的商品，移到排定的装车地点。应再次复核商品完整与正确性，然后当面点交给运输驾驶员，并协助装货上车。当货物被移出时，出货人员是把守商品进出库房的最后一道关卡；只有经由出货单位主管签准，车辆才能将货物载离库区。

当遇到退货和坏货时，配送驾驶员与退货人员须共同做好清点工作，翔实地填写收、退货单据和库存储区移转单据，负责处理坏货的人员则要针对退货及其他原因造成的坏货，与客户作最后责任判定和销毁处置。对仓库保管的环境，主要包括温度、湿度、灰尘、污染源都须特别加以控制。为了配合日、夜间配送出车及拆箱卸货，仓储作业应分班24小时运作。

二、流通加工岗位人员作业规范

流通加工是对货物作进一步的加工处理，主要包括贴标签、重新包装、促销赠品搭配等。流通加工作业人员依照客户的包装、贴标加工要求，从准备货物、标签、包装材料和加工机械到整个工作完成都有一定的步骤和方法。对加工的货物和各种材料和赠品应视为正常的货物，其进出库房作业要按照规定的程序操作。例如，标签的贴法要有一定的位置与方式。加工人员要记录、分析和统计加工资料，以便安排人力和时间，疏解业务的高峰期或促销期，来满足客户的加工需要。

三、储位、库存、环保岗位人员作业规范

储位、库存和环保管理人员相对于进货、出货、理货人员，是属于相对比较静态的人员。

货品的数量和品种在储位上是经常变动的，所以储位管理人员要每天对储位做好记录。常用的方法如 ABC 方法，把周转率不同的货品分别置于不同的储存区域。通

常周转率低的，置于较上层或后面的储区；而周转率高的，置于较下层或前面。理货单位不同，也会影响货品摆放的位置。一般整箱和整托盘理货的置于上层，零星检货则在最下层。同时，管理人员也要按照区域、客户统计已被占用的储位和剩余的空位。同种类、同客户的货品要尽量集中在一起。此外，要随时检查货品有无被错放储位，定期维护电脑储位管理系统，整理储位环境也是日常重点工作。最终目的是最有效地利用储位。

库存作业人员每天要明确地掌握货品进出库房的任何动态，翔实地记录各项物品的真实库存和有效期限，汇编库存报表提供给其他部门和客户参考。

盘点是作业人员一项控管库存的重要方法，主要包括：固定的年终盘点，与客户约定的例行性盘点及季度或月度盘点，都是全部货品的大盘点；每日货品有变动，主要有货品进货、出货、退货或因坏货而数量有了变动，都是抽盘的对象；主要物品的盘点，主要包括价高或易损失等的货品，作为盘点对象，无论盘盈或盘亏都必须彻底追查原因，并提出具体的解决方案。

除每位员工要注意清洁，爱护工作环境之外，环保管理人员是专职的库区清洁管理者，各部门单位和区域，要有专人负责清洁整理，管理人员则负有稽核之责，监督各角落的整洁。此外，防虫、防鼠、废弃物处置、污染源管制、消防设施和排放水道的维护也都是例行的重点工作。

四、商品配送、运输调度作业人员规范

商品配送人员主要是指驾驶或随车助手。从第三方物流企业接到客户的出货指示之后，安排配送车次，货品从库房储位整理出来，经过确认无误，装货上车，准备送达到客户手里。这时配送人员在整个货品保管配送的循环周期，担任着重要角色来圆满地完成周期的任务。如果在配送过程有任何闪失，损及货品的完整性和时效性，那么之前所花费的人力、物力都将完全化为乌有，甚至还得花费额外的成本来弥补，有时也很难再恢复到原先客户的满意度。当配送人员得到出车指示后，除清点和装载已理货完成的货品上车之外，对于所驾驶的车辆也要作行车前基本要点的例行安全检查。整个配送过程，应以调度人员的指派为遵循准则，如遇有特殊情况，要及时汇报请示，但当遇到交通有特别状况时，配送人员要有所变通，以免延误交货时间。运输调度人员从客户出货信息的确定开始，到配送人员完成送货作业回到单位间都是值勤时段。其工作主要包括配送路线的规划、车辆趟次和配送人员的安排分配，并担任机动的调度、咨询联络中心配送人员的稽查，外包车辆和驾驶的管理等。由于配送人员是以调度人员的配送指示为准的，所以调度人员要对于交通路况、商店收货时间、送达地点上下货的状况、送达地点车辆的限制必须完全了解掌握，并要秉持公平的精神来制作出车调派单。

任务实施

一、物流企业库存岗位人员作业流程

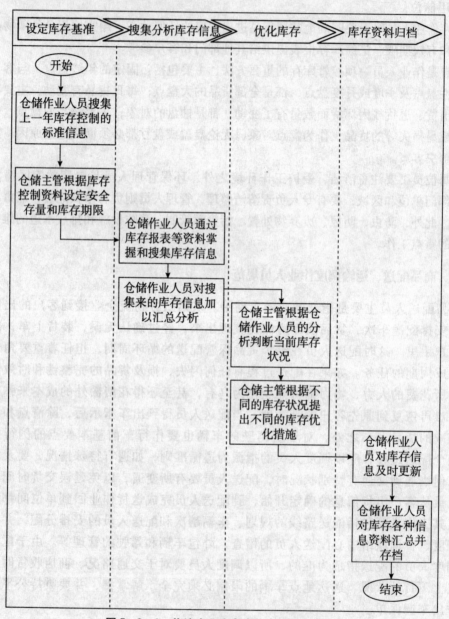

图 5 – 2 – 1   物流企业库存岗位人员作业流程

二、物流企业配送岗位人员作业流程

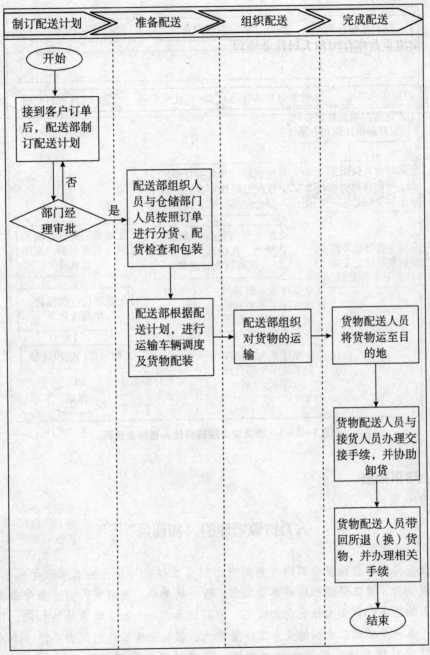

图 5 – 2 – 2 物流企业配送岗位人员作业流程

三、物流企业运输岗位人员作业流程

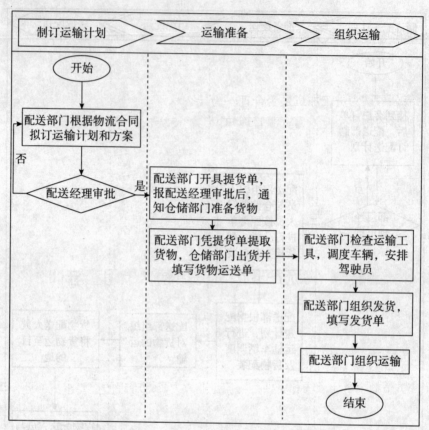

图 5 - 2 - 3　物流企业运输岗位人员作业流程

人力资源管理的"新理念"

　　某物流企业人力资源管理部门注意到有个别员工经常为自己的工作而在办公室加班。有的人直观认为,员工经常加班是热爱工作、敬业的表现。而公司人力资源管理部门却在进行更深入的思考:员工为什么会加班呢?他们认为,一个员工经常性的加班,只能说明两个问题:其一是该员工承担的业务工作量较大,其在正常工作时间内不能一个人独自完成工作;其二可能是该员工工作能力有限,不能胜任其岗位工作,故只有通过加班来完成。

　　公司人力资源管理部门同时认为,员工通过加班虽然能完成其本职工作,但也会为公司带来负面的影响:如企业将会为此支付更多的办公成本,由于员工精力有限,该员工加班后有可能影响其第二天的工作效率等。如果是员工的工作量较大而使该员工经常性地加班,那么人力资源管理部门就应该在此岗位上增加人员;如果是该员工能力不能胜任其岗

位，那么很显然，就应该撤换该员工。

类似这样的人力资源管理的"新理念"，将在传统企业管理中有可能被认为是"先进事迹"的员工加班，变成了对员工加班的重新定论和处置方式的变化。可见，"新理念"的引入，对现代物流企业人力资源管理以及经营管理方式的冲击是很大的。

思考：

1. 该物流公司认为员工加班是否合理？为什么？

2. 结合所学的物流企业人力资源管理知识，论述从此案例中受到什么启发？

作业

1. 请论述储位、库存、环保岗位人员作业规范。

2. 物流企业配送岗位人员和运输岗位人员作业流程有何异同？

任务三　物流企业员工的招聘、录用和培训

任务描述

物流企业员工的招聘、录用和培训是物流企业人力资源管理的重要组成部分，物流企业的生存和发展需要充足的人员供给，为了满足人力资源的需求，物流企业需要利用各种招聘渠道发布招聘信息，并选择合适的方法和工具甄选人才。员工培训是组织获取竞争优势以有效应对市场激烈竞争的重要途径，也是实现物流企业员工个人发展和自身价值的必要措施。

知识准备

一、物流企业员工的招聘

物流企业员工的招聘，是寻找空缺职位合格候选人的可能来源，并采用适当的方法吸引他们到物流企业应聘的过程。招聘过程主要解决两个问题：一是确定合格候选人的来源；二是选择招聘的方法。

（一）物流企业员工招聘的来源

1. 物流企业内部招聘

物流企业内部招聘是指从物流企业内部搜寻合适的人选，主要在管理职位出现空缺时，在企业内部寻找由低级人员升任填补。据抽样调查资料显示，90%的管理职位是采用内部招聘的方法来填补。它主要的形式有：①内部提升；②职位转换。这种方法的优点是：鼓舞员工士气，防止人才外流；企业对员工的能力有很好的了解，很少会出现用错人的情况；员工对企业的情况相对熟悉，容易上手开展工作。缺点是"近亲繁殖"，被提拔

的人缺乏一定的创造性。

2. 物流企业外部招聘

物流企业经常需要不断地从外部招聘员工，尤其是当需要大量地扩充其劳动力时。物流企业需要从外部招聘的有：补充初级岗位空缺；获取现有员工不具备的技术；获取能够提供新思想并具有不同背景的员工。即使是采取内部提升的政策，也需从外部填补初级岗位。这是因为，某个管理职位空缺之后。往往要进行一系列的内部提升，物流企业最终还是要从外部进行招聘，以补充初级岗位的空缺。物流企业外部招聘的来源主要有：应届毕业生、复转退军人、竞争对手和其他公司的在职员工、待业或下岗人员、留学归国人员及农村剩余人员等。

各招聘途径的比较、优缺点比较如表 5 - 3 - 1 和表 5 - 3 - 2 所示。

表 5 - 3 - 1　　　　　　　　　　各种外部招聘途径的比较

招聘途径	适用工作类型	招聘速度	地理位置	成本
熟人介绍	各种	快	全国	低
职业介绍机构	职员/蓝领/低层管理	中等	当地	中
猎头公司	高层管理	慢	全国/地方	高
校园选聘	大中专毕业生	慢	全国/地方	中/高

表 5 - 3 - 2　　　　　　　　　　内部招聘与外部招聘的优缺点比较

	内部招聘	外部招聘
优点	对人员了解全面，人员风险小，选择准确性高，工作适应性强，招聘成本低，职务激励作用人	来源广泛，吸收新人，带来新的思想、方法和经验，增强组织活力，树立组织形象
缺点	来源少，难以保证招聘质量，容易造成"近亲繁殖"，人际关系相对复杂	招聘成本高，筛选难度大，人员风险高，工作适应慢，影响内部人员积极性

（二）物流企业员工招聘的方法

1. 物流企业内部选拔的方法

为了有效地实行内部选拔，企业通常利用工作公告、人事记录和人员技能库等方式寻找最合适填补空缺职位的人选。其中工作公告是最常用的内部选拔方法，也就是将职位空缺向全体人员公布出来，其中列出有关空缺职位的工作性质、人员要求、上下级监督方式及工作时间和报酬等，并将公告置于企业人员都可以看到的地方，以便相关人员有机会申请空缺职位。需要说明的是，当待选拔的职位是管理职位时，企业通常是不采用工作公告形式的，而是由管理人员亲自进行选拔和培养自己的接班人。

2. 物流企业外部聘任的方法

物流企业可以利用在报纸、杂志或电视上做广告的方法来招聘外部求职者。通过一定的媒体以广告的形式向特定的人群传播有关企业空缺职位的消息，并以此来吸引求职者，是企业最常用的外部聘任方法。借助广告进行招聘，物流企业应考虑两个方面的因素：一个是如何选择媒体，也就是要决定是在报刊、杂志上刊登广告还是利用广播电视进行招聘宣传；另一个需要精心策划的工作是广告本身的制作，要能够引人注意，有吸引力的广告才能达到很好的招聘效果。

二、物流企业员工的录用

物流企业员工的选择录用是收集申请者的个人特征信息，并根据这些信息预测申请者未来工作绩效的过程。选择的主要目的在于判断申请人未来的工作绩效，识别和录用符合职位要求的人选，淘汰不符合职位要求的人选。

由于各个物流企业规模不同、技术特点不同、招聘规模和应聘人数不同，因此，各个物流企业员工选择录用工作的繁简也就不同。一般来说，员工选择录用工作可按照以下的步骤进行：

第一，把收集到的有关应聘者的情报资料进行整理、汇总、归类，制成量化标准格式，并把应聘者的各种资料转化为量化资料，以对应聘者进行量化比较，来提高准确度。

第二，将应聘者的各种情况与物流企业的工作说明书、工作规范以及物流企业的要求进行比较，经过初步的筛选，可把全部应聘者分为三类：①可能入选者。②勉强合格者。③不合格者。

第三，对可能入选者和勉强合格者要进行再次审查，进一步缩小选择范围。这项审查工作可由人事部门的人员来完成。

第四，组织通过审查的应聘者要进行笔试、面试、医药和心理学检测。面试是一种测试者与求职者相互交流信息有目的的会谈。面试可通过交流和观察等来了解应聘者的个性特点、态度、随机应变能力、形象及气质等方面的特性，从而选择到更合适的员工。研究表明，面试时从应试者面部的表情中获得的信息量可达到50%以上。初步面试由人事部门的职员在短时间内观察申请者的外表、言谈举止和态度等，条件与物流企业的要求大致相同的则进入下一个选择程序；第二次面试通常由人事部经理主持，重点是了解申请者的受教育水平、工作经验、技能及兴趣等；最终由用人部门经理最终决定录用与否。

第五，依据考试和面试的情况，综合考虑应聘者的其他条件，做出最终的试用、录用决定。

三、物流企业员工的培训

物流企业员工培训是物流企业为了提高员工的专业知识和技能，改善工作态度，培养企业优秀文化而进行的有计划、有组织的活动。这在知识逐渐成为竞争力主要来源的今天是十分重要的。

（一）物流企业员工培训的内容

目前物流企业中培训的内容很多，企业界一致认为有三个层次的培训，第一层次为知识培训，第二层次为技能培训，第三层次为素质培训。

1. 员工的知识培训

这是物流企业培训中的第一层次。物流企业员工只要听一次讲座或看一本书，就可能获得相应的知识。知识培训简单易行是其主要的优点。物流企业知识培训主要包括物流业务知识、信息管理知识、安全知识等。

2. 员工技能培训

这是企业培训中的第二层次。所谓技能，就是能使某些事情发生的操作能力。技能一旦学会，一般是不容易忘记的，例如，开车、操作电脑、演讲等，都是一种技能。企业中目前在这个层次上的培训很多，也就是通过学会某种技能，来提高企业的效益。物流企业技能培训主要包括业务技能、管理技能和操作技能培训等。

3. 员工素质培训

这是企业培训中的第三层次，素质有很多种解释，而这里的素质含义是指：个体是否有正确的价值观，有积极的态度，有良好的思维习惯及有较高的目标。素质高的员工，可能暂时缺乏知识和技能。但是他会为实现目标有效地、主动地学习知识和技能；而素质低的员工，即使已掌握了知识和技能，但是他可能不用。通过培训，可以使员工的素质不断地提高。这是一种投资少、见效快、作用持久的高层次的培训。物流企业员工素质培训主要包括企业精神、价值观的塑造、员工忠诚职守、团结合作及积极进取等个人品质的培养。

（二）物流企业员工培训的原则

随着物流现代化和经济全球化时代的到来，传统的培训方式已不适应现实的要求，在把员工视为企业最重要资源的情况下，在全面尊重员工个性发展的前提下，员工培训必须要遵循如下的培训原则：明确培训目标原则、兴趣与激励相结合原则、个体差异性原则、实践性原则、有利于个人发展原则、效果反馈和结果强化相结合原则。

（三）物流企业员工培训的实施

1. 确定培训师

组织培养一位合格的培训师成本很高，而培训师的好坏会直接影响到培训的效果。一位优秀的培训师除了要有广博的理论知识、扎实的培训技能之外，也要有丰富的实践经验、高尚的人格。因此，培训师的知识经验、培训技能及人格特征是判别培训师水平高低的三个主要维度。

2. 确定教材和教学大纲

通常由培训师确定教材，教材来源主要有：①培训师编写的教材；②外面公开出售的教材；③与本组织工作内容相关的教材；④培训公司开发的教材。一套好的教材应是围绕培训目标、简明扼要、图文并茂、引人入胜的。教学大纲要根据培训计划，来规定具体课程的性质、任务和基本要求，规定知识与技能的范围、深度、结构和教学进度，提出教学和考核方法。教学大纲要贯彻理论联系实际原则，对实践性教学环节做出具体的规定。

3. 确定培训地点

培训者和受培训者对培训环境的评判应考虑视觉效果、听觉效果、温度控制、教室大小和形状、座位安排、交通条件及生活条件等因素。

4. 准备好培训设备

根据培训设计事先准备好培训所需的设备器材，例如，电视机、投影仪、屏幕、放像机、幻灯机、黑板、纸笔等。尤其是一些特殊的培训，可能需要一些特殊的设备。培训设备的添置和安排一般要受到培训组织的财务预算制约，但是至少应满足培训项目最低要求。

5. 选择培训时间

培训时间的分配要依据训练内容的难易程度和培训所需总时间而定。一般来说，内容相对简单、短期的培训可以使用集中学习，一气呵成；而内容复杂、难度高、时间较长的学习，则应采用分散学习的方法，以节约开支提高效率。

（四）物流企业员工培训的方法

1. 课堂教授法

课堂教授在研修技法中起着核心作用。利用范围广，简单易行。直接的效果是能够传授知识、观点，也可以、期望态度的变化，不过讲师效果迥异，听课者也容易处于被动地位。由于讲课是教师向学生单方面的灌输，所以师资质量对教育效果影响很大。为适应多样化时代的特点，通常和以下各种方法结合使用。

2. 讨论法

讨论法与讲师的单向讲授不同，研修生可以能动地参与。同讲授法兼用，在研修技法中占据核心地位。其特点是可以期待全员发言，得出结论。这种结论容易被人接受，并易于和行为结合起来。其效果在于能主动地掌握思维方法，促进相互启发，在共同思考和决策的基础上养成亲和感。

3. 案例研究法

案例研究法是以工作场所发生的实际问题为例，体验性提出问题并加以分析和判断的讨论方法。其特点是，可以强化研修生的参与意识，并且使所得能力付诸行为实践。使受培训者可以掌握独立思考的方法，养成分析和判断的能力。

4. 模拟训练法

这种方法属于现场实验的一种方法，但不使用真实的现场条件，而是用模拟器模拟与现场相同的条件和状态，让参与者体验这些条件，练习在实际条件下运用所学到的知识。这种方法主要适用于参加训练者由于缺乏经验和技术可能发生危险，或者可能会付出太高代价的场合。

5. 游戏法

游戏法是目前一种较为先进的高级训练法，是指通过让员工参与到小游戏的过程中来进行培训，并了解游戏的实质内容。游戏法具有更加生动、具体的特点，游戏的设计使员工在决策过程中会面临更多切合实际的管理矛盾，决策成功或失败的可能性是同时存在的，需要受训员工积极地参与训练，运用有关的管理理论与原则、决策力与判断力对游戏中所设置的各种遭遇进行分析研究，采取必要的有效办法去解决问题，来争取游戏的胜利。

 小贴士

根据美国《培训》杂志出版者雷克伍德出版公司对企业所进行的一项调查总结出美国企业最为通用的若干种培训方法，如图 5 - 3 - 1 所示。

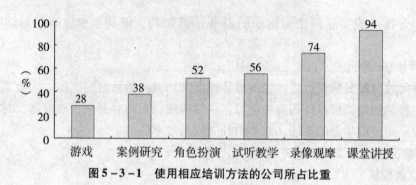

图 5 - 3 - 1 　使用相应培训方法的公司所占比重

如何进行物流企业人员招聘

招聘程序主要是指从组织内出现空缺到候选人正式进入组织工作的整个过程。这是一个系统而连续的程序化操作过程，同时也涉及人力资源部门、企业内部各个用人部门及相关环节。为了使人员招聘工作科学化、规范化，应当严格按照一定的程序组织招聘工作，这对招聘人数较多或者招聘任务较重的企业是尤其重要的。如图 5 - 3 - 2 所示。

从广义上讲，人员招聘主要包括招聘准备、招聘实施和招聘评估三个阶段。而狭义的招聘即指招聘的实施阶段，其中包括招募、选择、录用三个步骤。

优秀人才的离职[①]

小李是一个优秀的物流管理人才，有着多家大型快速消费品企业的物流管理经验。而且业绩突出，在业内享有盛名。

A 公司是一家 2003 年 10 月注册成立的快速消费品生产和销售企业。由于产品独特，一投入市场，便有大批订单接踵而至。2004 年入夏以来，随着业务量的激增，物流运转不够顺畅，物流成本不断增加，效率大打折扣，一些经销商的不满情绪渐增。在这种情况下，公司迫切需要一位优秀的物流管理人才。

此时，恰逢想换换工作环境和希望接受挑战的小李前来应聘，人力资源部经理久闻小李大名，见机会难得，直接上报总裁。总裁求贤若渴，亲自上阵面试，经过交谈发现小李确是自己梦寐以求的物流管理人才，于是当场拍板，让小李次日上班，担任物流部经理。

人力资源部经理和总裁如释重负。但是，三个星期以后，二人都意外地收到小李的辞呈。

---

① 　资料来源：http://wenku.baidu.com/view/5f72577831b765ce05081461.html

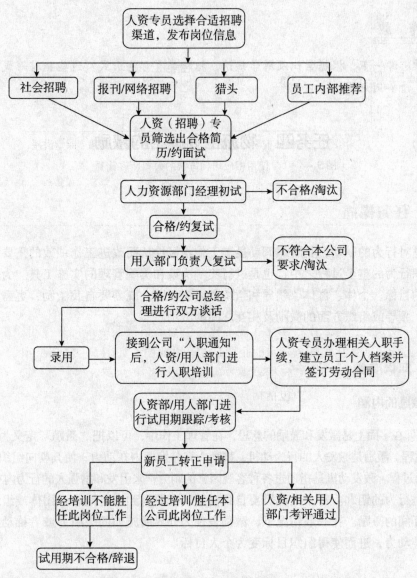

图 5-3-2 招聘流程

经过多方面了解，人力资源部经理弄清了小李离职的原因：①思想活跃、喜欢创新和挑战的小李与保守稳重的直接上级——生产副总多次因意见不统一而发生冲突；②小李在A公司物流部面对一群"素质不高"的同事，经常产生一种"曲高和寡"的孤独感；③小李无法适应一个各项制度不健全、管理流程混乱的企业，认为在这样的企业，自己的能力无从施展。

小李的闪电离职令人深思。究其原因，根源在于A公司的招聘失误。对这一失误的集中概括就是：公司只是急于聘到优秀的人才，而没有考虑要聘合适的人才以及怎样去聘合适的人才。

思考：

物流企业在招聘管理人员时应注意哪些问题？

作 业

请同学思考一下，根据常识及所学知识，招聘都有哪些形式？这些招聘形式的优缺点都是什么？请举例说明。

任务四　物流企业员工的激励

任务描述

激励是对行为的驱动，是组织调动员工工作积极性从而改进工作绩效的重要手段，它贯穿于组织行为的整个过程之中，也是进行奖酬决策和奖酬管理的实施工具。为了有效地实现既定的目标，个体、群体、领导和组织都需要激励。既需要自我激励，更需要来自他人、群体、领导或组织方面的激励及相互之间的激励。

知识准备

一、激励的内涵

"激励"在字面上是激发和鼓励的意思，在管理工作中，可以把"激励"定义为调动人们积极性的过程。激励是激发人的行为动机，鼓励人充分发挥内在动力，使其朝向组织特定目标采取行动的过程。激发动机是指通过各种客观因素的刺激，来引发和增强人的行为内在驱动力。

激励是行为的钥匙。每个人都需要自我激励，需要得到来自同事、团体或组织方面的激励和相互间的激励。在一般情况下，激励表现为外界所施加的吸引力或者推动力，激发成自身的推动力，进而使得组织目标变为个人目标。

小 贴 士

员工被激励程度与其工作绩效是密切相关的。实践证明，经过激励的工作行为与未经激励的行为，其工作效果是大不相同的，激励能够使员工充分发挥其能力，来实现工作的高质量和高效率。美国哈佛大学心理学家威廉·詹姆士通过对员工激励的研究发现，在计时工资制下，一个人若没有受到激励，仅能发挥其能力的 20%~30%；但如果受到正确而充分的激励，其能力就能发挥到 80%~90%，甚至更高。由此他总结出一个公式：工作绩效＝能力×动机激发。也就是说，在个体能力不变的条件下，工作成绩大小取决于激励程度的高低。激励程度越高，工作绩效越大；反之，激励程度越低，工作绩效也就越小。

二、物流企业激励的形式

1. 外在的激励形式

外在的激励形式主要包括福利、晋升、授衔、表扬、嘉奖、认可等。其中奖惩是一种最为常见的激励形式。奖惩就是运用奖励和惩罚的手段来强化或改变人的行为。奖励通常与更高的需要有关，主要包括获得工作成就，达到高水平的目标等奖励活动，来获得尊重和自我实现的满足。当提供积极的奖励不起作用时，有时又需采取适当的惩罚来激发、强化和控制人的行为，主要包括批评、调职和降级等。值得注意的是，奖励不仅是指单纯的发放奖金，而是指从多方面进行正强化刺激。例如，对于不同的人员要采取不同的激励手段，对于低工资的员工，发放奖金十分重要；对于管理人员，则要尊重其人格，鼓励其创新则更为重要。同时，还应注意奖励的时机和频率。

2. 内在的激励形式

内在的激励形式主要包括学习新知识和新技能、责任感、胜任感、成就感等，常见的内在激励形式有工作和培训教育两种。

工作是指通过分配恰当的工作来激发员工内在工作热情。包括两方面：一是工作的分配要尽量考虑到职工的特长和爱好，人尽其才，人尽其用；二是要使工作既富有挑战性，又能被员工所接受。

培训教育是指通过思想、文化教育和技术知识培训，提高员工的素质，来增强其进取精神，激发其工作热情。员工在参与物流企业活动中的工作热情和劳动积极性往往与他们的自身素质有极大关系。一般来说，自身素质好的人，其进取精神较强，对高层次的追求较多，在工作中对自我实现的要求较高，为此，比较容易自我激励，能表现出高昂的士气和工作热情。所以，通过教育和培训，提高他们的自身素质，从而增强他们自我激励的能力，也是管理者在激励和引导下属行为时通常采用的重要手段之一。

三、物流企业激励的动机理论

（一）马斯洛需求层次理论

马斯洛是美国当代最伟大的心理学家，1943 年，在《人类动机与理论》中提出了人的需求层次理论，如图 5-4-1 所示。1954 年，在《激励与个性》中对该理论进一步的阐述。

图 5-4-1　马斯洛需求层次

（1）生理的需要。主要指人类生存最基本的需要，如食物、水、住房等。这是动力最强大的需要，如果这些需要得不到满足，人类就将无法生存，也就谈不上其他的需要了。

（2）安全的需要。指保护自己免受身体和情感伤害的需要。这种安全需要体现在社会生活中是多方面的，如生命安全、职业有保障、劳动安全、心理安全等。

（3）社交的需要。主要包括友谊、爱情、归属、信任与接纳的需要。人们一般都愿意与他人进行社会交往，想和同事们保持良好的关系，并希望给予和得到友爱，希望成为某个团体的成员等。这一层次的需要得不到满足，可能将会影响人的精神上的健康。

（4）尊重的需要。主要包括自尊和受到别人尊重两方面。自尊是指自己的自尊心，工作努力不甘落后，有充分的自信心，获得成就后的自豪感。受人尊重是指自己的工作成绩、社会地位能够得到他人的认可。这一层次的需要一旦得以满足，必然信心倍增，否则将会产生自卑感。

（5）自我实现的需要。是最高一级的需要，主要指个人成长与发展，发挥自身潜能、实现理想的需要。即人希望自己能充分地发挥自己的潜能，做他最适宜的工作。马斯洛认为，如果一个人想得到最大快乐的话，那么，一个音乐家必须创作乐曲，一个画家必须绘画，一个诗人必须写诗。

（二）期望理论

期望理论是美国心理学家弗鲁姆在 20 世纪 60 年代提出的。他认为，人之所以能够从事某项工作并达成组织目标，是因为这些工作和组织目标将会帮助他们实现自己的目标，并满足自己某些方面的需要。具体而言，当物流企业员工认为努力会带来良好的绩效评价时，他就会受到激励进而付出更大努力，同时良好的绩效评价会也带来诸如奖金、加薪或晋升等组织奖励，这些组织奖励会实现员工的个人目标，满足其某些需求，进而产生激励。

该理论认为，激励是个人寄托于一个目标的预期价值与他对实现目标的可能性的看法的乘积。用公式表示如下：

$$M = V \cdot E$$

式中，M——激励力；

V——效价；

E——期望值。

激励力，表示个人对某项活动的积极程度，希望达到活动目标的欲望程度。效价，活动结果对个人的价值大小。期望值，个人对实现这一结果的可能性的判断。从公式可以看出，促使人们做某种事的激励力依赖于效价和期望值这两个因素。效价和期望值越高，则激励力就越大。公式同时还表明，在进行激励时要处理好这三个方面的关系，这三个关系也是调动人们工作积极性的三个必要条件。

（三）赫茨伯格的"双因素理论"

该理论是赫茨伯格在 1959 年提出的，全名为"激励因素—保健因素理论"。

1. 保健因素

保健因素是指那些造成员工不满的因素，它们的改善能够消除员工的不满，但不能使员工感到满意并激发职工的积极性。其意思是说其只能起着防止对工作产生不满的作用，带有预防性、维持工作现状的作用，所以也称"维持因素"。

2. 激励因素

激励因素是那些使员工感到满意的因素，唯有它们的改善才能够让员工感到满意，给他们以较高的激励，来调动他们的积极性。

表 5 - 4 - 1　　　　　　　　　　保健因素与激励因素

保健因素	激励因素
金钱	工作本身
监督	赏识
地位	进步
安全	成长的可能性
工作环境	责任
政策与行动	成就
人际关系	

 任务实施

一、物流企业员工激励的过程

激励是一个非常复杂的过程，它从员工的需要出发，引起欲望并使内心紧张（未得到满足的欲求），然后引起实现目标的行为，最后通过努力后使欲望达到满足。激励过程如图 5 - 4 - 2 所示。

图 5 - 4 - 2　物流企业员工激励的连锁过程

二、物流企业员工激励过程描述

1. 需要

激励的实质就是要通过影响人的需要或动机来达到引导人行为的目的，它实际上是一种对人的行为的强化过程。要研究激励就要先了解人的需要。需要是人的一种主观体验，是人们在社会生活中对某种目标的渴求和欲望，也是人们行为积极性的源泉。人的需要一旦被人们所意识，它就会以动机的形式表现出来。进而驱使人们朝着一定方向努力，以达到自身的满足。需要越强烈，它的推动力也就越强、越迅速。人的需要主要有三个方面：一是生理状态的变化引起的需要；二是外部因素影响诱发的需要；三是心理活动引起的需要。

2. 动机

动机是建立在需要基础上的。当人们有了某种需要而又未能满足时，心理上便产生了一种紧张和不安，而这种紧张和不安就成为一种内在的驱动力，促使个体采取某种行动。从某种意义上来说，需要和动机没有严格的区别。需要体现一种主观感受，而动机则是内心活动。实际上一个人会同时具有许多种动机，动机之间不仅有强弱之分，也会有矛盾，一般来说，只有最强烈的动机才会引发行为，这种动机被称为优势动机。

3. 行为

在物流企业组织中，员工的行为与工作、生活环境相互作用，任何一种行为的产生，都是有其内在的原因。动机对于行为有着重要的功能，主要表现为三个方面：一是始发功能，即推动行为的原动力；二是选择功能，即决定个体的行为方向；三是维持和协调功能。当行为目标达成时，相应的动机也就会获得强化，使行为持续下去或者产生更强烈的行为，趋向更高的目标；相反，则会降低行为的积极性或者停止行为。

4. 目标和反馈

通过分析我们知道，员工的任何动机和行为都是在需要的基础上建立起来的，没有需要，也就没有动机和行为。人们产生某种需要之后，只有当这种需要具有某种特定的目标时，需要才会产生动机，动机才能成为引起人们行为的直接原因。但并不是每个动机都必然引起某些行为，在多种动机下，只有优势动机才可能引发行为。员工之所以产生组织所期望的行为，是组织根据员工需要来设置某些目标，并且通过目标导向使员工出现有利于组织目标的优势动机，同时按组织所需要的方式行动。管理者实施激励，即是想方设法做好需要引导和目标引导，来强化员工动机，刺激员工的行为，从而实现组织的目标。

 知识拓展

工作中常见的激励方法

只有满足人的需要才能够激发人们的动机，调动人的积极性。常见激励方法如下：

1. 目标激励法

目标是人们有意识的活动所指向而要达到的目的，是人们活动所追求的预期效果。目标激励法，就是通过设置一定目标来调动和激发员工积极性的一种方法。

2. 产权激励法

产权激励主要是通过建立规范的内部员工持股制度，员工持有了本公司的股票，同时享有选举权、参与决策管理权和资产受益权等。使个人利益与公司兴衰紧密联系，重新确立主人翁的地位感和责任感，物流企业的凝聚力也就因此随之大大增强。

3. 强化激励法

强化激励法是通过对人们的某种行为的给予肯定、奖励或否定、惩罚，以克服消极因素、发挥人的积极性的一种激励方法。强化激励有正强化和负强化之分，例如，表扬、奖励都是正强化；而批评、惩罚都是负强化。正强化可以让好的行为再接再厉，而负强化能够使不良的行为改弦易辙，向好的方面转化。正是因为强化激励具有这种双重作用，所以

它是人们最常用的一种激励方法。

4. 组织激励法

组织激励法就是尽可能地明确每个组织成员的责任，并让他们多承担责任，同时享有相应的权力，做到责、权、利的统一。激励形式主要是组织在建立严格的责任制的同时，积极推进各种形式的民主管理；还可运用组织的各种规章制度激励员工。

5. 参与激励法

参与激励法是指让职工参与物流企业管理，使职工产生主人翁责任感，从而激励职工发挥自己的积极性。激励职工全身心地投入到物流企业的事业中来。

6. 关心激励法

关心激励法是指企物流业领导者通过对职工的关心而产生的对职工的激励。物流企业中的职工以企业为其生存的主要空间，把企业当做自己的归属。现在很多物流企业给职工赠送生日礼品，举行生日派对，都是用关心法来激励职工的方式。

7. 公平激励法

公平激励法是指在物流企业中的各种待遇上，对每一项公平对待所产生的激励作用。职工等量劳动成果给予等量的待遇，多劳多得，少劳少得，职工要获得更多的待遇，例如，工资、奖金、职位、福利、工作环境等。不通过人情、后门等不正当的手段，只有扎扎实实的劳动。因此，可以利用职工追求高待遇的心理，来激励职工更有效地工作。

总之，激励的方法有很多种，而每一种方式既适应于个体，又适应于群体，关键在于物流企业管理人员灵活运用，恰当地用好每一种方法，有效地激励职工的行为。可以毫不夸张地说，激励的有效与否与物流企业的兴衰成败是息息相关的。

思考：

除了这些常见的激励方法，你在生活中还遇见过哪些有效的激励方法？

 **作　业**

1. 相信你在学习、生活中，一定受到过来自父母、老师或同学的激励，请你描述你当时的心情和感想。

2. 请查阅相关资料了解至少3个物流企业的人员激励机制，并进行比较分析。

任务五　物流企业工作绩效考评与薪酬管理

 任务描述

工作绩效考评与薪酬体系是物流企业人力资源最关键的因素。任何一个成功的物流企业都必须具有以业绩为导向的企业文化和有效考核、奖励优良业绩的管理体系，因此，如何有效地进行绩效测评和公平的薪酬管理是物流企业向一流的管理水平迈进的重要一步。

 知识准备

一、物流企业工作绩效考评

物流企业员工的绩效考评，是指物流企业按一定的标准，采用科学的方法对员工的思想、品德、业务、工作能力、工作态度和成绩，以及身体状况等方面进行的考核和评定。绩效考评主要包括两方面的含义：一方面是指员工的工作结果；另一方面是指影响员工工作结果的行为、表现和素质。

（一）物流企业工作绩效考评的原则

根据国内外物流企业管理的实践经验，在绩效考评中应注意把握以下的原则：

1. 透明原则

指物流企业在考评前要公布考评标准细则，在考评中要让员工知道考评的条件和过程，对考评工作产生信任感，并对考评结果理解和支持。

2. 具体可衡量原则

指物流企业的考评目标要具体明确，绩效考评指标可以衡量。考核的目标要能够分解度量的指标。

3. 反馈原则

指物流企业的考核不仅要与员工的收入挂钩，更重要的是要改善员工的工作绩效，使员工能够认识到工作上的不足，并加以改善，所以，考评结果应该反馈给员工，使员工能够明确努力的方向。

4. 客观公正原则

物流企业在制订绩效考评标准时，要客观公正，坚持定量与定性相结合的方法，建立科学适用的绩效指标评价体系。这就要求制订绩效考评标准时要多采用可以量化的客观尺度，尽量减少个人主观臆断的影响，要用事实说话，切忌主观武断或者长官意志。

5. 定期化与制度化原则

物流企业的评估考核是一种连续性的管理过程，因此必须定期化、制度化。评估考核不仅是对员工能力、工作绩效、工作态度的评价，也是对他们未来行为表现的一种预测。为此，只有程序化、制度化地进行评估考核，才能真正了解员工的潜能，发现组织的问题，从而有利于组织的有效管理。

（二）物流企业工作绩效考核方法

1. 排列法

排列法是一种相对较为简单易行的绩效评估方法，但其使用有一定的局限性。通常用来评估数量不多，且从事相同工作的人员，也可用于评估同一部门的人员。具体的做法是在评估表中列出所要评估的内容或者评估因素，在该因素下工作绩效最优者与最差者首先列入表内，然后列出次优者与次差者，依此类推，直到把所有被评估者排列完毕为止。这样就可以获得本部门所有员工的绩效情况，了解他们在每一个评估因素中的排列次序或优劣程度。如表 5-5-1 所示。

表5-5-1　　　　　　　　　　　　　　排列评估

评估因素：工作的质量		评估因素：工作数量	
序　号	员工姓名	序　号	员工姓名
1		1	
2		2	
3		3	
4		4	
5		5	

2. 对比法

对比法是由评估者就某一评估因素，将每一位被评估者与其他被评估者一一对比，"好于"记为"+"，"不如"记为"-"，最后比较出每个被评估者的优劣。如表5-5-2所示。

表5-5-2　　　　　　　　　　　　　　对比评估

员工姓名	A	B	C	D	E
A		+	+	-	-
B	-		-	+	+
C	-	+		+	+
D	+	+	-		+
E	+	+	-	-	
评估结果	中	优秀	差	差	中

由于对比法需将每一位被评估者与其他人相比，评估的误差较小，但是工作量较大，所以对比法相对适合少量人员的考核。

3. 强制分类法

强制分类法是将员工绩效分成若干个等级。每一等级强制规定一个百分比，视员工的总体工作绩效将他们分别归类。强制分类法可用于评估对象较多的评估工作，如表5-5-3表示。

表5-5-3　　　　　　　　　　　　　　强制分类评估

员工姓名	优（10%）	良（50%）	中（40%）	较差（20%）	最差（10%）

4. 量表评估法

量表评估法是根据设计的等级评估量对被评估者进行评估的一种方法。无论被评估者的人数是多还是少，这种方法都比较适用。而且这种方法评估的定性定量考核较全面，所以多为各类企事业单位所选用。其具体做法是：先设计等级评估表，列出相关绩效因素，再把每一绩效因素分成若干等级并给出分数。说明每一级分数的具体含义。评估者根据员工绩效评估表对被评估者进行打分或评级，最后加总得出总的评估结果。如表 5 - 5 - 4 所示。

表 5 - 5 - 4　　　　　　　　　　　员工绩效评估

员工姓名＿＿＿＿＿＿＿＿　　　　职务＿＿＿＿＿＿＿＿　　　　评估日期＿＿＿＿＿＿＿＿

工作部门＿＿＿＿＿＿＿＿　　　　工号＿＿＿＿＿＿＿＿　　　　评估人＿＿＿＿＿＿＿＿

评估因素				
工作质量				
工作数量				
工作纪律				
设备维护和物耗				
创新意识与行为				

评估意见：＿＿＿＿　评估人签名：＿＿＿＿

　　　　　　　　　人力资源部

员工签名：＿＿＿＿　门审核意见：＿＿＿＿

员工意见：＿＿＿＿　评估人签名：＿＿＿＿

最差：不能完成任务

差：勉强完成任务

中：基本完成任务

良：完成任务较好

优：完成任务特别杰出

5. 自我—他人评估法

（1）总结评估

是由被评估人将自己的工作情况与岗位绩效标准或者岗位说明书相对照，做出自我评估总结；然后再由被评估者的直接上司对被评估者的工作做出总结性评估；最后由主管部门根据两方面评估的结果，做出正式评估。

（2）记分评估

记分评估是根据事先设定的绩效评估因素和记分标准，由被评估者本人自我评分，同时由与被评估者直接相关的他人进行打分，然后上级主管在收集并平衡了上述各项分数的基础上，给被评估者打出最后的评估分数。

工作通常是具有多面性的，不同的人观察到的方面也是不同的。许多物流公司已经将各种考核方法所得到的信息综合使用，并产生全方位（360°）的考核和反馈体系。正如这种方法的名称所示，360°反馈为了给员工一个最正确的考核结果而尽可能地结合所有方面的信息，这些方面主要包括：上司、同事、下属、客户等。尽管最初 360°考核系统仅仅为了发展的目的，尤其是为管理发展和职业发展所用，但这种方法正逐步地运用于绩效考核和其他管理用途，如图 5 - 5 - 1 所示。

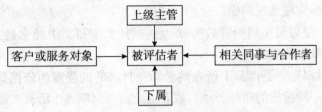

图 5 – 5 – 1　360°绩效反馈关系

最近的一项调查显示，入选《财富》的 1000 家企业中，超过 900A 的企业已经将 360°反馈系统的某些部分运用于职业发展和绩效考核中。

二、物流企业薪酬管理

（一）物流企业薪酬的含义与形式

1. 物流企业薪酬的内涵

物流企业薪酬，是指物流企业对其员工为本企业所作的各方面贡献而付给员工的各种类型的酬劳。对薪酬管理是物流企业人力资源管理的重要内容。公正合理的薪酬有利于保障物流企业员工的基本物质生活需要；有利于物流企业的员工将个人利益与物流企业的整体发展目标联系起来；有利于吸引人才，调动员工的积极性，进而提高工作效率，如图 5 – 5 – 2 所示。

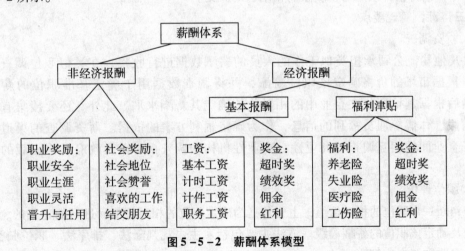

图 5 – 5 – 2　薪酬体系模型

2. 物流企业薪酬的形式

（1）员工报酬。目前，我国物流企业实行的工资制度有结构工资制度、职务等级工资制、技术等级工资制、岗位技能工资制、定级升级制度和晋级增薪及降级减薪的办法等。主要包括：

1）基本工资部分，是以员工所在的部门、岗位、职务及员工个体间的劳动差异为基准，根据劳动定额的完成情况而定。

2）奖励工资，是以员工超额有效劳动为依据计算求得，由经常性工作奖、年终奖、劳动分红及特殊贡献奖等组成。

3）各种工资性津贴，是以员工所在的劳动条件和劳动强度为依据计算求得，是对员工在特定劳动条件下所付出的超额劳动，或者由此而引起额外生活开支需要的补偿。

4）地区性津贴，是以员工所在地区的水平指数和物价指数为依据计算求得，主要是对员工所在的不同地区实际薪酬差异的一种补偿。

（2）员工福利。福利是物流企业整体报酬体系的一部分，也是物流企业通过举办集体福利和设施，提供员工福利补贴，为员工生活提供方便，减轻员工经济负担的一种非直接的支付。福利可以以货币、实物或者服务的形式支付，例如，带薪休假、工作餐、困难补助及伤病补贴等。福利与报酬不同，它的提供是与员工的工作绩效及贡献无关的。福利的作用主要在于增强员工安全感并激励员工，增强物流企业凝聚力和员工对企业的认同感，使员工对物流企业更加忠诚，从而促进物流企业生产率的提高。

（二）制订物流企业薪酬的原则

在我国物流企业中，员工的薪酬应依据国家有关法律进行宏观性的调整。我国薪酬的基本原则概括起来有：坚持多劳多得，按劳分配原则；坚持在提高劳动生产率的基础之上，遵循兼顾国家、集体和个人利益原则，逐步提高员工的工资报酬水平。薪酬标准的确定和工资的增长，应全面考虑各方面的关系，统筹兼顾、适当安排，以处理好各种差别，增加员工之间的团结，鼓励员工提高技术，来促进劳动生产率的不断提高；努力做好政治思想工作，坚持精神鼓励与物质激励相结合的原则。

（三）薪酬管理要点

1. 薪资调查

对其他物流公司承担类似工作的人员的薪酬数据进行收集，在类似职位调查的基础上，根据市场的价格确定该职位薪酬，并将调查数据用于确定基准职位的薪酬等级，然后根据其他职位在企业中的相对价值确定其薪酬水平。此外，还要搜集有关保障、病假、休假等雇员福利的信息，作为确定福利方案的依据。薪资调查的渠道主要包括：企业间的相互调查；商业性、专业性机构的调查报告以及政府机构出版的研究报告。

2. 职位评价

即判断一个职位的相对价值，主要包括为确定职位的相对价值而进行的正式的、系统的比较及确定该职位的薪酬等级。方法主要包括雇主主观判断法、排序法、职位归类法、要素计点法和要素比较法。

3. 分级定薪

确定等级，将类似职位的归入同一工资等级；利用工资曲线来确定每个工资级别表示的工资水平。

4. 对工资率进行微调

包括调整偏差工资率，即提高过低的工资率到所在等级的最低水平；冻结过高的工资率，以及设计工资率系列，及给不同职级制订一套每职级不同工资率。

任务实施

物流企业工作绩效评

一、物流企业工作绩效评估程序流程

物流企业工作绩效评估程序要经过计划准备、考评实施、结果反馈、结果运用四个阶段。如图 5 - 5 - 3 所示。

图 5 - 5 - 3　物流企业工作绩效评估程序

二、物流企业工作绩效评估程序描述

（1）计划准备。主要包括成立考评领导小组、制订考评计划、明确考评内容、建立考评标准、选择考评方法及培训考评人员。

（2）考评实施。主要采用生产记录法、定期抽查法、考勤记录法、减分抽查法、限度事例法及指导记录法等收集信息资料；通过自我评价、考核人员评价并汇总相关数据进行绩效考核；并通过划分等级、量化评价指标、综合同一指标的不同考评结果、综合不同指标考评结果及考核结果的评定进行绩效分析评价。

（3）结果反馈。通常采用书面反馈将评价结论以书面形式通知被考评者，并且由被考评者写出意见交考评小组；召开考评总结会公开结果，总结经验，奖优罚劣；由主管与被考评者当面讨论工作业绩与改进计划。

（4）结果运用。制订绩效改进计划、员工培训计划、薪酬管理计划和人事调整计划；修正绩效考核标准。

 知识拓展

某企业薪酬制度①

一、薪酬结构

（1）员工收入 = 待遇 + 奖金；

（2）待遇 = 固定工资 + 津贴 + 福利；

（3）固定工资 = 基本工资 + 技能等级工资。

二、固定工资

（1）基本工资：专科800元（专科以下视同专科），本科1200元，硕士2000元，博士3000元；

（2）技能等级每级200元。

三、津贴

（1）住房津贴：150元/月（新员工当月工作未满15天，无此津贴）；

（2）满勤津贴：50元/月；

（3）其他津贴：由公司根据具体情况临时决定。

四、福利

（1）根据国家相关政策，为员工办理社会养老保险、社会失业保险及社会医疗保险；

（2）按照工资总额的14%计提福利费，该福利费用于公司的各项福利开支；

（3）企业根据经济效益为员工办理补充养老保险金（年金）。

五、奖金

（1）根据公司相关规定，随时发放特别奖金，如"伯乐奖"、"优秀建议奖"等；

（2）根据公司效益，原则上用公司当年利润的10%发放年终奖。年终奖根据员工个人工作业绩发放。

六、试用期薪酬

试用期的固定工资为转正后固定工资的70%。

七、薪酬调整时间

（1）基本工资部分：工作满1年后，基本工资每年增长100元，连续五年停止；

---

① 资料来源：http://wenku.baidu.com/view/f905634f767f5acfa1c7cd10.html

（2）技能等级部分：

常规调整：每年两次调整机会，分别在发放 6 月、12 月工资时调整（即在 7 月 5 日、1 月 5 日发薪体现）特别调整：根据现实情况，可以随时对部分员工的薪酬做出调整。

八、薪酬调整方法

（1）每年 6 月、12 月由直接上级对员工进行一次半年度考评总结；

（2）财务部根据公司经营情况确定工资调整总额；

（3）部门经理起草本部门具体调薪方案，并提交直接上级确认。

思考：

该企业的薪酬制度是否合理？您认为还有需要完善的地方吗？

 作 业

1. 请同学思考一下，根据常识及所学知识，探讨绩效考核有哪些方法？它们各自的特点如何？请简要说明他们的优点和缺点。

2. 零薪酬就业的动机是什么？你能否接受这种理念？为什么？

模块小·结

物流企业人力资源管理是物流企业发展的重要保证，本章主要介绍了人力资源的规划，物流企业工作分析，物流企业恭维人员作业规范及流程，物流企业员工的招聘与培训，物流企业人力资源激励、绩效与薪酬。通过对本章的学习，应当了解物流企业配备人员的方法和物流企业员工素质要求，还应当掌握物流企业人力资源管理的相关知识，并在实践中适当运用。

模块六 物流企业作业管理

知识目标

1. 理解采购运作整个过程
2. 理解运输、仓储、配送、装卸搬运、流通加工作业过程
3. 掌握供应商选择和管理的方法
4. 掌握运输、仓储、配送、装卸和搬运、流通加工合理化的方法

能力目标

1. 能够独立执行采购任务
2. 能够制订合理的运输和配送方案
3. 能够根据实际情况制订科学的仓储方案
4. 能够根据实际情况制订合理的装卸搬运方案
5. 能够制订科学合理的流通加工方案

任务一 物流企业采购管理

任务描述

　　采购管理作为物流企业运作的第一步，同时商品采购作为物流企业实现企业的销售目标，在充分了解市场需求的情况下，根据企业的经营情况及经营能力，运用适当的采购策略和方法，取得适销对路的商品的经济活动过程。它主要从两个方面考虑，一方面采购专员必须主动地对用户需求作出快速响应，另一方面更重要的是保持与供应商的互利共赢的战略合作伙伴的关系。本任务主要从物流企业采购需求及申请、供应商管理及对采购成本控制三个方面出发，以更好地实现物流企业的采购管理，为企业降低采购成本的同时，降低总运营成本。

知识准备

一、需求分析与采购申请

（一）需求分析

　　需求分析，是采购工作的第一步，是制订采购计划的基础和前提。就是要弄清楚企业

需要采购什么品种、需要采购多少，何时需要什么品种、需要多少等问题。得到一份真实可靠、科学合理的采购任务清单。采购部门应当掌握整个企业的物资需求情况，制订物料需求计划，从而为制订出科学合理的采购订货计划做准备，如图6-1-1所示。

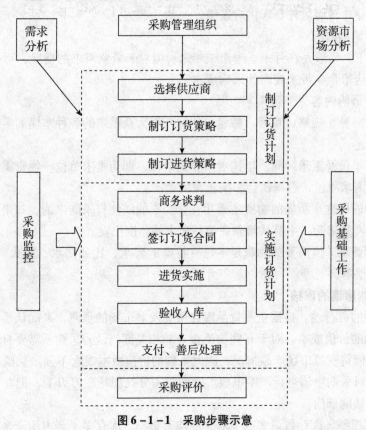

图6-1-1 采购步骤示意

进行采购需求分析有多种方法。除了通过物料需求计划、物资消耗定额、需求预测进行需求分析之外，还可以通过采购申请进行需求分析。

 小贴士

　　物料需求计划（MRP），是生产企业最常用的需求分析方法。它的基本原理就是根据企业的主产品生产计划、主产品的结构文件和库存文件，分别求出主产品的所有零部件的需求时间和需求数量，也就是求出物料需求计划。

（二）采购申请的提出

1. 采购的来源

企业的某一方提出的对某一产品的需求，我们把提出需求的一方称为"需求方"。如物流企业的流通加工车间所需的包装材料、标签、商品条码，其他各部门工作人员所需办公用品等，这些都是需求。

2. 采购的前提

要有需求。当需求方提出对某一产品的需求后，企业首先要对需求的合理性进行审核，如果审核无误，企业将首先在查看现有库存，寻找供应来源，如果发现现有库存不能满足需求，企业才转而对外寻求供应来源。

3. 采购申请的时间

通常情况下，一般是在月末、季末或年末；但对于紧急需求的情况，可以随时接受申请，但是这样会给企业带来较高的采购成本。

4. 采购申请的内容

（1）需求品种、规格、型号、数量。比如一汽大众需求的各种车辆的零部件规格、型号等应具体描述。

（2）需求单位及需求时间。申请者所在的单位，即为需求单位。物资需求一定要在规定的时间送到需求单位，否则就会影响正常的生产。

（3）品种的用途。所需的物资主要用在哪，不能随便打采购申请，如果所申请的不是必需品，就不需要采购，主要从给企业节约成本的角度出发。

（4）特别要求。所需要的物资是不是有特殊的要求，比如防水、防火、防振、防潮、防腐蚀或者耐磨等。

（三）采购申请的审核

（1）采购的可行性。根据企业货品库存情况及对市场的预测，来确认是否进行采购。

（2）采购的价值成本。对于有些物流企业的相关部门认为采购不需要自己掏钱就随意采购，甚至不懂得资源市场产品情况，因此采购的价值成本观念不强。采购部门要对整个企业负责，要对采购申请进行严格审核。做到每一分钱都花在刀刃上，把花钱的采购部门变为为企业赚钱的部门。

（3）库存控制。库存数量多或少对企业均有影响。库存多了会占用资金，容易造成产品积压，增加库存管理费用；库存少了会影响正常的生产活动，甚至失掉最终客户。申请的数量是不是最佳的采购数量，是否考虑了库存控制，这些都需要采购部门周全考虑。

（四）采购任务清单的形成

物流企业的采购任务清单，主要从以下几个方面进行归纳：

（1）按品种汇总，把相同的品种按不同的采购要求依次分别汇总成同一个品种的不同采购要求序列。

（2）按品种类别汇总，形成同一个大类小类的品种序列。

（3）按供应商汇总，形成同一个供应商的品种序列。

（4）按采购地区汇总，形成各个地区的供应商和品种序列。

表 6 - 1 - 1　　　　　　　　企业采购任务清单 1

品种	硬盘 1000				光驱 1000			
类别	80G 500		160G 500		8X 500		16X 500	
供应商	希捷 200	三星 300	希捷 200	三星 300	三星 300	Sony 200	三星 300	Sony 200
地区	北京	深圳	北京	深圳	深圳	北京	深圳	北京

表 6-1-2   **企业采购任务清单 2（汇总后的序列表）**

地区	北京				深圳			
供应商	希捷		Sony		三星			
品种	硬盘		光驱		硬盘		光驱	
类别	80G 200	160G 200	8X 200	16X 200	80G 300	160G 300	8X 300	16X 300

如表 6-1-1 和表 6-1-2 所示，这样的汇总，不但弄清了需要采购什么、采购多少，到哪去采购的问题，而且还为解决怎样采购的问题提供了线索。例如，哪些品种可以实现集中采购、哪些品种需要单独采购、哪些品种需要紧急采购等，为制订采购战略、选择采购方法、制订采购计划、分派采购任务提供了依据。

（五）采购任务的需求审批流程

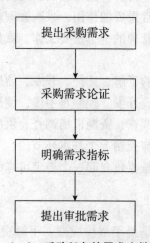

图 6-1-2　采购任务的需求审批流程

根据图 6-1-2 采购任务的需求审批流程，下面对审批流程做出具体详述。

采购任务的需求由相关预算单位提出，采购任务的技术规格、服务要求等应在采购的前期进行论证，如对采购需求难以细化的，可以请采购专家或有关行业专家进行采购需求论证。在确定采购需求前，应当充分了解市场信息，并及时做好市场响应工作，不能只采纳少数供应商推荐的方案作为需求指标。特别是不合理的过高的技术配置，将造成资源的浪费和闲置，过低的技术配置也不能达到实际使用功能要求，因此采购需求应切合实际。预算单位对采购需求进行市场调研和论证后，不应将采购需求初步论证的结果向供应商透露，否则不利于采购过程中通过市场的充分竞争，采购结果也未必理想。

采购需求有多种表现形式，在生产制造过程企业常通过标准的采购订单来描述产品或零部件等实物需求，对于培训、咨询及劳务等服务类需求则多以报告形式加以说明，所有需求均应通过企业既定的管理流程来得以批准或否决，一般而言我们把采购需求的提出直至审批完成的过程称作采购申请流程。采购申请单格式如表 6-1-3 所示。

表 6 - 1 - 3　　　　　　　　　　　　**采购申请单**

编号　申请部门　年　月　日

序号	物品名称	规格型号	数量	计划价格	用途	需用日期	备注

注：本单一式三联，第一联申请部门留存，第二联交采购部，第三联交仓库，备注栏须注明预算内、预算外。

二、供应商选择与管理

企业要维持正常生产，就必须要有一批可靠的供应商为其提供各种各样的物资。因此供应商对企业的物资供应起着非常重要的作用，采购管理就是直接和供应商打交道并从供应商获得各种物资的。因此采购管理的一个重要工作，就是要做好供应商管理。

（一）供应商管理认知

供应商管理，就是对供应商的了解、选择、开发、使用和控制等综合性的管理工作的总称。其中，了解是基础，选择、开发、控制是手段，使用是目的。

供应商管理主要包括供应商调查、资源市场调查、供应商开发、供应商考核、供应商选择、供应商使用、供应商激励与控制七个基本环节。

供应商管理的主要目的，就是要建立起一个稳定可靠的供应商队伍，为企业生产经营提供可靠的物资供应。

（二）供应商调查

供应商管理的首要工作，就是要了解供应商、了解资源市场。要了解供应商的情况，就需要进行供应商调查。供应商调查，在不同的阶段有不同的要求。供应商调查可以分成三种。第一种是资源市场调查；第二种是初步供应商调查，第三种是深入供应商调查。

1. 资源市场调查

资源市场调查首先要进行资源市场分析，主要从以下三个方面进行：

（1）要确定资源市场是紧缺型的市场还是富余型市场，是垄断性市场还是竞争性市场，对于垄断性市场，企业应当采用垄断性采购策略；对于竞争性市场，企业应当采用竞争性采购策略。例如，采用招标投标制、一商多角制等。

（2）要确定资源市场是成长型的市场还是没落型市场，如果是没落型市场，则要趁早推备替换产品，不要等到产品被淘汰了再去开发新产品。

 小贴士

如果是没落型市场，要趁早替换产品。

（3）要确定资源市场总的水平，并根据整个市场水平来选择合适的供应商。通常要选择在资源市场中处于先进水平的供应商、选择产品质量优而价格低的供应商。

资源市场调查的主要内容有：资源市场的规模、容量和性质；资源市场的环境如何；资源市场中各个供应商的情况如何。

2. 初步供应商调查

初步供应商调查，是对供应商基本情况的调查。主要是了解供应商的名称、地址、生产能力、能提供什么产品、能提供多少、价格如何、质量如何、市场份额有多大、运输进货条件如何。

在开展计算机信息管理的企业中，供应商管理应当纳入计算机管理之中，利用数据库进行操作、补充和利用。

初步供应商调查的主要内容有：

（1）产品的品种、规格和质量水平是否符合企业需要，价格水平如何。只有产品的品种、规格、质量适合于本企业，才算得上企业的可能供应商，才有必要进行下面的分析。

（2）企业的实力、规模如何，产品的生产能力如何，技术水平如何，管理水平如何，企业的信用度如何。

小贴士

企业的信用度，是指企业对客户、对银行等的诚信程度。表现为供应商对自己的承诺和义务认真履行的程度，特别是像产品质量、按时交货、往来账目处理等方面责任和义务的履行程度。

对信用度的调查，在初步调查阶段，可以采用访问制，从中得出一个大概的、定性的结论。分析供应商的信用程度，这是可以得到定量的结果。

（3）产品是竞争性商品还是垄断性商品，如果是竞争性商品，则供应商的竞争态势如何，产品的销售情况如何，市场份额如何及产品的价格水平是否合适？

（4）供应商相对于本企业的地理交通情况如何，要进行运输方式、运输时间、运输费用分析，看运输成本是否合适。

在进行以上分析的基础上，为选定供应商提供决策支持。

3. 深入供应商调查

深入供应商调查，是指对经过初步调查后、准备发展为自己的供应商的企业进行的更加深入仔细的考察活动。这种考察，是深入到供应商企业的生产线、各个生产工艺、质量检验环节甚至管理部门，对现有的工艺设备、生产技术、管理技术等进行考察，看看能否满足本企业所采购的产品应当具备的生产工艺条件、质量保证体系和管理规范要求。有的甚至要根据生产所采购产品的生产要求，进行资源重组、样品试制，试制成功以后，才算考察合格。只有通过深入的供应商调查，才能发现可靠的供应商，建立起比较稳定的物资采购供需关系。

（三）供应商开发

开发供应商就是要从无到有的寻找新的供应商，建立起适合于企业需要的供应库。军队打仗需要粮草，企业生产经营需要物资，供应商就相当于企业的后勤队伍。供应商开发和管理实际上就是企业的后勤队伍的建设。

供应商开发步骤主要有：

（1）现状知识。开发的第一步是对供应商有一个总体了解。一般是通过一系列供应商评估来完成。评估内容会因行业、公司不同而不同，但一般都包括生产管理、质量管理、物料采购供应商管理系统。

（2）向哪里去。作为供应商管理人员，一定要意识到哪些东西对公司重要，从而要求供应商提高。这阶段的成果是一个清单和计划，具体说明提高的目标。要求责任落实到人，时间具体，目标清楚。而且要确保供应商认可。只有供应商认可，才会认真去执行。

（3）定期管理进度。一定要针对第二步目标定期与供应商会面，评审进度。

（四）供应商考核

供应商考核，主要是指同供应商签订正式合同后的正式运作期间，对供应商整个运作活动的全面考核。这种考核应当比试运作期间更全面。

主要从以下几方面进行考核：

1. 产品质量

产品质量是最重要的因素，在开始运作的一段时间内，都要加强对产品质量的检查。检查可以分为两种：一种是全检，另一种是抽检。全检工作量太大，一般可以用抽检的方法。质量的好坏可以用质量合格率来描述。

2. 交货期

交货期也是一个很重要的考核指标参数。考察交货期主要是考察供应商的准时交货率。准时交货率可以用准时交货的次数与总交货次数之比来衡量。

3. 交货量

考察交货量主要是考核按时交货量，按时交货量可以用按时交货量率来评价。按时交货量率是指给定交货期内的实际交货量与期内应当完成交货量的比率。

4. 工作质量

考核工作质量，可以用交货差错率和交货破损率来描述。

5. 价格

考核供应商的价格水平，可以和市场同档次产品的平均价和最低价进行比较，分别用市场平均价格比率和市场最低价格比率来表示。

6. 进货费用水平

考核供应商的进货费用水平，可以用进货费用节约率来考核。

7. 信用度

信用度主要考核供应商履行自己的承诺、以诚待人，不故意拖账、欠账的程度。

8. 配合度

主要考核供应商的协调精神。在和供应商相处过程中，常常因为环境的变化或具体情况的变化，需要把工作任务进行调整变更，这种变更可能要导致供应商的工作方式的变更，甚至导致供应商要做出一点牺牲。这时可以考察供应商在这些方面积极配合的程度。

考核供应商的配合度，靠人们的主观评分来考核。主要找与供应商相处的有关人员，让他们根据这个方面的体验为供应商评分。特别典型的，可能会有上报或投诉的情况。这时可以把上报或投诉的情况也作为评分依据。

可以看出，前七项是客观评价，都是客观存在的，而且是可以精确计量的；第八项主观评价主要靠人的主观认识来评价。

（五）供应商选择

供应商选择是供应商管理的目的，是供应商管理中最重要的工作。选择一批好的供应商，不但对于企业的正常生产起着决定作用，而且对企业的发展也至关重要。

1. 供应商选择的标准

（1）企业生产能力强。如产量高，规模大，经验丰富，生产设备好。

（2）企业技术水平高。如生产技术先进，设计能力和开发能力强，生产设备先进，产品的技术含量高，达到国内外同行业先进水平。

（3）企业管理水平高。如有一个坚强有力的领导团队，尤其是要有一个有魄力、有能力、有管理水平的领导者；要有一个高水平的生产管理系统和采购管理团队；还要有一个有力的、具体落实的质量管理保障体系等。

（4）企业服务水平高。如能对顾客高度负责、主动热诚认真服务，并且售后服务制度完备、服务能力强，愿意协调配合客户企业。

2. 供应商选择方法

（1）考核选择

所谓考核选择，就是在对供应商充分调查了解的基础上，再进行认真考核、分析比较而选择供应商的方法。

初步确定的供应商还要进入试运行阶段进行考察考核，试运行阶段的考察考核更实际、更全面、更严格。在运作过程中，要进行所有各个评价指标的考核评估，包括产品质量合格率、按时交货率、按时交货量率、交货差错率、交货破损率、价格水平、进货费用水平、信用度、配合度等的考核和评估。在单项考核评估的基础上，还要进行综合评估。综合评估就是把以上各个指标进行加权平均计算而得的一个综合成绩。可以用下式计算：

$$S = \frac{\sum W_i P_i}{\sum W_i} \times 100\%$$

式中，S——综合指标值；

P_i——第 i 个指标值；

W_i——第 i 个指标的权重值。

通过试运作阶段，得出各个供应商的综合评估成绩，就可以基本上确定哪些供应商可以入选，哪些供应商被淘汰了。一般试运作阶段达到优秀级的应该入选，达到一般或较差级的供应商，应予以淘汰。

（2）招标选择

选择供应商也可以通过招标的方式。招标选择是采购企业采用招标的方式，吸引多个有实力的供应商来投标竞争，然后经过评标小组分析评比而选择最优供应商的方法。

1）招标选择的主要工作

一是要准备一份合适的招标书；包括目标任务，完成任务的要求。

二是要建立一个合适的评标小组和评标规则。

三是要组织好整个招标投标活动。

2）在招标活动中，广大供应商的主要工作

一是起草自己的投标书参与投标竞争。

二是参加招标会，进行自己的投标说明和辩论。

三是评标小组根据各个供应商的标书以及投标陈述，进行质询、分析和评比，最后得出中标的供应商。

（六）供应商的使用、激励与控制

1. 供应商的使用

供应商经过考核成为企业的正式供应商之后，就要开始进入日常的物资供应运作程序。

进入供应商使用的第一个工作，就是要签订一份与供应商的正式合同。这份合同既是宣告双方合作关系的开始，也是一份双方承担责任与义务的责任状，也是将来双方合作关系的规范书。所以双方应当认真把合同书的合同条款协商好。协议生效后，它就成为直接约束双方的法律性文件，双方都必须遵守。

在供应商使用的初期，物流企业的采购部门，应当和供应商协调，建立起供应商运作的机制，相互在业务衔接、作业规范等方面建立起一个合作框架。在这个框架的基础上，各自按时按质按量完成自己应当承担的工作。

物流企业在供应商使用管理上，应当摈弃"唯我"主义，建立"双赢"思想。供应商也是一个企业，也要生存与发展，因此也要适当赢利。因此合作的宗旨，应当尽量使双方都能获得好处、共存共荣。从这个宗旨出发，处理合作期间的各种事务，建立起一种相互信任、相互支持、友好合作的关系。

2. 供应商的激励与控制

供应商激励和控制的目的，一是要充分发挥供应商的积极性和主动性，努力搞好物资供应工作，保证本企业的生产生活正常进行；二是要防止供应商企业的不轨行为，预防一切对企业、对社会的不确定性损失。

（1）逐渐建立起一种稳定可靠的关系

企业应当和供应商签订一个较长时间的业务合同关系，例如 1～3 年。时间不宜太短，太短了让供应商不完全放心，从而总是要留一手，不可能全心全意为搞好企业的物资供应工作而倾注全力。

（2）有意识地引入竞争机制

有意识地在供应商之间引入竞争机制，促使供应商之间在产品质量、服务质量和价格水平方面不断优化。例如，进行淘汰激励、商誉激励和新产品、新技术的共同开发等。

（3）与供应商建立相互信任的关系

疑人不用，用人不疑。当供应商经考核转为正式供应商之后，一个重要的措施，就是应当将验货收贷逐渐转为免检收货。免检，这是对供应商的最高荣誉，也可以显示出企业对供应商的高度信任。免检，当然不是不负责任地随意给出，应当稳妥地进行。既要积极地推进免检考核的进程，又要确保产品质量。

（4）建立相应的监督控制措施

可以采取如下措施：①对一些非常重要的供应商，或是当问题比较严重时，可以向供应商单位派常驻代表。②加强成品检验和进货检验，做好检验记录，退还不合格品，甚至要求赔款或处以罚款，督促供应商改进。③组织本企业管理技术人员对供应商进行辅导，提出产品技术规范要求，使其提高产品质量水平或企业服务水平。

三、采购成本控制

（一）采购价格分析

采购价格是指企业进行采购作业时，通过某种方式与供应商之间确定所需物品和服务的价格。商品价格综合反映商品的质量、款式、服务、性能、结算条件、运输条件等，是聚焦点。

1. 采购价格
（1）送达价（送达到采购方的各项费用或 CIF）
（2）出厂价（不包运送，到仓库自提）
（3）现金价（以现金或等价方式，不加计利息）
（4）期票价（延期付款加计利息）
（5）净价（实收货款，一般在报价单上写明）
（6）毛价（报价，可因某些因素折让）
（7）现货价（每次交易需重新议价，符合行情）
（8）合约价（按事先议定价格交易）
（9）实价（实付价格，有优惠）

2. 影响采购价格的因素
（1）供需关系：供过于求；供不应求
（2）品质：适度
（3）数量：追求大批量、集中采购
（4）交货条件：运输方式、交货期的缓急
（5）供应商成本的高低：最根本、最直接的因素，是采购价格底线

3. 供应商定价方法
（1）成本导向定价法
1）成本加成定价法
成本与价格直接挂钩，忽视市场客户需要，比较常用。一般为：单位成本＋一定比例利润

2）盈亏平衡定价法
当盈亏平衡时，销售收入等于生产成本：

$$P \times Q = FC + VC \times Q$$

式中，P——产品单价；

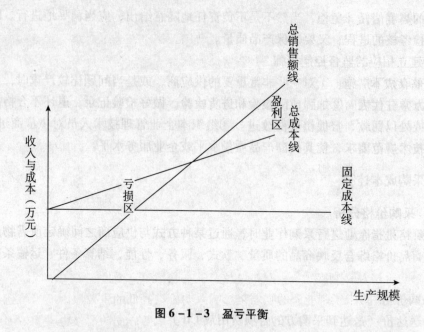

图 6 - 1 - 3　盈亏平衡

　　　　Q——年需求量；
　　　　FC——固定成本；
　　　　VC——变动成本。
　　因此，盈亏平衡点价格：

$$P = FC \div Q + VC$$

（2）竞争导向竞价法

1）随行就市定价法

产品价格保持在市场平均价格水平上获得报酬。

2）投标定价法

（3）采购商理解定价法

1）以市场承受力及对产品价值的理解程度定价。

2）以能接受的价格范围，逆向制订产品销售价格。常用于消费品特别是名牌产品。

（二）采购成本分析

1. 采购成本

采购成本是指企业经营活动中因采购物料而发生的费用，也就是在采购物料过程中的购买、包装、装卸、运输、存储等环节所支出的人力、物力和财力等货币形式的总和。

采购作为物流的第一个环节，其成本高低对于整个生产的总成本有着十分重要的影响，商品的采购成本不仅是指商品本身的价值（材料成本），还包括因采购而带来的采购管理成本和储存成本。采购成本主要包括：

（1）材料成本

材料成本就是企业欲购材料的价格成本，又称购置成本，是指材料本身的价值。包括请购手续费和税金、采购成本、进货验收成本、运输成本等。

（2）采购管理成本

采购管理成本是指组织采购过程中发生的费用，是企业为了实现一次采购而进行的各种活动的费用。主要包括人力成本、办公费、差旅费、信息传递费等。

（3）储存成本

企业为持有存货而发生的费用即为存货的储存成本。主要包括存货资金占用费（以贷款购买存货的利息成本）或机会成本（以现金购买存货而同时损失的证券投资收益等）、仓储费用和保险费用（合称为仓储保管费用）、存货残损霉变损失和其他费用（包括劳动保护费、罚金、运输费、搬运费等）。

2. 影响采购成本的因素

（1）采购批量和采购批次

如同批发和零售的价格差距一样，器材采购的单价与采购的数量成反比，即采购的数量越大，采购的价格越低。

（2）采购价格及谈判能力

企业在采购过程中谈判能力的强弱是影响采购价格高低的主要原因。当前随着社会主义市场经济体制的深入，不同的市场形态在供应、需求等方面的要素也不同。因此企业在实施采购谈判时，必须要分析所处市场的现行态势，有针对性地选取有效的谈判议价手法。如根据市场形态呈现卖方市场、中性市场和买方市场等不同情况，分别采取"忍"、"等"、"狠"不同的议价策略，以达到降低采购价格的目的。

（三）采购成本控制的方法

1. ABC 控制法

ABC 采购成本控制法是将手头的库存按年度货币占用量分三类。A 级是年度货币占用量最高的库存品种，B 级是年度货币占用量中等的库存品种，C 级是年度货币占用量较低的库存品种。通过将物料分类，采购经理就能为每一级的物料品种制订不同的策略，并实施不同的控制。因此，利用 ABC 分析法可以保证确定更好的预测现场控制、供应商的信赖度以及减少安全库存和库存投资。

ABC 分类方法是将所有的库存货物根据其在一定时限内价值的重要性和保管的特殊性的不同，按大小顺序排列，然后根据各个品种的累计额和累计数量统计，并计算出相对于总金额和数量的比率，按序在图中标出对应的点，连成曲线图，如图 6 - 1 - 4 所示。

2. 定期采购控制法

定期采购控制法是指按预先确定的订货间隔期间进行采购补充库存的一种采购成本控制方式。企业根据过去的经验或经营目标预先确定一个订货间隔期间，每经过一个订货间隔期间就进行订货，而每次订货数量都不同。

定期订货方式中订货量的确定方法为：

订货量 = 最高库存量 - 现有库存量 - 订货未到量 + 顾客延迟购买量

定期采购控制法是从时间上控制采购周期，从而达到控制库存量目的的方法。只要订货周期控制得当，既可以不造成缺货，又可以控制最高库存量，从而达到成本控制的目的，即使采购成本最少。

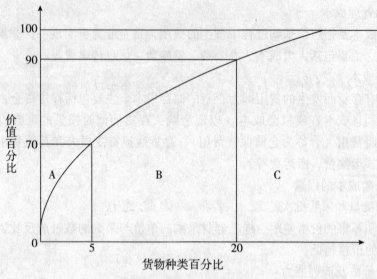

图 6 – 1 – 4　ABC 分类曲线

3. 定量采购控制法

定量采购控制法是指当库存量下降到预定的最低库存数量（订货点）时，按规定数量（一般以经济批量 EOQ 为标准）进行采购补充的一种采购成本控制方式。当库存量下降到订货点时马上按预先确定的订货量（Q）发出货物订单，经过交纳周期（LT），收到订货，库存水平上升。采用这种采购控制法必须预先确定订货点和订货量。

通常采购点的确定主要取决于需求率和订货、到货间隔时间这两个要素。在需要固定均匀和订货、到货间隔时间不变的情况下，不需要设定安全库存，订货点由下式确定：

$$E = LT \times D \div 365$$

式中，D——每年的需求量。

当需求发生波动或订货、到货间隔时间是变化的情况时，订货点的确定方法较为复杂，且往往需要安全库存。

订货量通常依据经济批量的方法来确定，即以总库存成本最低时的经济批量为每次订货时的订货数量。

4. 经济订货批量订货法

订货数量影响到企业的订货次数。企业大量订货，通常可减少采购费用，但会提高存货占有成本；企业少量订货常可使存货占用成本达到最小，但却会提高订货成本。

经济订货批量是使订单处理和存货占用总成本达到最小的每次订货数量（按单位数计算）。订单处理成本包括使用计算机时间、订货表格、人工及新到产品的处置等费用。占用成本包括仓储、存货投资、保险费、税收、货物变质及失窃等。企业无论大小都可采用 EOQ 计算法。订单处理成本随每次订货数量（按单位数平摊）的增加而下降，因为只需较少的订单就可买到相同的全年总数；而存货成本随每次订货数量的增加而增加，因为有更多的商品必须作为存货保管，且平均保管时间也更长，这两种成本加起来就得到总成本。

小贴士

　　编制综合评分表时应紧扣需求，并对每一评分项加以解释，评分项的设定应得到采购申请需求单位的认可，并最终纳入采购文件。

任务实施

采购成本控制实施过程

　　采购成本控制是物资采购始终贯穿于方方面面的准绳。采购成本控制主要体现在采购的决策、实施和管理三个方面。其中采购实施过程最具有代表性，下面分析具体采购成本控制流程如下：

第一步：选择适当的采购方式

　　主要有：集中分散采购、招标采购、电子商务采购、政府采购、JIT 采购等。不同的采购方式对于降低采购成本贡献不同。

　　1. JIT 采购

　　JIT 采购是一种准时化采购模式，可最大限度地消除浪费，降低库存，实现"零库存"。具体可降低库存成本，提高质量，减少采购环节，降低订货成本，降低采购价格，减少材料成本。

　　2. 电子商务采购

　　随着互联网技术的普及和网络优势的凸显，电子商务的优势达到了降低采购成本的目的，具体可公开信息获得最低价，减少中间环节降低交易成本，适时订购库存成本，科学管理减少损失。

第二步：制订适当的底价

　　底价是采购方打算支付的最高采购价格。

　　1. 确定采购规格

　　确定采购价格不仅决定物料品质，同时也影响交货日期、价格等。对于常用物料，有统一规格，可直接确定；对于非常用物料以及尚未统一规格的物料，使用单位或技术部门可参考有关标准自行设计；对于事先无法说明的物料，可提供样品作为采购物料的标准。

　　2. 调查收集信息

　　对于一般性物品，企业可通过报纸、杂志、市场调查资料、各工厂厂价、过去采购记录等多渠道收集采购价格方面的信息。对于专业化强、技术性高的物品企业可聘请专家进行评估。

　　3. 分析信息估计价格

　　企业将采购市场调查所得的资料进行整理、分析、编制材料调查报告，并在此结果上，估计出所采购物品的价格。

第三步：正确进行询价

　　采购人员制订完底价后，就可以联络供应商，向供应商进行询价了。进行询价需要编制询价文件、确定被询价对象以及发布询价通告。

第四步：正确处理报价

采购人员在获得供应商的报价单后，就需要对其进行处理了。对报价单的处理一般有审查报价单即采购部门在接到供应商的报价单后，对其所提供的产品质量、数量、价格以及交货时间等方面进行审查；分析评价报价单即对各供应商价格的高低、交货期的长短、付款条件的宽紧、交货地点是否适中等内容进行分析评价，以便选择恰当的供应商；确定成交供应商即将确定成交的供应商，通知所有报价的供应商，包括未成交的供应商。

第五步：成功进行议价

在采购活动中，议价是采购企业与供应商共同关心但又存在分歧的问题，议价过程是消除分歧，达成一致的过程。一般为保证议价的成功需要掌握：必胜的信心、耐心、诚意、善于树立第一印象、营造和谐气氛、表达准确有效、正确的拒绝方式和以成本为中心而不是以价格为中心的技巧。

采购方式是采购主体货物资源或物品、工程、服务的途径、形式和方法。

某制药厂的采购漏洞

某制药厂开始生产一种新药。为配合新药的生产，厂计划部门指示采购部门每月提供一定规格的尺寸类型瓦楞纸包装纸盒5000个、由于采购部过去一直定期向包装车间提供同类型纸盒供其他药品包装，因此并未向计划部门询问新的包装纸盒有无特殊要求，只是简单地向供货商追加了订货数量。但当最终新产品由库房提出准备发货时，发现产品包装纸盒开胶情况严重，达30%以上。产品未能及时供应客户，药厂受到一定经济损失。事后，厂领导要求采购部查清为何会出现如此严重的供应质量问题，并扣发有关采购人员全季度奖金。采购部门会同纸盒供货商，经多次调查发现，该新药与其他产品不同，要求冷库储存，从入库至发货产品通常要在冷库存放48小时以上，普通包装纸盒在此冷藏条件下易开胶。供货商提供适合冷藏的包装纸盒后，开胶现象未再出现。

思考：

请分析这个药厂存在什么采购漏洞？为什么会出现这种情况？

1. 某公司对某产品的需求为600件/月，订购成本为30元/次，订货提前期3天，单

位货物存储成本为每月按货物价格的10%计算，单价12元/件，求经济订货批量、每月订货次数、订货点。（每月按30天计算）

2. 假设我院拟开设日用品、食品超市，作为采购部成员首先要对供应商进行调查，并制作供应商调查表。

要求：对供应商的基本情况、产品、价格进行实地调查，并根据调查结果制作供应商调查表。

任务二 物流企业运输管理

任务描述

运输是国民经济的命脉，是社会物质生产的必要条件之一，任何跨越空间的物质实体的流动，都称为运输。运输是物流系统的一项重要功能，是物流系统中最主要和最基本的要素，它作为物流过程中的衔接环节，完成物品从一地到另一地的物理位移。在现实生活中，许多人常常将物流等同于运输，究其原因主要是由于运输在物流活动中的重要性。

由于运输业在国民经济中的重要地位和作用，加强运输管理就显得十分重要。对于一个物流管理者来说，运输管理与存货管理和仓储管理一样，是最重要和最基本的工作内容。正确安排运输、避免不合理运输可以提高整个物流系统的运行效率和绩效。

知识准备

一、运输管理认知

运输是人和物的载运和输送，具有扩大市场、稳定价格、促进社会分工、扩大流通范围等社会功能。现代的生产和消费，就是靠运输事业的发展来实现的。运输能够创造"空间效用"，它是"第三利润源泉"的主要源泉。

运输管理是企业经营者对自己的运输企业的规划、决策、组织、控制的全过程，其中包括：运输组织管理、行车安全管理、财务核算管理、运输调度与组货管理、市场调查与预测管理，以及其他综合管理工作（如行政管理和人事管理等）。

（一）运输方式

五种运输方式的特点及适用范围，如表6-2-1所示。

表6-2-1　　　　　　　　　　　　　五种运输方式的特点

运输方式	特点
海运	长距离、成本低、虽慢但安全，适合大宗货物运输
空运	成本高、速度快、适合小件、贵重、紧急运货需要，安全、快捷但易损坏

运输方式	特点
铁路	货损大，价格低，覆盖范围广、便于周转结合，适用内陆运输，不可靠，风险小，较准时，适用于中转运输
公路	货损小，速度快、及时，成本尚可，能实现"门到门"、快捷、环节少、短途运输大件物品、减少搬运次数、安全、周转快、迅速可靠但价高，全程跟踪，灵活性大，适合小订单，适合内陆短途
管道	高度专业化，单向运输，不受地面气象影响可连续作业，不需包装，运量大，适合运输粒状固体和液体

除了基本的五种运输方式以外，随着集装箱运输的发展，又形成了新型的运输方式如多式联运，主要包括公铁联运、陆海联运、陆空（海空）联运及大陆桥运输等。

（二）运输方式的选择

1. 各种运输方式的比较

各种运输方式的成本结构比较如表6－2－2所示。

表6－2－2　　　　　　　　　各种运输方式成本结构的比较

运输方式	固定成本	变动成本
铁路	高（车辆、轨道及站点）	低
公路	高（车辆及修路）	适中（燃料、维修）
水路	适中（船舶、设备）	低
航空	低（飞机、机场）	高（燃料、维修）
管道	最高（铺设管道）	最低

各种运输方式的营运特征比较如表6－2－3所示。该表按各种运输方式的营运特征优劣进行评价，采用打分法，表中各种运输方式的营运特征的分值越高，效果越好。

表6－2－3　　　　　　　　各种运输方式运营特征的得分比较

运营特征	铁路	公路	水路	航空	管道
运价	3	2	5	1	4
速度	3	2	4	5	5
可得性	2	1	4	3	5
可靠性	3	2	4	5	1
能力	2	3	1	4	5
频率	4	2	5	3	1
合计得分	17	12	23	21	21

2. 运输方式选择的影响因素

运输方式的最佳选择，是获得运输服务总成本最低，是物流运输业务的主要任务。在实际运输工作中，有时单单依靠一种运输方式无法实现最低成本，往往需要几种运输方式的联合才能实现。这就要求我们在选择运输方式时，必须综合考虑如下因素。

（1）货物的特性

货物的价值、形状、单件重量、容积、危险性、变质性等都是影响运输方式选择的重要因素。一般来说，原材料等大批量的货物、价格低廉或形体庞大的货物适合于铁路运输或水路运输；重量轻、容积小、价值高的货物适合于航空运输；中短距离的运输适合于公路运输；至于包装的消费品是选择何种运输方式，则需要综合其他因素进行具体的比较分析。

（2）可选择的运输工具

尽管现在交通发达，现代基础设施不断扩建和完善，可供选择的运输工具较多，但对于具体时间、地点条件下的运输，不是所有承运人都能很容易地获得所需要的运输工具的。对于运输工具的选择，不仅要考虑运输费用，还要考虑仓储。另外，运输工具的选择还要考虑不同运输方式的营运特征，包括速度、可得性、可靠性、能力、频率等。相对而言，汽车运输虽然费用低，但运量小，能力不如火车和轮船；而火车、轮船虽运量大，费用也较低，但急需时却不如汽车容易获得。

（3）运输成本

运输服务的总成本就是货物在物流节点之间运输收取的费用加上所有的附件费，如保险费、装卸费、终点的送货费等。如果是自用运输，运输服务成本就是分摊到该次运输中的相关成本、燃油成本、人工成本、维修成本、设备折旧和管理成本等费用。不同运输方式，其运输成本相差很大，在实际运营中，必须根据实际运费、运输时间、货物的性质及运输安全等进行综合比较。

（4）运输时间

运输时间通常指货物从起点运输到终点所耗费的平均时间。这个时间的长短，从两个方面影响运输的费用。

1）货物价值由于其适用期有限可能造成的损失（如水果、蔬菜等）或因为其时间价值的适用期有限而造成的损失（如报纸、服装等）。

2）货物在运输中由其价值表现的资本占用费用，对高价值货物或货运量很大的货物，这可能占成本的很大部分。

可见，平均运输时间是一个重要的运输服务指标。不同的运输方式，提供的货物平均运输时间是不同的。有些能够提供起止点之间的直接运输服务，有些则不能，但如果要对不同运输服务进行对比，即使涉及一种以上的运输方式，也最好是用"门到门"运送时间来衡量。

（5）运输的安全性

运输的安全性包括所运输货物的安全和运输人员的安全以及公共安全。当货物在运动的运输工具中，盗窃可能减少，损失也很少发生。所以从整个运输过程来说，同其他运输方式相比，载货卡车能够更好地保护货物的安全，因为只有卡车才能实现"门到门"的运输而不需要中途装卸和搬运，或者因存储或停放而降低货物的安全性。对于运输人员的安全和公共安全的考虑也会影响到货物的安全措施，进而影响到运输方式的选择。如危险品的运输要采取更加安全防范措施，一旦出现问题，可能影响到公共安全，甚至是国家安全。

（6）其他因素

除以上列举的影响运输方式选择的因素外，经济环境或社会环境的变化也制约着托运人对运输方式的选择。如随着物流量的增大，噪声、振动、大气污染、海洋污染、交通事故等问题的社会化，政府出台的相关法律法规等，以及对防止交通公害的对策税金、使用费等规定的限制，这些都会影响托运人运输方式的选择。

（三）运输方式的选择方法

运输方式的选择，既可单独选用一种，也可以采用多式联运。

1. 单一运输方式的选择

单一运输方式的选择，就是选择一种运输方式提供运输服务。公路、铁路、水路、航空和管道五种运输方式各有自身的优点和不足。在决定运输方式时，应以运输工具的服务特征作为判断的基准。一般考虑如下因素。

（1）运费：高低。

（2）运输时间：到货时间长短。

（3）频度：可以运、配送的次数。

（4）运输能力：运量大小。

（5）货物的安全性：运输途中的破损及污染等。

（6）时间的准确性：到货时间准确性。

（7）适用性：是否适合大型货物运输。

（8）伸缩性：是否适合多种运输需要。

（9）网络型：货物所在位置的信息。

在选择运输方式时，必须根据不同的运输需要来确定应重点考虑的是上述哪些因素。一般认为运输和运输时间是最为重要的选择因素，具体进行选择时应从运输需要的不同角度综合加以权衡。

2. 多式联运的选择

多式联运的选择，就是选择使用两种以上的运输方式联合起来提供运输服务。多式联运的主要特点是在不同运输方式间变换运输工具，以最合理、最有效的方式实现货物的运输过程。多式联运的组合方法有很多种，但在实际运输中，这些组合并不都是实用的，一般只有铁路与公路联运、公路或铁路与水路联运、航空与公路联运得到了较为广泛的采用。各运输方式与运输费用关系如图6-2-1所示。

铁路与公路联运即公铁联运，或称驼背运输，是指在铁路平板车上载运卡车托运，通常运距比正常的卡车运输长。它综合了卡车运输的方便、灵活与铁路长距离运输经济的特点，运费通常比单纯的卡车运输要低。这样卡车运输公司可以延伸服务范围，而铁路部门也能够分享到某些一般只有卡车公司单独运输的业务，同时托运人也可得到在合理价格下享受长距离门到门运输服务的便捷。因此，铁路与公路联运成为最受欢迎的多式联运方式。

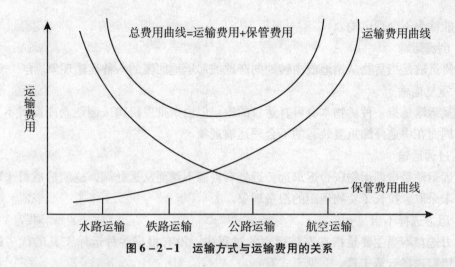

图 6 – 2 – 1　运输方式与运输费用的关系

公路或铁路与水路联运，也称鱼背运输，是指将卡车拖车、火车车厢或集装箱在驳船或船舶上进行长途运输。这种使用水路进行长途运输的方式是最便宜的运输方式之一，在国际多式联运中被广泛应用。

航空与公路联运也是被广泛采用的运输方式，这种将航空运输快捷，公路运输灵活、方便的多种优势融合在一起提供的运输服务，能以最快的方式实现长距离"门到门"的货物运输。

二、不合理运输表现形式

（一）不合理运输含义

不合理运输是指在组织货物运输过程中，违反货物流通规律，不按经济区域和货物自然流向组织货物调运，忽视运输工具的充分利用和合理分工，装载量低，流转环节多，从而浪费运力和加大运输费用的现象。

（二）不合理运输表现形式

我国目前存在的不合理运输主要有以下几种形式。

1. 空驶运输

空车或无载货行驶，是不合理运输中最严重的情况。在实际运输过程中，有时必须调用空车，这从管理上不能将其看成不合理运输。但是，由于调运不当，货源计划不周，不采用运输社会化而造成的空驶，则是不合理运输的表现。

2. 对流运输

对流运输又称相向运输或交叉运输，是指同一货物或者彼此可以互相替代而不影响技术和管理水平的货物，在同一路线上或平行的两条路线上作相对方向运送，与对方运程的全部或部分发生重叠。

3. 迂回运输

迂回运输是指原本可以选取较短的路线进行运输，却舍近求远，选择较长路线进行运输的不合理形式，即货物绕道而行的运输现象。是否属于迂回运输，要看实际情况。如果短距离线路有交通阻塞，或者道路情况不好，运送的货物有特殊限制而不得已选择较长路线，不能称为不合理运输。

4. 倒流运输

倒流运输是指货物从销地或中转地向产地或起运地回流的一种运输现象。

5. 重复运输

重复运输是指一种货物本身可直达目的地，但由于批发机构或商业仓库设置不当，或计划不周而在中途停卸重复装运的不合理运输现象。

6. 过远运输

过远运输是指调运物资舍近求远，近处有资源不调而从远处调，这就造成可采取近程运输而未采取，拉长了货物运距的浪费现象。

7. 运力选择不当

运力选择不当主要是指在安排运力的过程中，没有根据各种运输工具的优劣进行选择，而错误选择运输工具。常见形式有：

（1）弃水走陆。在同时可以选择水运和陆运时，不利用成本较低的水运或水陆联运，而选择成本相对较高的铁路或公路运输，从而增加了运输成本。

（2）铁路及大型船舶的过近运输。这主要是指铁路或大型船舶的经济运行里程较大，机动性较差，装卸时间较长，在近距离发挥不了快速运输的优势。

（3）运输工具承载能力选择不当。这是指在运输安排时，不根据承运货物数量及重量合理选择，盲目决定运输工具，造成超载或是运载工具不能满载，浪费运力的现象。

8. 托运方式选择不当

对于货主来说，可以选择最好托运方式而未选择，也是一种不合理的运输现象。例如，应选择整车装运却选择零担托运，或应选择直达运输却选择了中转运输。不合理地选择托运方式无疑会大增运输费用和形成运力浪费。

三、实现运输合理化的途径

（一）实现运输合理化的途径

1. 提高运输的实载率

是指在现有的运输条件下，尽可能达到合理运输的运输规模。实载率有两层含义：一是单车实际载重与运距之乘积和标定载重与行驶里程之乘积的比率，这在安排单车、单船运输时是作为判断装载合理与否的重要指标；二是车船的统计指标，即一定时期内实际完成的货物周转量占车船载重吨位与行驶里程之乘积的百分比。提高实载率的意义在于，充分利用运输工具的额定能力，减少车船不满行驶和空驶的时间，减少浪费，求得运输的合理化。

2. 减少劳力投入，增加运输能力

这一途径主要目标是少投入、多产出，走高效益之路。运输的投入主要是能耗和基础设施的建设。在设施建设已定情况下，尽量减少能源投入是少投入的核心。例如，在铁路运输中，在机车能力允许情况下多加挂车皮；在水路运输中，利用竹、木本身的浮力实行拖排和拖带法；在内河运输中，将驳船编成队，由机动船顶推前进；在公路运输时，实行汽车挂车运输以增加运输能力。

3. 发展社会化的运输体系

运输社会化是发展运输的大生产优势，实行专业化分工，打破一家一户运输体系的状况。一家一户的运输小生产，车辆自有，自我服务，不能形成规模；而且运量需求有限，难于自我调节，因而经常容易出现空驶、运力选择不当、不能满载等浪费现象；并且配套的接发货设施、装卸搬运设施也很难有效地运行，所以浪费很大。实行运输社会化，可以统一安排运输工具，避免对流、迂回、倒流、空驶、运力选择不当等不合理形式，不但可以追求组织效益，而且可以追求规模效益。

4. 开展中短距离铁路公路分流，"以公代铁"的运输

在公路运输经济里程范围内，或者经过论证，在超出通常平均经济里程范围内，也尽量利用公路。主要表现为：一是用公路分流后，比较紧张的铁路运输可以得到一定程度的缓解，加大该区段的运输通过能力；二是充分利用公路门到门和在中途运输中速度快且灵活机动的优势，实现铁路运输服务难以达到的水平。

目前，我国"以公代铁"在杂货、日用百货运输以及煤炭运输中较为普遍。公路运行里程最长已达 1000 千米。山西的煤炭外运技术论证，用公路代替铁路运至河北、京津等地是合理的。

5. 合装整车运输

主要是在商业、供销等部门的杂货运输中，由同一个发货人将不同品种发往同一到站、同一个收货人的少量物品组配在一起，以整车方式运输至目的地；或将同一方向不同到站的少量物品集配在一起，以整车方式运输到适当的中转站，然后分运至目的地。采取合装整车运输可以减少运输成本和节约劳动力，实际工作中，通常采用零担拼整直达、零担拼整接力直达或中转分运、整车分卸、整装零担等运作方式。由于采用合装整车的办法可以减少一部分运输费用，所以可以取得较好的经济效果，而且会提高运输工具的利用率。

6. 分区产销平衡合理运输

这是在组织物流活动中，对某种货物，使其在一定的生产区固定于一定的消费区。根据产销分布情况和交通运输条件，在产销平衡的基础上，按照近产近销的原则，使货物运输路线最短，实现合理运输。

实行这一办法，对于加强产、供、运、销一体化，消除迂回运输、过远运输、对流运输等不合理运输，充分利用地方资源，降低物流费用，节约运力，都有十分重要的意义。

7. 配载运输

配载运输时充分利用运输工具载重量和容积，合理安排装载的货物及载运方法以求得合理化的一种运输方式。配载运输也是提高运输实载率的一种有效形式。配载运输往往是轻、重商品的混合配载。在以重质货物运输为主的情况下，同时搭载一些轻泡货物。如海运矿石、黄沙等重质货物时，在舱面捎运木材、毛竹等；铁路运矿石、钢材等重物上面搭运轻泡农、副产品等，在基本不增加运力投入和不减少重质货物运输的情况下，解决了轻泡货的搭运，因而效果显著。

8. 尽量发展直达运输

直达运输是追求运输合理化的重要形式，其对合理化的追求要点是通过减少过载、换载，从而提高运输速度，省却装卸费用，降低中转货损。直达的优势，尤其是在一次运输批量和用户一次需求量达到整车时表现最为突出。

9. "四就"直拨运输

"四就"直拨运输就是就厂直拨、就车站、码头直拨，就库直拨，就车、船过载等，简称"四就"直拨。它是减少中转运输环节，力求以最少的中转次数完成运输任务的一种形式。一般批量到站或到港的货物，首先要进分配部门或批发部门的仓库，然后再按程序分拨或销售给用户，这样往往出现不合理运输。

10. 发展特殊运输技术和运输工具

依靠科技进步是运输合理化的重要途径。例如，专用散装及罐车，解决了粉状、液状物运输损耗大、安全性差等问题；袋鼠式车皮、大型半挂车解决了大型设备整体运输问题；"滚装船"解决了车载货的运输问题，集装箱船比一般船能容纳更多的箱体，集装箱高速直达车船加快了运输速度等，都是通过采用先进的科学技术实现运输的合理化。

11. 通过流通加工，使运输合理化

有不少产品，由于产品本身形态及特性问题，很难实现运输的合理化，而如果进行适当加工，就能够有效解决合理运输问题。如将造纸材料在产地预先加工成干纸浆，然后压缩体积运输，就能解决造纸材料运输不满载的问题，轻泡产品预先捆紧包装成规定尺寸装车，就容易提高装载量；水产品及肉类预先冷冻，就可提高车辆装载率并降低运输损耗。

（二）精益物流与合理运输

构建精益物流系统以组织合理运输，空间距离是经济发展的阻力，交通运输则是克服这种经济阻力，使商品产生价值增值的过程，是物流的核心。实施精益物流以有效组织合理运输便是一剂良方。

1. 精益物流的内涵

"精益物流"从精益生产理论演变而来，产生于日本丰田公司在 20 世纪 50 年代所独创的"丰田生产方式"，精益思想的核心是"消除一切浪费，在适当的时间、适当的地点，提供适量的产品"，这种与供应链管理的思想密切融合起来的物流配送就是精益物流的雏形。进入信息时代，虚拟物流理论更使精益物流的思想在企业中的应用达到极致。

2. 合理运输的内涵

在物流过程中的合理运输，是指遵循商品流通规律、交通运输条件、货物的合理流向及市场供需情况，以最快的时间、最少的环节、最短的距离、最省的费用完成货物的运输任务。也就是说，用最少的劳动消耗，运输最多的货物，取得最佳的经济效益。

 任务实施

<h3 style="text-align:center">如何通过构建精益物流系统来组织合理运输</h3>

目前，运输企业种类繁多，运输服务的范围和层次千差万别，每个企业都在一定程度上为物流业服务，但是要想构建精益物流系统，实现全方位的现代物流服务，运输企业必须进行一定的调整。

1. 跳出传统运输的限制，以现代精益物流理念来经营交通运输

随着经济的发展，生产资源配置的变化，运输市场和社会需求也在发生巨大的变化，如果仅在这个市场空间里求发展，那么对于交通企业来说，无论是要争取更多的市场，还是要保持现有的市场，都是很困难的。运输企业必须跳出传统运输的限制，以现代精益物流理念来经营运输，为物主提供一系列的物流服务。

2. 要具备一定的硬件设施

从目前国际上比较成功地进入物流市场的运输企业来看，都拥有高速铁路、高速公路、现代化的港口码头、航空货运港站和立体仓库等综合的硬件设施。因为精益物流要求运输企业能够实现"门到门"的运输，仅靠一种运输方式不可能满足顾客的多样化需求，所以要有包括各种运输方式的综合运输体系，实行"一票到底"的多式联运，例如，现在比较成熟的驼背式运输、火车渡运、卡车渡运和运货飞机等。

3. 使运输企业的组织结构精益化

由于我国大多数运输企业是脱胎于计划经济，所形成的组织结构已不能适应现实情况，因此，企业要发展现代物流，必须充分借鉴精益思想，尽可能缩减企业的中间组织结构，改变传统的金字塔式结构，实现扁平化管理。

4. 服务对象的精益化

由于物流本身具有不直接创造利润的特征，在提供精益物流服务时，应选择适合本企业服务的对象及商品。根据不同的服务对象，实施不同的物流服务，不能搞一刀切，这样才能形成核心竞争力，产生运输物流不断创新的动力，为运输物流的发展插上腾飞的翅膀。

5. 以客户需求为中心

精益物流的宗旨是客户至上，从根本上说，运输物流是为客户服务的，客户的需求是拉动物流工作的原动力。因此，要以客户需求为中心，从客户的立场出发，分析客户的价值流，为客户提供最大化价值的服务。

6. 将准时化思想贯彻到运输物流

准时化的核心思想是以需求拉动生产，在必要的时间、按必要的数量生产必要的产品。该思想不但广泛应用于制造业，还逐渐扩散到采购、配送等现代物流业的各个环节。交通运输业作为现代物流系统的重要环节，也可从中受益，保证货物按要求运送到客户手中，向客户提供准时且准确的服务。

7. 对物流资源合理配置

我国传统的运输业拥有丰富但却比较零散的物流资源，如果要想使运输物流通过精益化改造在物流市场竞争中发挥优势，就必须进行资源的整合与重组。在资源利用上，对企业现有资源合理配置，充分发挥资源效应，减少不必要的浪费，以提供低成本高质量的服务。

8. 将现代化的信息技术引入交通运输业

在发达的物流管理体系中，运输已无法与现代通信技术及计算机系统相分离。政府应建立全国范围内的物流公共信息平台，发挥网络平台不受物理空间限制的虚拟化特点，促进物流企业间组成战略联盟，最终实现物流产业的精益化发展。

9. 业务系统的精益化

我国的运输物流系统还不成熟，在许多业务流程上还须进行重组与改造，删除一些不合理的因素，使之适应精益物流的发展要求。按照精益化的思想对企业流程进行重构，就是要消除在物流中一切不增值的企业内部活动，建立系统化的工作标准和流程规范，为现代运输物流工作提供准则。

10. 不断改善与勇于创新

精益物流思想的精髓之一就是永不停步的"改善"。面对旧的不合理现象，要勇于创新，打破限制。精益物流作为动态管理理论，要求对物流活动持续改进，不断完善。领导者要通过制订能够使系统实现"精益"效益的决策，让全员理解并接受精益思想的精髓，并营造创新的氛围，从而在不断完善的基础上实现跨越式的提高，使企业形成强大的核心竞争力。

知识拓展

上海浦东汽车运输总公司物流系统①

在上海浦东汽车运输总公司（简称浦运）的现代物流系统变革中，快步易捷公司全程参与了浦运公司的企业变革。双方的合作集中在三个方面：一是企业战略规划，包括市场战略内部运作体系战略；二是开发应用一套可适应多种业务模式和多种调度模式的一体化运输管理系统；三是物流系统变革的实施。要保证物流系统达到预期目标，实施步骤是关键。

第一阶段，快步易捷在对浦运实际的运作情况和业务流程进行分析的基础上，提出了详尽的企业变革计划。在变革计划实施的过程中，快步易捷的物流顾问团队直接参与了浦运营销中心的建立，领导完成了 SOP（标准运作流程）和 KPI 体系的设计。

第二阶段，快步易捷为浦运设计了未来业务模式的核心目标，目标之一就是：建立起一个支持浦运快速业务发展、适应多种业务类型和运作方式的一体化运输管理系统。快步易捷在对系统进行全面设计和开发的过程中，融合了国际先进物流管理理念和深厚的本土行业经验，以及跨系统、跨平台的集成系统，协助浦运建立起基于客户业务模式的、跨部门的、动态实时配置的流程管理平台。

方案凭借强大的技术平台，实现企业物流信息的高效管理，重组企业业务流程，其目的是对运输过程中的人、车、货、客户进行有效的协调和管理，以提高运输企业的经营管理水平，创造更好的效益与利润，从而最终做到：

（1）形成在全国范围内提供多种增值服务、处于领导者地位的资产型专业运输公司。

（2）通过运输管理系统，将托运单调度作业流程统一化、规范化和高效化，实现最优的客户服务和最大的资源利用。

---

① 资料来源：中国物流咨询网.

（3）使所有运作成本透明化，帮助浦运进行成本控制的集中管理。

系统面向管理、调度、作业、车辆技术、人事和市场营销等各个部门，实现了贯穿托运单处理及调度、作业全过程的信息化处理，能向企业内部的周边系统及客户提供有关托运单处理的相关信息。在统一的流程驱动基础上，规范了托运单的处理和优化调度，实现了最大化资源的利用，确保托运单全过程相关方获得透明、准确、一致的信息。

经过一段时间的上线运作，上海浦运基本做到了从收到订单开始到货物准时、安全抵达客户手中的运作过程的全程可视化。目前，通过一体化物流信息平台的接入，再加上良好的管理制度，上海浦运轻松地实现了企业间物流流程的电子化连接、集成和整合。

通过上述案例的解读，上海浦东汽车运输总公司借助现代物流信息平台，整合公司物流系统，使运输系统运作流程更加清晰化、透明化，在节约成本、资源优化配置的基础上，提高了公司的整体竞争力，为全国范围内众多客户提供更多个性化的增值服务。

思考：
上海浦东汽车运输总公司物流系统有什么特点，具有什么借鉴意义？

 **作 业**

1. 请同学思考一下，根据常识及所学知识，在国内、国际贸易中，货物运输可以通过哪些运输方式？在这些方式中，哪种运输方式的承载量最大，应用范围最广？

2. 请同学结合实际工作及运输行业发展现状思考，在社会商品流通中，还存在哪些不合理运输？应如何避免不合理运输？

任务三 物流企业仓储管理

 任务描述

仓储业是物流与供应链中的重要节点和控制中心，是国民经济中的一个重要产业，在现代服务业中占有独特地位。仓储是物流的主要功能要素之一，在物流系统中起着重要作用，它与运输形成物流过程的两大支柱，是物流的中心环节。实行物品的合理存储，提高仓储管理质量，对加快物流速度、降低物流费用、发挥物流系统整体功能起着重要作用。

一、仓储管理概述

（一）仓储管理认知

仓储管理就是对仓库及仓库储存物资所进行的管理，是仓储机构为了充分利用所具有的仓储资源（包括仓库、机械、人、资金、技术）提供高效的仓储服务所进行的计划、组织、控制和协调过程。

仓储管理从物流角度看，给企业及社会带来经济利益和服务利益，如提供物品生产与消费的衔接，即提供生产支持和市场形象的维护等。仓储管理不仅可以创造时间效用，还可以创造空间效用，降低物流成本，保存物品的使用价值和价值。

（二）仓储管理的业务内容

仓储管理可以是服务于一切库存物资的经济技术方法与活动。管理的手段既有经济的，又有纯技术的，具体包括如下几个方面。

1. 仓库的选址与建筑问题

例如，仓库的选址原则、仓库建设面积的确定、库内运输道路与作业的布置等。

2. 仓库机械作业的选择与配置问题

例如，如何根据仓库作业特点和所储存物资的种类以及理化特性，选择机械装备以及应配备的数量，并对这些机械装备进行管理等。

3. 仓库的业务管理问题

例如，如何组织物资入库前的验收；如何存放入库物资；如何对在库物资进行保管保养、发放出库等。

4. 仓库的库存管理问题

例如，如何根据企业生产经营需求状况储存合理数量的物资，使其既不会因为储存过少引起生产中断造成损失，又不会因为储存过多占用过多的流动资金等。

此外，仓库业务考核，新技术、新方法在仓库管理中的运用，仓库安全与消防等问题，都是仓储管理所涉及的内容。

二、仓储区域布局

（一）仓库的选址决策

仓库选址对货物流转速度和流通费用都会产生直接的影响，并关系到物流企业对顾客的服务水平和服务质量，最终影响物流企业的销售量及利润。

影响仓库选址的主要因素有：

（1）客户条件。仓库的选址应尽量靠近其所服务的对象。同时还要考虑到顾客需求及未来市场的变化。

（2）运输条件。从便于商品购销、加速商品流通、降低流通费用出发，仓库在选址时要考虑仓库坐落地现有的交通设施状况、交通工具的使用情况，以及各种运输方式是否能得到很好的衔接。

（3）劳动力条件。不同类型仓库对于劳动力分布要求不同，一般对于大众商品仓库属于劳动密集型产业，因此对劳动力素质要求不高，劳动力廉价，但是受劳动生产率的影响，一味追求廉价的劳动力是不合理的，应从物流企业的实际情况选择相应的劳动力。

（4）自然地理条件。仓库应选择在地质坚实、地势较高且平坦、环境干燥的地方，没有阻碍仓库建设的天文、地质、气候等自然条件。

（5）用地条件。包括地价或地租的情况以及理想的地区内是否有可以利用的仓库等。

（6）法规制度条件。包括地方的企业优惠政策（土地提供、减税）、城市规划（土地开发、道路建设计划）、地区产业政策等。

（二）根据储存任务配置相应的库房和货场

由于不同的物资需要的保管条件不同，因此必须根据仓库的储存任务，即储存物资的品种和数量，设置相应的库房和货场。库房和货场的内部区域既可以根据物资的品种进行分区分类划分，也可以按照货主进行分单位分部门划分。

（三）制订合理的仓容定额

仓容定额是指在一定的条件下，单位仓库面积所允许存放的物资的最大数量。影响仓容定额的因素较多，其中最为主要的是物资本身的形状、重量特点和仓库的地坪负荷能力。此外，物资的堆码方法、仓库的结构状况和机械化程度都会不同程度地影响仓容定额。由于影响仓容定额的因素十分复杂，一一计算相当烦琐，所以常根据仓库的历史统计资料，采用统计分析的方法进行综合分析，最后确定一个相对合理的平均定额。

（四）合理设置专用线和装卸搬运机械

仓库内部的装卸搬运效率同库内专用线或装卸搬运机械的布局密切相关。一般情况下，专用线应该平行于仓库的长边，位于仓库宽度的中间或 1/3 处。而且，专用线与库内通道的交叉口尽量不要少于两个，以便于加快专用线与库内货位之间的搬运效率。

装卸机械一般要跨越专用线，其目的是为了方便专用线的装卸作业。固定的装卸机械还应尽可能地扩大作业可及范围。如果设置两种或两种以上的装卸机械，还要充分考虑不同机械在装卸能力和作用速度方面的配套和衔接。

三、仓储作业的业务流程

仓储业务作业是指从商品入库到商品发送的整个仓储作业全过程。主要包括入库流程、出库流程和库房管理等内容。仓储业务作业全过程所包含的内容：商品验收入库作业、商品保管作业、商品盘点作业、呆废商品处理、退货处理、账务处理、安全维护、商品出库作业、资料保管等。

仓储作业的业务流程大体上如图 6 - 3 - 1 所示。

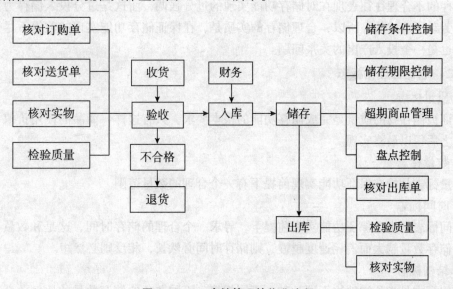

图 6 - 3 - 1 仓储管理的作业流程

四、仓储货物具体作业情况

（一）仓储货物的入库

货物入库业务是仓储业务的开始，它包括货物的接运、卸货、搬运、清点数量、货物验收、整理、堆码、办理入库手续等一系列的操作过程，是根据货主提供的货物储存计划和入库凭证来安排的，仓库按照规定的程序进行收货的业务。在收货过程中，仓库要做到手续简便、操作敏捷、点数准确、保证质量。

（二）仓储货物的保管

货物经过验收入库后，便进入储存保管阶段，它是仓储业务的重要环节。其主要内容包括根据库区、库容的合理规划，进行分区保管、货位合理布局、货物保管货位编号、对货物正确堆码和苦盖、货物的保管维护、货物的盘点、货物的检查和保管损耗控制等。通过对在库货物的科学管理，保持货物原有的使用价值和价值。

（三）仓储货物的出库

货物出库是仓储业务的最后一个环节，它是仓储人员根据存货人或仓单持有人所持有的仓单，按其所列货物的编号、名称、规格、型号、数量等项目，组织货物出库的一系列活动。货物出库时，要求将货物准确、及时、保质、保量地交给仓单持有人，出库的货物必须包装完整、标记清楚、数量准确。

五、实现仓储合理化的途径

（一）仓储合理化内涵

储存合理化是用最经济的办法实现储存的功能。储存的功能是对需要的满足，实现被储物的时间价值，这就必须有一定储量。商品储备必须有一定的量才能在一定时期内满足需要，这是合理化的前提或本质。如果不能保证储存功能的实现，其他问题便无从谈起了。储存的不合理往往表现在对储存功能实现的过分强调，而这是过分投入储存力量和其他储存劳动所造成的。所以，合理储存的实质是，在保证储存功能实现的前提下尽量少的投入，也是一个投入产出的关系问题。

（二）仓储合理化标志

1. 质量标志

保证被储存物的质量是完成储存功能的根本要求，只有这样，商品的使用价值才能通过物流之后得以最终实现。

2. 数量标志

数量标志是指在保证功能实现前提下有一个合理的数量范围。

3. 时间标志

时间标志是指在保证功能实现前提下，寻求一个合理的储存时间，这是和数量有关的问题，储存数量越大而消耗速度越慢，则储存时间必然长，相反则必然短。

4. 结构标志

结构标志是指从被储物不同品种、不同规格、不同花色的储存数量的比例关系对储存合理的判断。

5. 分布标志

分布标志是指不同地区储存的数量比例关系。以此判断对当地需求的保障程度和对整个物流的影响。

6. 费用标志

费用标志通过仓租费、维护费、保管费、损失费、资金占用利息支出等，都能从实际费用上判断储存的合理与否。

 任务实施

仓储业务运作

一、仓储货物的入库业务

货物入库的业务程序可分为收货准备、货物接收、货物验收和货物入库等几个环节。

1. 货物入库前准备

货物入库前的准备包括：编制仓储计划，做好入库准备；安排仓容，确定堆放位置；合理组织人力、装卸机具；准备好验收设备，保证货物验收；备齐货物苫垫物料和劳动保护用品。

2. 货物的接收

货物的接运通常有以下几种方式。

（1）铁路专用线接车。

（2）存货人送货到库。

（3）到车站、码头提运。

（4）仓储人自提入库。

3. 货物的验收

（1）货物验收要求

货物入库验收要求做到及时、准确和负责。也就是要求在尽可能短的时间内，准确地验收货物的数量、质量和包装，以认真负责的态度去对待验收。

（2）货物验收的程序

接收并核对单据，如存货提供的入库通知单、仓储合同；存货人或供货单位提供的质量证明书或合格证、装箱单、磅码单、检尺单和发货明细表等；如果在接运时货物已有质量残损或差错，则应具有承运人填写的商务记录或普通记录，以及提运员、接运员或送货员的交接记录等。

同时要检验实物即进行数量验收、质量验收和包装验收。

4. 货物的入库

对货物进行分类搬运并办理入库交接手续（检验并接受物品、接受文件、签署单证）—登账—立卡—建档（技术资料、运输单据、入库通知单、保管记录、出库凭证)。

二、仓储货物的保管业务

1. 货物堆码

货物堆码必须满足合理、安全、定量、整齐、低耗和方便的要求。同时要注意一些特殊商品的特殊要求。如要求通风的货物,货垛需要留有间隔或空隙,码成通风垛;对于体型不大或不太特殊的货物,为保证不被压坏,并充分利用库容量,可利用货架摆放;有毒货物需单独存放,严格保管,且存放场所要干燥、通风、阴凉;腐蚀品也应单独存放在干燥、阴凉、通风的库房内,切忌水浸,防止爆炸;易燃易爆危险货物堆码要留有间隔,堆放场所要干燥、阴凉、通风。

2. 货物苫垫

货物在堆码时,要根据货物保管的要求和堆放场所的条件、需要进行垫垛。露天存放的货物在码垛以后,要进行妥善的苫盖,以避免货物受雨、露、霜、雪、潮气的侵蚀和受日光暴晒的损害。苫盖物应根据货物的不同特性、要求,以及堆垛形状和堆存期来选择,且要经济实用,来源充足,并符合安全防火的要求。如露天仓储常用苇席、油毡纸、苫布、油布、塑料布、铁皮、水泥块、条石和石墩等。对日杂货、纺织品等纸箱包装的货物多用垫板、木板、木方。为了达到苫盖货物的目的,都必须保证苫盖斜面平整,侧面应不露垫木、垫石,以防止雨水顺接合处渗入垛内。

3. 货物检查、盘点

为了保证在仓库储存保管的货物质量完好、数量准确,必须经常、定期地对所保管的货物进行数量、质量、保管条件、安全等的动态检查,这是仓库保管业务的一项综合性措施。检查的内容主要包括:数量检查、质量检查、安全检查和保管条件检查;货物的盘点是定期或临时核对库存商品实际数量与保管账上的数量是否相符,查明超过保管期限、长期积压货物的品种、规格和数量,以便提前处理,检查商品有无质量变化、残损等情况,查明库存货物数量的溢余或缺少的原因,以利于改进货物的仓储管理。

三、仓储货物的出库业务

(1)货物的出库方式:货主自提;送货上门;代理托运。

(2)货物出库的程序。如图 6-3-2 所示。

四、仓储货物的具体作业操作方案

根据以上仓储基础知识的描述,仓储作业具体操作方案、业务流程具体描述为:

(一)收货

现阶段绝大多数供货商的商品和包装上都还没有 RFID 标签,但是随着 RFID 技术的广泛应用以及 EPC 标准的推出,越来越多的供货商都会在其产品或包装上粘贴 RFID 标签。为了满足现阶段的应用要求同时能够适应未来的应用发展,收货流程中包括两种应用流程,可以根据实施的具体情况选择其中的一种操作方式。

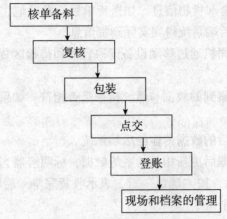

图 6 - 3 - 2 货物出库流程

1. 到货有 RFID 标签

（1）后端系统接收到发货方的送货单后，预排货位使用计划，根据业务要求生成收货指令。

（2）货物到达后，后端系统通过无线网络检索空闲叉车，并向其下达收货作业单。

（3）前端系统接收收货作业单。司机驾驶叉车搬运货物到待检区，当其通过天线场域时，固定读写器批量读取容器的标签，取得容器中的全部货物信息。如送货单号、发送地、到货地、订单明细等，并将数据传输给后端系统。后端系统得到实际到货信息。

（4）进入待检区后，司机通过移动设备读取容器和待检区货位标签并将其传输给前端系统。

（5）前端系统核对采集到的数据与系统指令是否相符。如果相符，则指示司机将货物搬运到指定的待检区货位。

（6）前端系统将确认后的数据传输给后端系统。

（7）后端系统取得数据后更新相关的系统数据，标明容器当前所在位置。

（8）司机完成操作后，按"确认"键，表示收货完毕。后端系统将此叉车归入"空闲叉车"队列，等待下一个指令。

2. 到货没有 RFID 标签

（1）后端系统接收到发货方的发货单后，预排货位使用计划。

（2）货物到达后，在后端系统录入实际到货信息。后端系统生成 RFID 标签数据并下达收货指令。

（3）RFID 系统根据后端系统产生的数据，生成 RFID 标签。由收货员将标签悬挂到货物上。

（4）后端系统通过无线网络检索空闲叉车，并向其下达收货作业单。前端系统接收收货作业单。

（5）司机驾驶叉车搬运货物到待检区，当其通过天线场域时，固定读写器批量读取容器的标签，取得容器中的全部货物信息。如送货单号、发送地、到货地、订单明细等，并将数据传输给后端系统。后端系统得到实际到货信息。

（6）进入待检区后，司机通过移动设备读取容器和待检区货位标签并将其传输给前端系统。

（7）前端系统核对采集到的数据与系统指令是否相符。如果相符，则指示司机将货物搬运到指定的待检区货位。

（8）前端系统将确认后的数据传输给后端系统。

（9）后端系统取得数据后更新相关的系统数据，标明容器当前所在位置。

（10）司机完成操作后，按"确认"键，表示收货完毕。后端系统将此叉车归入"空闲叉车"队列，等待下一个指令。

（二）入库

（1）后端系统根据业务要求生成入库指令。

（2）后端系统通过无线网络检索空闲叉车，并向其下达入库作业单。

（3）前端系统接收入库作业单。司机通过移动设备读取待检区货位标签和容器标签或货物代码，并将其传输给前端系统。

（4）前端系统核对采集到的数据与系统指令是否相符。如果相符，则指示司机将货物搬运到指定的库区货位。

（5）进入库区后，司机通过移动设备读取库区货位标签和容器标签或货物代码，并将其传输给前端系统。

（6）前端系统核对采集到的数据与系统指令是否相符。如果相符，则指示司机将货物送入该库区货位。RFID系统同时更新货位标签中的数据。

（7）司机完成操作后，按"确认"键，表示入库完毕。前端系统将操作结果通过无线网络传输给后端系统。后端系统更新系统中的相关数据，并将此叉车归入"空闲叉车"队列，等待下一个指令。

（三）拣货

（1）后端系统根据业务要求生成拣货指令。

（2）后端系统通过无线网络检索空闲叉车，并向其下达拣货作业单。

（3）前端系统接收拣货作业单。司机通过移动设备读取库区货位标签和货物代码，并将其传输给前端系统。

（4）前端系统核对采集到的数据与系统指令是否相符。如果相符，则指示司机将货物从库区货位搬出。

（5）RFID系统同时更新库区货位标签中的数据。前端系统将操作结果通过无线网络传输给后端系统。后端系统更新系统中的相关数据。

（6）进入配装区后，司机通过移动设备读取配装货区货位标签，并将其传输给前端系统。

（7）前端系统核对采集到的数据与系统指令是否相符。如果相符，则指示司机将货物送入该配装区货位。

（8）RFID系统同时更新配装区货位标签中的数据。前端系统将操作结果通过无线网络传输给后端系统。后端系统更新系统中的相关数据。

（9）司机完成操作后，按"确认"键，表示拣货完毕。并将此叉车归入"空闲叉车"队列，等待下一个指令。

（四）配装

（1）后端系统根据业务要求生成配装指令。

（2）后端系统通过无线网络检索空闲叉车，并向其发送配装作业单。

（3）前端系统接收配装作业单。司机通过移动设备读取容器标签，并将其传输给前端系统。

（4）前端系统核对采集到的数据与系统指令是否相符。如果相符，则指示司机可以进行下一步操作。

（5）进入配装区后，司机通过移动设备读取配装货区货位标签和货物代码，并将其传输给前端系统。

（6）前端系统核对采集到的数据与系统指令是否相符。如果相符，则指示司机将货物放入该容器。

（7）待全部货物都装入容器后，RFID 系统更新容器标签中的数据。前端系统将操作结果通过无线网络传输给后端系统。后端系统更新系统中的相关数据。

（8）司机完成操作后，按"确认"键，表示拣货完毕。并将此叉车归入"空闲叉车"队列，等待下一个指令。

（五）盘点

不同类型的仓库、不同的盘点方式、不同的盘点要求，决定了采用不同的设备和不同的作业流程。盘点流程包支持平面仓、立体仓等不同类型的仓库，支持手持移动式和固定式盘点设备，支持人工、堆垛机和高位叉车等自动、半自动盘点方式，支持分货区、分货架的实时盘点。

1. 平面仓人工盘点

（1）后端系统根据业务要求生成盘点指令。并向前端系统下达盘点作业单。

（2）前端系统接收配装作业单。盘点员通过移动设备读取库区货位标签，取得当前货位中货物的账面数量，并将其传输给前端系统。

（3）前端系统核对采集到的数据与系统指令是否相符。如果相符，则指示盘点员使用移动设备读取该货位中货物的条码，并将其传输给前端系统。

（4）前端系统核对采集到的数据与系统指令是否相符。如果相符，则指示盘点员盘点当前货位中货物的实物数量。

（5）盘点员盘点完毕后，输入实物数量。

（6）前端系统核对该货物的实物数量和账面数量，依照相应的盘点策略指示盘点员是否进行复盘等操作。

（7）盘点结算后，前端系统将盘点数据传输给后端系统。后端系统更新相关的数据。

2. 立体仓自动盘点

在堆垛机两侧安装天线并通过馈线连接到一台固定式读写器，该读写器通过无线网络与后台管理系统通信。堆垛机定位到需要进行盘点的货位后管理系统通过无线网络控制读写器开始工作，天线读取托盘标签中的数据并由读写器通过无线网络传送到后台管理系统。因为托盘标签中记录了该托盘承载的商品的实际数量，因此通过 RFID 技术的自动采集方式，可以实现无人工干预的全自动实时、分区盘点，并保证盘点操作的快速进行和盘点数据的准确。

（六）出库

（1）后端系统根据业务要求生成发货指令。

（2）后端系统通过无线网络检索空闲叉车，并向其下达发货作业单。

（3）前端系统接收发货作业单。司机驾驶叉车搬运货物到待检区，当其通过天线场域时，固定读写器批量读取容器的标签，取得容器中的全部货物信息。并将其传输给后端系统。后端系统得到实际发货信息。

（4）后端系统核对采集到的数据与系统指令是否相符。如果相符，则向前端系统发送可以发货的指令，同时更新系统中的相关数据。司机执行出库操作。

（5）如不相符，则向前端系统发送报警信息和处理操作指令。司机依照指令执行相应的操作。

（6）司机完成操作后，按"确认"键，表示发货完毕。并将此叉车归入"空闲叉车"队列，等待下一个指令。

 知识拓展

库存控制实例分析

一、ABC 分类控制法实例

某电子商务企业保持有 10 种商品的库存，有关资料如表 6 – 3 – 1 所示。为了对这些库存商品进行有效的控制和管理，该企业打算根据商品的投资大小进行分类。请您用 ABC 分类法将这些商品分为 A、B、C 三类。

表 6 – 3 – 1　　　　　　　　　××电子商务企业库存商品资料

商品编号	单价/元	需求量/件	商品编号	单价/元	需求量/件
A	4.00	300	F	2.00	150
B	8.00	1200	G	6.00	40
C	1.00	290	H	2.00	700
D	2.00	140	I	5.00	50
E	1.00	270	J	3.00	2000

其 ABC 分类如表 6 - 3 - 2 所示。

表 6 - 3 - 2　　　　　　　　××电子商务企业库存商品 ABC 分类

分类	每类金额（元）	库存品种数百分比（%）	占用金额百分比（%）
A = B，J	15600.00	20	78.7
B = H，A，F	2900.00	30	14.6
C = C，D，E，I，G	1330.00	50	6.7

二、经济订货批量模型实例

某企业每年需要耗费 1000 件某件配件，现已知其单价为 20 元，每次订货成本为 5 元，订货前置期为 10 天，每年工作 250 天，保管费为其物品价值的 20%，试确定其经济订货批量、库存总成本，并找出订货点。

解：由题已知，$D = 1000$ 件，$CO = 5$ 元，$H = 20 \times 20\% = 4$ 元，$LT = 10$ 天，$N = 250$ 天因此，根据上述公式进行计算得：

经济订货批量为：$Q = (2DCO \div H) \times 1/2 = (2 \times 100 \times 5 \div 0.2 \times 20) \times 1/2 = 50$ 件

库存总成本为：$TC = DC + CO \times (D/Q) + QH/2 = 1000 \times 5/50 + 50 \times 0.2 \times 20/2 + 20 \times 1000 = 100 + 100 + 20000 = 20200$ 元

年订货次数为 $N = D/Q = 1000/50 = 20$ 次

年订货周期为 $T = 365/N + 365/20 = 18.25$ 周

订货点处的储备量 = 订货前置期 × 单位需求量 = $10 \times (1000/250) = 40$ 件

 作　业

1. 甲仓库 A 商品年需求量为 30000 个，单位商品的购买价格为 20 元，每次订货成本为 240 元，单位商品的年保管费为 10 元，求：该商品的经济订购批量、每年总库存成本、每年的订货次数及平均订货间隔周期。

2. 以 4 名同学为一组，对所在城市的仓库或物流公司进行实地调查，了解调查对象的仓库作业流程，并分析在整个作业流程中存在哪些问题并如何解决，要求每人具体形成一份调查报告上交。

任务四　物流企业配送管理

 任务描述

从 20 世纪 80 年代到现在，配送在我国已经从初期的认识发展成为企业界经常采用的流通方式。配送作为一种特殊的综合物流活动形式，几乎包括了物流的全部职能。从某种

程度上讲，配送是物流的一个缩影，或是在特定范围内全部物流功能的体现。

 知识准备

配送是物流的基本功能，在物流活动中具有重要的地位和作用。配送是为直接面向最终客户提供的物流服务。即配送是指在经济合理区域范围内，根据客户要求对物品进行拣选、加工、包装、分割、组配等作业，并按时送达指定地点的物流活动。配送是"配"和"送"地有机结合，完全按照客户要求的数量、种类、时间等进行分货、配货和配装等工作。配送是以客户的要求为出发点，按客户要求进行的一种活动。配送不是一般的供应或供给，而是"门到门"服务性的供应，供应者从物流据点送货到客户仓库、车间、营业所或生产线。它是一种先进的现代物流形式。

一、配送中心基本作业管理的流程

高效率的配送是由高效率运营的配送中心来完成的。在当今市场竞争中，配送不是简单地将货物送达收货人的活动，而是需要不断降低成本，提高服务质量，提高作业效率，以达到占领并扩大市场，使企业获取利润为目的。配送中心基本作业管理流程如图6-4-1所示。

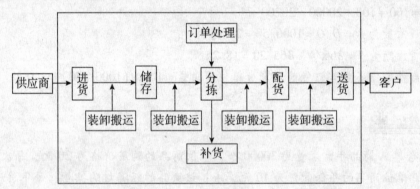

图6-4-1　配送中心基本业务流程

基本作业流程的关键点：①订单处理：驱动源；②分拣：关键环节，配送活动的实质所在；③送货：配送中心的末端作业环节，是配送活动的核心。配送服务主要是围绕拥有客户所期望的商品、符合客户所期望的质量、在客户希望的时间内配送商品展开的。

二、配送中心基本作业流程的实施

(一) 订单处理

在配送中心开展配送活动之前，必须根据订单信息，对顾客分布情况、商品特性、商品品项数、顾客对配送时间要求等资料进行分析，以此确定所要配送的商品品种、规格、数量和时间等，并把信息传递给业务部门。

1. 接受订货

(1) 传统订货方式。厂商补货、厂商巡货隔日送货、电话订货、传真订货、邮寄订单、跑单接单。

（2）电子订货方式。订货簿与终端机配合、POS、订货应用系统。

2. 订单确认

货物数量及日期的确认；客户信任的确认；输入客户代号或客户名称、输入订购项目资料；订单形态确认；一般交易订单、现销式交易订单、间接交易订单、合约式交易订单、寄库式交易；确认订单价格；确认加工包装；设定订单号码；建立客户档案。

3. 存货查询和存货分配

其中存货分配要注意：

（1）存货分配模式：单一订单分配、批次分配；

（2）分配顺序：优先权、客户等级、交易量或交易金额、客户信用状况；

（3）分配后存货不足的处理：重新调拨、补送、删除不足额订单、延迟交货、取消订单。

4. 订单拣取的标准时间

（1）计算拣取每一单元货物的标准时间。

（2）依据拣取标准时间，即可根据每项订购数量，再配合每项寻找时间，来计算出每项拣取的标准时间。

（3）根据每一订单或每批订单的订货项目以及考虑一些纸上作业时间，计算出整批订单的拣货标准时间。

5. 确认出货时间、安排拣货顺序

6. 订单资料输出处理

如拣货单、送货单、出货资料等。

（二）拣货作业

分拣作业基本流程如图 6 - 4 - 2 所示。

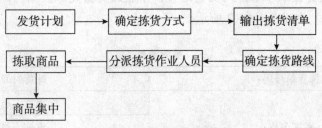

图 6 - 4 - 2　分拣作业基本流程

1. 发货计划

发货计划是根据顾客的订单编制而成。订单是指顾客根据其用货需要向配送中心发出的订货信息。配送中心接到订货信息后需要对订单的资料进行确认、存货查询和单据处理，根据顾客的送货要求制订发货日程，最后编制发货计划。

2. 确定拣货方式

拣货通常有订单拣取、批量拣取及复合拣取三种方式。其中，订单拣取是针对每一份订单，分拣人员按照订单所列商品及数量，将商品从储存区域或分拣区域拣取出来，然后集中在一起的拣货方式；批量拣取是将多张订单集合成一批，按照商品品种类别加总后再进行拣货，然后依据不同客户或不同订单分类集中的拣货方式；复合拣取是为克服订单拣取和批量拣取方式的缺点，配送中心采取将订单拣取和批量拣取组合起来的复合拣取方式。

在实际工作中，常常概括为播种方式和摘果方式。播种方式（又叫分货方式），是将需配送的同一种货物，从配送中心集中搬运到发货场地，然后再根据各用户对该种货物的需求量进行二次分配，就像播种一样；摘果方式（又叫拣选方式），是在配送中心分别为每个用户拣选其所需货物，此方法的特点是配送中心的每种货物的位置是固定的，对于货物类型多、数量少的情况，这种配货方式便于管理和实现现代化。这两种拣货方式的比较如表6-4-1所示。

表6-4-1　　　　　　　　摘取方式和播种方式的比较

商品种类	每种数量	摘果式		播种式	
		时间	误差率（%）	时间	误差率（%）
多	多	100	3.2	65	1.1
	少	100	1.5	85	0.4
少	多	100	2.3	96	0.1
	少	100	0.3	112	0.1

注：1. 时间：第一出货单自开始拣货到验放完成的平均处理时间。
　　2. 误差率以出货验收时的发现错单次数占出货单点数的比例。

3. 输出拣货清单

拣货清单是配送中心将客户订单资料进行计算机处理，生成并打印出拣货单。拣货单上标明储位，并按储位顺序来排列货物编号，作业人员据此拣货单可以缩短了拣货路径，提高拣货作业效率。如表6-4-2所示。

表6-4-2　　　　　　　　　　拣货清单

拣货单号码：				拣货时间：				
顾客名称：				拣货人员：				
				审核人员：				
				出货日期：　　年　　月　　日				
序号	储位号码	商品名称	商品编号	整托盘	箱	单件	拣取数量	备注

4. 确定拣货路线及分派拣货人员

配送中心根据拣货单所指示的商品编码、储位编号等信息，能够明确商品所处的位置，确定合理的拣货路线，安排拣货人员进行拣货作业。

5. 拣取商品

拣取的过程可以由人工或机械辅助作业或自动化设备完成。

（1）手工方式拣取：通常小体积、少批量、搬运重量在人力范围内及出货频率不是特别高的，可以采取手工方式拣取；

（2）机械辅助作业：对于体积大、重量大的货物可以利用升降叉车等搬运机械辅助作业；

（3）自动拣货系统：对于出货频率很高的可以采取自动拣货系统。

6. 分类集中

（1）经过拣取的商品根据不同的客户或送货路线分类集中。有些需要进行流通加工的商品还需根据加工方法进行分类，加工完毕再按一定方式分类出货。

（2）多品种分货的工艺过程较复杂，难度也大，容易发生错误，必须在统筹安排形成规模效应的基础上，提高作业的精确性。

（3）在物品体积小、重量轻的情况下，可以采取人力分拣，也可以采取机械辅助作业，或利用自动分拣机自动将拣取出来的货物进行分类与集中。

（三）补货作业

补货方式主要有：由货架保管区补货到流动货架拣货区；由地面堆叠保管区补货至地板堆叠拣货区；由地板堆叠保管区补货至货架拣货区；由货架上层向货架下层的补货。

（四）配货作业

配货作业流程如图 6 - 4 - 3 所示。

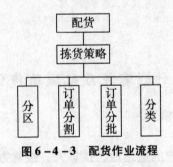

图 6 - 4 - 3　配货作业流程

三、实现配送合理化途径

（一）不合理配送的表现形式

1. 资源筹措方面

配送可以利用扩大批量，通过规模效应来降低资源筹措成本，从中取得用户支持。

2. 库存决策方面

如果库存决策不合理，配送应该利用集中库存总量低于各用户分散库存总量的关系，大大节约社会财富，同时节约用户的库存负担。

3. 价格方面

配送的价格应该低于用户自己单独购买、运输所形成的费用，这样才会使双方都有利。如果价格过高或过低，则会损害用户利益或使配送企业处于亏损状态。

4. 配送与直达的决策方面

配送与直达相比，虽然增加了中间环节，但可以降低库存成本，产生的效益要大于增加的费用。但当用户使用批量很大，可以直接批量进货时，则可以更加节约费用，这时采用配送是不科学、不合理的。

5. 送货运输方面

配送与用户自己提货相比，可以集中配货，一车送多家用户，大大节省运力和运费。如果还是一家一户去送货，车辆达不到满载，路线不进行优化，就不能利用这种优势，造成过多的浪费。

6. 经营观念方面

一般物流企业利用配送手段向用户转嫁资金和库存困难。即当库存增大时，强迫用户接受货物以缓解自己的库存压力；当资金紧张时，长期占用用户资金；在资源短缺时，将用户委托的资源挪作他用或用于牟利等，结果是损坏了配送的形象，使配送优势无从发挥。

（二）合理配送的标志

（1）库存标志，包括库存总量和库存周转。

（2）资金标志，包括资金总量、资金周转、资金投向的改变和成本效益。

（3）社会运力节约标志，如用户企业仓库、供应、进货人力物力节约。

（4）供应保证标志。

（5）物流合理化标志，包括物流费用的降低、物流损失的减少、加快物流速度等。

 任务实施

配货计划实施及配送路线优化

一、配送作业计划的编制

（1）根据订货合同确定用户的送达地、接货人、接货方式、用户订货的品种、规格、数量及送货时间等。

（2）根据配送商品的性能和状态、运输要求，决定运输工具及装卸搬运的方法。

（3）根据分日、分时的运力配置情况，决定是否要临时增减配送业务。

（4）充分考虑配送中心到送达地之间的道路水平和交通条件。

（5）调查各配送地点的商品品种、规格、数量是否适应配送任务的完成。

二、配送作业计划制订的步骤

（1）确定配送计划的目的；

（2）搜集相关数据资料；

（3）整理配送的七要素包括：货物、客户、车辆、人员、路线、地点、时间这七项内容，也称作配送的功能要素；

（4）制订初步配送计划；

（5）与客户协调沟通；

（6）确定配送计划。

三、配送作业计划的实施

（一）下达配送计划

配送计划确定后，将到货的品种、规格、数量分别通知用户和配送点，以便用户做好接货准备，配送点做好配送准备。

（二）按计划给配送点进行配货

各配送点按配送计划审定库存物品的保有程度，若有缺货情况应立即组织进货。

（三）装车发运

各理货部门按计划将各用户所需的各种货物进行配货后，将各用户货物组合装车，发货车辆按指定线路送达用户，并通知财务结算。

四、配送作业计划的下达和执行

（1）下达：用户、配送点、储存仓库、装卸搬运及运输部门。

（2）执行：按配送计划组织进货；配货发运；送达。

 知识拓展

沃尔玛公司物流配送[①]

沃尔玛的集中配送中心是相当大的，而且都位于一楼。配送中心之所以都在一楼，是因为沃尔玛希望产品能够滚动，希望产品能够从一个门进另一个门出。如果有电梯或其他物体，就会阻碍流动过程。因此，沃尔玛都是以一个非常巨大的地面建筑作为配送中心。沃尔玛使用一些传送带，让这些产品能够非常有效地流动，对它处理不需要重复进行，都是一次性的。采用传送带，运用无缝连接形式，就可以尽可能降低成本。沃尔玛所有的系统都是基于一个 Unix 的配送系统，并采用传送带，采用非常大的开放式的平台，还采用产品代码，以及自动补发系统和激光识别系统，所有的这些加在一起为沃尔玛节省了相当多的成本。

一、沃尔玛配送中心的职能

1. 转运

沃尔玛把大型配送中心所进行的商品集中以及转运配送的过程叫转运，大多是在一天当中完成进出作业。

---

① 资料来源：http：//www.xici.net/#d92604812.htm

2. 提供增值服务

沃尔玛配送中心还提供一些增值服务，例如，在服装销售前，需要加订标签，为了不损害产品的质量，加订标签需要在配送中心采用手工进行比较细致的操作。

3. 调剂商品余缺，自动补进

每个商品都需要一定的库存，例如，软饮料、尿布等。在沃尔玛的配送中心可以做到这一点，每一天或者每一周它们根据这种稳定的库存量的增减来进行自动的补进。这些配送中心可以保持8000种产品的转运配送。

4. 订单配货

沃尔玛配送中心在对于新商场开业的订单处理上，采取这样的方法：在这些新商场开业之前，沃尔玛要对这些产品进行最后一次的检查，然后运输到这些新商场，沃尔玛把它称为新商场开业的订单配货。

二、沃尔玛配送体系的特色

1. 设立了运作高效的配送中心

沃尔玛建立自己独特的配送组织，包括送货车队和仓库，配送中心的好处不仅使公司可以大量进货，而且通过要求供应商将商品集中送到配送中心，再由公司统一接收、检验、配货、送货。

2. 采用先进的配送作业方式

沃尔玛在配送运作时，大宗商品通常经铁路送达配送中心，再由公司卡车送达商店。每店每周收到1～3卡车货物，60%的卡车在返回配送中心的途中又捎回沿途从供应商处购买的商品，这样的集中配送为公司节约了大量的资金。

3. 实现配送中心自动化的运行及管理

沃尔玛配送中心的运行完全实现了自动化。每种商品都有条码，通过几十千米长的传送带传送商品，激光扫描器和电脑追踪每件商品的储存位置及运送情况，每天能处理20万箱的货物配送。

4. 具备完善的配送组织结构

沃尔玛公司为了更好地进行配送工作，非常注意从自己企业的配送组织上加以完善。其中一个重要的举措便是公司建立了自己的车队进行货物的配送，以保持灵活性和为一线商店提供最好的服务。这使沃尔玛享有极大竞争优势，其运输成本也总是低于竞争对手。

三、沃尔玛物流配送体系的运作

1. 注重与第三方物流公司形成合作伙伴关系

在美国本土，沃尔玛做自己的物流和配送，拥有自己的卡车运输车队，使用自己的后勤和物流方面的团队。但是在国际上的其他地方沃尔玛就只能求助于专门的物流服务提供商了，飞驰公司就是其中之一。飞驰公司是一家专门提供物流服务的公司，它在世界上的其他地方为沃尔玛提供物流方面的支持。飞驰成为了沃尔玛大家庭的一员，并百分百献身于沃尔玛的事业，飞驰公司同沃尔玛是一种合作伙伴的关系，它们共同的目标就是努力做到最好。

2. 挑战 "无缝点对点" 物流系统

为顾客提供快速服务。在物流方面，沃尔玛尽可能降低成本。为了做到这一点，沃尔玛为自己提出了一些挑战。其中的一个挑战就是要建立一个 "无缝点对点" 的物流系统，能够为商店和顾客提供最迅速的服务。这种 "无缝" 的意思指的是，使整个供应链达到一种非常顺畅的链接。

3. 自动补发货系统

沃尔玛之所以能够取得成功，还有一个很重要的原因是沃尔玛有一个自动补发货系统。每一个商店都有这样的系统，包括在中国的商店。它使得沃尔玛在任何一个时间点都可以知道，目前某个商店中有多少货物，有多少货物正在运输过程中，有多少是在配送中心等。同时补发货系统也使沃尔玛可以了解某种货物上周卖了多少，去年卖了多少，而且可以预测将来的销售情况。

4. 零售链接系统

沃尔玛还有一个非常有效的系统，叫做零售链接系统，可以使供货商们直接进入到沃尔玛的系统。任何一个供货商都可以进入这个零售链接系统中来了解他们的产品卖得怎么样，昨天、今天、上一周、上个月和去年卖得怎么样，可以知道这种商品卖了多少，而且可以在24小时内就进行更新。供货商们可以在沃尔玛公司每一个店当中及时了解到有关情况。

思考：

请同学们讨论一下，沃尔玛的配送作业方式对中国的物流企业的启示，并说明中国的物流企业配送组织如何可以做到完善。

作 业

1. 请谈谈中国的物流企业配送组织发展现状，并结合国外配送行业发展形式谈谈对中国的物流企业有什么启示？

2. 同学以小组为单位，调查你所在城市的某配送中心的作业流程，调查后汇总并形成 word 格式的调查报告，并且谈谈你所调查对象的现状的描述。

任务五 物流企业装卸与搬运的管理

任务描述

装卸搬运是物流系统的重要环节，其基本功能是改变物品的存放状态和空间位置。无论在生产领域还是流通领域，装卸搬运都是影响物流速度和物流费用的重要因素。装卸搬运经过长时间的发展，现在已经基本摆脱了人工作业，支撑现代装卸搬运系统的是装卸搬运机械。为了应对现代社会的装卸搬运作业，提高物流的效率，降低物流的成本，装卸搬运作业必须实现其作业合理化。

知识准备

一、装卸与搬运管理认知

装卸（Ioading and Unloading）是指物品在指定地点以人力或机械装入或卸出运输工具的以垂直移动为主的物流作业。

搬运（Handling/Carrying）是指在同一场所内将物品进行水平移动为主的物流作业。

装卸搬运就是指在某一物流节点范围内进行的，以改变物料的存放状态和空间位置为主要内容和目的活动。

装卸搬运作业主要包括堆放拆垛作业、分拣配货作业、搬运移动作业。

1. 堆放拆垛作业

堆放是指货物按要求状态装上、装入到指定位置的作业；拆垛则是其逆向作业，是指卸下、卸出货物的作业。

2. 分拣配货作业

分拣是在堆垛作业后或配货作业前，将货物按品种、流向进行分类，再放到指定地点的作业；配货则是把货物从所在位置按品种、发货目的地进行分类的作业。

3. 搬运移动作业

搬运移动是为进行装卸、分拣、配送活动而发生的短距离移动货物的作业，包括水平、垂直、斜向移动以及几种组合的搬运。

二、装卸与搬运作业组织工作

（一）装卸搬运主要作业形式

1. 单件作业法

装卸一般单件货物，通常是逐件由人力作业完成的，对于一些零散货物，诸如搬家货物等也常采用这种作业方法；宽大笨重货物、不宜集装的危险货物以及行包等仍然采用单件作业法。单件作业依作业环境和工作条件可以采用人工作业法、机械化作业法、半机械化作业法和半自动化作业法。

2. 集装作业法

集装作业是对集装货物进行装卸搬运的作业方法。每装卸一次是一个经组合之后的集装货载，在装卸时，对集装体逐个进行装卸操作。集装作业主要包括托盘作业法、集装箱作业法、框架作业法、货捆作业法、滑板作业法、网袋作业法和挂车作业法。

3. 散装作业法

散装作业是指对大批量粉状、粒状货物进行无包装散装、散卸的装卸方法。装卸可连续进行，也可采取间断的装卸方式。散装作业一般都采用机械化设施、设备。在特定情况下，批量不大时，也可采用人力装卸。散装作业法主要有重力法、倾翻法、机械法和气力输送法。

（二）装卸搬运的作业准则

（1）防止无效装卸即消耗在有用货物必要装卸劳动之外的多余装卸劳动。

（2）进行少消耗的装卸具体反映在利用重力的合理化装卸和尽量消除或削弱重力的合理化装卸。

（3）充分利用机械，实现"规模装卸"。

（4）提高"物"的装卸搬运活性即从物的静止状态转变为装卸搬运运动状态的难易程度。

其中为了对活性有所区别，并能有计划地提出活性要求，使每一步装卸搬运都能按一定活性要求进行操作，对于不同放置状态的货物做了不同的活性规定，"活性指数"就是标定活性的一种方法。活性指数分为 0~4 共 5 个等级。如表 6-5-1 所示。

表 6-5-1　　　　　　　　　　　活性的区分和活性指数

物品状态	作业说明	作业种类				还需要作业数目	已不需要的作业数目	搬运活性指数
		集中	搬起	升起	运走			
散放在地上	集中、搬起、升起、运走	要	要	要	要	4	0	0
集装在箱中	搬起、升起、运走（已集中）	否	要	要	要	3	1	1
托盘上	升起、运走（已搬起）	否	否	要	要	2	2	2
车中	运走（不用升起）	否	否	否	要	1	3	3
运动者的输送机	不要（保持运动）	否	否	否	否	0	4	4

三、实现装卸搬运合理化的途径

（一）防止无效装卸搬运

无效作业是指在装卸作业活动中超出必要的装卸搬运量的作业。为防止和消除无效作业应做到：

（1）尽量减少装卸次数。装卸作业在整个物流过程中是反复进行的，从发生频数和发生费用的角度讲，减少装卸次数，提高装卸效率都是增加物流效率的重要因素。

（2）提高被装卸物料的纯度。进入物流过程的货物，有时混杂着没有使用价值，或者对用户来讲使用价值不对路的各种掺杂物，如煤炭中的矸石、矿石中的表面水分、石灰中的未烧热石灰及过烧石灰等。

（3）包装要适宜。包装过大过重，在装卸时实际上是反复在包装上消耗较大的劳动，因而包装的轻型化、简单化、实用化会不同程度地减少作用在包装上的无效劳动。

（4）缩短搬运作业距离。物料在装卸搬运中，要实现水平和垂直两个方向的位移，选择最短的路线完成这一活动，就可避免超过这一最短路线，形成无效劳动。

（二）充分利用重力

装卸搬运使物料通过做功实现垂直或水平位移，所以在这个过程中，要尽可能实现装卸搬运作业的省力化。如采用重力式移动货架是利用重力进行省力化的装卸方式之一。

（三）提高搬运灵活性

物料或货物平时存放的状态是各式各样的，可以散放在地上，也可以是装箱放在地上或放在托盘上等。

（四）装卸搬运的自动化

随着生产力的发展，装卸搬运的机械化程度不断提高，部分企业已经实现了装卸搬运的自动化。

（五）巧装满载，牢固稳定

在运输及储存过程中，都要发生装载作业，而车船满载和仓库充分利用是提高经济效益的重要方法。装载时要根据货物的形状、大小、轻重、物理化学性能、存放期限、流向及车船、仓库的类型等。采用适当的装载方法和堆码方法，巧装满载，以充分发挥车船和仓库的利用等。在装卸搬运过程中，一般要求达到牢固稳定。

（六）做好界面衔接

在装卸中，A 工序和 B 工序的接点称为界面。为使装卸作业顺利进行，界面必须能够将两个工序有效地衔接起来。如从自动仓库货架上取出的一托盘货物装载到卡车上时，可利用自动装载设备、滚柱传送机或叉车将两点顺畅地衔接起来。

（七）保持装卸搬运的系统性

运用综合系统化的特点，提高装卸搬运活动之间的协调性和装卸搬运系统的柔性，以适应多样化、高度化物流的需求，提高装卸搬运效率。

（八）满足货物单元化要求

单元化是实现装卸搬运合理化的重要手段，在物流作业中广泛使用托盘，通过叉车与托盘的结合提高装卸搬运的效率。通过单元化不仅可以提高作业效率，而且还可以防止损坏和丢失，数量的确认也就变得更加容易。

 任务实施

车辆装卸作业

车辆因完成货物装卸作业所占用的时间，是车辆停歇时间的组成部分，称为车辆装卸作业停歇时间。

一、车辆装卸作业停歇时间的组成

1. 车辆到达作业地点后，等待货物装卸作业的时间

（1）装卸能力大于或等于需装卸作业车辆的工作量时车辆等待装卸时间一般不应当发生；只有当车辆到达很不均衡，某段时间内车辆过度集中时，才会使某段时间内装卸能力小于所需要进行装卸车辆数的工作量，从而出现车辆等待现象。

（2）装卸能力若小于需要进行装卸车辆数的工作量并达到一定程度时不仅会产生严重的车辆等待装卸现象，甚至造成装卸作业现场产生混乱和阻塞现象，致使装卸作业无法进行。

2. 车辆在装卸货物前后，完成调车、摘挂作业的时间

3. 直接装卸货物的作业时间

4. 与运输有关商务活动等的作业时间

二、装卸作业的基本要求

1. 减少不必要装卸环节

2. 提高装卸作业的连续性

3. 相对集中装卸地点

4. 力求装卸设备、设施、工艺等标准化

5. 提高货物集装化或散装化作业水平

6. 做好装卸现场组织工作

三、在实际组织装卸搬运过程中的工作要求

1. 制订科学合理的装卸工艺方案

2. 加强装卸作业调度指挥工作

3. 加强和改善装卸劳动管理

4. 加强现代通信系统应用水平

5. 提高装卸机械化水平

6. 应用数学方法改善装卸劳动力的组织工作

 知识拓展

实现快速装卸搬运的现代装卸搬运设备及系统

一、现代装卸搬运设备

1. 叉车

叉车具有水平伸出的叉臂，叉臂可做上下移动，它具有装载货物的功能，并能携带货物作水平和垂直方向的移动。使它成为目前使用最为广泛的装卸机械。叉车按构造可分为平衡重式、前移式和侧面叉式三种。叉车的动力分为电动和内燃两种。

2. 电瓶车

电瓶车以蓄电池为动力源，装载重量很小，1 吨左右；启动快而平稳，无废气无噪声，操作简单，驾驶灵活，很适宜在库区内作短途运输，在我国使用比较广泛。其缺点是运量小，在港口码头、货车月台等货物运输量大的场合，如果使用电瓶车，则运输效率会很低。

3. 牵引车

牵引车只有动力，没有装载能力。牵引车主要用于拖带货车或挂车，可作较长距离的

运输。一台牵引车可拖带很长一列挂车。

4. 挂车

挂车自身没有动力，有一个载物平台，仅用于装载货物。载满货物的挂车连成一列后，由牵引车拖到目标库区。车列可长可短，十分灵活。其缺点是需要大量人员参与，且经常闲置，使用率低，不经济。挂车比较适合运输量大而稳定的场合，如码头、铁路的中心货站、大型企业的原料仓库等。挂车必须和牵引车配合使用。

5. 输送机

输送机有多种分类和多种形式，适用于不同的场合。它一般可按重力式、滚轴式、皮带式分类，动力都采用电力，经济方便。输送机被广泛用于短距离的出入库运输，它也是构成分拣系统的基本组成部分。这种运输设备可实现连续运输，效率非常高，只是在输送机两端需要人员看管。

6. 回转货架

回转货架既是货架，可以存储货物，又能作回转运动，起到运输的作用。回转货架主要为了方便货架分拣作业。它由一系列的储物箱组成，可以在封闭的轨道上移动，通过移动把储物箱传送给分拣操作人员，因此，该系统可以减少人员走动的时间。回转货架有水平回转和垂直回转两种。

7. 起重机

按照起重机械所具有的机构、动作繁简的程度以及工作性质和用途，可归纳为简单起重机械、通用起重机械和特种起重机械。

二、现代装卸搬运系统

1. 半自动化系统

物料处理的半自动化系统是指在机械化的基础上，在局部关键的作业面上采用自动化设备，以提高作业效率，一般在分拣、运输环节实现自动化。比较常用的自动化设备有自动引导搬运车、自动分拣设备、机器人和活动货架等。

2. 自动化系统

当库区的物料处理的全部功能都实现自动作业，并且各作业环节相互连成一体，从入库到出库在整体上实现自动控制时，这样的物料处理系统称为自动化系统。自动化的优势来自于应用大量的自动化设备。它的缺点也是十分明显的，主要是投资额大，开发和应用技术比较复杂，维护工作难度高。

（1）自动化分拣系统。现代自动化分拣系统与半自动化系统不同的是，它需要把分拣作业前后的作业连接起来，并实现自动作业，从收到货物，接受处理，到出库装车，整个过程实现自动化。

（2）自动化高架仓库。高架仓库又称立体仓库或机械化仓库，由于货架很高，可以高达20多米，所以在高架库中，从收货入库到出库装运全部实现自动化。

思考：

除了本文中提到的装卸搬运设备及系统，你还能说出哪些？

作　业

1. 请同学们结合实际，谈谈装卸搬运发展的趋势是什么？

2. 结合实际谈谈现在国内的物流企业在实施装卸搬运中存在的问题，并提出自己的建设性意见？

任务六　物流企业流通加工管理

任务描述

　　流通加工是物流中具有一定特殊意义的物流形式，在一些仓库、物流中心、配送中心的经营中都大量存在着流通加工业务。流通加工业务可以增加运输、仓储、配送等活动对象的附加价值，同时也提高了物流活动本身的价值，使用户获得价值增值。随着用户需求的多样化和高级化，流通加工已成为物流功能体系中不可缺少的组成部分。

知识准备

一、流通加工的含义

　　流通加工是流通中的一种特殊形式。商品流通是以货币为媒介的商品交换，它的职能是将生产及消费联系起来，起"桥梁和纽带"作用，完成商品所有权及实物形态的转移。

　　中华人民共和国国家标准对流通加工的定义是：物品在从生产地到使用地的过程中，根据需要施加包装、分割、计量、分拣、刷标志、拴标签、组装等简单作业的总称。

二、流通加工的主要类型

1. 为弥补生产领域加工不足的流通加工

如木材在原生产领域只能将其加工到圆木、板方材这个程度，进一步下料、切裁、处理等加工则由流通加工完成。

2. 为满足需求多样化进行的流通加工

如对钢材卷板的舒展、剪切加工；平板玻璃按需要规格的开片加工；木材改制成枕木、方材、板材等加工；商品混凝土和商品水泥制品的加工等。

3. 以保存产品为目的的流通加工

如水产品、蛋产品、肉产品等要求的保鲜、保质的保鲜加工、冷冰加工和防腐加工等；丝、麻、棉织品的防虫、防霉加工等。

4. 为提高物流效率的流通加工

如自行车在消费地区的装配加工可防止整车运输的低效率和高损失；集中燃烧熟料，

分散磨制水泥的流通加工，可有效防止水泥运输的损失；石油气的液化加工等。

5. 为方便消费、促进销售的流通加工

如将定尺、定型的钢材按要求下料，将木材制成可直接投入使用的各种型材，以方便生产的需要；将原以保护产品为主的运输包装改换为以促进销售为主的装潢性包装；副食行业推出的盘菜、半成品加工，商场推出的首饰、服装加工等。

6. 为提高原材料利用率和加工效率的流通加工

如钢材的集中下料，可充分进行合理下料，搭配套载，减少边角余料，从而达到加工效率高、加工费用低的目的。

7. 以实施配送为目的的流通加工

如混凝土搅拌车，流通中心可根据用户的要求，把沙子、水泥、石子、水等各种不同材料按比例要求装入水泥搅拌车可旋转的罐中，在配送路途中，汽车边行边搅拌，到达施工现场后，混凝土已经均匀地搅拌好，可直接使用。

8. 为衔接不同运输方式、使物流合理化的流通加工

如散装水泥的中转仓库担负起散装水泥装袋的流通加工及将大规模散装化为小规模散装的任务，就属于这种流通加工形式。

9. 以提高经济效益、追求企业利润为目的的流通加工

流通加工的一系列优点可以形成一种"利润中心"的经营形态，这种类型的流通加工是经营的一环，在满足生产和消费要求基础上取得利润，同时在市场和利润引导下使流通加工在各个领域能有效地发展。

10. 生产—流通一体化的流通加工

依靠生产企业与流通企业的联合，或者生产企业涉足流通，或者流通企业涉足生产，形成的对生产与流通加工进行合理分工、合理规划和合理组织，统筹进行生产与流通加工的安排，这就是生产—流通一体化的流通加工形式。这种形式可以促成产品结构及产业结构的调整，充分发挥企业集团的经济技术优势，是目前流通加工领域的新形式。

三、常用的流通加工方法

1. 钢板剪板及下料的流通加工
2. 水泥熟料的流通加工
3. 商品混凝土流通加工
4. 木材的流通加工
5. 煤炭及其他燃料的流通加工
6. 平板玻璃的流通加工
7. 机械产品及零配件的流通加工
8. 生鲜食品的流通加工

四、主要的流通加工技术

（一）生鲜食品的流通加工技术

（1）冷冻加工：是为解决鲜肉、鲜鱼在流通中保鲜及搬运装卸的问题，采取低温冻结

的方式加工。这种方式也用于某些流通商品和药品等。

（2）分选加工：农副产品离散情况较大，为获得一定规格的产品，采取人工或机械分选的方式加工。这种方式广泛用于果类、瓜类和棉毛原料等。

（3）精致加工：是对农、牧、副、渔等产品在产地或销售地设置加工点，去除产品无用部分，进行切分、洗净、分装等加工。如鱼肉的精致加工，蔬菜的加工等。

（4）分装加工：为便于销售，将大包装改成小包装、散装改成小包装、运输包装改成销售包装，以满足消费者对不同包装规格的要求。

（二）机械产品及零配件的流通加工技术

（1）组装加工：组装一般由流通加工部门进行，为解决储运问题，降低储运费用，以半成品高容量包装出厂，在消费地拆箱组装。

（2）石棉橡胶板的开张成型加工：石棉橡胶板的开张成型加工是按用户所需垫塞物体尺寸裁制，不但方便用户使用及储运，而且乐意安排套裁，提高利用率，减少边角余料损失，降低成本。

（三）煤炭及其他燃料的流通加工技术

（1）除矸加工：是以提高煤炭纯度为目的的加工形式。

（2）为管道输送煤浆进行的加工：在流通的起始环节将煤炭磨成细粉，再用水调和成浆状，使之具备流动性，可以像其他液体一样进行管道输送。

（3）配煤加工：在使用地区设置加工点，将各种煤及其一些其他发热物质按不同配方进行掺配加工，生产出各种不同发热量的燃料。如工业用煤经过配煤加工，可以起到便于计量控制、稳定生产过程的作用，在经济及技术上都有价值。

（4）天然气、石油气的液化加工：将天然气、石油气进行液化加工，即在产出地将天然气或石油气压缩到临界压力之上，使之由气体变成液体，然后用容器装运，使用时机动性较强。这是目前采用较多的加工形式。

五、物流企业的流通加工形式

（一）生产资料的流通加工

生产资料的流通加工主要应用于生产资料的企业。由于这种类型的企业要进行规模化、标准化生产而不适宜在生产过程中对其产品进行流通加工，否则就容易造成成本增加、效率降低以及难以满足客户要求的后果。因此，这些企业的生产过程完成之后，在流通加工中心集中对尺寸标准的产品进行剪裁、切割等加工作业。较有代表性的生产资料的流通加工如水泥的流通加工、钢材的流通加工、木材及玻璃的流通加工等。下面分别以水泥和木材的流通加工来简单分析一下流通加工的特点。

水泥的流通加工是最常见的一种流通加工形式。在路上经常可以看到一种专用的水泥搅拌车，这种搅拌车是水泥流通加工一个重要的组成部分。利用这种搅拌车可以实现水泥的边运输边加工，这样不仅可以节约施工的时间，而且节省了在施工现场水泥搅拌作业所占用的空间，是各个国家都比较重视的一种流通加工形式。另一种应用较普遍的流通加工形式是木材的流通加工，在讨论木材的流通加工时，这里主要阐述用于造纸的木材的流通加工。由于木材是容重轻的物资，在运输时占很大的空间，然而木材的重量很轻，这样容易造成车辆满装但不满载。因此，对于木材的流通加工可以采取将原木制成木屑，然后将木屑压缩，减少其空间占用的方法来满足木材在运输过程中的满装满载率。

（二）消费资料的流通加工

消费资料的流通加工直接关系到最终消费者的使用，与日常生活关系最密切的是裤子的裁边，自行车、家具的组装等。消费资料的流通加工一般位于消费者直接面对的场所，是企业完成产品销售的终端，因此，这种形式的流通加工与顾客的满意度有极大关系，是企业应提起重视的重要一环。

以自行车的组装为例，自行车厂生产自行车时将车架、车带、车把等自行车的零部件分开生产，然后将各种零部件分开包装，运输到其下游的各个经销商处。这样将自行车的零部件分开包装和运输的方法可以使得包装更安全、更方便，而运输也更有效率。在自行车的各个经销地点按顾客的要求进行组装，如果组装的质量良好，则顾客的满意度高；相反，若组装人员在组装的过程中出现恶意组装行为，这家自行车厂很可能会失去部分顾客。

与消费资料的流通加工有联系的还包括食品的流通加工。食品的流通加工虽然也是与最终消费者有着直接的联系，但却不同于消费资料的流通加工。食品是用于人们日常生活中的食用，要求保鲜、保质，因此在流通加工方法上有其自身的特点。食品的流通加工种类繁多，如为保鲜而进行的保鲜包装，为提高物流效率而进行的对蔬菜和水果的去根、榨汁加工，为分类销售而对鱼类和肉类的去皮、去骨加工等。

由于食品的流通加工与人类的日常生活有着密切的关系，因此对于食品的流通加工，除了要促进食品销售和方便消费者购买外，还要注意在这一流通加工过程中的安全卫生状况。

以上是物流企业在流通加工过程中最常见的几种流通加工形式，当然，根据物流企业所从事的不同的流通加工形式可以把物流企业分为不同的类型。

 任务实施

流通加工管理任务实施途径①

一、流通加工管理

（一）流通加工投资管理

设置流通加工的可行性分析如下：

（1）从生产领域分析。主要考虑能否通过延续生产过程或改造原有生产过程使生产与需求衔接，而免去流通加工环节的设置。

（2）从消费领域分析。主要考虑能否通过在使用单位进行加工来实现产需衔接。

（3）从物流过程分析。主要考虑能否采用其他方式，如集装化、专门化等方法解决流通加工需解决的问题。

---

① 资料来源：中国食品资讯、食品产业网.

（4）从经济角度分析。流通加工仅是一种补充性、延伸性、辅助性加工，其技术设备要适用，规模要合理，这样投资方面的要求相对较低。

（二）流通加工生产管理

流通加工的生产管理是指对流通加工生产全过程的计划、组织、协调与控制，包括生产计划的制订、生产任务的下达、人力和物力的组织和协调、生产进度的控制等。在生产管理中特别要加强生产的计划管理、提高生产的均衡性和连续性，充分发挥生产能力，提高生产效率，要制订科学的生产工艺流程和加工操作流程，实现加工过程的程序化和规范化。

（三）流通加工质量管理

流通加工的质量管理，应是全员参加的、对流通加工全过程和全方位的质量管理。它包括对加工产品质量和服务质量的管理。加工后的产品其外观质量和内在质量都应符合有关标准。有些加工后的产品，没有国家和部颁标准，其质量的掌握，主要是满足用户的要求。

二、流通加工中心的布局

1. 以实现物流为主要目的的加工中心

以实现物流为主要目的的流通加工中心应设置在靠近生产地区。如肉类、鱼类的冷冻食品加工中心，木材的制浆加工中心等。

2. 以强化服务为主要目的的流通加工中心

以实现销售、强化服务为主要目的的流通加工中心应设置在靠近消费地区。如平板玻璃的开片套裁加工中心等。

三、提高流通加工效益的途径

（1）要合理划分加工的供应区域。一般按经济区域来组织流通加工，便于使流通加工与物资流通系统协调一致，提高加工的整体功能。

（2）加工点的合理分布。加工点一般都设在消费地，要注意同一层次、同一形式的加工点在同一地区的数量和消费需求的数量相平衡，防止重复或短缺。大型的物流企业可自行建立加工企业，中小型的物流中心可和其他加工企业进行协作加工。

（3）在大型的中心城市应设立综合型的流通加工中心，注意加工机构、种类的齐全，以实现加工的社会化服务。

（4）加工企业应注意加工的品种要根据加工网络的分工来确定；加工的规模要根据流通量的大小来确定；加工的技术水平要根据物资的特点来确定。

四、实现流通加工合理化的途径

流通加工合理化是指实现流通加工的最优配置，不仅做到避免各种不合理的现象，使物流通过加工有存在的价值，而且做到流通加工的整体优化。

1. 加工和配送结合

将流通加工设置在配送点，一方面按配送的需要进行加工，另一方面加工又是配送业务流程中分货、拣货、配货的一环。加工后的产品直接投入配货作业，这就无须单独设置一个加工的中间环节，使流通加工有别于独立的生产，又使流通加工与中转流通巧妙结合在一起。

2. 加工和配套结合

在对配套要求较高的流通中，配套的主体来自各个生产单位。但是完全配套有时无法全部依靠现有的生产单位进行适当的流通加工，因此可以有效促成配套，大大提高流通作为连接生产与消费的"桥梁与纽带"的能力。

3. 加工和合理运输结合

流通加工能有效衔接干线运输与支线运输，促进两种运输形式的合理化。

4. 加工和合理商流结合

通过加工有效地促进销售，使商流合理化，也是流通加工合理化的考虑方向之一。

5. 加工和节约结合

节约能源、节约设备、节约人力和节约耗费是流通加工合理化的重要考虑因素，也是目前我国设置流通加工、考虑其合理化的较普遍形式，流通加工企业应首先树立社会效益第一的观念，只有这样，才能真正做到厉行节约，实现自身能力的提升，最终提高企业利润。

知识拓展

日本推广新含气调理食品加工保鲜技术

一项被称为"领先21世纪的食品加工新技术"——新含气调理食品加工保鲜技术由日本小野食品兴业株式会社研制开发并开始在中国推广应用。

新含气调理食品加工保鲜技术是针对目前普遍使用的真空包装、高温高压灭菌等常用加工方法存在的不足，而开发的一种适合加工各类新鲜方便食品或半成品的新技术。该项技术的工艺流程可分为初加工、预处理、气体置换包装和调理杀菌四个步骤。它是通过将食品原材料预处理后，装在高阻氧的透明软包装袋中，抽出空气并注入不活泼气体并密封，然后在多阶段升温、两阶段冷却的调理杀菌锅内进行温和式灭菌，经灭菌后的食品能较完美地保存食品的品质和营养成分，而食品原有的色、香、味、形、口感几乎不发生改变，并可在常温下保存和流通长达6~12个月。这不仅解决了高温高压、真空包装食品的品质劣化问题，而且也克服了冷藏、冷冻食品的货架期短、流通领域成本高等特点。因而该技术被业内专家普遍认为具有极大的推广应用价值。

专家认为，新含气调理食品保鲜加工新技术可广泛应用于传统食用的工业化加工，有助于开发食品新品种，扩大食品加工的范围，从而开拓新的食品市场。该技术尤其适用于肉类、禽蛋类、水产品、蔬菜、水果、主食类和汤汁类等多种烹调食品或食品原材料，应用前景十分广阔。目前，日本小野食品兴业株式会社已经开发出37种新含气调理食品，包括主食、肉食、禽蛋、水产、素食、甜食和汤汁等类别。日本国内已有数百家食品企业在应用这种加工保鲜技术。新加坡、中国台湾地区、山东省和湖南省也引进了数条生产线。

思考：
流通加工环节对生产加工企业有何作用？

1. 请同学们结合实际思考，你所在城市某一物流企业或配送中心的流通加工形式主要有几种？有哪些不合理流通加工方式？如何提高流通加工的效率，提高附加价值？

2. 请结合实际思考，我国现有的流通加工技术有哪些？国外的流通加工技术有哪些？我国的流通加工领域的发展是否可以借鉴国外的一些经验？

模块小·结

这一模块主要从物流企业运作起点出发，详细介绍了采购、运输、仓储、配送、装卸搬运、流通加工各个物流作业环节。并且通过学习物流企业整体运作内容，可以更好地提升学生对物流的认识和理解。

在了解各物流作业基础上，掌握相关物流作业合理化运作的方案，即对各种不合理的物流活动提出很好的解决办法。如何科学高效的采购，合理化运输，科学仓储保管，新型配送模式的运作，高效的装卸搬运和提高增值服务的流通加工，只有做到上述几点，物流企业才能做到以最低、最合理的成本取得最高的作业效率，才能更好地通过物流活动来提高企业的经营效益，提升企业的行业竞争力。

模块七　物流企业内部运营管理

> **知识目标**
> 1. 理解物流企业内部的设备、质量、风险管理过程和合同管理过程
> 2. 掌握物流企业的合同管理内容及订立
> 3. 掌握物流企业的设备使用及维护方法
> 4. 掌握物流企业的质量管理办法和风险管理办法
>
> **能力目标**
> 1. 能够编制商品购销合同
> 2. 能够有效把握物流企业内部风险处理办法
> 3. 能够适当使用和维护物流企业内部设备
> 4. 能够制订科学合理的物流企业内部质量管理办法

任务一　物流企业的质量管理

任务描述

质量管理是物流企业的重要决定因素，无论是商品质量管理还是人员等质量管理出现问题，都会给企业带来严重风险，甚至会导致企业失去客户，失去在物流领域的竞争力，最终将会使企业走向灭亡，因此做好物流企业内部的质量管理是企业发展的重中之重。

知识准备

一、物流企业的全面质量管理

（一）物流质量内涵

物流质量是供应链上的一个满足顾客要求的环节，是物流服务特性满足顾客要求的程度。物流质量包括物流对象、物流服务的质量，也包括物流的工作、工程质量，是一种综合、系统的质量。

1. 物流对象质量

物流的生产过程就是商品实体的流动过程，因而，物流对象质量即是商品质量。物流

生产主要在于转移和保护这些质量，保证商品完好地交给用户。

2. 物流服务质量

物流服务质量具体体现为商品质量的完好程度，流通加工对商品质量的改善程度，商品规格、品种、数量的保证程度，配送交货期的满足程度，成本及物流费用的水平等。

3. 物流工作质量

物流工作质量包括物流生产各环节、各工种、各岗位的具体工作质量。大体分为经营决策工作质量和现场执行工作质量。它对物流服务质量的提高起直接的作用。

4. 物流工程质量

物流工程是支撑物流活动的工程系统。任何物流企业都必须依靠有效的工程系统来保证高质量的服务。工程设施、技术设备的质量从根本上决定物流整体质量，因而需要对其进行有效控制。

（二）物流质量管理含义

物流质量管理是指科学运用先进的质量管理方法、手段，以质量为中心，对物流全过程进行的系统管理，包括为保证和提高物流产品质量和工作质量而进行的计划、组织、控制等的各项工作。物流质量管理需要采纳全面质量管理的观念，运用全面质量管理的方法，具有全员参与、全程控制、全面管理整体发展的特点，是一种全面的质量观。

同时，物流质量管理要遵循以顾客为中心、领导作用、全员参与、过程管理、管理的系统方法、持续改进、以事实为决策依据、互利的供方关系这八项原则，才能更好地建立和实施物流质量管理，并为企业获取更大利润。

二、物流企业的商品质量管理

（一）商品质量管理内涵

狭义的商品质量即为商品的自然属性的综合；广义的商品质量为商品的复合型和社会适用性的结合。商品质量由商品的自然质量、社会性质量、质量特性、质量指标构成。

（二）商品质量管理内容

1. 商品技术规格描述

采购设计的详细描述；供应商的早期参与；派驻质检员、工程师等。

2. 商品需求规格描述

商品品牌、工程图样、市场等级描述、样品描述等。

3. 商品标准化描述

商品规格、尺寸、型号等的描述。

（三）商品质量管理的重要性

物流企业的商品质量管理直接影响到企业成本、服务与客户供应保证。

1. 质量与成本的关系

质量与成本之间的关系采用"性价比"来平衡。质量不是越高越好，质量过高会产生质量过剩，并使成本大大上升，采购人员应严格掌握质量标准，慎重选择每一项物料。

2. 质量与供应之间的关系

质量与供应之间的关系也应当恰当处理。对于大批量的供应来说，由于对质量过高的要求，导致供应商加工周期过长，严重时会导致缺货。特别是对于自动化程度不高的供应商，只要物料不影响产品质量，不需要逐一认真地检验每一个物料。

3. 质量与售后服务之间的关系

质量与售后服务之间的关系也比较密切。由于产品组成部件的质量而导致频繁出现质量问题，不仅影响产品在客户心目中的形象，也给售后服务带来麻烦，增加服务成本，所以质量是第一关。

三、物流质量的衡量和评价

（一）物流质量的衡量

物流质量主要从物流时间、物流成本、物流效率三个方面来衡量。

1. 物流时间

由于物流的重要目标是保证商品送交的及时性，因此，时间成了衡量物流质量的重要因素。

2. 物流成本

有关资料显示，物流费用占商品总成本的比重，从账面上反映已超过40%。物流成本的降低不仅是企业获得利润的源泉，也是为客户创造价值和节约社会资源的有效途径。

3. 物流效率

对企业来说，物流效率是物流系统能否在一定的服务水平下满足客户的要求，也指物流系统的整体构建。

（二）物流质量的评价指标

1. 服务水平指标

满足顾客的要求需要一定的成本，并且随着顾客服务水平达到一定的程度，再想提高服务水平，企业往往要付出更大的代价，所以企业处于利润最大化的考虑，往往只满足一定的订单，由此便产生了服务水平指标。

2. 满足程度指标

服务水平指标衡量的是企业满足订单的次数的频率。但由于每次订货的数量不同，所以仅此来衡量是不全面的，于是就产生了满足程度指标，即企业能够满足的订货数量与总的订单的订货适量之比。

3. 交货水平指标

交货时间的准确性对于物流企业来说是衡量其质量的重要方面，因此，建立交货水平指标也很重要。它是指按期交货次数与总交货次数的比率。

4. 交货期质量指标

交货期质量指标衡量的是满足交货的时间因素的程度，即实际交货与规定交货期差的日数或时数。

5. 商品完好率指标

保持商品的完好对于客户来说是很重要的，商品完好率指标即交货时完好商品与总交货商品量的比率。

6. 物流吨费用指标

物流吨费用指标即单位物流量的费用（元/吨），这一指标比同行业的平均水平低，说明运送相同吨位货物费用较低，则此公司拥有更高的物流效率，物流质量较高。

任务实施

物流质量管理的实施

物流质量管理应突出强调"预防为主"、"事前控制"，把质量管理由传统的质量检验，转变成以预防为主的质量控制，坚持"以防为主，防检结合"的质量管理原则。

在物流质量管理过程中，应做好以下工作：

一、建立物流质量管理组织机构

众所周知，任何一项工作的开展，都必须要有一定的组织机构予以保证，物流质量管理工作也是如此。建立物流质量管理组织可与企业整个管理机构相结合。应注意明确两种责任分工，即企业外物流和企业内物流。前者负责供应物流和销售物流，注重了解生产厂用户的质量动态及对物流服务质量的要求，研究改进质量服务体系，衔接、协调好本企业和他们的关系；后者负责企业内物流，注重以提高服务质量为中心的企业内物流合理化，衔接、协调好物流部门与供销部门及物流各功能环节之间的关系，组织管理基层物流质量管理小组的各项活动。

二、强化信息工作，优化服务体系

在抓好组织工作的同时，还要注意信息的处理与运用，即开发应用高效率的信息处理方法、技术和传递网络，并科学地加以运用，为管理者决策提供依据，及时掌握生产厂、用户和本企业的质量动态，并依次指导物流服务工作，从而对物流全过程实行动态管理。

三、工作制度化、程序化

在制度化工作中，要建立健全各项工作的规章制度，结合岗位责任制，充实质量责任内容；在程序化工作中，要使物流的每项工作和作业都能按程序进行，包括为每项作业做流程设计，明确各工序实施的详细步骤与衔接方法，并制订出相应的工作质量标准。

四、采用先进的技术方法

物流质量管理需要根据不同情况，采用各种先进的管理技术方法，包括科学管理组织、数理统计方法、"PDCA循环"法及计算机等先进技术和设备的使用。在硬件技术建设方面，应进行科学的系统规划，逐步革新、改造原有的设施设备。

 知识拓展

对物流实施全面质量管理的过程，就是要求各个环节、各项工作都按照 PDCA 循环，周而复始地运转。PDCA 循环最早由美国质量管理学家戴明博士提出，他把质量管理过程分为计划（Plan）、执行（Do）、检查（Check）、处理（Action）四个阶段。PDCA 循环应用了科学的统计观念和处理方法。

一、PDCA 的循环过程

1. 计划阶段

计划阶段（P）包括四个工作步骤：分析现状，找出存在的主要问题；寻找主要问题发生的原因；找出主要原因；制订措施计划。

2. 执行阶段

执行阶段（D）只包括一个工作步骤，即按计划实施。

3. 检查阶段

检查阶段（C）只包括一个工作步骤，即调查效果。

4. 处理阶段

处理阶段（A）包括两个工作步骤：总结经验，巩固成绩，将工作结果标准化；提出遗留问题并处理。

PDCA 循环适用于整个物流企业的质量管理工作，也适用各部分、各个环节的质量管理工作。

二、PDCA 循环的特点

1. 大环套小环，互相促进

整个物流系统是一个大的 PDCA 循环，各物流企业又都有各自的 PDCA 循环，依次又有更小的 PDCA 循环，直至具体落实到每个人。这样就形成了许多大环、中环和小环，且一环扣一环，环环联动，推动整个物流系统的 PDCA 循环转动起来，使各部门、各环节和整个物流系统的质量管理有机地联系起来。

2. 螺旋式上升

循环不是原地转圈，而是每一次转动都有新的内容和目标，因而也意味着前进了一步，犹如爬楼梯，逐步上升，即螺旋式上升。

3. 关键在处理阶段

处理阶段就是总结经验，肯定成绩，纠正错误，以便再战。为了做到这一点，必须加以标准化、制度化，以便在下一个循环中巩固成绩，避免犯同样的错误。

 作 业

1. 请同学们结合商品质量管理提高的方法和途径，具体谈谈如何实施商品质量管理？

2. 结合本任务所学内容及各种学习资源，具体了解某一物流企业质量管理的实施情况，描述该企业的物流质量的衡量指标，并阐述这些指标对物流企业发展的作用。

任务二　物流企业的设备管理

任务描述

设备管理是指为使设备寿命周期的费用达到最经济的程度，而将适用于机器设备的工程技术、设备和财务经营等其他职能综合起来考虑，从设备的选择开始，直到设备的报废为止所开展的一系列管理工作。设备管理的目的就是保证为企业生产提供最优技术装备，把企业的生产活动建立在最佳物质技术基础上。

设备管理的主要任务：一是正确选择设备，为企业提供最优的技术设备；二是针对各种设备的特点，合理使用，精心维护，并为正确使用设备而制订一系列的有关规章制度；三是在节省设备管理和维护费用的条件下，保证设备始终处于良好的技术状态；四是做好现有设备的挖掘、革新、改造和更新工作，提高设备的现代化水平。

知识准备

一、设备选择原则

设备选择总原则是技术上先进，经济上合理。即在选择机器设备时，必须全面考虑到技术和经济要求。通常考虑以下几个方面：

1. 生产性

指设备和设施的效率，如功率、行程、速率等一系列技术参数。

2. 节能性

指设备和设施利用能源的性能和节约能源的性能，如热效率、能源利用率等。

3. 耐用性

指设备和设施使用寿命的长短。

4. 维修性

指设备和设施检查、维修的难易程度。选购设备和设施，要选择维修性能好的设备，即设备和设施的结构合理，维修时便于检查和拆卸，零件互换性强等。因为维修会直接影响设备和设施的维护修理工作量和费用的支出额。

5. 可靠性

指设备与设施的精度、准确度和安全的可靠性等。

6. 成套性

指设备要配套，各种附属设备、配套设备、工具要齐全、便于购买和更换。

7. 灵活性

指设备和设施的适应性要强，能适应不同的工作条件和环境、操作、使用要灵活，通用程度强。

8. 环保性

指在选择设备和设施时，要注意设备和设施的噪声以及排放物对环境的污染。

9. 经济性

在选择设备和设施时，要充分考虑投资效果，设备和设施的投资费用要少，投资回收期要短，这样才是经济上合理的。

物流企业选择设备应从技术和经济方面通盘考虑上述的各种因素，才能为企业提供最优的设备。

二、设备使用的基本要求

物流设备的正常使用是指物流设备在规定的工作条件下，在物流作业中发挥其规定的效能的工作过程。物流设备使用管理是从采购、验收、投入使用到报废的全过程管理。

物流设备使用管理的基本要求是保持设备处于良好的技术状态，进行合理的生产组织，充分发挥物流设备的效能，安全、优质、高效和低耗地完成所担负的作业任务，并取得最佳的经济效益。

设备的使用过程是设备工作能力下降的过程，影响这一过程的有使用方法、工作规范、连续工作时间和环境条件等因素。在这一阶段，人的因素最为重要，原因在于设备由人操作，工作规范由人确定，而且最先接触到设备工作能力耗损情况的也是操作者。因此，正确使用是控制设备技术状态变化和控制故障的先决条件。

三、设备的维护保养

设备在使用过程中，会产生技术状态的不断变化，不可避免地出现摩擦、零件松动、声响异常等不正常现象。这是设备的隐患，如果不及时处理，就会造成设备的过早磨损，甚至酿成严重的事故。因此，只有做好设备的维护保养工作，及时地处理好技术状态变化引起的大量常见的问题，随时改善设备的使用情况，才能保证设备的正常运转，延长其使用寿命。

四、物流企业设备的修理

(一) 设备的正确使用

设备的正确使用，是设备管理中的一个重要环节。

（1）要防止对设备的蛮干、滥用，要严格按照规程操作设备。设备规程操作规定了设备的正确使用方法和注意事项，对异常情况应采取的行动和报告制度。

（2）要防止设备的闲置不用，严格使用程序的管理。对重要设备采取定人定机、教育培训、操作考试和持证上岗、交接班制度以及严肃处理设备事故等措施。

（3）实施使用设备的各级技术经济责任制。操作者按规程操作，按规定交接班，按规定进行维护保养。

（4）实行设备维护的奖励办法，把提高使用人的积极性同物质奖励结合起来。

只有充分提高设备的利用率，正确合理地使用设备，才可以在节省费用的条件下，充分发挥设备的工作效率，延长设备的使用寿命，为提高企业的经济效益作出贡献。

（二）设备的修理

设备的修理是指修复由于各种原因而损坏的设备，使其效能得到恢复。设备的修理过程包括修复和更换已经磨损、腐蚀的零件、部件。设备修理的种类有：

1. 小修理

小修理是指工作量最小的局部修理。它是在设备所在地点更换和修复少量的磨损零件，或调整设备排除故障，以保证设备能够正常运转。

2. 中修理

中修理是更换与修复设备的主要零件和数量较多的各种磨损零件，并校正设备的基准，以恢复和达到规定的精度、功率和其他的技术要求。

3. 大修理

大修理是指工作量最大的一种修理，需要把设备全部拆卸，更换和修复全部的磨损零件，恢复设备原有的精度、性能和生产效率。

（三）设备的日常管理

设备的日常管理是指对设备进行分类、编号、登录以及调拨、事故处理、报废和日常养护等工作。

（1）设备购进后，要根据设备的类别进行归类。然后进行编号，编号后进行登录，登记设备的名称、来源、生产单位、用途、技术参数、设备及随主机附带的工具数量、安装地点等。

（2）设备调出后，要在登录卡片上详细记载去向、所处状态等。如果设备发生事故，要分析出现事故的原因，制订避免措施，并安排修复，使设备尽快恢复正常运转状态。

（3）当设备已经在技术上和经济上认定不能或没有必要继续使用时，要请有关技术人员鉴定，经有关领导批准，进行报废处理，使其退出生产过程。

 **任务实施**

物流设备的维护保养

一、物流设备检查应注意事项

（一）物流设备的点检制度

物流设备的点检是一种现代先进的设备检查制度，是对影响设备正常运行的一些关键部位进行经常性检查和重点控制的方法。进行设备点检能够减少设备维修工作的盲目性和被动性，及时准确地获取设备部位故障并予以消除，从而掌握主动权，提高设备完好率和使用率，提高设备维修质量，并节约各种费用，提高总体效益。

（二）物流设备的点检类别

物流设备的点检可分为：日常点检，即每天通过感官检查设备运行中的关键部位的声响、振动、温度、油压等，并将检查结果记录在点检卡上；定期点检，即针对重要设备，检查设备的性能状况、设备的缺陷、隐患以及设备的劣化程度，为设备的大修、项修方案提供依据；专项点检，即有针对性地对设备某特定项目的检测，使用专用仪器工具，在设备运行中进行。

二、物流设备的维护保养注意事项

（一）物流设备的日常保养

日常维护保养一般由操作工人负责进行。操作工人应严格按操作规程操作，集中精力工作，注意观察设备运转情况和仪器、仪表，通过声音、气味等发现异常情况。发现情况，要及时做好记录。日常维护大部分在设备的外部：如搞好清洁卫生；检查设备的润滑情况，定时、定点加油；紧固易松动的螺丝和零部件；检查设备是否漏油、漏气、漏电情况；检查各防护、保险装置及操作机构、变速机构是否灵敏可靠，零部件是否完整。

（二）物流设备的定期保养

物流设备的定期保养是指物流设备运行一定隔时间后，由操作人员和保养人员按规范进行的有计划的强制性保养，是对物流设备的全面性维护工作。

定期保养贯穿于设备运行的全过程，其主要内容有：对设备进行清洁和擦洗；检查、调整、紧固各操作、传动、连接机构的零部件；对各润滑点进行检查、注油或清洗换油；调整和检查安全保护装置，保证其灵敏可靠；更换已磨损的零部件；使用相应的检测仪器和工具，按规范对主要测试点进行检测，并做好记录。

 知识拓展

设备的管理与养护工作常识

一、设备的管理

1. 要为各类设备合理地安排生产任务

使用设备时，必须根据工作对象的特点，合理安排生产任务，避免人为的损失。这里包括两方面的内容：一方面要严禁设备超负荷运转，不要"小马拉大车"；另一方面也要避免"大马拉小车"，造成设备和能源的浪费。

2. 切实做好工人操作设备的技术培训工作

工人在操作、驾驶、使用设备前，必须学习有关设备的性能、结构和维护保养知识，掌握操作技能和安全技术规程等必需的知识和技能，经过考核合格后，方可使用设备。在管理中，要严禁无证者操作或驾驶。

3. 创造使用设备良好的工作条件和环境

如安装必要的防护、防潮、防腐、保暖、降温等装置。在环境恶劣的条件下禁止工作。

二、开展设备的保养管理工作

1. 设备操作人员负有对设备维护保养的职责

通过技术培训，要求达到"三懂、四会"。即懂设备性能原理，懂岗位技术，懂作业流程；会操作，会维护，会调整，会排除故障。同时，还要配备专业的设备维护保养人员。

2. 加强对设备的日常维护保养，严格执行维护保养制度

设备维护保养的主要内容有：清洁和润滑。清洁是指设备内外要清洁干净。各滑动面无油垢，无碰伤；各部位不漏油，不漏水，不漏气；作业面及周围无杂物。润滑就是按时加油、换油；油质符合要求；油壶、油枪、油杯齐全；油线、油路畅通。

三、设备的修理方法

1. 定期修理法

定期修理法是指根据设备的实际使用情况，参考有关检查周期，制订设备修理工作的计划日期和大致修理工作量的方法。

2. 检查后修理法

检查后修理法事先只规定设备的检查计划，根据检查的结果和以前的修理资料，确定修理日期和修理内容的方法。

3. 故障修理法

故障修理法就是人们常说的"不坏不修，坏了就修"的方法。

前两种方法称为计划修理方法，对于重要的设备和大型设备多采用这两种方法。后一种方法也叫事后修理法，对于小型简单设备，通常采用这种方法。

 作业

1. 同任务一作业中的要求，同学以小组为单位，调查你所在城市的物流企业设备的基本状况，并分析设备是否正确使用、维护与保养，如出现需要修理的设施设备，是否可以很快判断出现故障的原因及修理的办法？

2. 同学以小组为单位，调查你所在城市的某一物流中心的概况，具体了解该物流中心主要业务范围、市场运作情况；配置了哪些典型的物流技术装备，及其装备的使用情况。在老师和企业相关专业人员的指导下，如有可能，亲自动手操作有关设备（如叉车、手推车、堆垛机等）并总结操作经验。

要求：每一位同学都尽可能地亲自操作一种以上的物流设备，并密切注意该物流中心各种设施设备的使用状况。参观与实习完毕后，撰写对某种物流设施设备使用的心得体会，限期一周。

任务三　物流企业的合同管理

任务描述

　　物流企业内部运营管理包括合同管理、设备管理、质量管理和风险管理等多项工作，它们直接影响着企业各项业务的正常运作。合同管理的优劣，直接关系到企业的经营管理业务。所以，企业必须加强合同管理，确保合同的严肃性和法律的权威性，充分发挥合同在商品购销管理中的作用。

知识准备

一、拟定商品购销合同

（一）拟定采购合同文本

1. 确定合同内容构成

采购活动因采购对象不同，合同类型也多种多样，有原材料采购合同、设备采购合同、服务采购合同、技术采购合同等。在实践中，各类型合同的结构大致相同，一般由开头、正文和结尾构成（有时还包括附则）。如表 7 – 3 – 1 所示。

表 7 – 3 – 1　　　　　　　　　　　　　　采购合同构成

合同构成	具体内容
采购合同的开头	包括购销双方当事人的名称、地址、采购合同的名称等
采购合同的正文	1. 采购商品名称 2. 数量 3. 采购商品质量 4. 价款 5. 履行期限、地点和方式 6. 包装 7. 运输方式 8. 检验 9. 价款支付方式 10. 违约责任 11. 保险 12. 解决争议的方法 13. 免责条款

续 表

合同构成	具体内容
采购合同的结尾	购销双方法人的法定代表人或合法代理人的姓名、主合同文本的份数、有效期限、签订合同的时间、签约地点及合同双方当事人的签名盖章等
采购合同的附则	采购合同条款中如有未尽事宜，可以书面形式加以补充，即附则

2. 确定采购合同条款

合同条款是采购双方权利和义务的体现，是合同正文部分的具体细化，其具体内容如表7-3-2所示。

表7-3-2　　　　　　　　　　采购合同条款

条款	主要内容
数量条款	采用一定的度量制度对物料进行量化，以表示出物料的重量、个数、长度、面积、容积等，必要时还应清楚说明误差范围
价格条款	交易物料每一计量单位的货币数量。价格条款的主要内容有价格术语的选用、结算币种、单价和总价等
品质条款	物料所具有的内在质量与外观形态的综合，包括各种性能指标和外观造型。在采购合同中，须以最明确的方式界定物料可接受的质量标准
支付条款	采用一定的手段，在指定的时间、地点，使用确定的方式支付货款。采购人员要重点确认支付金额、支付方式和支付时间，包括银行转账及期票或远期支票方式的选择，结算截止日和结算支付日，代销、委托销售需附的特殊条件等
检验条款	在一般的买卖交易过程中，按照合同条件对交货进行检查和验收，涉及质量、数量、包装等条款，主要包括检验时间与地点、检验机构、检验工具、检验标准与检验方法、复验等
包装条款	包装是为了有效地保护物料在运输存放过程中的质量和数量要求并利于分拣和环保，把物料装进适当容器的操作，其主要内容有包装材料、包装方式、包装费用和运输标志等
装运条款	物料装上运载工具并送到收料地点，包括运输费和包装费由谁承担、运输距离、送货频率、指定的交易时间、货品包装及包装单位、运输时所选的车种等质量管理程度、卸货时的方式和数量等
保险条款	企业向保险公司投保并交纳保险费，物料在运输过程中受到损失时，保险公司依照保险条款向企业提供经济上的补偿
仲裁条款	以仲裁协议为具体体现，是指买卖双方自愿将其争议事项提交第三方进行裁决
不可抗力条款	在合同执行过程中发生的不能预见的人力难以控制的意外事故，如战争、洪水、台风、地震等，致使合同执行过程被迫中断，遭遇不可抗力的一方可因此免除合同责任

确认采购合同条款要认真、仔细，尤其是数量、质量、价格条款是重中之重，采购人员要确认修理、更换、退货条款，力争减少"真空"存在，最大限度地维护己方的权益。

（二）签订采购合同

1. 采购合同订立前的准备工作

（1）审查合同主体的资格。合同当事人应调查对方的资信能力，了解对方是否具有签订合同的资格，或者代理人是否有代理资格。具有法人资格的企业、农村集体经济组织、国家机关、事业单位、社会团体可以作为合同的当事人。

（2）审核合同的内容。在签订采购合同之前，采购人员要审核并理解每一项条款，包括其是否表达了采购方的意图，是否包含了基本条款，是否包含了所有的附加条款，最重要的是采购方应不应该签字等。

（3）注意审核要点。在审核采购合同时，应注意表 7 - 3 - 3 所示的要点。

表 7 - 3 - 3　　采购合同审核条款

审核条款	具体内容
采购商品信息	名称、规格、数量、单价、总价、交货日期及地点，须与请购单及结算单所列相符
付款办法	明确买卖双方约定的付款方式，如一次性付款、分期付款
验收与保修	在合同中约定：供应商物料送交企业后，须另立保修书，自验收日起保修一年（或几年）；在保修期间如有因劣质物料而致损坏者，供应商应于多少天内无偿修复，否则企业另请第三方修理，其所有费用概由供应商负责赔偿
解约办法	在合同中约定供应商不能保持进度或不能符合规格要求时的解约办法，以保障企业的权益
延期罚款	在合同中约定：供应商须配合企业生产进度，最迟在某月某日以前全部送达交验，除因天灾及其他不可抗力的事故；若逾期，供应商应每天赔偿企业采购金额一定比例的违约金
保证责任	在合同中约定：供应商应找实力雄厚的企业担保供应商履行本合同所订明的一切规定，保证期间包含物料运抵企业经验收至保修期满为止，保证人应负责赔偿企业因供应商违约所蒙受的损失
其他附加条款	视采购商品的性质与需要而增列

只有所有以上问题在合同中都能寻找到答案，采购人员才可以签字。

2. 签订采购合同的程序

签订采购合同的程序是指合同当事人对合同的内容进行协商，取得一致意见，并签署书面协议的过程。一般有以下五个步骤：

（1）订约提议。订约提议是指当事人一方向对方提出的订立合同的要求或建议，也称要约。订约提议应提出订立合同所必须具备的主要条款和希望对方答复的期限等，以供对方考虑是否订立合同。提议人在答复期限内不得拒绝承诺，即提议人在答复期限内受自己提议的约束。

（2）接受提议。接受提议是指提议被对方接受，双方对合同的主要内容表示同意，经过双方签署书面契约，合同即可成立，也叫承诺。承诺不能附带任何条件，如果附带其他条件，应认为是拒绝要约，而提出新的要约。新的要约提出后，原要约人变成接受新要约的人，而原承诺人成了新的要约人。实践中签订合同的双方当事人，就合同的内容反复协商的过程，就是要约—新的要约—再要约，直至承诺的过程。

（3）填写合同文本。

（4）履行签约手续。

（5）报请签证机关签证，或报请公证机关公证。有的经济合同，法律规定还应获得主管部门的批准或工商行政管理部门的签证。对于没有法律规定而又必须签证的合同，双方可以协商决定是否签证或公证。

二、订单管理

采购合同签订后，采购员可根据本企业生产经营的需要，按照各部门的采购申请和计划制作采购订单，定期向供应商出具采购订单，并进行订单的跟踪与执行，直到对采购订单进行传递和归档为止。

（一）编制采购订单

1. 明晰订单内容

根据企业实际的生产经营需要及采购计划要求有月度采购订单、临时采购订单等。

（1）月度采购订单的内容

1）采购产品的名称、品种、型号、规格。

2）订货数量、分期交货数和订单号。

3）运输包装、到货地点、随货文件和验收方法。

4）订单生效的条件和到仓终端的处理。

（2）临时采购订单的内容

1）采购产品的名称、品种、型号、规格。

2）采购数量和要求、到仓时间。

2. 制订采购订单

（1）编制订单草案

（2）上报主管审核

（3）形成正式订单（通常情况下，企业的采购订单必须连续标号，用统一的标准格式，一式三联：一联采购部门留存，一联财务部门存档，一联交给供应商。）

（二）出具采购订单

（1）发出采购订单。快递、E－mail、传真发给供应商。

（2）确认采购订单。电话沟通，若供应商未接受，则采购事项无效。

（3）编制采购记录。采购订单确认接受后，采购员编制采购记录以备接货检验。

（三）跟踪采购订单

（1）订单执行前跟踪（供应商是否愿意接受订单，是否及时签订）。

（2）订单执行过程中跟踪（采购订单具有法律效力，采购员应全力跟踪供应商备货情况，及时编写订单状态报告）。

（3）合同执行后跟踪（货款支付跟踪和货品使用质量跟踪）。

（四）订单存档管理

（1）重视存档管理（每一采购项目分别建档，以便使用和查询；供应商历史表现数据；供应商违约凭据及相关资料）。

（2）订单存档管理方法（以编号、字母等顺序建档，建档内容包括采购订单、订单接收函、往来信函、有关采购货品的资料；将相关资料保存，保存方式可选择计算机软件管理系统、扫描存档，以便随时查阅）。

三、进货验收

（一）进货验收认知

进货过程关系到采购成果的最终实现，关系到企业的经营成本和采购物资的质量好坏，因此进货验收是采购管理中非常重要的一环。进货方式主要有：

1. 自提送货

2. 供应商送货

3. 委托外包进货

（二）检验与验收管理

1. 检验时间、地点和人员的确定

2. 检验部门的确定

3. 物料检验（包装，品质，卫生：食品、药品、化妆品、玩具、纺织品、日用器皿等，安全性能，数量和质量）

4. 对检验问题的处理

（1）对于严重缺陷的物料，应要求供应商换货；

（2）对有轻微缺陷的物料，应与认证人员、质量管理人员，同时考虑生产的紧急情况，确定是否选择代用品；

（3）对于偶发性的质量检验问题，可由检验部门或采购部门通知供应商处理；

（4）对于多次存在的质量问题，由认证人员正式向供应商发出质量改进通知书，让供应商改正重大的质量问题。

5. 物料接收

四、违约处理

合同一旦签订后即具有法律效力。除非遇到人力不可抗力因素使合同无法履行，可以全部或部分免除有关方面当事人的责任外，凡故意或过失造成不能履行合同或不能完全履行合同的，都必须承担违约责任。

违约责任主要由违约方承担违约金和赔偿金。违约金是对违约者的一种经济制裁，带有惩罚性质。赔偿金是违约方向对方的实际损失作出的赔偿。赔偿金的支付方法是：如果对方实际损失额大于违约金金额，则违约方不但要付给对方违约金，而且还必须付给对方实际损失额与违约额的差额。

（一）判定违约情况

（1）拒绝交货（处理办法：继续履行、更换或交付替代物、解除合同、赔偿损失）。

（2）不适当交货（未在适当的时间、地点以适当的方式按约定的数量、质量和包装交货）采购方可采取收取或者拒收。

（二）违约处理的具体措施

1. 继续履行合同的处理

在可以履行合同的情况下，违反合同的当事人无论是否已经承担赔偿金或违约金责任，对方当事人都有权利要求违约方按照合同约定履行其尚未履行的义务。

在采购过程中，如果发生供应商违约的情况，在企业不受损失的情况下，采购人员可要求供应商继续交货，履行完采购合同中规定的义务。但在以下情况不能要求继续履行合同：

（1）供应商在法律上或事实上不能交货的，或者交货费用过高的。

（2）合同中有约定：供应商不在某一时间以前交货，采购方就将解除合同，或者采购合同在催告供应商交货的通知中声明，若供应商在宽限期内仍不交货，采购方就将解除合同并索赔。

2. 解除合同的处理

解除合同的处理是指供应商违约后，采购方直接依照法律规定或合同的约定，单方面通知供应商，使合同提前终止的情形。

（1）取得解约权。一是供应商的违约后果严重，致使合同不能实现的；二是供应商一方迟延履行主要债务，经催告后在合理期限内仍未履行，或者明确表示仍将不履行或不能在合理期限内履行的；三是供应商预期重大违约；四是供应商约定或法律规定的其他可据以产生解约权的违约。

（2）解约处理。一是采购企业行使解约权时，应当自通知到达供应商时解除；二是采购方行使解约权，若因供应商拒绝交货而构成违约的，采购人员在执行过程中应注意，因供应商拒绝交付主物而解除合同的，解除合同的效力及于从物，因供应商的拒绝交付从物而解除合同的，解除的效力不及于主物，数物买卖中，供应商拒绝交付一物的，采购方可以就该物解除，但该物与他物分离使货物的价值遭受损害的，采购方可以就数物解除合同。分批交货买卖中，供应商对其中一批拒绝交货的，采购方可就该批及今后其他各批货物解除，采购方如果就其中一批货物解除，而该批货物与其他各批货物相互依存的，可以就已经交付和未交付的各种货物进行解除。

3. 退换货处理

（1）明确退换货的原因和标准。

（2）办理退换货。办理退换货时，第一，采购人员要判断确定退换货货品，并清点、整理、记录，做好标识后送至仓库保管、登记；第二，开具退换货单据，要填写清楚退换货原因、货号、数量等；第三，采购人员应及时就退换货相关事宜与供应商沟通协调，并通知其办理退换货；第四，是办理退换货，即供应商接到退货通知后，从采购方取得退换货单，并凭退换货单至仓库登记、取退换货货品，经采购人员查验、登记后放行。如供应商接获通知10天内仍未办理退换货手续者，则视同放弃该退货品，由采购人员通知仓管人员报请主管领导裁决处理。

4. 办理结算

采购验收人员完成退货品查验后，将退货单呈报主管核定，由采购人员编制退货报表，送财务部门备案扣款，完成退货手续。退货报表如表7-3-4所示。

表7-3-4　　　　　　　　　　退货报表

供应商					
货物编号	货物名称	数量	单价	金额	退换货原因

5. 办理索赔事宜

（1）明确产生索赔的原因。主要有：一是供应商货物品质达不到正常使用要求，导致采购方不得不安排人员进行全检挑选，或者导致采购方组装后的半成品需返工或报废；二是供应商错发或少发所订物料导致采购方停工待料；三是供应商不能在规定的时间内交货，致使采购方不能在客户要求的期限内交货而导致遭受客户罚款或丧失最佳市场机会；四是供应商的原材料或零件的隐含缺陷，在交到客户或消费者手中后才暴露而导致客户逐步取消订单或逐步丧失市场份额；五是供应商的原材料或零件不能满足安全要求，在消费者使用时发生火灾、水灾、触电等恶性事故而致使消费者的财产受到严重损失或人身安全受到损害时。

（2）确定赔偿额。可以从三个方面考虑：一是以供需双方约定的违约金为准，或按供需双方约定的违约赔偿额的计算方法确定；二是当事人按实际损失要求违约方承担赔偿责任，而不是按预先约定的违约金额赔偿额计算方法要求违约方承担赔偿责任的，赔偿额不应超过违约方订立时预见到的因违约可能造成的损失；三是一方违约后，另一方没有采取适当措施致使损失扩大的，不得就扩大的损失要求赔偿。因防止损失扩大而支付的合理费用，由供应商承担。

（3）明确理赔方式。采购人员向供应商索赔，供应商理赔时可采用以下三种方式处理：一是将赔偿金转换为等值的采购方购买的物料，发送给采购方；二是从供应商的货款中扣除；三是供应商直接将赔偿金交付给采购方。

（4）索赔通知与协商。发生索赔情况，采购人员可制作索赔通知单并通过适当的方式传达给供应商，并就赔偿额、赔偿方式等进行协商。双方协商一致后，依据相应财务手续办理索赔并做好记录。

索赔通知单样本：

索赔通知单

××公司：

本公司于 年 月 日向贵公司采购如下货品，因交期迟延、品质不良，造成本公司蒙受 元的损失，兹检附损失计算表一份，品质检验报告一份，本公司客户索赔函复印件一份，连同原采购合同复印件一份，望贵公司给予谅察赔偿，其赔偿金额，敬请贵公司同意。

以 个月期票支付

由其他货款中扣除

以现金支付

顺颂

商祺！

×××股份有限公司

年 月 日

（三）变更与解除经济合同

1. 变更和解除经济合同的条件

（1）当事人双方经过协商同意而订立的，并且不因此损害国家利益和影响国家计划的执行。

（2）订立经济合同所依据的国家计划被修改或取消。

（3）当事人一方由于关闭、停产、转产而确定无法履行经济合同。

（4）由于不可抗力或由于一方当事人虽无过失但无法防止的外因，致使经济合同无法履行。

（5）由于一方违约，使经济合同履行成为不必要。

2. 变更和解除经济合同的程序

（1）通知对方。当一方当事人要求变更和解除经济合同时，应将其理由、建议和具体要求通知对方。

（2）通知和答复要在一定期限内给出。规定期限的目的是使当事人明确双方的权利和义务关系，协议不能随时或长期处于不稳定的状态，只有允许在规定的期限内提出，才能发挥经济合同的作用。

（3）涉及国家指令性计划产品和项目的，要履行批准程序。

（4）通知保证单位。保证单位是保证当事人一方履行合同的关系人，负有保证责任。

（5）通知和协议必须采用书面形式。这是为管理经济合同和检查经济合同的执行情况，以及处理经济合同纠纷时提供依据。

任务实施

根据以上合同编制知识点的讲解，对实际工作中的物品购销合同进行编制如下：

电脑采购合同

买方：××高级技工学校　　　　　　　　　　　　　　合同编号：

卖方：_____

买方通过招标方式，经评标委员会认真评审，决定将本项目采购合同授予卖方。为进一步明确双方的责任，确保合同的顺利履行，经买卖双方商定，同意按如下条款签订本合同。

一、规格、型号、数量、价款等

表 7 - 3 - 5　　　　　　　　　　　　电脑采购详细清单

设备名称	规格型号	厂家	单位	数量（台）	单价（元/台）	合计（元）	备注
总价							

二、质量标准和技术规格

1. 提供和交付的货物技术规格应符合国家规范和标准要求

2. 投影仪质量及商务要求

（1）要求"商标"、"制造商"与实际"生产企业"必须一致；

（2）提供强制 3C、环保、节能证书；

（3）生产厂家针对本项目授权及全国总代理或厂家本地独立的售后服务机构售后承诺书；

（4）交货时须提供生产厂家原装正品证明原件。

三、包装标准

（1）包装应以货物运输及装卸过程中在非人为因素影响下不发生破坏为原则。由于包装不善引起的货物锈蚀、损坏和损失由卖方承担。

（2）包装箱内应附一份详细装箱单和合格证，有关技术资料应随货物一起发运。

四、交货方式、时间、地点及验收

（1）卖方应于 2010 年 06 月 18 日前将合同标的货物送进校区并安装。

（2）买方将按照国家标准和招标书技术要求进行验收。

五、运输方式及费用

卖方运货所发生运输费、装卸费等由卖方负担。

六、合理损耗

对于标的物启封前发生的破损，由卖方100%补偿。启封后发生的破损，分清双方责任，由责任方承担相应的责任。

七、保修

（1）按产品保修卡以其承诺为准。

（2）质保期内，卖方在收到报修通知后24小时内应免费上门更换有缺陷的货物、部件或提供相应的质量保证期服务。如果卖方在收到报修通知后24小时内没有弥补缺陷，买方可采取必要的补救措施，但风险和费用将由卖方承担。

八、货款结算方式

分期付款：

（1）供货完毕并验收合格后支付合同总价款的90%并退还保证金。

（2）其余货款（10%）为质保金，使用一个月后无任何质量问题后一次性付清。

九、违约责任

（1）合同签订后，如有一方违约自行终止合同，违约方以合同总价款的5%作为违约金，给对方进行赔偿，并承担因违约给对方造成的经济损失。

（2）出现欺诈、以次充好等行为的，卖方应全额赔偿买方的经济损失，同时买方有权追究卖方的法律责任，且不退还中标所交质量保证金。

（3）延期交货：其标准为按每延期一周收取合同总价款的0.5%，但误期赔偿费总额不得超过未履行完合同额的5%，一周按7天计算，不足7天按一周计算。

十、合同争议的解决方式

本合同在履行中发生的争议，由双方法定代表协商解决，也可由当地工商行政管理部门调解，协商调解不成，提请当地仲裁机关仲裁。

十一、合同生效

本合同由买卖双方法定代表人或委托人签字、盖章之日起生效。

十二、其他约定事项

（1）本合同价格包括货物价格、运输费用、装卸费用及税金等全部费用。

（2）除买方事先书面同意外，卖方不得部分转让或全部转让其应履行的合同义务。

（3）本合同一式四份，买方持三份，卖方持一份。招标文件、投标文件、本合同补充协议、合同附件等均与本合同具有同等法律效力。

（4）卖方负责提供供货后的技术服务。

（5）合同未尽事宜双方协商解决。

买方：××高级技工学校　　　　　　　　卖方：

法定代表人：　　　　　　　　　　　　　法定代表人：

委托代理人：　　　　　　　　　　　　　委托代理人：

联系电话：　　　　　　　　　　　　　　联系电话：

签字日期：　年　月　日　　　　　　　　签字日期：　年　月　日

拟定具体购销合同条款应注意的问题：

（1）买卖双方在合同中应明确合同是应何国、何地法律条款（主要指在国际贸易中）；

（2）对大批量、大金额重要设备及项目的采购合同，要全面、详细描述每一条款；

（3）对金额不大、批量较多的小的生产设备等，如双方有长期协议，每次采购交易可以使用简单订单合同。

 知识拓展

模拟编制一份购销合同

××职业技术学院为全体400名教职工在庆十一大合唱比赛中准备统一均码纯棉黄色T恤衫，衣服上标有××职院字样，每件50元（含税价），现已在3家供货商中选定A服装公司。双方已经确定2009年6月20日在××职院的三楼接待室签订采购合同，根据以上所提供信息，以采购商身份，拟定一份购销合同：

要求：1. 包括合同的基本内容

　　　2. 合同格式标准，美观

　　　3. 合同条款订立合理、切合实际

服装购销合同样本

甲方：××职业技术学院　　　　　　　　合同编号：YJ09062001

乙方：A服装公司　　　　　　　　　　　签约地点：××职业技术学院

根据《中华人民共和国合同法》及2009年6月20日相关采联采购招标代理有限公司就××职业技术学院教职工大合唱服装定点生产资格项目的招标结果和招标文件（招标编号：PSP-GZ-012864）的要求，经双方协商一致，签订本合同。

一、合同货物清单

乙方负责向甲方供应表7-3-6所列货物：

表7-3-6　　　　　　　　　　　　需供应货物清单

服装名称	用料要求（产品等级均为一等品）	计量单位	单价（元）	教职工数量（名）
运动T恤	面料名称：TC/棉布 颜色：黄色	件	50	400

如甲方要修改或变更服装的，必须提前一个月通知乙方。

二、合同总价

合同总价包括服装的物料购置、设计、制作、运输、包装、检验、纳税及不可预见的一切费用，甲方不须另付任何费用。

合同总价：贰万元整

三、技术要求

（1）货物为 A 服装有限公司全新设计制造，无任何走纱、走线、次货现象出现，选用的面料的内在质量、外观质量均要符合国家和行业的一等品的要求。

（2）适用标准：必须符合国家、服装行业现行的规范以及《关于印发服装质量技术要求指导意见的通知》、《关于对服装质量技术要求的补充通知》。

（3）所提供的货物能经多次洗擦而不褪色、不易起毛、不易褶皱、无裂缝、不变形、耐洗、耐磨；服装配件不易脱落、破损，其质量必须符合本次招标文件的质量标准要求。

（4）乙方对提供的服装质量保证期不低于两年。在保证期内，如服装非因甲方人为原因而出现的质量问题，乙方在接甲方通知后 5 个工作日内履行补购、换购等义务，并承担因补购、换购而产生的实际费用。

（5）乙方应确保所提供的货物合格率达到 100%。

四、合同货物包装、交货

（1）合同货物的包装：由乙方负责每套服装一个胶袋包装。

（2）合同货物的交货：

乙方交货时间：用户指定时间。

乙方交货地点：用户指定地点。

（3）合同货物交付要求：乙方根据甲方要求的数量、型号规格，在规定的时间内将服装送达甲方指定的交货地点，服装至交货地点前的运输、保管风险由乙方承担。

五、质量验收

（1）按招标文件要求、投标文件承诺作验收依据的校服样板及上述供货标准由甲方进行验收。

（2）质量不符合此次招标文件质量要求的，学校有权随时退货，并拒绝验收。

（3）个别质量或尺寸规格不符的货物，必须在报换之日起 7 个工作日内退换。

六、售后服务

（1）T恤上免费印有学校名称。

（2）乙方所提供的校服质量保证期不低于两年。在质保期内发生质量问题的，乙方应在接到甲方通知后 24 小时内作出服务响应，7 个工作日内履行补购、换购，确保所提供的货物合格率达到 100%，属于质量问题的由乙方负责包修、包退、包换；属于人为损坏的乙方可提供维修服务，只收取工料费。

（3）对个别特殊身材的教职工，乙方应提供上门量体定做服务，在接到甲方通知后24小时内作出服务响应，7个工作日内提供货物，并不增加收费。

（4）乙方应提供工作时间的投诉服务热线：0451-82356000。

七、税收缴纳地点

根据有关法规的规定，乙方必须在货物销售地缴纳中标合同项下货款的有关流转税（即开具货物销售地发票）。

八、付款方式

合同货物到甲方指定地点交付，验收合格后，以人民币方式结算，乙方须提供以下资料：

（1）合同；

（2）乙方开具的正式发票；

（3）验收报告（加盖甲方公章）。

（4）××市质量技术监督局出具的合格的检测报告。或由甲乙双方协商。甲方应在验收合格及资料齐全情况下的一个月内完成货款的支付。

九、不可抗力

（1）不可抗力指战争、严重火灾、洪水、台风、地震等或其他双方认定的不可抗力事件。

（2）签约双方中任何一方由于不可抗力影响合同执行时，发生不可抗力一方应尽快将事故通知另一方。在此情况下，乙方仍然有责任采取必要的措施加速供货，双方应通过友好协商尽快解决本合同的执行问题。

十、索赔

（1）如有异议，甲方有权根据有关政府部门的检验结果向乙方提出索赔。

（2）在合同执行期间，如果乙方对甲方提出的索赔和差异负有责任，乙方应按照甲方同意的下列方式解决索赔事宜：乙方同意退货，并按合同规定的同种货币将货款退还给甲方，并承担由此发生的一切损失和费用。

（3）如果在甲方发出索赔通知后30天内，乙方未作书面答复，上述索赔应视为已被乙方接受。甲方将从合同款项中扣回索赔金额。如果这些金额不足以补偿索赔金额，甲方有权向乙方提出不足部分的补偿。

十一、违约与处罚

（1）甲方应依合同规定时间内，向乙方支付货款，每拖延一天乙方可向甲方加收合同金额的3‰的违约金。

（2）乙方未能按时交货，每拖延一天，须向甲方支付合同金额的3‰的违约金。超过

10 天以上，30 天以内未交货的，或交付的货物不符合合同规定的，应按"供货协议"条款处理。

（3）甲方无正当理由拒收货物的，甲方向乙方支付合同金额的5%的违约金。

十二、合同终止

如果一方严重违反合同，并在收到对方违约通知书后在 30 天内仍未能改正违约的，另一方可立即终止本合同。

十三、法律诉讼

签约双方在履约中发生争执和分歧，双方应通过友好协商解决，若经协商不能达成协议时，则由合同签订所在地人民法院提起诉讼。受理期间，双方应继续执行合同其余部分。

十四、其他

（1）本合同正本三份，具有同等法律效力，甲、乙双方各执一份，哈市教育局一份。合同自签字之日起即时生效。

（2）本合同未尽事宜，由双方协商处理。

（3）补充合同与本合同具有同等法律效力。

甲　方：_____学校（盖章）　　　乙　方：_____公司（盖章）

法人代表：　　　　　　　　　　　　法人代表：

签约代表：　　　　　　　　　　　　签约代表：

地　址：　　　　　　　　　　　　　地　址：

电　话：　　　　　　　　　　　　　电　话：

传　真：　　　　　　　　　　　　　传　真：

鉴证方：××教育局

签名：

日期：

作业

1. 根据所学内容，每位同学设计一份购销合同，采购物品可自行设定。分析讨论以下问题：在实际订立采购合同过程中，应如何订立其中的具体条款？

2. 请同学们结合实际谈谈，在企业进货验收中应注意的问题。并谈谈具体的验收方法。

3. 请同学们谈谈，在实际工作中，企业与企业之间在履行合同过程中，发生不可抗力事件时的处理方式。并简单谈谈不可抗力都有哪些形式？

任务四 物流企业的风险管理

任务描述

随着我国市场经济的不断深化，市场要素组合越来越复杂，物流企业所面临的内部和外部的影响因素的不可预见性也大为加强，商品价值的实现也越发困难了。企业的经营管理面临着巨大的风险，包括气候、火灾、地震、洪水等自然风险和决策失误、管理不善以及文化冲突等社会风险。物流企业作为独立的经济实体，必须面对企业内外界的各种确定和不确定因素的影响。虽然物流企业目前对市场风险已有了一定的认识，但仍缺乏系统有效的风险管理理念，抗风险能力不强，对近两年的经济危机的准备明显不足。因此，有必要对风险管理进行比较详细的论述，促进物流企业的风险管理知识，提高企业的抗风险能力，以确保企业的长期稳定发展。

知识准备

一、风险分析与风险决策内涵

风险分析是对可能发生意外损失的各种风险进行广泛而深入的了解、分析和评价，找出风险因素，计算出风险发生的概率、损失程度。其中风险分析是风险决策和处理的依据，通常包括风险的识别、估计和评价三个过程。

（1）风险识别是指对可能发生的、潜在的风险进行认识和辨别，以找出各种潜在的风险及其性质。

（2）风险估计是指对特定风险的性质、发生的可能性及可能造成的损失进行计算和确定，以确定风险发生的概率。

（3）风险评价是对各种风险进行比较和权衡，评价风险的可能后果并提供应采取的有效措施。

风险决策是要合理有效地选择风险处理方法，使风险处理收到既合理又有效可靠的效果，主要包括对风险分析的结果选择最佳决策方案。

二、风险处理和事后评价定义

风险处理是物流企业面对风险所采取的各种预防和补救措施。预防措施是建立风险控制体系（风险控制的计划和风险基金）和转移风险。补救措施是对已发生的风险损失给予补偿，防止损失的扩大。

事后评价是对风险管理决策等各个方面的评价。不断的通过各种信息反馈，检查风险管理决策及其实施情况，总结经验教训，找出制度和管理的漏洞，视情况变化不断进行调整和修正，使之接近风险管理目标，防止损失的再次出现。

三、风险处理的基本方法

1. 回避风险

这是一种风险预防方式，一般用于风险很大而收益很小的情况，但有时会因信息或决策的失误而失去良好的发展机会，而且物流企业要想发展就不可能经常采用这种方法。

2. 接受风险

当风险无法避免或预期收益较大而愿意冒险时，采取自我保险的方式把风险接受下来。一旦出现经济损失，物流企业可将其直接计入生产成本或用企业的风险基金来补偿。

3. 转移风险

为防止风险损失而采取转移支付的方式，避免自己承担损失。当风险损失很大而物流企业本身又无法承受时，可以利用保险、承包、承租或出售等方法来转移风险。

4. 降低风险

当采取接受风险或转移风险时，物流企业就会采取各种措施以降低风险因素的影响，把不利因素降低到最小范围内。但有时会出现降低风险的技术措施达不到要求，或者技术上虽可做到，而经济上不合算等情况，因而达不到降低风险的作用。

四、风险处理的措施

1. 增强风险意识，提高人员的素质

风险管理的主体是企业领导和职工，要加强风险管理，预防、控制和消除风险就必须提高物流企业领导和职工的素质，而企业领导的风险管理素质尤为重要。如有计划地对职工进行风险管理教育，物流企业员工的风险意识和风险管理能力的提高可采用轮训、上岗前学习、脱产学习等多种方式。

2. 完善物流企业的风险机制

风险是不可避免的，必须完善物流企业的风险机制，参加保险，建立健全企业的风险基金和经济合同制度。物流企业应根据本企业自身的条件，充分地调查和研究，利用各种现代化的方法，采用先进的现代化技术和方法，对经济风险进行严密地监控，从制度和管理上防止和消除可能的风险。

3. 灵活经营，多元发展，提高企业的应变能力

建立合理的产业结构和产品结构，有利于减少风险。可根据自身的实际情况，发挥物流企业的优势，突出行业特色，调整产业结构和产品结构。也可向相关产业发展，走多元化发展之路，分散风险，提高实力。物流企业在多元化时，应首先选择与流通相关的上流和下流产业为发展重点，待企业实力增强，跨行业经营的经验丰富了再涉足其他行业。

任务实施

物流企业风险分析与决策

一、物流企业风险分析范围

（1）企业最高管理层对企业的未来发展趋势进行战略规划，分析可能出现的各类风险。

（2）由负责安全工作的人员对物资的购销储运全过程进行监控，找出可能发生风险的原因。

（3）对合同、契约、保单等从风险的角度加以核对和检查。

（4）找出风险管理的各种方式。物流企业通常采用向保险公司投保的办法，但由于保费过重的原因，也可能采取诸如加强内部监督和管理以及转移风险等措施。

（5）计算企业的各种风险发生的概率和损失状况。

二、风险决策方法

风险处理方法的确定，要考虑到物流企业的具体情况。如确认某些风险是不能消除和防止的，并由于时间和空间的关系，其预计损失程度不大，即使最大的损失也可由企业本身来承担，而不致影响物流企业的正常经营，并能及时得到物资补充，这种情况就可以自保。如风险发生后，导致物流企业损失巨大，引起企业经营困难或破产，这种风险非物流企业自身所能承担，必须采取风险转移的手段，如投保等。投保时，要注意转移风险所需的费用与转移风险所产生的期望收益之间的比例关系。

物流企业如何规避风险①

物流企业的优势服务既可满足企业复杂多变的物流服务要求，提高企业的生产效率，降低企业成本，同时又促进了第三方物流的蓬勃发展，从而推进经济和社会的协调发展。然而，与其他的业务一样，由于合作双方在企业管理理念、企业文化等方面的差异，以及委托—代理关系中信息不对称和信息不完全等因素的存在，物流服务合作中也存在一定的风险。正确认识和评估物流企业的管理风险并予以规避是保证物流管理能长期、高效、成功实施的关键。

一、物流企业管理的风险

物流企业管理的风险来自多方面，既有自然灾害不可抗力的因素，也有人为因素，在

---

① 资料来源：中国物流与采购网.

这里主要谈一下人为因素：

（1）独家供应商问题：供应链上出现独家物流供应商，由于供应商服务地域和管理能力的有限性，独家物流供应商政策可能给某些地区的服务带来风险。

（2）委托—代理机制所固有的信息风险：选择合适的第三方物流供应商作为供应链物流服务的合作伙伴，是加强企业供应链物流管理中最重要的一个基础。如果由于信息不对称和信息不完全，企业合作伙伴选择不当，不仅会减少企业的利润，还会使企业失去其他的机会，从而无形中抑制了企业竞争力的提高，增加了整条供应链的运行成本。

（3）企业文化方面的问题：不同的企业一般具有自己的企业文化，就可能导致对相同问题的不同看法，从而存在分歧，影响物流供应链的稳定。

（4）IT技术的缺陷会制约供应链物流作用的发挥：如网络传输速度，服务器的稳定性和运行速度，软件设计中的缺陷，病毒等。

（5）信息传递方面的问题：当供应链物流规模和服务范围日益扩大，结构日趋复杂时，供应链上发生信息错误的机会也随之增多，此外，信息传递延迟会增加企业供应链物流管理的风险。

（6）经济波动的风险：经济高速增长容易导致市场物流供应出现短缺，影响企业的正常物流服务进行，而经济萧条，也将使产品库存成本上升，另外还有其他不可预见的因素，小的如交通事故，海关堵塞，停水停电等，大的如政治因素、战争等也都影响着供应链物流的正常运作。

（7）合作管理中的问题：例如，不现实的希望和服务要求；缺乏双方共同的利益和目标；缺乏高层的支持；双方权利上的不平等；成本与定价不合理；缺乏信任，沟通不良；对市场变化不能做出相应的改变，服务水准不确定，承诺高而实施低等都是导致第三方合作风险与合作失败的原因。

二、合作失败的原因

（1）物流服务供应方不能获得预期利润；

（2）物流服务供应方承诺过高而无法履行；

（3）物流服务需求方管理人员隐藏抵触情绪；

（4）物流服务不能满足最终客户需求；

（5）协议导致利益损失，缺乏终止条款。

三、防范风险的措施

（1）考虑组合供应商形式：针对企业物流管理业务的需求，物流服务可考虑分片区选择不同的第三方物流合作伙伴，避免独家合作伙伴无法应对不同地区的业务导致的物流风险。

（2）建立信息交换平台：建立基于Internet、面向电子商务的第三方物流管理信息交换平台，加强对第三方物流服务过程中有关产品库存、物流指令的执行情况及物流费用等信息的实时跟踪管理，提高信息的共享度和透明度，从而对风险进行有效的管理控制。

（3）树立正确的合作观念：第三方物流合作是战略合作伙伴，而非交易关系。对物流服务购买方而言，第三方物流合作不仅能降低库存持有成本和物流服务管理成本等企业物流综合成本，还能使企业获取集中于核心竞争力、增强客户满意度、提高企业灵活性等诸多利益。同时，物流企业也获益，实现合作共赢（win－win）的目标。

（4）明确分工责任，加强绩效评价管理：第三方物流合作是基于分工基础上的合作，因而要求物流服务供应方和需求方在磋商合作协议时，必须对合作中各自的责任进行明确分工。

（5）建立开放式交流机制：合作双方在一种制度化而又比较轻松的环境下坦诚交流，并能及时、有效地解决合作中出现的问题是非常重要的。开放式交流的方式有很多，例如，作业层每天的电话交谈、双方客户服务代表或管理人员的电话会议、相互拜访、定期的绩效评估交流等。

（6）制订处理突发事件的应急措施：在供应链物流管理中，对突发事件的发生要有充分的准备。要预先制订应变措施，制订应对突发事件的工作流程。成立应变事件的处理小组（合作双方或单方）。

（7）合作协议中明确终止条款：一方面，当终止条款中规定的某些情况出现预兆时，双方可以根据情况进行理性的协商，及时采取措施改进合作，避免当合作双方利益受到很大损失之后，以终止协议来结束合作；另一方面，协议终止条款将有效约束双方合作行为，使合作双方为了获得长远利益，保持长期合作关系，避免损失的出现。

加强对物流合作的风险管理是保证物流管理能长期、高效、成功实施的关键。

作　业

1. 从你个人理解的角度，谈谈物流企业规避风险的重要性。

2. 现代物流企业为了更好的发展，为客户提供尽可能多的个性化的服务，很多物流企业将一些业务外包给第三方来完成，在一定程度上提高企业的运营效率，争取更多的用户，但是企业外包也同样存在着风险，请同学们结合所学知识，对物流企业外包进行风险分析，并提出具体的决策办法。

模块小·结

这一模块主要从物流企业内部运作出发，分别介绍了企业质量管理、合同管理、设备管理、风险管理的基础知识。并就企业质量、合同设备和企业风险方面存在的问题，提出了解决的措施，即如何提高企业的全面质量，合同的科学编制和审核，各种设备的维护方法和保养措施，以及企业风险如何防范，这是需要学生重点掌握的内容。只有细致地进行企业内部管理，才能提高企业整体优势，增强内部协调和沟通，快速及时地为客户提供各种物流服务，为企业赢得更高的信誉度。

只有物流企业内外部共同经营管理，企业才能更好地发展，才能获得更强的市场竞争力。

模块八　物流企业资本管理

知识目标

1. 了解物流企业资金筹措的各种方式
2. 掌握物流企业投资项目的评价指标
3. 了解物流企业股票及证券投资的特点及风险
4. 掌握物流企业财务管理的方法

能力目标

1. 能够对物流企业投资项目的现金流量进行分析
2. 具备运用物流企业投资项目的评价指标对企业的投资项目进行分析的能力
3. 能够掌握物流企业股票及证券投资决策方法
4. 能够运用物流企业财务分析与评价的指标体系对企业进行财务分析

任务一　物流企业筹资管理

任务描述

在市场经济模式下，政企已经分开，物流企业已不再是政府所管的一个附属体，而成为一个自主经营、自负盈亏、自我发展、自我约束的独立法人。此时，国家已不再向企业无偿拨款，因此企业若要进行并组织生产经营活动，首先就要面临一个筹资问题。

知识准备

一、资金筹集含义

资金筹集是指企业通过各种方式和法定程序，用各种不同的方式，从不同的资金渠道筹措其生产经营过程中所需要的资金的全过程。这些资金由于来源与方式的不同，其筹集的条件、筹集的成本和筹集的风险也不同。因此，公司对资金筹集管理的目标就是寻找、比较和选择对公司资金筹集条件最有利、资金筹集成本最低和资金筹集风险最小的资金来源。

二、物流企业筹资渠道

物流企业筹资渠道主要有：

1. 企业所有者投资，提供企业法定资本金和企业发展所需资金
2. 利用银行信贷，取得长期借款和短期借款
3. 发行企业（公司）债券，筹措企业发展所需的资金
4. 合理利用商业信用，筹措短期债务资金
5. 通过租赁方式
6. 提取资本公积金

三、资金筹措方式

企业筹资方式是指企业筹集资本所采取的具体形式和工具，体现着资本的属性和期限。筹资方式不单纯是一个方法问题，除受到国家财政体制和金融体制的制约外，还受到企业筹资的外部环境和内部环境等多种因素的影响。目前，常见的筹资方式主要有：

1. 直接吸收投资

直接吸收投资有利于增强企业信誉，有利于尽快形成生产能力，有利于降低财务风险；资金成本高，容易分散企业控制权。

2. 优先股

优先股是股份公司发行的，较之于普通股在利益分配方面享有一定优先权的股票。

3. 普通股

普通股是股份有限公司依照法定程序发行的，用以证明其持有人对公司所享有的平等权利的书面凭证。随着国有企业改革的不断深化和发展，股份制已成为国有大中型企业基本的组织形式。

4. 长期借款

长期借款是指企业向银行、非银行金融机构和其他企业借入的，期限在一年以上的借款，它是企业长期负债的主要来源之一。

5. 融资租赁

融资租赁是指与租赁资产所有权有关的风险和报酬实质上已全部转移到承租方的租赁形式。现在，融资租赁已成为仅次于银行信贷的第二大融资方式。

6. 公司债券

公司债券是指企业以筹集资金为目的，依法向投资者出具的在一定时期内按约定的条件履行还本付息义务的一种有价证券。利用股票筹资，只有批准实行股份制的企业才能发行股票，而债券这种筹资方式是任何有收益的企业都能采用的。

7. 利用商业信用

利用商业信用筹资便利，筹资成本低，限制条件少，资金成本较高；期限一般较短，如果放弃现金折扣，则要付出较高的资金成本。

任务实施

筹资方式的优缺点比较

通过对筹资方式的了解，在此对其进行优缺点的比较分析，如表8-1-1所示。

表8-1-1　　　　　　　　　　　各筹资方式优缺点比较

项目	吸收直接投资	发行普通股	发行优先股	向银行借款	发行公司债券	融资租赁	利用商业信用
优点	有利于增强企业信誉，有利于尽快形成生产能力，有利于降低财务风险	没有固定利息负担，没有固定到期日，不用偿还，筹资风险小，能增加公司的信誉，筹资限制较少	没有固定到期日，不用偿还本金，股利支付既固定，又有一定弹性，有利于增强公司信誉	筹资速度快，筹资成本低，借款弹性好	资金成本较低，保证控制权，可以发挥财务杠杆作用	筹资速度快，限制条款少，设备淘汰风险小，财务风险小，税收负担轻	筹资便利，筹资成本低，限制条件少
缺点	资金成本高，容易分散企业控制权	资金成本较高，容易分散控制权	筹资成本高，筹资限制多，财务负担重	财务风险较大，限制条款较多，筹资数额有限	筹资风险高，限制条件多，筹资额有限	资金成本较高，不能享有设备残值，财务负担重	期限一般较短，如果放弃现金折扣，则要付出较高的资金成本

 知识拓展

筹资方式的资金成本分析

一、长期借款成本分析

长期借款指借款期在5年以上的借款，其成本包括两部分，即借款利息和借款费用。一般来说，借款利息和借款费用高，会导致筹资成本高，但因为符合规定的借款利息和借款费用可以计入税前成本费用扣除或摊销，所以能起到抵税作用。例如，某企业取得5年期长期借款200万元，年利率11%，筹资费用率0.5%，因借款利息和借款费用可以计入税前成本费用扣除或摊销，企业可以少缴所得税36.63万元。

二、债券成本分析

发行债券的成本主要指债券利息和筹资费用。债券利息的处理与长期借款利息的处理

相同，即可以在所得税前扣除，应以税后的债务成本为计算依据。例如，某公司发行总面额为200万元5年期债券，票面利率为11%，发行费用率为5%，由于债券利息和筹资费用可以在所得税前扣除，企业可以少缴所得税39.6万元。若债券溢价或折价发行，为更精确地计算资本成本，应以实际发行价格作为债券筹资额。

三、留存收益成本分析

留存收益是企业缴纳所得税后形成的，其所有权属于股东。股东将这一部分未分派的税后利润留存于企业，实质上是对企业追加投资。如果企业将留存收益用于再投资，所获得的收益率低于股东自己进行另一项风险相似的投资所获的收益率，企业就应该将留存收益分派给股东。留存收益成本的估算难于债券成本，这是因为很难对企业未来发展前景及股东对未来风险所要求的风险溢价作出准确的测定。计算留存收益成本的方法很多，最常用的是"资本资产定价模型法"。由于留存收益是企业所得税后形成的，因此企业使用留存收益不能起到抵税作用，也就没有节税金额。

四、普通股成本分析

企业发行股票筹集资金，普通股成本一般按照"股利增长模型法"计算。发行股票的筹资费用较高，在计算资本成本时要考虑筹资费用。例如，某公司普通股目前市价为56元，估计年增长率为12%，本年发放股利2元。若公司发行新股票，发行金额100万元，筹资费用率为股票市价的10%，则新发行股票的成本为16.4%。企业发行股票筹集资金，发行费用可以在企业所得税前扣除，但资金占用费即普通股股利必须在所得税后分配。该企业发行股票可以节税3.3万元（100×10%×33%＝3.3万元）。

思考：
这四种筹资方式的资金成本分析的优缺点是什么？

作　业

根据所学知识，用自己的话谈谈现阶段对于中小型生产企业来说，最常用的筹资方式是什么？

任务二　物流企业投资管理

任务描述

从经济学的角度来看，投资是国民经济发展的推动力，具体到物流企业中，项目投资也是企业生产和发展的原动力。本任务在介绍物流企业项目投资和证券基本概念的基础上，针对物流企业特点，简述了物流企业项目投资的原则和程序、证券投资的基本理论和方法并着重讲述了项目投资的评价及决策方法。

知识准备

一、物流企业项目投资的现金流量分析

物流企业项目投资则是一种以特定项目为对象，直接与新建项目或更新改造项目有关的长期投资行为，属于投资的一种形式。物流企业项目投资主要包括新建项目、物流设备投资的购进及更新改造项目三种类型。

物流企业不以生产为主营业务，所以物流企业的项目决策除了有项目投资的一般共性外，还存在以下特点：

（1）物流企业投资项目多以场地、交通工具等固定资产为主。因为物流企业一般不进行生产，所以投资项目一般不涉及生产设备的新建及改造。

（2）现金流量与一般项目投资不同。因为物流企业项目投资不涉及生产设备，所以相对而言，物流企业的现金流量的测算要简单一些。

（一）物流企业项目投资的程序

物流企业的项目投资一般都属于企业重大财务活动，由于项目投资具有风险大、投入多、回收期长等特点，所以在进行项目投资时必须严格进行详尽的调查与分析，采用科学的方法进行充分论证，按照一定的程序进行投资决策。

（1）投资项目的提出。物流企业决策前首先要明确项目投资的目的是什么，要达到什么样的投资效果，存在什么样的投资机会，然后根据企业现有财务状况提出投资项目的具体形式。投资项目的提出，主要解决投资对象的问题。

（2）投资项目方案的提出。物流企业在确定投资对象以后，应制订与投资项目相关的投资方案。投资对象可能存在多种不同的投资方案，物流企业应适当确定不同的投资方案，为以后的项目决策提供合理的选择方案。

（3）投资项目的可行性分析。确定投资方案之后，还要重点考查方案的可行性。如果投资项目可行，则进一步进行相关项目决策程序；如果不可行，则应重新确定新的投资项目。投资项目的可行性分析应主要从经济、财务、技术等方面入手，对与投资项目有关的公司的经营状况、财务状况、产品的市场情况、资本市场状况、现有技术水平等方面进行详尽的调研。

（4）投资项目的选择。对不同的投资方案进行可行性分析，按照一定的决策手段和决策程序选择一个合理的投资方案作为物流企业的最终投资方案。

（5）投资项目测算的制订。投资方案确定之后，根据既定方案进行详细的项目预算，合理估计和安排资本的收支、利润分配方案等。

（6）项目投资的实施。物流企业在明确投资方案之后，就进入了项目投资的实施阶段。项目投资的实施是项目投资决策的重要一环，在项目实施过程中要重点控制资本的合理使用，确保投资项目预算的完成。

（7）项目投资的评价。投入资本后，为降低投资风险，确保收益，物流企业应重视投资后的管理。通过投资项目的评价可以了解项目的执行情况，进而监督投资项目按物流企业设定的目标逐步完成。

（二）项目投资计算期

物流企业的项目投资形成后，会在其生命周期内为企业经营提供条件。因此，在项目确定之初就应该合理确定投资项目的期限，以便科学合理地评价投资项目的可行性。用以评价项目可行性的生命周期称为项目投资计算期，项目投资计算期是指投资项目从投资建设开始到最终清理结束整个过程所需要的时间，一般以年为计量单位。

物流企业投资项目的投资计算期和其他企业投资计算期一样，将项目整个生命周期分为建设期和生产经营期。其中，项目开始投入资本到项目正式投入使用的阶段为建设期，从项目正式投入使用至项目终止使用为生产经营期。其中，建设期（s）的第一年年初称为建设起点，建设期的最后一年年末称为投产（经营开始）日；生产经营期（p）是指从投产日到清理日结束日之间的时间间隔。如果用 n 表示项目投资计算期，则有：

$$n = s + p$$

例：某物流公司一投资项目的原始投资额为 500 万元，建设期为 2 年，投产后预计该资产可连续使用 10 年，其中第 1 ~ 5 年每年净现金流量是 100 万元，第 6 ~ 10 年每年净现金流量是 80 万元。

则该项目中：

建设期：$s = 2$ 年；

经营期：$p = 10$ 年；

项目投资计算期：$n = s + p = 12$ 年；

所以，该项目投资计算期为 12 年。

（三）物流企业项目投资的现金流量分析

现金流量是在一定期间内投资项目实际收到或付出的现金数，是指与投资项目有关的现金流入和流出的数量，是进行投资决策分析的基础。按收到还是付出，现金流量分为现金流入量、现金流出量和净现金流量。

小贴士

现金流量和利润的区别

现金流量不等于利润，净利润和净现金流量虽然都是反映企业赢利能力的指标，但对同一企业或同一资产，这两个指标不仅数值不同，而且其财务含义也存在较大差异。首先，净利润是静态指标，净现金流量是动态指标。其次，净利润指标界定的基础是权责发生制，净现金流量指标界定的基础是收付实现制。再次，净利润均不含折旧费和贷款的利息支出，而投资型净现金流量含有折旧费和利息支出，营运型净现金流量含折旧费，但不含利息支出。

1. 现金流入量

现金流入量指的是因投资项目而使企业资产增加的现金收入或节约的现金付出的数额，主要包括因使用项目资产而增加的营业收入、处置旧项目资产的变现净收入和回收固定资产余值的差额等。

2. 现金流出量

现金流出量指因投资项目而使企业资产减少的现金支出的增加额，主要包括：

（1）购置项目资产或追加投资支付的价款。一般情况下，物流企业的项目投资首先要购置一定的资产或追加一定的资本支出。用于购买资产或追加投资的价款可能是一次性支出，也可能分几次支出。

（2）垫支流动资本。物流企业项目投资完成后进行生产经营，投资项目会扩大企业的生产经营能力，这必然会引起对流动资产需求的增加，从而需要追加必要的流动资本才能顺利进行生产经营。由于这一部分资本的流出与购置项目资产或追加投资直接相关，所以应列入项目的现金流出量。

（3）付现成本。付现成本指的是企业在经营期间以现金支付的成本费用。

小 贴 士

非付现成本

非付现成本指的是企业在经营期间不以现金支付的成本费用，一般包括固定资产的折旧，无形资产的摊销额、开办费的摊销额以及全投资假设下经营期间发生的借款的利息支出。非付现成本虽然会导致物流企业的投资收益减少，但并未造成现金的流出，所以与付现成本的处理不同，在计算现金流量时，应在净利润的基础上加上非付现成本。

（4）项目投资形成税费支出。项目投资形成税费支出指的是在项目经营过程中，由于销售或赢利而缴纳的各项税费。

3. 净现金流量

净现金流量（NCF）又称现金净流量，是指在项目投资计算期内由每年现金流入量与同年现金流出量之间的差额所形成的序列指标。其计算公式为：

年净现金流量 = 该年现金流入量 − 该年现金流出量

建设期年净现金流量 = 该年原始投资

经营期年净现金流量 = 该年净利润 + 该年非付现成本（包括该年折旧、该年摊销）+ 该年利息 + 该年回收额

经营期年净现金流量 = 年销售收入 − 付现成本 − 税收支出

另外，物流企业净现金流量还可以一种更便捷的方法一步求得。其包括两个部分：

（1）将"收入"减"付现成本"，然后乘以1减所得税税率。

（2）将"非付现成本"乘以"所得税税率"。

两者之和即为净现金流量。

二、物流企业证券投资决策

证券是根据一国政府的有关法律法规发行的，代表财产所有权或债券的一种信用凭证或金融工具。一般来说，物流企业把资本用于购买股票、债券等金融证券，称为证券投资。

（一）物流企业股票投资决策

1. 股票投资决策的特点

股票投资是物流企业通过认购股票成为股份有限公司股东，并获取利益的投资。股票投资与债券投资相比，具有以下特点：

（1）投资风险较大

（2）投资收益较高，但波动性较大

（3）可以参与发行公司的经营管理

（4）流动性较强

 小贴士

资本利得

资本利得是指资本商品在出售或交易时发生的收入大于支出而取得的收益。例如，某只股票的买价是5元，卖价是8元，则股票投资者能获得的资本利得是3元。毫无疑问，股票的买价就是投资者购买股票时的市场价格，而卖价则取决于卖出股票时的市场价格。所以，投资者所能获得的资本利得的大小完全取决于股票市场的高低，而股票市价的变动又受公司经营状况以及赢利水平的影响。

2. 股票决策的风险

（1）经营风险

经营风险是指股票发行公司经营状况和赢利水平的变动造成股票投资收益的不确定性。物流企业获取的股票投资收益主要包括股利和资本利得。而股利收益的大小则取决于公司经营状况的好坏和赢利能力的高低。在现实中，企业的经营状况和赢利水平具有很大的不确定性，因此，物流企业的股票收益也会随发行公司的经验状况的好坏而上下波动。

（2）价格波动的风险

价格波动风险是指股票市场价格上下波动对投资者的投资收益的影响。物流企业能获得的投资收益除了股利外，另一个很重要的来源就是资本利得，即通过低价购进高价卖出获取的买卖价差收益。股价受发行公司经营状况、政治、经济、投资者心理等因素的影响，波动性很大，这将加大股票投资收益的不确定性。股票价格的大幅度上下波动将给物流企业的投资收益造成重大的影响。

（3）流动风险

流动风险是指物流企业无法以合理的价格及时变现手中股票而遭受损失的风险，主要表现在两个方面：一是当物流企业遇到更好的投资机会时，无法及时将手中的股票出售换取现金而丧失的投资机会；二是当股票市场不景气时，物流企业可能无法及时脱手股票而遭受的损失。

3. 物流企业股票投资决策方法

（1）净现值法

1）净现值法股票投资决策

按照净现值法的基本思路，若某项投资的现金流入量现值大于其现金流出量现值，则该投资方案净现值大于零，方案可行；反之，若某项投资的现金流入量小于其现金流出量现值，则该投资方案净现值小于零，方案不可行。

股票作为一种投资，也是可以按照净现值法的基本思路来分析决策的。其现金流出量就是股票的购买价格，即投资时的股票市价；现金流入量是股利和未来出售时的股价收入，即股票的内在价值。股票的内在价值决定其市场价格，但是市场价格又不完全等于内在价值。当股票的内在价值大于股票的市价时，股票的净现值大于零，该投资方案可行，股票值得购买；反之，当股票的内在价值小于股票的市价时，股票的净现值小于零，该投资方案不可行，股票不值得购买。

2）净现值法股票估价模型

从股票投资决策的分析中，可以看出：进行股票分析决策的关键在于股票市场价格和内在价值的确定。市场价格属于公开信息，可以直接得到。但是，股票内在价值的确定就比较困难了，需要运用股票估价模型对股票的内在价值进行估算。

（2）内部收益率法

1）内部收益率法股票投资决策

按照项目投资的内部收益率法的基本原理，当项目的预期收益率大于物流企业所要求的必要报酬率时，该项目才是值得投资的；反之，当项目的预期收益率小于物流企业所要求的必要报酬率时，该项目是不值得投资的。

股票投资也是一样，当股票的预期收益率大于物流企业所要求的必要报酬率时，该股票才值得购买；反之，当股票的预期收益率小于物流企业所要求的必要报酬率时，该股票不值得购买。

2）内部收益率法股票预期收益率

在内部收益率法下，股票投资的预期收益率应该是使股票投资净现值等于零的贴现率，即能使股票的内在价值等于其市场价格的贴现率，也就是股票的内部收益率。根据上述股票估价模型，以股票市场价格代替其内在价值，就可得出不同情况下股票的内部收益率。将股票的内部收益率与物流企业所要求的必要报酬率进行比较，就可以作出投资决策。

（二）物流企业债券投资决策

1. 债券投资的特点

债券投资是指物流企业在证券市场上以货币购买其他单位发行的债券，从而成为被投资单位的债权人，形成债券投资。债券投资与股票投资相比，主要具有以下特点：

（1）投资风险较低

（2）投资收益比较稳定

（3）债券的选择性比较大

（4）无权参与发行单位的经营管理

2. 债券投资的风险

虽然债券的风险要低于股票投资，但是其风险还是存在的。债券风险主要包括以下几类：

（1）违约风险

违约风险是指债券发行单位无法按期支付债券利息或者偿还本金，从而给物流造成损失的风险。一般而言，政府债券以国家财政为保证，没有违约风险。而金融债券和公司债券均存在违约风险，并且公司债券的风险一般要高于金融债券。

（2）利率风险

利率风险是指由于市场利率的变动而引起债券价格下跌，使物流企业遭受损失的风险。市场利率是指影响债券价格的基本因素之一，一般来说，债券价格与市场利率呈反向变动关系。当市场利率上升时，债券市场价格下降。债券的期限越长，利率风险就越大。

（3）购买力风险

购买力风险也称为通货膨胀风险，是指由于通货膨胀而使债券到期或出售所获得的货币购买力下降的风险。在通货膨胀期间，购买力风险对物流企业的影响很大。由于债券的收益较稳定，与收益不固定的股票相比，债券受通货膨胀的影响较大，所以在通货膨胀较严重的情况下，普通股股票更适合作为避免购买力风险的投资工具。

（4）变现风险

变现风险也称为流动风险，是指债券持有者无法以合理的价格变现债券的风险。当物流企业遇到好的投资机会，却无法立即将持有的债券售出，此时将丧失难得的投资机会，并失去可能的投资收益。一般而言，上市债券的变现风险要小于非上市债券，信用高的债券的变现风险要小于信用低的债券。这是因为上市债券以及高信用债券出售时更容易找到买家，无法变现的风险较低。

（5）再投资风险

购买短期债券而没有购买长期债券就会有再投资风险。再投资风险是指当物流企业持有的短期债券到期后，如果市场利率下降，这时物流企业只能将收回的资本投资于利率较低的项目的风险。由于长期债券的持有风险一般要高于短期债券，所以长期债券的利率也较高。这样，当物流企业为了降低风险购买了短期债券后，一旦市场利率下降，债券到期收回的资本就只能投资于市场利率相当的投资机会，这就比当时就购买较高利率的长期债券所获取的投资收益低。

3. 债券投资决策的方法

与股票投资一样，物流企业对所要投资的债券进行分析决策时，可借鉴项目投资的基本原理，运用净现值法和内部收益率法进行决策。

（1）净现值法

1）净现值法债券投资决策

债券作为一种投资，也可以按照净现值法的基本思路来分析决策，其现金流出量就是债券的购买价格，即投资时的债券市场。与股票不同，债券有固定的到期日，债券的现金流入量是债券的利息收入和到期时偿还的本金或出售时得到的现金。当债券的内在价值大于债券的市价时，债券的净现值大于零，该投资方案可行，债券值得购买；反之，当债券的内在价值小于债券的市场时，债券的净现值小于零，该投资方案不可行，债券不值得购买。

2）净现值法债券估价模型

与股票分析决策一样，进行债券分析决策的关键在于债券内在价值的确定。在此需要运用债券股价模型对债券的内在价值进行估算。

债券估价的基本模型。实际市场中，常见的债券时在其期限内利率保持固定不变，每年年末支付利息，到期偿还本金。这种情况下，债券投资的现金流入就是每期的利息以及到期本金，债券的内在价值就是每年利息的现值以及到期本金现值的合计数。

一次性还本付息的债券估价模型。在实际市场中，有时还存在另外一种债券形式即一次还本付息债券。一次还本付息债券只有一次现金流入，即债券到期时一次性偿还本金和利息。其债券的内在价值就是到期日本息和现值。这种债券的估价因利息的计算方式不同而有所不同。

（2）内部收益率法

1）内部收益率法债券投资决策

债券投资也可以使用预期收益率法作为投资决策的依据。当债券的内部收益率大于物流企业所要求的必要收益率时，该债券才值得购买；反之，当债券的内部收益率小于物流企业所要求的必要报酬率时，该债券不值得购买。此时，债券投资决策的关键在于内部收益率的确定。

2）内部收益率债券预期收益率

在内部收益率法下，债券投资的预期收益率应该是使债券投资净现值等于零的贴现率，即能使债券的内在价值等于其市场价格的贴现率，也就是债券的内部收益率。根据上述债券估价模型，以债券市场价格代替其内在价值，就可得出不同情况下债券的内部收益率。将债券的内部收益率与物流企业所要求的必要报酬率进行比较，就可以作出投资决策。

（三）物流企业证券投资组合决策

在现实中，投资者进行证券投资时，并不会仅购买一种债券，而是将所持有者的资本分散投资，购买多种证券，这种情况被称为证券投资组合。它对投资者的投资收益以及承担的投资风险都有影响。

1. 证券投资组合含义

按照风险报酬的基本原理，证券投资的收益越高，投资者需要承担的风险就越大。但是，对大多数投资者而言，进行证券投资时，一般并不把所有的资本都投资于一种证券上，而是同时投资于多种证券，将资本分散在不同的证券上，以达到降低风险的目的。企业持有两种或两种以上的证券，将其按照不同的比例构成的投资组合，称为证券投资组合。

简单地讲，证券投资组合可以在保持特定收益水平的条件下，把总风险减小到最低限度，或者将风险限制在愿意承担的特定水平条件下，尽可能使收益最大化。证券投资的潜在报酬率比其他投资高，但是投资风险也较大。降低风险普遍采用的方法就是投资的分散化，即选择若干种证券加以搭配，建立证券投资组合。

2. 证券投资组合的收益与风险

（1）证券投资组合的收益

在现实中，物流企业受很多因素的影响，不可能只购买一种证券。为了正确的进行投资决策，公司有必要计算证券投资组合的收益率。证券投资组合的收益率是指全部证券的总收益率，通常以各种证券占全部证券的比重为权重，对各个证券进行加权平均予以确定。

（2）证券投资组合的风险

虽然证券投资组合的预期收益率是投资组合中各个证券预期收益率的加权平均数，但是组合的风险不是各个证券风险的加权平均数，一般会低于加权平均数。这是因为证券投资组合的总风险包括两种性质完全不同的风险，即可分散风险和不可分散风险。

可分散风险是指可以通过有效的证券组合分散掉的风险，所有证券投资组合的风险一般低于加权平均风险。不可分散风险是指那些对整个证券市场产生影响的因素引起的风险，包括战争、经济衰退、通货膨胀等。

 任务实施

计算现金流量

某物流企业以项目需要固定资产投资 210 万元、无形资产投资 20 万元、流动资本垫付 30 万元。其中固定资产和无形资产投资在建设期初发生；流动资本在经营期初垫支，在项目结束时收回。建设期为 1 年，建设期资本化利息 10 万元。该项目的有效期为 10 年，直线法计提固定资产折旧，期满有残值 20 万元。无形资产按 4 年摊销，预计残值为 0。该项目投资后，第 1~5 年每年归还借款利息 10 万元。10 年中各年分别产生净利润为 20 万元、30 万元、40 万元、50 万元、60 万元、50 万元、40 万元、30 万元、20 万元、10 万元。试计算该项目的净现金流量。

解 根据以上资料计算有关指标如下：

1. 固定资产每年计提折旧额 =（210 + 10 – 20）÷ 10 = 20 万元

无形资产每年摊销额 = 20 ÷ 4 = 5 万元

2. 建设期净现金流量：

$NCF_0 = -$（210 + 20）= -230 万元

$NCF_1 = -30$ 万元

3. 经营期净现金流量：

$NCF_2 = 20 + 20 + 5 = 45$ 万元

$NCF_3 = 30 + 20 + 5 = 55$ 万元

$NCF_4 = 40 + 20 + 5 = 65$ 万元

$NCF_5 = 50 + 20 + 5 = 75$ 万元

$NCF_6 = 60 + 20 = 80$ 万元

$NCF_7 = 50 + 20 = 70$ 万元

$NCF_8 = 40 + 20 = 60$ 万元

$NCF_9 = 30 + 20 = 50$ 万元

$NCF_{10} = 20 + 20 = 40$ 万元

$NCF_{11} = 10 + 20 + 20 + 30 = 80$ 万元

 **知识拓展**

常用的投资决策指标

一、不考虑货币时间价值的指标

（一）静态投资回收期指标

静态投资回收期是指通过项目产生的现金流量而收回全部初始投资所需要的时间，通常以年为单位。这一指标所反映的是初始投资收回速度的快慢，是一种反映绝对的逆指标。最基本的判定标准是：在只有一个项目可供选择时，该项目的投资回收期要小于决策者规定的最高标准；如果有多个项目可供选择时，在项目的投资回收期小于决策者要求的最高标准的前提下，还要从中选择回收期最短的项目。

静态投资回收期的计算相当简单，按项目所带来的每年净现金流量是否相等，其计算公式有所不同。

如果项目所带来的每年净现金流量相等，其计算公式如下：

$$投资回收期 = 原始投资额 \div 年均净现金流量$$

或

$$\sum_{t=1}^{T} C_t - C_0 = 0$$

式中，T——投资回收期；

　　　　C_t——t 时期的净现金流量；

　　　　C_0——原始投资额。

（二）会计收益率指标

会计收益率指标是使用会计报表数据和会计收益与成本理论计算投资回报率来作为投资项目评价的标准的指标。这种评价指标计算简便，应用范围很广。其计算公式为：

$$会计收益率 = \frac{年平均净收益}{原始投资额} \times 100\%$$

会计收益率指标是反映相对数的相对量指标。物流企业在利用会计收益指标进行投资决策时，首先要确实本企业投资项目要求达到的行业平均会计收益率的最低标准，然后将投资项目所能达到的会计收益率与这一标准比较。如果高出这个标准，则该投资项目是可取的；如果达不到这一标准，则应放弃该投资项目。

（三）投资报酬率指标

为了解决会计收益率指标存在的经济意义失真的问题，人们引入了投资报酬率指标。投资报酬率指标用投资项目寿命周期内的年平均现金流量取代了年平均净收益，其计算公式为：

$$投资报酬率指标 = \frac{年平均现金流量}{原始投资额}$$

投资报酬率指标与会计收益率指标相似，是一类反映相对量的正指标，物流企业利用投资报酬率进行项目决策时，要首先确定本企业投资项目要求达到的投资报酬率水平，然后将该投资项目所能达到的投资报酬率与这一标准比较。如果高出这个标准，则该投资项目是可取的；如果达不到这个标准，则应放弃该投资项目。

小贴士

决策时不要忽视机会成本

在投资方案的选择中，如果选择了一个投资方案，则必须放弃投资于其他途径的机会。其他投资机会可能取得的收益是实行本方案的一种代价，被称为这项投资方案的机会成本。

采用投资报酬率指标虽然解决了以现金流量取代收益的问题，但投资报酬率指标与会计收益率指标一样，没有考虑货币时间价值。

二、考虑货币时间价值的指标

（一）动态投资回收期指标

动态投资回收期是指在考虑货币时间价值的条件下，以投资项目净现金流量的现值抵偿原始投资现值所需要的全部时间。动态投资回收期是项目从投资开始起，到累计折现净现金流量等于0时所需的时间。

$$\sum_{t=0}^{P_t}(CI - CO)_t(1 + i_c)^{-t} = 0$$

式中，i_c——基准收益率；

　　　CI——现金流入量；

　　　CO——现金流出量；

　　　P_t——动态投资回收期。

贴现率一般以公司要求的最低收益率为标准。

（二）净现值指标

净现值（NPV）指标是项目投资评价的一种常用指标，主要是利用投资项目寿命周期内各年的现金流入量的现值与现金流出量的现值之间的差额计算出投资项目的净现值，然后根据净现值的大小来评价投资项目的优势的指标。

净现值指标考虑了货币时间价值，把原始投资看成是按预定利率（贴现率）借入的企业负债，并预计项目投资完成后现金流入在各年末可以实现。当投资项目净现值为正数时，表明该项目的经营成果除了偿还本息外还有剩余；当投资项目净现值为零时，表明偿还本息后一无所获；当净现值为负数时，表明该项目收益不足以偿还本息。

净现值的计算公式如下：

$$NPV = \sum_{t=0}^{n} \frac{C_t}{(1+r)^t}$$

式中，C_t——第 t 年投资项目的净现金流量；

　　　r——贴现率；

　　　n——投资项目的寿命周期。

公式中，可以选择投资项目的资本成本作为贴现率，也可以投资的机会成本作为贴现率，还可以行业平均资本收益率作为贴现率。另外，根据投资的不同阶段，还可以采取不同的贴现率。

以净现值指标来评价投资项目的优势，一般认为：若净现值为正值，投资方案是可以接受的；若净现值为负值，投资方案就是不可接受的。净现值越大，投资方案越好。

（三）内部指标收益率

内部指标收益率（IRR）指标是与净现值指标有密切联系的一种项目评价指标，内部收益率指的是资本流入现值总额与资本流出现值总额相等，净现值等于零时的折现率，即在考虑了货币时间价值的情况下，是一项投资在未来产生的现金流量现值刚好等于投资成本时的收益率。内部收益率的计算公式如下：

$$NPV = \sum_{t=0}^{n} \frac{NCF_t}{(1+IRR)^t} = 0$$

式中，NCF_t——第 t 年现金流量；

　　　n——投资项目的寿命周期。

（四）现值指数指标

现值指数（PI）是指某一投资方案未来现金流入的现值同其现金流出现值之比。具体来说，就是把某投资项目投产后的现金流量，按照预定的投资报酬率折算到该项目开始建设的当年，以确定折现后的现金流入和现金流出的数值，然后相除。与净现值指标不同，现值指数指标是一个相对指标，反映投资效率，更有助于投资者进行投资决策。其计算公式为：

$$PI = \frac{\sum_{t=s+1}^{n} NCF_t \times (\frac{P}{F}, i, t)}{\left| \sum_{t=0}^{s} NCF_t \times (\frac{P}{F}, i, t) \right|}$$

式中，NCF_t——第 t 年净现金流量；

　　　i——内部收益率；

n——投资项目的计算期。

现值指数指标的决策原则是：当投资项目的现值指数大于 1 时，选取该项目；当投资项目的现值指数小于 1 时，放弃该项目；当有多个互斥项目并存时，选取现值指数最大的项目。

项目投资决策是物流企业财务管理活动中非常重要的内容，是一项综合性、实用性和操作性都很强的工作。项目决策相关管理人员不仅需要掌握项目评价和决策的基本理论和方法，还应熟悉项目决策分析与评价的实际操作规程与技术。只有这样，才能正确作出物流企业投资项目的决策，促进物流企业持续、健康发展，不断提高物流企业的竞争优势。

作　业

A 物流公司是从事物流存储与运输业务的一家民营企业。为扩大业务能力，公司准备新建储存仓库。企业经过调查分析得到如下有关资料：

（1）该仓库的原始投资额 12.5 万元，分两年投入。第一年初投入 10 万元，第二年初投入 2.5 万元。第二年年末项目完工可以试投产使用，投产后每年可获销售收入 30 万元，投资项目可使用 5 年，残值 2.5 万元，垫支流动资本 2.5 万元，这笔资产在项目结束时可全部收回。

（2）该项目生产的产品总成本的构成如下：材料费用 20 万元，制造费用 2 万元，人工费用 3 万元，折旧费用 2 万元。

总会计师通过对各种资本来源进行分析，得出该厂加权平均的资本成本为 10%，同时，还计算出该项目的营业现金流量、现金流量、净现值，并根据其计算的净现值，认为该项目可行。有关数据如表 8-2-1 所示。

表 8-2-1　　　　　　　　　　投资项目营业现金流量计算　　　　　　　　（单位：元）

项目	第 1 年	第 2 年	第 3 年	第 4 年	第 5 年
销售收入	300000	300000	300000	300000	300000
现付成本	250000	250000	250000	250000	250000
材料费用	200000	200000	200000	200000	200000
人工费用	30000	30000	30000	30000	30000
制造费用	20000	20000	20000	20000	20000
折旧费用	20000	20000	20000	20000	20000
税前利润	30000	30000	30000	30000	30000
所得税（75%）	7500	7500	7500	7500	7500
税后利润	22500	22500	22500	22500	22500
现金流量	42500	42500	42500	42500	42500

表 8 - 2 - 2 投资项目现金流量计算 （单位：元）

项目	投资建设期			经营期				
	0	1	2	3	4	5	6	7
初始投资	100000	25000						
流动资本投资			25000					
营业现金流量				42500	42500	42500	42500	42500
设备残值								25000
流动资本回收								25000
现金流量合计	100000	25000	25000	42500	42500	42500	42500	92500

表 8 - 2 - 3 投资项目净现值计算 （单位：元）

时间	现金流量	10%贴现系数	现值
0	-100000	1.0000	-100000.00
1	-25000	0.9091	-22727.50
2	-25000	0.8264	-20660.00
3	42500	0.7513	31930.25
4	42500	0.6830	29027.50
5	42500	0.6209	26388.25
6	42500	0.5645	23991.25
7	92500	0.5132	47471.00
净现值			15420.75

要求：1. 分析并确定影响仓库投资项目决策的各因素。

2. 不考虑中层干部的意见，计算投资项目的现金流量、净现值等。

3. 根据分析及计算结果，确定项目投资是否可行。

表 8 - 2 - 4 各小组成果检验

小组	因素判断（20%）	现金流量计算（30%）	结论符合实际（30%）	分析思路（20%）	总分
1					
2					
3					
4					

任务三　物流企业财务管理

任务描述

　　随着市场经济的不断发展，物流业在现代经济中的地位也越来越高，发展也渐趋专业化。在激烈的市场竞争中，物流企业要持续健康地发展，除了规范的经营与管理外，还需要正确的财务管理。财务管理是现代物流企业管理的中心。

知识准备

一、物流企业财务管理含义

　　在市场经济条件下，物流企业与其他企业一样，其生存与发展主要体现为企业的再生产过程，而企业的再生产过程主要是以价值的转移和增加体现出来。财务管理就是基于企业再生产过程中客观存在的财务活动而产生的，是企业组织财务活动、处理各方面财务关系的一项经济管理工作。简单地说，财务管理就是对企业的价值运动进行规划和控制的一项管理活动，是企业管理的重要组成部分，其重点就是对价值运动的管理。物流企业财务管理的内容就是在物流企业资本运动过程中形成的各种财务活动，主要包括筹资管理、投资管理、营运管理及利润分配管理等，它们是相互联系、相互依存和相互影响的。

二、物流企业财务管理目标

　　物流企业财务管理又称物流企业理财目标，是指物流企业进行财务活动要达到根本目的，是评价物流企业财务活动是否合理的基本标准。作为物流企业一切财务活动的出发点和归宿，财务管理目标决定着物流企业财务管理的基本方向。不同的财务管理目标会引导物流企业建立不同的财务管理运行机制。科学合理地确定财务管理目标，对物流企业优化财务管理行为，促进物流企业健康发展具有重要意义。

（一）利润最大化目标

　　所谓利润最大化目标，是指通过物流企业财务管理活动增加企业利润，以企业利润达到最大为目标。以利润最大化为目标，有利于企业加强管理、改进技术、提高劳动生产率、降低产品成本，最终提高企业的经济效益。

（二）股东财富最大化目标

　　股东财富最大化目标是指通过企业财务活动的合理安排与运用，为股东带来最多的财富。在市场经济条件下的股份制企业里，股东创办企业的目的是增加财富。他们是企业的所有者，是企业的初始资本的提供者。其投资的目的是获取企业形成的未来报酬，包括获得股利和出售股权获取现金。股东财富由其所拥有的股票数量和股票市场价格两方面决定。在股东投资资本不变的情况下，股价上升可以反映股东财富的增加，股价下跌可以反映股东财富的减损。所以，股东财富最大化又可演变为股票价格最大化。

（三）企业价值最大化

企业价值最大化目标是指通过企业财务上的合理经营，采用合理的财务政策，充分考虑货币时间价值和风险与报酬的关系，在保证企业长期稳定发展的基础上，使企业总价值到达最大。企业价值最大化目标的重点是将企业长期稳定发展放在首位，强调在企业价值增长中满足各方利益关系。

三、物流企业的利益相关者

财务管理目标是企业利益相关者要求企业财务管理达到的目标，要想确立科学的财务管理目标，必须分析究竟有哪些利益相关人会对物流企业财务管理产生影响。物流企业利益相关者很多，主要包括物流企业所有者、债权人、企业员工及政府相关管理部门。

（一）物流企业所有者

所有者是物流企业初始资本的提供者，对物流企业财务管理的影响主要是通过股东大会和董事会来实现的。从理论上来讲，物流企业的重大财务决策必须经过股东大会或董事会的表决，部门经理的任免也由董事会决定。另外，物流企业的利润分配也与企业所有者紧密相关。处理好物流企业所有者与财务管理目标的关系，是确定物流企业财务管理目标的首要任务。

（二）物流企业债权人

物流企业在生产经营过程中除了所有者投入资本外，还需要从外部借入资本。债权人把资本借给物流企业后，一般要求按时收取利息，到期收回本金。债权人为了保证借出资本的安全，就必然要求物流企业按照借款合同规定的用途使用资本，并要求物流企业保持良好的资本结构和适当的偿债能力。

（三）物流企业员工

作为物流企业生产经营的主题，员工为物流企业提供了智力和体力的劳动，对物流企业财务管理目标的选择产生影响。员工的利益与物流企业的利益紧密相连，当物流企业经营失败时，他们要承担重大风险，有时甚至比股东承担的风险还大。因此，在确立财务管理目标时必须考虑员工的利益。

（四）政府管理部门

政府为物流企业提供了各种公共服务，因此，它也要分享物流企业的收益。政府要求物流企业依法纳税，必然会对物流企业财务管理决策产生一定的影响。虽然在市场经济条件下实现了政企分开的政策，政府对物流企业财务管理的影响力相对减弱，但是，政府可以通过政策引导的方式影响物流企业财务管理的目标。

物流企业财务管理目标的选择要满足不同利益相关者的利益要求，也就要求物流企业的财务管理目标形成一种利益制衡机制，进而促进物流企业长期、稳定、健康地发展。

四、物流企业财务管理方法

（一）财务预测

财务预测是根据物流企业财务活动的历史资料，再充分考虑现实要求和条件，对企业未来的财务活动和财务成果作出合理、科学的预计和测算。财务预测的主要任务在于：通过估计和测算各项财务政策的经济成果，为企业提供正确的经营决策依据；为物流企业预计财务收支的发展变化情况，确定经营目标；测定各项定额和标准，为编制计划、分解计划指标服务。财务预测是其他财务管理方法的基础和必要前提。财务预测主要包括明确预测目标、搜集相关资料、建立预测模型、确定财务预测结果四个步骤。

根据不同的分类标准，物流企业财务预测可以分为以下几类：

（1）按预测对象不同，物流企业财务预测分为筹资预测、投资预测、成本预测、收入预测和利润预测。

（2）按性质不同，物流企业财务预测分为定性预测和定量预测。

（3）按预测时间跨度不同，物流企业财务预测分为长期预测、中期预测和短期预测。

（二）财务计划

财务计划是财务预测所确定的经营目标的系统化和具体化，又是控制财务收支活动、分析经营成果的依据，同时，还是以货币形式预测计划期内资本的取得与运用、各项经营收支及财务成果的书面文件。财务计划是在生产、销售、物质供应、劳动工资、设备维修、技术组织等计划的基础上编制的。其目的是对目标进行综合权衡，制订主要计划指标、拟定增产节约措施，协调各项计划指标；是落实物流企业奋斗目标和保证措施的必要环节。

物流企业财务计划编制主要包括经营活动中的各项收入、支出和盈亏情况，业务成本和费用预算，纯收入的分配和亏损的弥补以及企业与国家预算的缴款、拨款关系，流动资本来源和占用以及周转情况，企业依法留用利润的安排使用情况等。

（三）财务决策

财务决策是指物流企业管理人员依据企业的财务目标，在充分考虑财务预测和计划的基础上，对两个或两个以上的备选方案进行对比，从中选择一个最优方案的过程。一般来说，物流企业财务决策的步骤主要包括：确定物流财务决策目标；根据企业内部和外部经营环境拟订数个决策方案，在此基础上运用科学的方法对各备选方案的预期经济效果进行定量和定性的经济分析并作出评价；从诸多方案中选择一个最优方案并组织实施或全部否决备选方案。财务决策时物流企业财务管理活动中非常重要的一个环节，它可以决定企业的财务行为，正确的财务决策对企业的健康发展具有重大意义。

（四）财务预算

财务预算是物流企业编制的一系列专门反映企业未来一定期限内预计财务状况和经营成果以及现金收支等价值指标的各种预算的总称。财务预算主要包括现金收支预算，销售预算，成本、费用支出预算，期间费用预算，资本预算等。编制物流财务预算对于控制财务支出、规范财务活动具有重要意义，是物流企业财务管理的一项重要工作。物流财务预算编制方法包括固定预算和弹性预算，增量预算和零基预算，定期预算和滚动预算。

1. 固定预算和弹性预算

固定预算是把企业预算期的业务量固定在某一项水平上，以此为基础来确定其他项目预计弹性预算是指以预算期间可能发生的多种业务量水平为基础，分别确定与之相应的费用预算数额而编制的、能适应多种业务量水平的费用预算方法。

2. 增量预算和零基预算

增量预算是以基期成本费用水平为出发点，结合预算期物流企业业务量水平及有关降低成本的措施，调整有关费用项目而编制预算的方法。零基预算是指在编制预算时，对所有的预算支出均以零为基底，从实际需要与可能出发，逐项审议各种费用开支的必要性、合理性及开支数额的大小，从而确定预算成本的一种方法。

3. 定期预算和滚动预算

定期预算是指物流财务预算的编制时间是定期的方法。滚动预算是指预算的编制时间是连续不断的，始终保持一定期限的方法。

（五）财务分析

财务分析是指以物流企业的财务报告及其他相关资料为依据，采用一系列专门的分析方法，对物流企业的财务状况和经营成果等进行分析与评价。物流企业通过财务分析，可以为管理层、投资者、债权人、供应商等利益相关者的财务决策、投资决策提供重要依据。

1. 物流企业财务分析的类型

按分析的时点不同，财务分析可以分为事前分析、事中分析和事后分析。事前分析指的是在财务预测、计划和决策编制过程中进行的分析。其目的在于科学地确定各项财务活动的具体目标和评选财务活动方案。事中分析指的是在财务计划执行过程中进行的分析。其目的在于掌握计划的执行情况及实际脱离计划的原因，以便采取措施保证计划的实现。事后分析指的是计划期结束以后进行的分析。其目的在于确定实际脱离计划的程度和原因，以便总结经验和教学，提高企业计划管理水平。

2. 物流企业财务分析的基本方法

物流企业财务分析的基本方法主要有比较分析法、比例分析法和趋势分析法三种。比较分析法是将物流企业的某项财务指标和性质相同的指标评价标准与其他企业相同指标进行对比，揭示物流企业财务状况和经营成果与其他企业差距的一种分析方法。比率分析法是利用会计报表及有关会计资料中两项相关数值的比率来揭示物流企业财务状况和经营成果的一种分析方法。比较分析法与比率分析法经常结合在一起使用。趋势分析法是利用会计报表的其他相关数据资料，将各期指标进行定基对比和环比，从而揭示物流企业财务状况和经营成果变化趋势的一种分析方法。

任务实施

物流企业财务分析与评价

一、物流企业财务分析与评价的基础

现代物流企业财务分析与评价的基础主要是企业的会计核算资料和财务报告，以财务报告为主。财务报告是现在物流企业向政府部门、投资者、债权人等与本企业有利害关系的组织或个人提供的，反映本企业在一定时期内的财务状况、经营成果和影响企业未来经

营发展的经济事项的文件，主要包括资产负载表、损益表、现金流量表、其他附表以及财务状况说明。其中资产负债表、利润表、现金流量表应用的比较多。

（一）资产负债表

资产负债表是以"资产＝负债＋所有者权益"为根据编制的，按照一定的分类标准和次序反映现代物流企业在某一时点上资产、负债及所有者权益的基本状况的会计报表。资产负债表可以提供企业的资产结构、资产流动性、资金来源状况、负债水平以及负债结构等信息，分析者可以根据此表了解企业拥有的资产总额及其构成状况，考察企业资产结构和负债经营的合理程度，评估企业清偿债务的能力和筹资能力，预测企业未来的财务状况和财务安全情况，从而为债权人、投资人及企业管理者提供决策依据。

（二）损益表

损益表是以"利润＝收入－费用"为根据编制的，反映物流企业在一定时期内物流活动经营成果的财务报表。通过损益表可以考核现代物流企业利润计划完成情况，分析企业实际的赢利水平及利润增减变化原因，预测利润的发展趋势，为投资者及企业管理者等提供决策的依据。损益表也是计算投资利润率和投资利税率的基础和依据。

（三）现金流量表

物流企业的现金流量表是以"净现金流量＝现金流入－现金流出"为根据编制的，通过现金和现金等价物的流入、流出情况，反映企业在一定时期内的经营活动、投资活动和筹资活动动态情况的财务报表。它是计算现代物流企业内部报酬率、财务净现值和投资回收期等反映投资项目赢利能力指标的基础。根据计算的基础量不同，现金流量表可以分为全部投资现金流量表和自由资金财务现金流量表。

二、物流企业财务分析与评价的指标体系

物流企业财务分析与评价按照分析的目的不同可以分为偿债能力分析与评价、获利能力分析与评价、营运能力分析与评价、发展趋势分析与评价和综合分析与评价。

（一）偿债能力分析与评价

偿债能力是指现代物流企业偿还各种到期债务的能力。偿债能力指标是用来分析和评价企业长期以及短期内能够用其资产偿还负债能力的大小。或者用来判断企业举债经营安全程度的指标。

1. 流动比率

流动比率是指物流企业流动资产与流动负债的比率。其计算公式为：

$$流动比率＝流动资产/流动负债$$

流动比率反映了流动资产对流动负债的保障程度。流动比率越高，表明企业短期偿债能力越强。从债权人的角度，流动比率越高则其债券越有保障，对其越有利。但从经营管理者理财的角度，过高的流动比率表明企业的资金管理存在问题。因为流动比率过高，有可能是因为企业滞留在流动资产上的资金过多，未能有效地加以利用，进而会影响企业的获利能力，通常流动比率为200%左右比较合适。

2. 速动比率

速动比率是指企业速动资产与流动负债的比率。速动资产是指能迅速转变为现金的资

产，包括现金、各种存款、有价证券和应收账款等资产，其计算公式为：

$$速动比率 = 速动资产/流动负债 = （流动资产 - 存货）/流动负债$$

因为速动资产流动性强，变现速度快，所以速动比率比流动比率更能精确反映企业短期债务的偿还能力。一般认为，企业速动比率应达到100%左右。速动比率过高，会造成资金浪费，资金使用效率低；速动比率过低则偿债能力弱，财务风险大，不利于吸引投资者。

3. 资产负债率

资产负债率是企业负债总额与资产总额的比率，是衡量企业长期偿债能力的重要指标。它反映在企业总资产中，有多少比例是通过举债来筹集的，同时也说明企业清算时债权人利益的保障程度。其亦称举债经营比率，或负债比率，计算公式为：

$$资产负债率 = 负债总额/资产总额$$

从债权人角度，这一指标越低越好，该指标越低，说明全部资本中所有者权益比例越大，企业财力也越充足，债权人按期收回本金和利息也就越有保证。从所有权的立场，该指标的评价，要视借入资本的代价而定。当全部资产利润率高于借贷利率时，其希望资产负债率高些，反之则希望其低些。从经营管理者角度，资产负债率高或低，反映其对企业前景的信心程度，资产负债率高，表明企业活力充沛，对其前景充满信心，但需承担的财务风险较大，同时过高的负债比率也会影响企业的筹资能力。因此，企业经营管理者运用举债经营策略时，应全面考虑，权衡利害得失，保持适度的负债比率。

4. 产权比率

产权比率亦称负债与股东权益比率，是负债总额与所有权的比率。其计算公式为：

$$产权比率 = 负债总额/股东权益总额$$

产权比率是衡量企业长期债务偿还能力和财务结构稳定状况的指标，实际上是负债比率的另一种表现形式。该指标越低，说明企业长期债务状况越好，债权人贷款的安全性越有保障，企业财务风险越小。

5. 利息保障倍数

利息保障倍数也称利息所得倍数，是企业经营业务的收益与利息费用的比率，用于分析物流企业在一定赢利水平下支付债务利息的能力。其计算公式为：

$$利息保障倍数 = 息税前利润/利息费用$$

（二）物流企业营运能力分析与评价

营运能力又称资金周转状况，即企业充分利用现有资源创造社会财富的能力。营运能力指标是用来总结、分析和评价物流企业销售能力、资金流动性等正常经营运转能力的指标，它反映企业资产管理的效率和水平。常用的评价指标有存货周转率、应收账款周转率、流动资金周转率和总资产周转率。

1. 存货周转率

存货周转率是指物流企业一定时期内的销售成本与平均成本的比率，它是衡量物流企业购货、生产工具、销售各环节管理效率的综合性指标。通常用存货周转天数和存货周转次数两种方式表示，其计算公式为：

$$存货周转次数 = 销货成本/平均成本$$
$$存货周转天数 = 计算期天数/存货周转次数$$

在正常情况下，存货周转率越高，说明存货周转越快，利润率就越大，营运资金用于存货的余额就越小。但存货周转率过高，也可能说明经营管理方面存在一些问题，如存货水平过低，批量太小等。存货周转率过低常常是库存管理不善、存货积压、资金积压、资金沉淀、销售状况不佳的结果。因此，对存货周转率的分析，必须综合企业实际情况，充分考虑诸多因素的影响。

2. 应收账款周转率

应收账款周转率是指物流企业赊销收入净额与应收账款平均余额的比率，是反映企业应收账款回收速度和管理效率的指标。通常用下列公式表示：

$$应收账款平均余额 = （期初应收账款 + 期末应收账款）/2$$
$$应收账款周转率 = 赊销收入净额/应收账款平均余额$$

该指标是评价应收账款流动性大小的一个重要财务比率，它可以用来分析企业应收账款的变现速度和管理效率，企业应收账款周转率越高，则表明企业应收账款的变现速度越快，管理效率高、资金回收迅速，不易发生呆账或坏账损失，流动资产营运状况好；反之，则相反。

3. 流动资产周转率

流动资产周转率是指销售收入和流动资产平均余额的比率，它反映的是全部流动资产的利用效率，可用公式表示为：

$$流动资产周转率 = 销售收入/流动资产平均余额$$

该指标是分析流动资产周转情况的一个综合指标，周转率越高，说明流动资产周转率越快，资金运用效果越好。

4. 总资产周转率

总资产周转率亦称总资产利用率，是销售收入与资产总额的比率，计算公式为：

$$总资产周转率 = 销售收入/资产平均总额$$

该指标可用来分析企业全部资产的使用效率。如果该比率较低，说明企业利益其资产进行经营的效率较差，会影响企业的获利能力，企业应采取措施提高销售收入或处置资产，以提高总资产利用率。

（三）物流企业获利能力分析与评价

获利能力分析是指企业赚取利润的能力。赢利是企业的重要经营指标，是企业生存和发展的物质基础。获利能力分析与评价是财务分析的一项不可缺少的重要内容。

评价企业获利能力的指标主要有资本金利润率、资产报酬率、销售利税率及成本费用利润率。

1. 资本金利润率

资本金利润率指企业税后利润净额与资本金总额（在工商管理部门注册资金总额）的比率。其计算公式为：

$$资本金利润率 = 利润总额/资本金总额$$

资本金利润率是一个反映资本金获利能力，衡量企业负债是否适度的指标。一般来说，该指标越高，说明投资的效益越好。在资本金利润率高于同期银行利率时，其差额部分可转化为所有者享有的利益，因而适度负债对所有者有利。

2. 资产报酬率

资产报酬率指企业利润总额同利息之和与平均资产总额的比率。其计算公式为：

$$资产报酬率 = （利润总额 + 利息）/平均资产总额$$

在这里，把利息列入资产报酬总额，是因为利息也是企业负债资本增值的一部分，只是企业将其支付给债权人而已。企业资产报酬总额的数量，受到企业资产的数量、资产结构及经营管理水平的影响。该比率越高，表明资产利用效率越高，获利能力越强。分析评价资产报酬率，可以促进企业改进经营管理水平，将有限来源的资产尽可能地发挥价值，从而提高企业的获利能力。

3. 销售利税率

销售利税率指企业在一定时期内利税总额与净销售收入的比率。其计算公式为：

$$销售利税率 = 利税总额/净销售收入$$

销售利税率是衡量企业销售收入水平的指标，该比率越高，说明销售收益水平越高，同时也说明企业对国家的贡献越大。

4. 成本费用利润率

成本费用利润率指税后利润总额与成本费用总额的比率。其计算公式为：

$$成本费用利润率 = 税后利润总额/成本费用总额$$

该指标反映企业付出与所得的关系。这一比率越高，说明企业为获取收益而付出的代价越小，企业获利能力越强。因此，该指标不仅可以用来评价企业获利能力的高低，也可以评价企业对成本费用的控制能力和经营管理水平。

（四）物流企业财务状况趋势综合分析与评价

趋势综合分析主要是通过比较企业连续几期的财务报表或财务比率，来了解企业财务状况变化的趋势，并以此来预测企业未来财务状况。一般来说，单独分析任何一类财务指标，都不足以对物流企业的财务状况作出全面的、合理的评价。因此，必须对物流企业进行综合的财务分析。进行趋势综合分析主要用比较财务报表、比较百分比财务报表、比较财务比率和图解法等。

三、实例分析

现以某物流公司 2007 年有关数据为资料，对其进行财务状况综合分析。

公司财务评价主要内容是公司的偿债能力、营运能力、获利能力，它们三者之间大致可按 5：3：2 来分配比重。偿债能力的四个指标各占 8% 的权重，营运能力的指标按 2：2：1 来分配权重，获利能力的三个指标各占 6% 的权重。公司财务综合评分的总评分以 100 分为准。具体如表 8 - 3 - 1 所示：

表 8 - 3 - 1　　　　　　　　　某物流公司 2007 年财务比率综合评分

财务比率	评分值（1）	上/下限（2）	标准值（%）（3）	实际值（%）（4）	关系比率(5) = (4)/(3)	实际得分(6) = (1) × (5)
流动比率	10	20/5	2	1.98	0.99	9.90

续　表

财务比率	评分值（1）	上/下限（2）	标准值（%）（3）	实际值（%）（4）	关系比率（5）＝（4）/（3）	实际得分（6）＝（1）×（5）
速动比率	10	20/5	1.2	1.29	1.08	10.8
资产负债率	12	20/5	2.10	2.17	1.03	12.36
存货周转率	10	20/5	6.50	6.60	1.02	10.20
应收账款周转率	8	20/4	13	12.72	0.98	7.84
总资产周转率	10	20/5	2.10	2.05	0.98	9.80
资产报酬率	15	30/7	31.50	30.36	0.96	14.40
股权报酬率	15	30/7	58.33	57.19	0.98	14.70
收入利润率	10	20/5	15	14.79	0.99	9.90
合计	100					99.90

根据表 8-3-1 财务比率综合评分，某物流公司财务状况的综合评分为 99.90 分，非常接近 100 分，说明该公司的财务状况是优良的。

 知识拓展

中远物流财务精益管理[①]

作为中远集团第一个"精益管理年"的试点单位之一，作为中国物流百强榜首企业，作为"2006 年度最佳第三方物流公司"，中远物流在精益管理方面一直在努力做着探索和尝试，力争有效整合资源，控制成本，优化流程，以提高核心竞争力并最终实现利润最大化。尤其是财务工作上，中远物流抓住重组、合资的契机，走出了一条颇具特色的精益管理之路。

中远物流经过重组改制后，在业务结构上、管理体制上和市场竞争环境上发生了很大变化。为实现中远物流全面、健康和可持续发展，尤其需要"精益管理"的长效机制，使管理工作能适应新变化，向集约化、系统化、精益化方向转变。在这个过程中，中远物流财务管理工作，紧紧围绕实现公司效益目标，建立精益化财务管理的长效机制，充分发挥财务管理在公司经营和管理链条中的运营作用，初步建成了满足第三方物流业务和其他业务发展需要，适应境内境外双重监管体系要求的会计核算体系和财务管理体系，为中远物流持续、稳健、快速发展起到了切实的保障作用。

---

① http://info.jctrans.com/zxwl/wlcz/wlal/20061018317164_2.shtml

一、加强成本管理　强化预算控制

精益管理的基本理念是利润来源于降低成本的不断追求之中，成本是利润决定因素中，企业最能直接控制的要素。中远物流财务管理工作始终重视成本管理，结合全面预算管理工作的实施，主要从以下几方面抓好成本的控制工作：

加强成本构成要素的分析控制。2005 年下发了《中远物流有限公司经济活动分析管理办法》；要求系统内部各级公司实行月度经济活动分析，并统一规定了经济活动分析的内容、结构；特别是就其中成本构成要素进行明细分类，要求逐项进行纵向、横向比较分析。

借用外脑，对物流业的成本明细进行重新划分界定。组织财务人员参加交通会计协会、上海海运学院的物流成本定义课题小组。结合企业实际划分标准，采纳专家意见，对物流成本类会计科目进行了重新设定，并逐一明确定义；制订了《物流业务成本管理办法》下发全系统统一执行。

进一步强化预算的刚性控制机制。根据集团总公司关于提高预算编制质量加强预算控制的要求，参考集团总公司制订的预算编制考核细则，在系统内建立了财务预算考核指标体系，并纳入企管奖考核的范畴，强调预算编制的协同性和执行上的刚性原则。系统各公司在预算编制和调整过程中，基本上都可以做到多部门多环节共同参与预算的编制工作，同时在预算的执行过程中对成本费用的支出能够采用刚性控制的原则。

在条件成熟的重点物流项目中推进全面预算管理。2005 年制订了中远物流实施全面预算管理的三年推进方案。根据计划，已在条件成熟的物流项目中推进了全面预算的试点工作，从业务流程各环节对物流项目预算进行掌控，有效控制了项目成本的过快增长，促进了项目管理向精细化方向发展，在一定程度上也降低了物流项目的经营风险。

为配合中远物流对第三方物流业务实施事业部考核的要求，2006 年中远物流财务工作继续以重点物流项目预算控制为重点，在物流分部逐步推进全面预算绩效考核体系，推动动态预算体系的建立，从制度上、措施上保障成本费用的有效控制，达到降本增效的目的，保障核心工作的顺利完成。

二、统一制度规范　优化流程再造

精益化管理贯彻持续改进的理念。"减少成本、彻底排除浪费"之后的流程再造工程，始终是中远物流建立精益化管理长效机制的主线。流程优化再造是一个系统工程，财务部将其分为三步实施。

规范全系统财务制度体系。财务部启动了财务制度建设的整体部署，通过制订有效的执行、监督机制，不断修改、完善、汇编各种财务管理制度，并在全系统内贯彻落实等措施，提升了整个系统公司的财务管理水平。修订和完善了《中远物流有限公司会计核算办法》，并制订了一系列的配套制度，推出涉及资金管理、业务结算、运费管理、分部报表、净额转全额、截止性调整等方面的管理细则，另外为细化对业务分部的管理，初步制订了第三方物流业务会计核算制度和财务管理制度。近两年来先后制订并完善了 39 项规章制度及具体实施细则。

规范会计核算流程体系。物流业务的快速发展对核算体系提出了更新、更高的要求，2005 年针对会计核算体系推出了系统性的修订工作，为满足现代物流业务的需要，重新调整了科目设置。在全系统推广业务流程、财务流程再造工程，结合 SAP 的上线工作，汇集全系统的业务、商务、财务精英优化完善了 51 个业务流程。使得业务分界的划分更加明确，从流程上为正确编制分部报表起到了保障作用；使各业务分部的核算做到了标准统一、科目统一，提高了系统公司各业务分部核算的准确性，同时提高了各区域公司间业务分部数据的可比性。

以 SAP 上线为契机，对再造的流程进行实质检验。2005 年结合 SAP 在中远物流总部以及上海区域上线的机会，将梳理后的 51 个业务流程和统一的会计科目在其他没有上线的区域进行了推进，为 2006 年在系统公司全面铺开奠定了基础，同时对财务信息披露系统的进一步建设提供了有力的保障。

三、结合 TMT 计划实施 持续推进精益管理

中远物流在 2005 年 8 月启动了全面强化物流业务管理的 TMT 计划。TMT 计划的目的是实现物流业务从粗放管理向精细管理转变，从规模型发展向规模效益型发展转变，全面提升以技术、管理、人才培训为核心的整体竞争力，最终实现物流业务的全面、协调、可持续发展。中远物流财务工作结构 TMT 计划实施，持续推进精益管理。

通过"TMT"计划的实施，对财务、商务以及具体业务人员进行了相关财务知识培训，如 ABC 成本法、预算、项目收益成本核算、投资评估等内容。培养全员的全面预算观念、成本控制观念以及精益化管理的观念等。

在"TMT"计划的实施过程中，通过大规模的业务、商务、财务管理调研、通过大量的实务案例分析，反复校验 SAP 蓝图资料中物流业务的流程，针对物流业务专门制订《中远物流有限公司物流业务会计核算办法》、《中远物流有限公司重点物流项目管理和监测纲要》等 11 项财务制度。

通过"TMT"计划的实施，切实推进了财务全面预算管理模式。通过"TMT"计划的实施，在物流业务板块初步实施全面预算绩效考核体系，以重点物流项目预算管理为重点，推进动态预算体系的建立，推行项目预算批复制，从制度上、措施上保障物流分部业务成本费用的有效控制，达到降低增效的目的。

为了配合 TMT 计划的实施，持续不断地加强精益化管理工作，逐步建立和完善了物流业务、商务、财务三位一体的运营控制体系，促进物流财务管理的规范化、标准化和专业化。

精益管理要"精益求精，尽善尽美"，中远物流财务管理工作的脚步没有因取得的成绩而停下来。财务部根据公司的发展规划，制订了未来几年中远物流财务工作的中心指导思想：即本着"服务于生产"的根本原则，"围绕一个核心，健全五个体系"，建立精益财务管理的长效机制。紧紧围绕实现公司效益目标这一核心，充分发挥财务在公司经营和管理链条中的运营作用，推动效益保障体系的良好运作，实现公司效益最大化。五个体系建设分别是：财务信息披露系统的建设、风险防控系统建设、成本控制体系（精细化控制体系）建设、财务运营体系建设和财务保障系统建设。通过五个体系的建设，建立起精益

财务管理的长效机制，持续改进和不断创新财务管理工作，在企业经营中能发挥更大的效力，并为今后进一步完善全面预算管理体系，精益化绩效考核体系分析模型，更有效的资本运营奠定坚实的基础。

思考：

1. 中远公司的财务精益管理主要体现在哪些方面？
2. 中远公司的财务优化管理为企业带来哪些好处？
3. 通过对中远公司的财务管理措施对其他物流企业有哪些启示？

 **作 业**

某物流公司 2008 年有关经济效益评价指标如表 8 - 3 - 2 所示。

表 8 - 3 - 2　　　　　　　　　经济效益评价指标　　　　　　　　（单位:%）

指标	计划指标	实际指标
流动比率	300	320
速动比率	150	120
资产负债率	50	62
应收账款周转率	300	260
存货周转率	280	300
资本金利润率	25	27
销售利润率	20	22
成本费用利润率	18	16

注：试从投资者、债权人和企业经营者的角度对物理企业的财务状况进行分析。

模块小·结

本模块主要介绍了物流企业资金筹措的渠道和方式，并对各种筹资方式进行了比较。同时介绍物流企业项目投资和证券基本概念的基础上，针对物流企业特点，简述了物流企业项目投资的原则和程序、证券投资的基本理论和方法，并着重讲述了项目投资的评价及决策方法。对物流企业财务管理的方法进行了描述，并能根据财务管理的方法对企业的财务情况进行分析。

此外，模块中还介绍物流企业财务管理的方法，具体包括财务预测、财务计划、财务决策、财务预算、财务分析等。同时介绍了物流企业财务分析与评价的内容，按照分析的目的不同可以分为偿债能力分析与评价、获利能力分析与评价、营运能力分析与评价、营运能力分析与评价、发展趋势分析与评价和综合分析与评价。通过学习能够运用以上方法对财务管理进行评价。

模块九　物流企业信息管理

知识目标

1. 理解物流企业信息管理的内容
2. 理解物流企业信息系统的含义
3. 掌握如何建立物流企业信息系统
4. 掌握如何对物流企业的信息系统进行维护
5. 了解电子商务在物流信息系统中的作用及影响

能力目标

1. 能够简单建立物流企业信息系统模型
2. 能够掌握信息系统的分析与设计方法
3. 可以对某个系统提出安全维护建议

任务一　物流企业信息管理

任务描述

随着物流产业与物流服务的发展，物流成为人们关注的重要领域。物流理念及其市场经营方式的变革，不仅加速了流通业的发展，而且影响了制造业、运输业、批发业、运输业的发展进程。高效率的物流运作，强调的是顺利将货物从发货人处送到客户手中，能实现这一目的，物流信息的配合是必不可少的。所以，要建立完善的物流系统，应充分应用现代物流信息管理系统。

知识准备

一、物流信息认知

现代物流是将物流信息、运输、采购、仓储、保管、装卸搬运以及包装等物流活动要素综合起来的一种新型的集成式管理，它的任务是减少总物流成本，为客户提供最好的服务。其中物流信息是指物流活动要素中所涉及的信息，它和运输、配送等各个环节关系紧密，在物流活动中起着神经中枢的作用。

（一）物流信息的组成

物流信息包括物流系统的内部信息和外部信息两个部分。

1. 物流系统的内部信息

物流系统的内部信息是指伴随物流活动而产生的信息，包括物料位移信息、物流作业信息、物流控制信息和物流管理信息等。

2. 物流系统的外部信息

物流系统的外部信息是指在物流活动之外发生但对物流活动产生影响的信息，包括供货人信息、顾客信息、订货信息、交通信息、市场信息、政策信息以及物流企业内部与物流活动有关的信息等。

（二）物流信息的特点

从物流信息自身的角度来看，物流信息有如下特点：

（1）分布性。分布性是指物流信息分布在不同的地点。信息流是伴随物流产生的，它随着物体的位移而移动。随着物流活动的范围而增加，需要在全球范围内对物流信息进行收集、处理和加工。

（2）复杂性。除了内部复杂性，外部的物流活动与其他系统也是很复杂，使物流信息的处理难度增加。

（3）动态性。动态性指物流信息内容、价值日新月异，因此在物流管理的快速反应能力方面提出了更高的要求。

从物流管理的角度来看，物流信息则有以下特点：

（1）可得性。物流信息必须具有可得性，即在需求产生时能方便及时地获得有关信息和数据。可得性有助于了解消费者的响应以及改进管理决策，借助较强的信息可得性可以降低作业上和制订计划上的不确定性。

（2）准确性。物流信息必须精确地反映当前的进程和定期活动状态，以估计顾客订货和存货水平。增加信息的准确性，就可以减少不确定性，从而尽可能地减少安全库存量，降低企业物流成本。

（3）及时性。由于发生的物流活动的信息系统和活动之间存在着得到反应的时间差，物流信息必须及时提供快速的管理反馈。及时的信息减少了不确定性，有利于识别各种问题，增加了决策的精确性，使得物流管理控制能够对物流系统的变化作出快速、正确的响应。

（4）灵活性。物流信息必须是具有灵活性，即能对特殊客户的需求做出灵活的调整。

（5）支持异常处理。物流运作过程通常是要与大量的顾客、产品、供应商和服务公司发生联系，物流信息必须能够对各种异常情况进行识别和及时处理。

不同类别的物流信息还有一些不同的特点。例如，物流系统产生的信息，由于需要向社会提供，因而收集信息时力求全面、完整；而收集的其他系统信息，则要根据物流要求予以选择。

（三）物流信息的分类

在处理物流信息时需要对物流信息进行分类，通常有以下几种分类方法：

1. 按信息产生的作用领域不同划分

按信息产生和作用领域的不同，物流信息分为以下两类：物流活动所产生的信息和物流活动使用的由其他信息源产生的信息。前者是发布物流信息的主要信息来源，通过其产生的信息不仅可以知道下一个物流循环，也可以作为经济领域的信息提供给社会。后者是信息工作收集的对象，它是其他经济领域、工业领域产生的对物流活动有作用的信息，其目的在于指导物流活动。

2. 按信息的作用划分

按信息的作用划分，物流信息分为计划信息、控制及作业信息、统计信息、支持信息。其中计划信息指还未完成的但已经当做作业目标的信息，只要还未开始具体业务操作，都可以认为是该类信息，如各种计划、工作安排、协议合同信息等。计划信息是进行重大业务决策不可缺少的依据，掌握了这些信息，就可以对物流活动进行战略思考。控制及作业信息指的是物流活动过程中产生的信息，有很强的动态性，它是了解物流状况必不可少的信息。如库存种类、库存量、在运量、运输工具状况、物价、运费以及港口船舶到发情况等。这类信息的主要作用是用以控制和调整正在进行中的物流活动和指导以后即将发生的物流活动，以实现对过程的控制和对业务活动的调整。统计信息指的是物流活动完成后，对物流活动一种总结性、归纳性的信息。虽然新的统计结果会持续不断地产生，但是已产生的统计信息都是有用的历史资料，例如，上一年度、月度发生的物流量、物流活动种类、运输方式、运输工具使用量、仓储量以及装卸量等，统计信息有很强的战略参考价值，可以用过去的物流活动及其规律来指导新的物流战略发展。支持信息指能对物流计划、业务、操作具有影响或有关的文化、科技、产品、法律、民俗、教育等方面的信息，例如，物流技术的革新、物流人才需求等。

3. 按信息的加工程度划分

按信息的加工程度，信息分为原始信息和加工信息。其中原始信息是指未加工的信息，它是物流信息工作的基础，也是最有权威性的信息，一旦有需要，可从原始信息中找到基本依据。加工信息是指对原始信息进行处理后的信息。这种信息是对原始信息的提炼、简化和综合，可以大大减少信息储存量，并将信息整理成有使用价值的物流信息。

4. 按物流管理功能划分

按物流管理功能划分，物流管理大概可以分为四个层次，相应的物流信息也可以分为四个层次：战略计划层信息，指形成企业战略联盟，以增加利润为基础的客户服务等关系到企业长期发展的信息；决策分析层信息，指存货水平管理，网络与基础设施选址和配置，供应链上、下游企业以及外部市场环境等方面的信息；管理控制层信息，指成本控制、资产管理、顾客服务质量的管理、生产率水平管理以及质量管理等；业务层信息，指订单、安排存货、选择作业程序、装船过程控制、定价和开票以及解答顾客询问等日常业务方面的信息。

5. 按物流活动环节划分

由于不同物流环节中的物流活动性质存在差异，因此，物流信息的内涵特点也不一样。按物流活动环节分类，可以将物流信息分为运输信息、仓储信息、配送信息等，或进一步细分为集装箱信息、托盘交换信息、库存量信息、汽车运输信息等。

二、物流信息技术

在一般的信息技术基础上，根据物流的功能和特点，物流信息技术主要包括传统的电子数据交换（EDI）、条码、射频技术、多媒体技术、地理信息技术、全球卫星定位技术、智能标签技术、数据库及数据仓库技术等。由这些信息技术的支撑，形成了以移动通信、资源管理、监控调度管理、自动化仓储管理、业务管理、客户服务管理、财务管理等多种业务集成的一体化现代物流信息管理系统。

（一）条形码与射频技术

条形码技术也称条码技术，是 20 世纪在计算机应用中产生和发展起来的一种自动识别技术，是集条码理论、光电技术、计算机技术、通信技术、条码印刷技术于一体的综合性技术。

条码技术是物流自动跟踪的最有效的物流信息技术。条码技术的优点是制作简单、信息收集速度快、准确率高、信息量大、成本低和条码设备方便易用等，所以从生产到销售的物品流通过程中，条码技术起到了准确识别物品信息以及快速跟踪物品流通位置等重要作用，是物流信息管理工作的基础。条码技术在物流的数据采集、快速响应、运输等方面的应用极大地促进了物流业的发展。

射频技术是一种以电磁理论为应用基础的通信技术，适用于物料跟踪、运载工具和货架识别等要求非接触数据采集和交换的场合。它的优点是不局限于视线，识别距离比光学系统远，射频识别卡具有读写能力，可携带大量数据，难以伪造，且智能。目前通常利用便携式的数据终端，通过非接触式的方式从射频识别卡上采集数据，采集的数据可直接通过射频通信方式传送到主计算机，由主计算机对各种物流数据进行处理，以实现对物流全过程的控制。

（二）电子数据交换

电子数据交换（EDI）是按照协议的标准结构格式，将标准的经济信息，通过网络传输，在贸易伙伴的计算机系统之间进行交换和自动处理。

EDI 的基础是信息，这些信息可以由人工输入计算机，但更好的方法是通过扫描条码获取数据，速度快、准确性高。物流技术中的条码包含了物流过程所需的多种信息，与EDI 相结合，方能确保物流信息的及时可得性。

（三）数据库技术

数据库技术将信息系统中大量的数据按一定的结构组织起来，提供存储、维护、查询的功能。可以将物流系统的数据库建成一个物流系统或供应链的公共数据平台，为数据采集、数据更新和数据交换提供方便。结合数据仓库技术和数据挖掘技术，对原始数据进行系统的加工、汇总和整理，提供隐含的、从前未知的、潜在有用的信息和关系，满足物流过程智能化管理的需要。

（四）GIS

GIS 以地理空间数据为基础，采用地理模型的分析方法，适时地提供多种空间和动态的地理信息，是一种为地理研究、决策研究和决策服务的计算机技术系统。通过各种软件的配合，地理信息系统可以建立车辆模型、网络物流模型、分配集合模型、设施定位模型等，更好地为物流决策服务。

（五）GPS

GPS 是利用空中卫星对地面目标进行精确导航与定位，以达到全天候、高准确度地跟踪地面目标移动轨迹的目的。近年来，全球定位系统已在物流领域进行了广泛的应用，主要应用在汽车自定位及跟踪调度、铁路车辆运输管理、船舶跟踪及最佳航线的确定、空中运输管理和军事物流配送等领域。

三、物流信息化的任务

信息化是当今现代化的标志和关键。物流管理很大程度上是对信息的处理，管理组织中存在的大量岗位只是发挥信息的收集、挑选、重组和转发的大"中转站"的作用。如果这些工作由正规信息系统来承担，就会更快、更准、更全面。物流管理人员和决策人员如何利用物流信息技术，充分发挥物流管理理论的作用，已经成为物流企业所面临的一个重要问题。

物流信息化不仅包括物资采购、销售、存储、运输、流通加工等物流活动的信息管理和信息传送，还包括对物流过程中的各种决策活动，如采购计划、销售计划、供应商的选择、客户分析等提供决策支持，并充分利用计算机的强大功能，汇总和分析物流数据，进而作出更好的进、销、存决策。充分利用企业资源，增加对企业的内部挖掘和外部利用，降低流通成本，提高服务质量，增强企业竞争优势。

四、物流企业信息化的发展

随着网络技术与其应用的不断发展，网络与现代物流的关系越来越密切。一方面，网络的不断发展给物流的发展提供了一个非常广阔的发展前景和技术支持。可以说，没有网络就没有现代物流。另一方面，网络又给现代物流提供了新的发展方向和新的客户需求。现代物流已经成为不可分割的一部分，支撑着现代网络的商业应用。

传统物流是把货物从一个地方运到另一个地方，而信息化物流更注重把货物"运动"的信息准确地传递给客户，并通过一系列信息化的手段和方法加快物流进程、缩短物流周期、降低物流成本，互联网技术和信息技术恰好为此提供了极大的方便。如何将物流和网络、信息化进行优化组合，使整合物流可控程度提高，就成为人们关注的焦点。

物流企业信息化建设归纳起来，包含了三个层面。

（一）基础信息化需求仍是主流

由于信息技术、网络技术的普及和发展，特别是互联网技术解决了信息共享、信息传输的标准问题和成本问题，使信息更广泛成为控制、决策的依据和基础。因此，只要解决信息的采集、传输、加工及共享，就能提高决策水平，从而带来效益。在这个层面上，可以不涉及或少涉及流程改造和优化的问题，信息系统的任务就是为决策提供及时、准确的信息，这是所有行业信息化的共性问题、基础问题，物流企业也不例外。

（二）涉及流程改造的信息化需求日益突出

企业在利益机制的驱动下，不断降低成本和加快资金周转，将系统论和优化技术用于物流的流程改造和设计，融入新的管理制度之中。此时的信息系统作用有两个：一是固化新的流程或新的管理制度，使其得以规范地贯彻执行；二是在规定的流程中提供优化的操作方案，如仓储存取的优化方案、运输路径的优化方案等，此时，信息系统的作用主要在于固化管理和优化操作。此类信息化建设涉及流程，因此带有明显的行业特点。

（三）供应链的形成和供应链管理作用上升，其中物流是其主要组成部分

要解决的问题是提高整个供应链的效率和竞争力，主要是通过对上、下游企业的信息反馈服务来提高供应链的协调性和整体效益，如生产企业与销售企业的协同、供应商与采购商的协同等。物流信息系统不仅是供应链的血液循环系统，也是中枢神经系统。供应链的基础是建立互利的利益机制，但是这种机制需要一定的技术方案来保障。在这里，信息系统的主要作用是作为实现这种互利机制的手段。例如，销售商的库存由供应商的自动补货系统来管理，生产商的生产计划根据销售商的市场预测来安排等。

三个层次的需求是由浅入深的，在我国的发展也是逐渐展开的。后一阶段往往以前一阶段的基础为起点，即流程改造和过程的优化控制是以信息化基础为起点的，而供应链的形成和供应链管理又是以各企业流程设计和运行优化为基础。由于我国现在是利用后发优势，希望通过更短的过渡时间走过许多跨国公司几十年甚至上百年的历史，所以常常三步并作一步走。而这在物流企业信息化过程中，若处理得好可以缩短信息化进程；若处理不好，不能对症下药，反而会适得其反，甚至伤筋动骨。

从总体上看，我国绝大部分的物流企业，特别是中、小物流企业仍处于第一阶段，即要用少量的投资解决业务各流程的信息化问题，目标是建立决策依赖信息、数据的机制，特别是将财务核算深入到各业务环节中去。此类需求是目前企业信息化总需求的主体，少部分基础较好的物流企业已经进入了第二层需求，即优化流程设计和操作。这样的企业有较好的经营管理机制和较好的信息化基础，可以为流程再造提供制度保证和数据基础。此类需求占企业总需求的比例虽然不大，但增长比较快。目前，我国物流企业进入第三层的还是凤毛麟角，但这并不是说供应链思想在我国不适用。相反地，如果有意识地宣传探索供应链理论和实践，可以加快我国现代物流和供应链管理的发展。

五、物流企业信息化建设中存在的问题

在我国，企业在信息化建设方面已经具备了一些基础，如普及人事管理和财务管理的计算机系统，或实现了一些主要环节（如仓储管理、销售管理等）的计算机系统，但真正实现物流信息化的极少，主要存在以下几个问题。

第一，不能保证对信息化工作的投入，物流管理信息化工作往往半途而废或草草收兵。

第二，信息化初期需要管理人员投入大量的工作，花费大量的精力。有时，新系统会触及一些人的既得利益，因而一些管理人员不愿使用物流信息系统。

第三，开发物流信息系统的技术人员多是计算机公司的人，缺乏对物流企业运作方式的理解。如果企业人员不予配合，就很难实现一个令企业管理人员满意的系统。

第四，开发物流管理信息系统需要花费几年的时间，而计算机技术发展极快，从而可能导致前、后计算机平台不一致。开发过程中的新、旧系统集成和继承是一个问题。

第五，中国的大多数企业面临"成长的烦恼"。频繁更换软件系统，朝三暮四，昨天用制造资源技术（MRPⅡ）系统，今天用企业资源计划（EAS）系统，导致重复的投入和资源浪费；各个信息系统不能集成，导致信息孤岛，不能有效发挥信息系统优势，管理内耗严重；大多数高层管理者不直接操作应用软件，导致 IT 应用受到限制。

任务实施

物流信息技术在物流企业的应用

物流作业要与大量的客户、产品、供应商和服务公司进行协作或竞争。这要求物流企业的物流信息系统应能有效识别异常情况。在物流系统中需要定期检查存货情况和订货计划，这两种情况在许多物流信息系统中要求手工检查，尽管这类检查越来越趋向自动化，但由于许多决策的结构是松散的，并且需要人的因素参与判断处理，导致检查时间增加。因此，物流信息系统要结合决策规划，去识别这些需要管理者注意并作出决策的异常情况，企业的计划人员和经理人员应该把他们的精力集中在最需要注意的情况，即判断分析上，表9-1-1是物流企业信息系统给出的以异常情况为基础的存货管理报告。

表 9-1-1　　　　　　　　　　　　　**存货管理报告**

产品	时间	水平	行动	订货	日期
A	立即	没有现货	—	不公开采购订货	—
B	立即	没有现货	发货	实盘采购订货 100 件	过期
C	有限期内	没有现货	发货	计划制造订货 100 件	6 月 29 日—7 月 11 日
D	立即	使用安全存货	发货	实盘采购订货 200 件	过期
E	有限期内	—	释放	系统订货 100 件	6 月 8 日
F	超出期内	没有现货	发货	实盘采购订货 100 件	6 月 29 日—7 月 5 日
G	有限期内	没有现货	取消	计划采购订货 150 件	10 月 1 日
H	有限期内	没有现货	推迟	实盘采购订货 100 件	10 月 1 日—12 月 1 日

**知识拓展**

宝供物流信息系统的设计特点[1]

一、背景介绍

宝供物流企业集团有限公司（以下简称"宝供物流"）是我国最早运用现代物流理念为客户提供物流一体化的专业公司，被中国物流与采购联合会授予"中国物流示范基地"荣誉称号，也是中国 AAAAA 级物流企业、中国物流百强企业。从 2003 年开始，宝供物流

---

① 资料来源：中国物流招标网.

连续 5 年入选中国企业信息化 500 强。

宝供物流的信息化起步于 1997 年。在 1997—2007 年的十年间，宝供物流的年营业额从 7000 万元增长到 14 亿元。公司业务能保持高速发展，企业信息化的应用和推动是重要基石。可以说，宝供物流信息化最成功的经验就是走出了一条独特的信息化建设与企业运营管理融合发展、相互促进之路。

二、高起点起步

早在信息化建设起步前，宝供物流已建立了包括广州、北京、哈尔滨、上海、成都等分公司在内的全国性物流网络。那时，总部业务部门通过电话、传真等传统方式跟踪客户的订单执行情况。以宝供物流当时最大的客户宝洁为例，宝供物流分公司在完成货物发运后要制作并向总部业务部传真发货汇总表，货物到达后要制作并传真签收汇总表，总部业务部专人在专门文件夹里记录宝洁每张订单的接、发、到、签信息，遇到客户电话询问货物是否到达，则先在文件夹里查找有没有签收信息，查不到就打电话给到货分公司查询。

随着业务规模的不断扩大，1997 年，宝供物流正式决定在业内首创一套基于因特网的物流信息管理系统，成功奠定了公司信息化起飞的基础。该系统的建立有以下几个特点：

第一，高起点的选取宝洁订单管理流程为业务分析模板。

宝洁是当时宝供物流的第一大客户，其订单管理流程十分规范。因此，宝供物流在进行信息系统规划时，决定以宝洁的订单管理流程为样板，并逐步将其推广给后来的客户。

第二，深入实际调研，使系统分析保持前瞻性。

在进行系统分析时，IT 项目组深入到分公司本部和配送车队进行实地考察，发现当时配送公司在运输管理时使用的流水号将来可能会有用，就要求软件公司在开发时加入这个字段作为主关键字段。后来业务部借助系统的这一功能成功推广了单号管理系统，保障了公司通过系统对客户所有单证进行有效的跟踪管理。

第三，系统功能考虑外部客户需求。

一方面，规划系统查询功能时提出了包括 28 种组合查询的网上综合查询需求，可以使用户任意组合查询某客户在任意时间段、从某起始地到某个终点的订单结果，还可选择是否残损、是否超期到达等字段来查询运作质量信息。另一方面，虽然当时业务和市场部门都没有提出系统为外部客户所用，但 IT 项目组特别要求在查询权限管理上增加按客户身份登录查询该客户所有物流业务的需求。这项功能后来成为宝供物流向客户推荐该系统的一大卖点。

第四，系统界面友好易用，系统测试推广细致入微。

系统从立项到正式推广，前后仅用半年时间就完成了。系统的测试和应用培训工作由专人负责，测试阶段工作严格细致，保证了系统正式实施后基本上没有漏洞。在系统应用培训阶段，充分发挥系统网上操作和系统界面友好易用的优势，没有组织一次集中培训，全部通过电话对照网上操作界面教会了全国各地统计员使用这套系统。

三、自主研发与外部合作相结合

信息化起步后，宝供物流逐步走上了一条以自主开发为主，结合技术引进（合作开发）与外部购买的物流信息系统建设道路。

宝供物流从 2002 年开始就在全国各大区域建设现代化物流基地，其中包括立体仓库，并应用先进的 WMS 系统进行管理等。在物流信息系统建设方面，宝供物流选择了拥有国际领先水平的美国 EXCEED WMS 软件，虽然成本相对较高，但其应用效果得到了宝供物流高端客户特别是外企客户的认可。另外，系统完善的功能和可靠的性能也保证了对业务的有效支持。

十年来，宝供物流先后与飞利浦家电和照明、宝洁、联合利华、三星电子、卡夫、厦华电子、中石油、ICI、红牛、百威啤酒、亚华乳业、福田汽车、李宁等各行业知名企业建立了长期稳定的合作关系。在服务客户的过程中，宝供物流的信息系统解决方案也得到不断完善。

例如，2001 年，宝供物流和某跨国公司进行双方系统 EDI 电子对接，实现了订单信息无纸化传递。系统上线后，客户只允许每个仓库每月输错一次单，对输单及时性要求也很高，因此，宝供物流要严格监控每个仓库的输单质量。另外，客户的需求和业务发展的压力也促使宝供物流提出更多的应对措施，如设计开发网上 EDI 返单查询程序、网上条码监控程序、网上运输超期输单查询程序等，使各分公司输单操作结果在网上通过系统自动公布。后来该客户在引进第三方 EDI 服务供应商时还专门来宝供取经，把宝供物流的一套网上系统跟踪管理系统全部拿去套用。

四、从系统化到平台化

宝供物流深刻理解现代物流发展的核心要求，在十年信息化发展过程中，结合自身为不同行业跨国公司和国内大中型制造业、流通业客户服务的实践和管理理念，自主研发了在国内同行业中属于先进水平的宝供第三方物流信息管理平台，其核心模块包括：平面仓库管理系统（SMS）、立体仓库管理系统（WMS）、全程订单管理系统（TOM）、运输管理系统（TMS）、多元化多门户数据平台（EDI）、ERP 财务系统（FMS）、客户关系管理系统（CRM）等，各模块动态集成，实现信息共享和协同处理。

通过该平台实现了以订单为中心，通过组织架构、业务流程、IT 技术等三方面的变革，使物流信息在一个高效的系统内闭环管理，通过订单将运输管理、仓库管理、订单管理、财务管理、客户服务等核心业务全面整合到一个集成的物流信息管理平台上，实现了对物流订单的记录、调度、备货、发运、在途跟踪、客户签收、回单、财务结算、KPI 考核、异常处理等各个环节的高效统一管理。

整个系统的设计特点具体体现在以下几个方面：

第一，以 EDI 平台与客户的信息系统实时连接，接收客户物流运作指令，并通过接口返回相关运作信息与数据。EDI 平台成功替代了传统的电话、传真或实单传递的下单方式，极大地提高了订单处理的效率、准确性和订单反应速度，并且通过接口及时反馈运作状态，增强了客户对运作情况的监控管理，改善了与客户的沟通效率和效果。

第二，以 TOM 订单管理模块管理客户运作指令，实现对订单的高效处理和对运作情况的实时管理。通过查询和报表，可对客户指令和运作现场情况进行合理的工作安排和资源调配，并且对运作的效率和质量进行分析和改善。

第三，以运输配送管理系统 TMS 对运输业务进行整合调度，根据预设调度规则和策略合理安排运输车辆装载和计划运输路线，有效地整合运输资源、降低成本；另外还实现了对运输业务的在途跟踪，及时反馈作业状态和异常事故，加强对在途过程的控制；通过系统管理到达签收作业结果和对运作质量进行统计分析。

第四，以仓库管理系统 WMS/SMS 对客户库存产品进行高效的进出库管理，通过强大的库存分析、储位优化和快速拣选等功能，为客户减少产品在库时间，节省存储成本，提高进出库效率。

第五，以财务系统面向企业财务核算及管理人员，对企业的财务进行全面管理，在完全满足财务基础核算的基础上，实现集团层面的财务集中、全面预算、资金管理、财务报告的全面统一，帮助企业财务管理从会计核算型向经营决策型转变，最终实现企业价值最大化。财务管理系统各模块可独立使用，同时可与业务系统无缝集成，构成财务与业务集成化的企业应用解决方案。

第六，以客户关系管理系统对运作的 KPI 指标和异常情况进行动态管理，通过系统报告运作情况，分享业务信息和寻求资源支持。

同时，宝供物流在实践过程中又形成了有效的知识管理平台，总结积累了家电、食品、饮料、日化、石化、汽车等行业信息化解决方案。

五、依托系统支持物流业务

现代物流的核心是突出系统整合、优化的理念，对分散的运输、储存、装卸搬运、包装、流通加工、配送、信息处理等基本功能，运用信息技术和供应链管理手段实施一体化运作，以达到降低成本、提高效率、优化服务的目的。

企业经营的本质就是开源和节流。在开源方面，宝供物流已总结形成了基于系统管理的物流行业解决方案，从方案规划到系统实施、客户服务，全面参与新业务。在节流方面，利用物流信息系统全面监控每票单证的运营成本。

2006—2007 年是宝供物流的"整合"年，公司成立了由董事长亲自挂帅的"整合调度和成本标杆"项目组，在宝供各大办事处逐步推行运输整合调度和成本标杆，通过运输线路整合和成本标杆双重控制，达到在保证运作质量前提下充分整合社会运输资源，降低运作成本，提升企业竞争力和经营效益的目标。宝供 IT 部派专人参加了该项目组，并有针对性地在系统中开发了运输整合调度和成本标杆模块，实现运输调度在系统中根据预设调度规则和策略合理安排运输车辆装载和计划运输路线，有效地整合运输资源、降低成本。同时，系统还能通过查询报表，实时监控每个客户每票业务的运输成本。

六、信息系统建设的成功经验

宝供物流的信息化发展一直遵循三大原则：

第一，与企业定位、发展目标、发展战略等保持一致，3~4 年上一台阶。从支持运作管理到与客户协同管理，从信息平台管理上升到支持经营管理。

第二，业务导向，追求实效，循序渐进，一年干一件事，抓出一项成果。

第三，自主开发、技术引进（合作开发）与外部购买三者相结合，但以自行开发为主。

信息化发展目标。特别需要强调的是，宝供物流信息化发展到今天已经与公司战略决策和业务发展紧密融合在一起。能做到这点，首先在于宝供物流企业集团董事长刘武给予了人力、物力和财力等方面的大力支持。2009年，刘武对公司信息化提出了"信息驱动业务"的运营管理要求。

按照规划，到2010年，宝供将实现物流经营年收入50亿元人民币，同时拥有强大的物流运作网络、物流基地网络，以及具有自主创新核心技术的先进物流信息系统网络，培养一支具备专业能力和敬业精神的物流人才队伍，全面提升宝供的综合实力，成为国内领先并在亚太地区有一定影响力的物流公司。

为支持公司总体发展规划，宝供的信息化发展目标是：在自主开发的第三方物流信息系统基础上，实现在2010年建设成全面支持全球供应链双向一体化的现代物流服务平台，支持区域经济发展的综合物流服务平台，支持行业供应链一体化的专业物流服务平台，同时支持企业的内部经营决策管理。

思考：
宝供的信息化建设有什么特点？结合宝供企业的特点分析其未来的信息化建设方向？

 **作　业**

我国物流企业物流信息化现状调查，调查物流企业目前在物流信息化的现状及存在的主要问题，通过分析有针对性地提出相应的建设思路。

作业要求：

（1）对学生进行分组；

（2）拟定实训提纲，强调重点内容；

（3）通过调查收集相关资料；

（4）通过讨论，找出目前物流企业信息化建设中存在的主要问题，并提出初步解决思路。

任务二　物流企业信息系统的建立

 任务描述

物流企业的目标是更好地服务于客户，从而提高自己的竞争力。一个完善的物流信息系统能够有效地帮助物流企业实现这一核心目标，但是由于各物流企业的核心项目不同，了解物流信息系统都有何功能，如何针对企业特点构建物流信息系统是建立信息系统的工作重点。

知识准备

一、物流企业信息系统的目标

（一）物流信息系统的最终目标

物流信息系统的最终目标是提高对客户的服务水平和降低物流的总成本，即速度、安全、可靠、低费用的 3S1L 原则，以最少的费用提供最好的物流服务。

例如，美国有一家主要的汽车公司建成了一套将私人运输方式与合同运输方式合为一体的系统，并将定位系统和订货系统计算机化，从而为零担货物提供快捷、可靠的运输服务。从公司遍布于全美国的 18 个配送中心出发，第二天就可以将货物交到就大多数客户手中，其中，大约有80%的运输任务是在夜间完成的，因为夜间运输可以减少由于白天交通拥挤和客户公司中拥挤现象造成的时间耽搁。

（二）物流管理系统具体目标

（1）实现对货物的跟踪。依据信息跟踪系统对货物处于哪个位置、何种状态、何时到达等进行跟踪，从而使货主对自己的货物动态了如指掌，运筹帷幄。

（2）库存适当化。依靠信息系统和严密的库存管理，压缩库存，并防止积压或脱销。

（3）调节需求和供给，物流企业把订货信息和库存信息，及时反馈给生产计划、需求预测等部门，使生产、销售、物流形成一系列的连贯活动，提高工作效率。

（4）提高工作精确度和作业的准确性，控制错发货、错配货、漏配送等事故的发生。实现物流合理化，降低物流总成本。

二、物流企业物流管理信息系统的构成

如图 9 - 2 - 1 所示，物流企业物流管理信息系统一般由外部信息源、信息通信通道、防火墙、内部信息系统构成。

外部信息源是指供应链上的各节点，如客户、汽车运输公司、海运公司、铁路运输公司、空运公司、仓库等。

信息通信通道是指外部信息与内部信息连接的通道，也就是企业的通信网络。

内部信息系统是指企业内部的信息系统。

三、物流企业信息系统的战略地位

物流信息系统是物流企业参与市场竞争的关键，是提高客户服务水平的基础。物流信息系统是现代物流的核心，是物流现代化的标志。物流信息系统对实现物流企业各要素的合理组织与高效利用，降低经营成本，产生经济效益起着重要作用。同时，物流信息技术的不断发展，促使物流信息系统不断更新，推进了物流的变革。从供应链管理的角度来讲，物流信息系统可以提高供应链活动的效率，增强了整个供应链的经济决策能力。

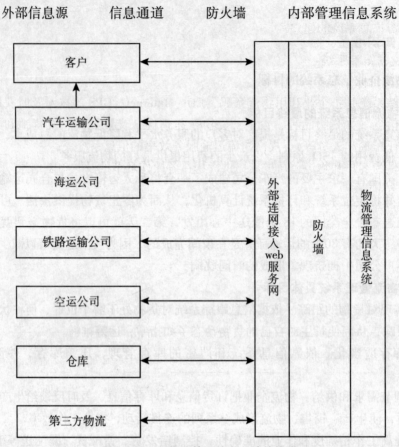

外部信息源　　　　信息通道　　　　防火墙　　　内部管理信息系统

客户

汽车运输公司

海运公司

铁路运输公司

空运公司

仓库

第三方物流

外部连网接入web服务网

防火墙

物流管理信息系统

图 9 - 2 - 1　物流管理信息系统的构成

四、构建物流企业信息系统的基本原则

（一）可靠性原则

（1）在正常情况下运行的可靠性，实际上是系统的准确性、稳定性。首先，一个好的物流系统在正常情况下能达到系统设计的预期精度要求；其次，在系统的环境发生一定程度的变化时，系统仍能正常运行。

（2）非正常情况下系统的可靠性，实际上是指系统的灵活性。它是指在硬件的个别电路或元器件发生不大的故障，软件的某一部分受到病毒的侵袭和运行环境发生超出正常允许的变化范围的情况下仍能正常运行的性能。

（二）完整性原则

（1）要求功能的完整性，就是根据企业的时间需要，制订的目标功能是完整的。

（2）为了保证开发系统的完整性，要制订出相应的规范，如数据格式规范、报表文件规范、文档资料规范等，保证系统开发过程中的完整性。

（三）经济性原则

（1）开发费用低。即是指软件开发过程中所用的费用要低，效果要好。

（2）运行效益好。即是指系统运行维护费用低，能给用户带来的经济效益，用户使用比较满意。

五、物流信息系统的建立

(一) 货物跟踪系统

1. 系统及目标

货物跟踪系统是指企业利用物流条码、EDI、Internet、GPS 等技术及时获取有关货物运输状态的信息（如货物品种、数量、货物在途情况、交货期间、发货地和到达地、货主、送货责任车辆和人员等），提高物流运输服务效率的信息系统。

其目标是为客户和物流公司员工提供货物在各操作环节的及时动态信息。

2. 系统结构图

货物跟踪动态系统结构如图 9 - 2 - 2 所示。

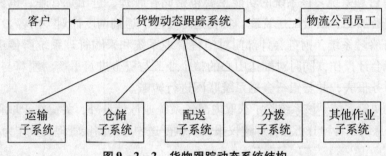

图 9 - 2 - 2　货物跟踪动态系统结构

3. 主要功能

（1）动态信息产生、汇总。各作业系统将货物在本操作环节所产生的动态信息，通过 EDI、Internet、GPS 等系统，将信息汇总到货物跟踪系统。

（2）动态信息反馈。货物跟踪系统将根据客户、货物品名、批号等条件，对各作业系统产生的动态信息进行分类汇总，根据客户的不同要求，将动态信息及时反馈给客户存放于 Web 服务器，客户可通过互联网查询。

（3）动态信息比较。将从各作业环节提取的信息和接受客户委托时的计划对应比较，了解各操作环节可能存在的问题，做好预防工作，当出现问题时，可以及时采取相应的补救措施，以保证对客户的服务质量。

(二) 配送中心的信息系统

1. 系统目标

系统的目标是解决配送中心订货、库存、采购、发货等一系列信息及时准确传递的任务，并收集各种表单以及关于物流成本、仓库和车辆等物流设施、设备运转等资料，帮助物流管理部门有效地管理物流活动。

2. 系统结构

配送中心信息系统结构如图 9 - 2 - 3 所示。

3. 系统主要功能

（1）销售管理功能。其主要职能是订单处理，如采取配销模式，还应包括客户管理、销售分析与预测、销售价格管理、应收款及退货处理等系统。

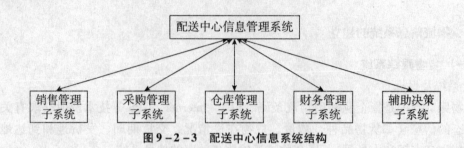

图 9 - 2 - 3　配送中心信息系统结构

（2）采购管理系统。如果采取物流模式，其主要职能是接受进货及验收指令；如果是配销模式，其主要工作是面对供应商的作业，包括供应商管理、采购决策、存货控制、采购价格管理、应付账款管理等系统。

（3）仓库管理系统。该系统的功能主要包括储存管理、进出货管理、机械设备管理、分拣处理、流通加工、出货配送管理、货物追踪管理、运输调度计划等内容。

（4）财务管理系统。财务会计部门对销售管理系统和采购管理系统所传送来的应付、应收账款进行会计操作，同时对配送中心的整个业务与资金进行平衡、测算与分析，编制各业务经营财务报表，并与银行金融系统联网进行转账。

（5）辅助决策系统。该系统除了获取内部各系统业务信息外，关键在于取得外部信息，并结合内部信息编制各种分析报告和建议报告，供配送中心的高层管理人员作为决策依据。

 任务实施

物流管理系统实施流程

一、物流管理综合系统

系统流程如图 9 - 2 - 4 所示。

二、GPS 监控系统

GPS 应用于实时车载监控系统，并结合 GSM 蜂窝网通信技术、GIS 地理信息系统和计算机网络通信与数据处理技术而开发出的一套跟踪管理系统，即 GPS 智能交通监控调度系统。该系统可以远程跟踪管理所有在 GSM 网络覆盖范围内的特定移动目标，对物流企业实施监控在途运输具有极其重要的作用。如图 9 - 2 - 5 所示。

 知识拓展

第三方物流企业上海浦东物流公司的物流系统改造[①]

上海浦东汽车运输总公司（以下简称浦运）的现代物流系统变革中，快步易捷公司全

———————

① 资料来源：http://www.examda.com/wuliu/anli/20071025/084845115.html

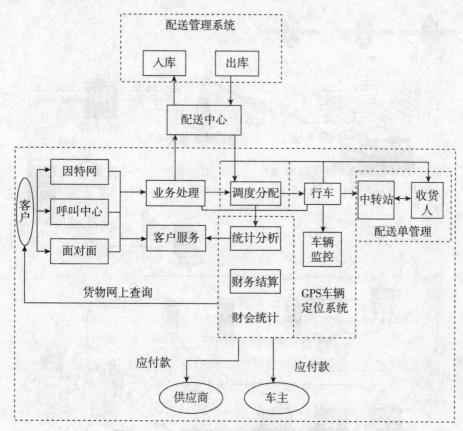

图 9 - 2 - 4　物流管理综合信息系统的系统结构

程参与了浦运公司的企业变革。双方的合作集中在三个方面：一是企业战略规划，包括市场战略、内部运作体系战略；二是开发应用一套可适应多种业务模式和多种调度模式的一体化运输管理系统；三是物流系统变革的实施。

要保证物流系统达到预期目标，实施步骤是关键。第一阶段，快步易捷在对浦运实际的运作情况和业务流程进行分析的基础上，提出了详尽的企业变革计划。在变革计划实施的过程中，快步易捷的物流顾问团队直接参与了浦运营销中心的建立，领导和完成了 SOP（标准运作流程）和 KPI 体系的设计。

第二阶段，快步易捷为浦运设计了未来业务模式的核心目标，目标之一就是：建立起一个支持浦运快速业务发展、适应多种业务类型和运作方式的一体化运输管理系统。快步易捷在对系统进行全面设计和开发的过程中，融合了国际先进物流管理理念和深厚的本土行业经验，以及跨系统、跨平台的集成方案，协助浦运建立起基于客户业务模式的、跨部门的、动态实时配置的流程管理平台。

方案凭借强大的技术平台，实现企业物流信息的高效管理，重组企业业务流程，其目的是对运输过程中的人、车、货、客户进行有效地协调和管理，以提高运输企业的经营管理水平，创造更好的效益与利润，从而最终做到：

（1）形成在全国范围内提供多种增值服务、处于领导者地位的资产型专业运输公司。

（2）通过运输管理系统，将托运单调度作业流程统一化、规范化和高效化，实现最优

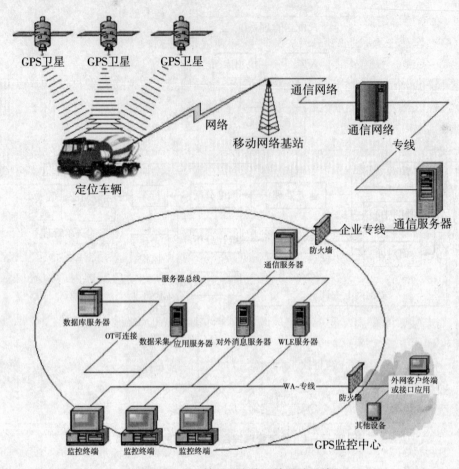

图 9 - 2 - 5　某公司实施运输跟踪系统

的客户服务和最大的资源利用。

（3）使所有运作成本透明化，帮助浦运进行成本控制的集中管理。

系统面向管理、调度、作业、车辆技术、人事和市场营销等各个部门，实现了贯穿托运单处理及调度、作业全过程的信息化处理，能向企业内部的周边系统及客户提供有关托运单处理的相关信息。在统一的流程驱动基础上，规范了托运单的处理和优化调度，实现了最大化资源的利用，确保托运单全过程相关方获得透明、准确、一致的信息。

经过一段时间的上线运作，上海浦运基本做到了从收到订单开始到货物准时、安全抵达客户手中的运作过程的全程可视性。目前，通过一体化物流信息平台的接入，再加上良好的管理制度，上海浦运轻松地实现了企业间物流流程的电子化连接、集成和整合。

思考：

1. 浦运为什么要进行物流系统变革？

2. 浦运是如何推进物流系统化的？浦运的物流系统变革涉及子系统的哪些物流系统功能？

 **作 业**

易通物流信息发展有限公司易通物流分公司是一家快速成长的第三方物流企业，公司从 2000 年 11 月份正式运作，经营几年来，以业绩每年翻一番的速度迅速发展，目前已经达到年营业额 2000 多万元，运送货物 400 多万件及送达城市 300 多个的规模。随着公司发展规模日益扩大，为了节约成本、提高效率、应对激烈的市场竞争，公司决定进行信息系统的开发。

思考：

1. 为该企业进行主要功能模块的设计。

2. 该企业第三方物流信息系统设计方案的可行性分析。

请同学们通过对某物流企业的实地调研，为该企业设计配送方案，并研究要完成该方案需要哪些物流信息技术的帮助。

任务三 物流企业信息安全维护

 任务描述

物流信息系统在完成系统实施，投入正常运行后，就进入了系统运行与维护阶段。一般信息系统的使用寿命短则四五年，长则达十年以上。在系统的整个使用寿命中，都伴随着系统维护工作的进行。系统维护的目的是保证信息系统正常而可靠地运行，并能使系统不断得到改善和提高，以充分发挥作用。系统维护的任务就是要有计划、有组织地对系统进行必要的改动，以保证不管环境如何变化，系统中的各个要素始终是最新的。

 知识准备

一、系统维护的目的与任务

信息系统维护是信息系统管理的重要工作内容，其工作量是十分巨大的。随着信息系统应用的深入和使用寿命的延长，系统维护的工作量将越来越大。系统维护的费用往往占整个系统生命周期总费用的 60% 以上。系统维护工作属于"继承性"工作，不能只重视开发而轻视维护，只重视短期行为而忽视长远利益。

二、系统维护的对象与类型

（一）系统维护的对象

1. 系统应用程序维护

系统的业务处理过程是通过应用程序的运行而实现的，一旦程序发生问题或业务发生变化，就必然引起程序的修改和调整，因此，系统维护的主要活动是对程序进行维护。

2. 数据维护

业务处理对数据的需求是不断发生变化的，除了系统中主体业务数据的定期正常更新外，还有许多数据需要进行不定期的更新，或随环境和业务的变化而调整，以及增加数据内容、调整数据结构等。此外，数据的备份与恢复也是数据维护的工作内容。

3. 代码维护

随着系统应用范围的扩大、应用环境的变化，系统中的各代码往往需要进行一定程度的增加、修改、删除或设置新的代码。

4. 硬件设备维护

主要是指对主机及外围设备的日常维护和管理，如机器部件的清洗、润滑，设备故障的检修，损坏部件的更换等。

（二）系统维护的类型

1. 纠错性维护

由于系统测试不可能发现系统存在的所有错误，就有可能在系统投入运行后频繁的实际应用过程中暴露出系统内隐藏的错误，而诊断和修正系统中遗留的错误就是纠错性维护。

2. 适应性维护

适应性维护是为了使系统适应环境的变化而进行的维护工作。

3. 完善性维护

在系统适应的过程中，用户往往要求扩充原有系统的功能，增加一些软件需求规范书中没有规定的功能与性能特征，以及改进处理效率和编写程序。

4. 预防性维护

系统维护工作不应总是被动地等待用户提出要求后才进行，应进行主动的预防性维护，即选择那些还有较长使用寿命，目前尚能正常运行，但可能将要发生变化或调整的系统进行维护，目的是通过预防性维护为未来的发展与调整奠定更好的基础。

（三）系统维护的计划与控制

1. 系统维护考虑的因素

系统的维护不仅范围广，而且影响因素多。通常，在进行某项维护修改工作之前，要考虑下列三个方面的内容。

（1）维护的背景。如系统的当前情况、维护的对象及维护工作的复杂性与规模。

（2）维护工作的影响。如对新系统目标的影响、对当前工作进度中系统其他部分的影响及对其他系统的影响。

（3）资源要求。如对维护提出的时间要求、维护所需费用及维护所需的工作人员。

2. 系统维护的组织与管理

系统维护工作不仅仅是技术性工作，为了保证系统维护工作的质量，需要做大量的管理工作。系统投入运行后，事实上，在一项具体的维护要求提出之前，系统维护工作就已经开始了。要做好系统维护工作，应该注意以下几个方面的问题。

（1）建立相应的组织，确定进行维护工作所应遵循的原则和规范化的过程。

（2）按照严格的步骤进行系统维护。

（3）为了评价维护的有效性，确定系统的质量，记载系统所经历的维护内容，应将维护上做的全部内容以文档的规范化形式记录下来。

（4）应注意系统维护的限度问题。系统维护是在原有系统的基础上进行修改、调整和完善，使系统能够不断适应新环境、新需要。

三、信息系统所面临的安全性问题

随着信息技术的飞速发展，信息系统的应用越来越广，在 Internet 日益普及的今天，信息系统的安全性也越来越成为信息系统管理的重要课题。一方面是因为社会对信息系统的依赖性越来越大，信息系统在社会各个领域中的作用日益突出；另一方面也由于数据本身的易消失性、数据的物流特性和信息系统自身的弱点被暴露得越来越多。认真研究信息系统的安全问题，研究和建立信息系统的安全策略，广泛使用信息系统安全技术是信息系统管理人员的重要任务。

 任务实施

某物流企业信息系统安全维护措施

一、行政管理

组织及人员制度。加强各种机构、人员的安全意识和技术培训及人员的选择；严格操作守则，严格分工原则，严禁程序人员同时担任系统操作员，严格区分系统管理员、终端操作员和程序设计人员，不允许交叉工作。

运行维护和管理制度。包括设备维护制度、软件维护制度、用户管理制度、密钥管理制度、出入门制度、值班守则、操作规程、行政领导定期检查和监督制度。

计算机处理的控制与管理制度。包括编程流程及控制、程序和数据的管理，复制及移植、存储介质的管理、文件的标准化及通信和网络的管理。机房保卫制度。机要机房应规定双人进出的制度，严禁单人在机房操作计算机。机房门可加双锁，且只有两把钥匙同时使用时门才能打开。

对各种凭证、账表与资料要妥善保管，严格控制。记账要交叉复核，各类人员所掌握的资料要与其身份相适应。做信息处理用的机器要专机专用，不允许兼做其他用机。

二、人员教育

对系统的工作人员，进行全面的安全、保密教育，进行职业道德和法律教育，因为他们对系统的功能、结构比较熟悉，对系统的威胁很大。对于从事重要信息系统工作的人员，更应重视教育，并挑选素质好、品质可靠的人员担任。

三、技术措施

技术措施是信息系统安全的重要保证。实施安全技术，不仅涉及计算机和外围设备及其通信和网络等实体，还涉及数据安全、软件安全、网络安全、运行安全和防病毒技术。安全技术措施应贯穿于系统分析、设计、运行、维护及管理的各个阶段。

信息系统的安全保证措施是系统的有机组成部分，应以系统工程的思想、系统分析的方法，对系统安全需求、威胁、风险和代价进行综合分析，从整体上综合最优考虑，采取相应对策。只有这样，才能建立起一个有一定安全保障的计算机系统。

 知识拓展

系统运行维护中的安全策略[①]

一、数据备份

随着系统的运行，数据库中的数据是不断变动的，为防止意外，须定期备份数据。数据备份的方式有硬盘阵列，光盘刻录，专用数据备份机等，这些技术已经相当成熟。在企业物流库存管理系统中，采用的是硬盘阵列的方式。这种方式成本低，性能可靠，而且还可以方便地实现数据定期自动备份。标准是一种极限：零库存，即原材料和外购件库中库存为零。这是一个理想的状态，在实际企业经营活动中，这个极限是不可能达到的。因为供应链是一个整体，需要协调各方活动才能取得最佳的整体绩效。协调的目的是使满足一定服务质量要求的信息可以无缝地、流畅地在供应链中传递，从而使整个供应链能够根据用户的要求步调一致，形成更为合理的供需关系，适应复杂多变的市场环境。如果企业间缺乏协调与合作，就会导致交货期的延迟和服务水平的下降，同时库存水平也会因此而增加。为了应付不确定性，结合 JIT 管理模式，供应链上各个节点企业都设有一定的安全库存，可以很好地解决企业达不到"零库存"的问题。

二、安全库存

安全库存 SS（Safe Stock）是一种统计数据，它包含了人们的实际作业经验和统计计算结果。它与物料采购周期、统计月份需求量，最大差异量标准差有直接关系。安全库存的数学模型与以下因素相关：

1. 安全系数

由于供货概率服从正态分布，在系统设计中，考虑到企业因为货物供应不足而导致缺货的概率小于 5%，企业不会因为缺货而导致订单消失，由正态分布表查得，当安全系数 =1.65 时，从经济及较安全的角度出发，企业可以在不考虑缺货损失的情况下，可以做

① 资料来源：http: //147930. blog. 163. com/blog/static

到库存数量的合理设置和控制，而不是越多越好。当然，安全系数可以根据不同的企业、不同的外部环境选用不同的系数值。

2. 订货周期

订货周期一般以月为单位，如果需要一周的，可以取 T = 0.25（月）。

3. 需求量的标准差

$$\triangle Q = \triangle M \times C$$

其中 $\triangle M$ 为差异量，它是在已知各月份需求量的条件下的需求量的最大差异量。修正系数 C 是企业历史数据的数学统计结果。在系统中，利用上述公式和数据对企业的安全库存进行了设置。同时，对企业库存实行监控。当货物出现积压或缺货情况时，系统会自动提示相应报警信息。

三、企业物流管理信息系统安全的重要意义

基于物流供应链的企业物流管理信息系统（MIS）正是应用于企业物流管理的一种先进的管理思想和方法。在企业物流 MIS 中，企业应充分重视供应物流管理、生产物流管理、销售物流管理三个环节。不仅以保证供应为目标，而且还是在以最低成本、最少消耗、以大保证来组织供应，缩短整个生产的物流时间和物流距离，选取适宜的送货方式、包装方式、包装水平、运输路线等并采取各种方法实现销售。基于远程操作平台的企业物流库存管理系统（MIS），运用面向对象技术，实行多层分布式结构，使系统便于网络化。界面采用多文档窗体 MDI，运行可靠、界面友好、操作方便，将日益为企业物流管理过程信息化提供更加强有力的技术支持。

思考：

请查阅相关资料了解更多关于物流企业信息安全维护的知识。

 **作　业**

课下分小组通过实地考察或利用网络资源对某物流企业进行调研分析其物流信息系统的使用安全性，根据其特点提出安全维护方案。

评分标准 = 自我评价（40%）＋小组评议（60%）

任务四　物流企业信息管理与电子商务

 任务描述

在电子商务时代，要提供最佳的服务，物流系统必须要有良好的信息处理和传输系统。尤其在利用电子商务全球化采购的今天，完善的物流配送网络成为加强电子商务企业竞争力的法宝。商品与生产要素在全球范围内以空前的速度自由流动。EDI 与 Internet 的

应用，使物流效率的提高更多地取决于信息技术，电子计算机的普遍应用提供了更多的需求和库存信息，提高了信息管理科学化水平，使产品流动更加容易和迅速。物流信息化，包括商品代码和数据库的建立，运输网络合理化、销售网络系统化和物流中心管理电子化建设等，目前还有很多工作有待实施。

 知识准备

电子商务使商品交易发生了巨大的革命，不仅时间缩短，交易速度加快，而且可以大大降低商业交易的交易成本，尤其对于个性化不强的商品，对于现代经济中大量按标准生产的，有严格品种、规格、质量标准约定的产品，可以在网上实现全部商业交易活动，就此而言，以互联网为平台的电子商务具有非常大的优势。物流业务应用电子商务可以在四个主要环节提高效率：在选址、输送调度等方面，计算机信息技术可以起到优化作用，它可以合理确定配送网络中的节点布局，调配货源，科学地划分各配送点的覆盖区域，并确定直接配送的种类和恰当的运输方式；通过建立一套网上的自动订单控制系统，自动处理有关的订单动态数据和内容；以计算机为主体形式的分拣、配装系统，使配送点及时按用户要求自动分拣配装；以计算机系统为主要手段的运输工具调度配车系统，既可节省流通费用，还能及时准确地送货。

此外，将电子商务技术与企业资源规划或供应链管理相融合，也可以为物流企业提供诸如财务、分销资源计划和调配等方面的帮助。电子商务技术的应用不仅仅是实现对现代物流管理的辅佐和完善，充分利用电子商务的优势，还可以为物流业务领域开创出新的经营思想和商机。

一、电子商务中的物流瓶颈问题

商品流通过程是商流、物流、信息流、货币流这"四流"实现的过程。商流、信息流、货币流都可以有效地通过网络来实现。在网上可以轻而易举地完成商品所有权的转移，但是这毕竟是"虚拟"的经济过程，最终的资源配置，还需要通过商品实体的转移来实现，这是网上无法解决的"物流"的问题，也就是物流瓶颈问题。物流问题的解决，尤其是物流平台的构筑，需要进行大规模基本建设。物流发展的滞后和电子商务的发展相比，即便是发达国家的物流，其发展速度也难以和电子商务的发展速度并驾齐驱。在我国，物流更是处于经济领域的落后部分，一个先进的电子商务和一个落后的物流，在我国尤其形成非常鲜明的对比。网络经济、电子商务的迅猛发展势头，会加剧物流瓶颈的影响。

二、电子商务中物流体系模式

实现电子商务与物流的完美结合，需要有个整体的解决方案。真正的电子商务远非通过网页下个订单这样简单，它涉及论证流程、确定方案、搭建平台、配置软件、实施工程、培训人员等诸多方面，是一个完整的系统工程。国内外现有的电子商务与物流服务平台普遍具有信息发布功能，进行供需双方的信息发布、招投标、竞价交易，在网上完成电子订单交易，网下完成货物交付，但将两者进行集成及其集成方案很少，没有实现网上电子交易信息与网下物流动态信息同步，不仅耗费交易时间，也提高了整个供应链的成本。现在，基于电子商务与现代物流系统的融合、集成技术已经成为相关领域研究热点之一。我国的电子商务物流体系可以有以下几种组建模式：

1. 电子商务与普通商务活动共用一套物流系统

对于已经开展普通商务的公司，可以建立基于 Internet 电子商务销售系统，同时可以利用原有的物流资源，承担电子商务的物流业务。

2. 自己建立物流系统或利用社会化的物流、配送服务

中国加入 WTO 以来，中美两国有许多企业都想进入中国电子商务市场。国内一些企业与国外的信息企业合资组建电子商务公司解决物流和配送系统问题的办法主要有两种：一是自己组建物流公司；二是外包给专业物流公司。区域性或全球性的第三方物流企业具有物流网络上的优势，如上面讨论的问题一样，它们大到一定规模后，也想将其业务沿着主营业务向供应链的上游或下游延伸，向上延伸到制造业，向下延伸到销售业。

三、基于电子商务的物流信息系统

在电子商务环境下，制造商、供应商和现代物流企业在电子商务平台上完成交易作业，其业务流程是物流、资金流、商流、工作流的一个错综复杂的集合，其业务流程可以分为认证、交易、支付和物流四大类。

结合电子商务环境中现代物流系统化和集成化的发展趋势，针对电子商务、现代物流及相关业务系统的综合集成需求，提出电子商务与现代物流信息系统集成框架，支持跨系统、跨平台、跨区域甚至跨行业的不同类型的电子商务与物流信息服务。

框架除了要有服务平台的通用协同功能（如电子交易、货物跟踪、电子支付、信息认证），实现统一的信息发布、及时的业务作业点信息查询、透明的单证跟踪外，同时应将电子商务交易中商户、客户、物流服务商、认证机构、银行和政府机构的数据与业务有机地集成到一个统一的平台上，支持交易信息、物流信息、支付信息、认证信息的交换与集成，支持电子商务、现代物流服务及相关业务系统与信息资源的综合集成与业务协同在此基础上，实现对业务流程的管理和监控方法。

电子商务物流信息系统的组成如下：

1. 综合门户

综合门户建立基于开放性技术和标准的门户框架，用于提供门户界面的定制服务，通过个性化、交互式、多渠道的访问方式，为电子商务中商户、客户、物流服务商、认证机构、银行和政府机构提供访问信息的集中门户，实现不同系统的复合应用。

2. 电子商务与物流信息动态集成

对电子商务与现代物流集成业务中所涉及认证信息、支付信息、交易信息、物流信息的要素、属性、行为和彼此关系进行建模，动态集成和协调对业务执行和决策至关重要的信息，屏蔽底层数据源的位置、类型等物理特性，以统一的视图和接口提供给上层应用，

使跨系统的业务流程能够基于一致的信息和知识来运行。

业务流程管理与监控：对业务协同过程的主要协作环节如采购、管理、运输与配送、库存、订单处理和销售、供应商关系、认证以及支付等，分析逻辑运行关系，控制流程的运行，实现业务流程管理，在业务流程执行过程中，提供各流程节点的操作提示和系统通知、预警等信息。

基于电子商务与现代物流系统的集成技术与平台的研究虽然已经在国内外相关领域进行开展，但各种相关技术和理论还远没有完善发展起来，新的问题和情况还会在实际中不断出现。作为电子商务模式瓶颈问题的物流管理必然要从管理模式上进行改进，形成创新的电子商务与现代物流综合服务应用模式，并建立电子商务、现代物流系统及企业业务系统之间的集成框架和综合应用集成服务平台。

 任务实施

物流企业如何融入电子商务的发展

一、进行网络规划，建立起合理的网络配送体系

对于电子商务交易双方来讲，其交易活动可以跨越时空障碍，但其交易对象的点到点运送却仍然要受时空及交通条件的限制。交易对象可以任意选择物流公司为其开展点到点的运输服务，但如果物流公司在交易双方附近没有自己可控制的物流节点或运输点，运输就失去了快速性、稳定性、一致性、可跟踪性的保障。既然提供不了一体化的物流服务，交易双方就可能选择其他物流企业。所以，物流公司设点布网时必须尽可能覆盖多的客户点，尤其是需要一体化物流服务的客户点如跨国公司、大型制造商等。而物流网络的其他环节如仓储、配送中心、运输设施的数量及地点也需很好地纳入网络规划设计中，其目标是使网络中的物流在满足客户需求和降低运输成本上，尽可能快速地流动。

二、建立高效化的物流网络信息系统

电子商务的迅猛发展，使得商务客户的要求越来越高，由此产生的供应链过程日趋复杂和加快，这给物流服务带来了巨大挑战。物流过程一般包含了运输、库存、装卸搬运、包装等活动，而且这些活动对商品的流动来讲，是在物流网络体系下不同终端末梢、不同节点间进行的，特别是物流服务的主要作用在于缩短物的在途时间，实现零库存。及时供货和保持供应链的连续和稳定。这就要求在物流活动中，要保持信息的畅通，信息要快速地反馈、传递并迅速地得到处理。另外，信息系统还对各条供应链进行分析、整合，在运输节点或物流中心将零散的单点货物信息进行汇集，使得各条线路运输规模化，为物流系统产生更大的效益。先进的物流信息系统还能运用先进的 GPS 声控、图像技术对货物的移动实施跟踪，中途出现障碍，还可提供弥补措施的辅助决策支持。总之，物流企业要将信息化作为提供服务的核心能力来实施，物流企业的网络信息系统一般通过建立 EDI 数据交

换网来实现。

三、建立物流网络的电子商务系统

物流企业要融入电子商务的发展，其自身必须也能开展电子商务，只不过其交易对象为运输、仓储、装卸、包装、加工等一体化的在线物流服务，这就要求物流企业建立电子商务系统。该系统能自动完成所有与运输货物相关的业务操作，这意味着该系统应首先完成与货主企业、银行、税务、保险、商检、海关、码头等的联网，然后建有网站或网络平台已标准格式支持数据传输与处理。物流电子商务系统应包括以下功能：

（1）发布信息，接受访问；

（2）完成电子商务交易。

 **知识拓展**

电子商务与物理信息系统的能源整合①

日前，国内最大的物流信息服务商博科资讯举行全球首创无码开发 YiGo 语言发布大会，为更好的服务电子商务物流，并与会上推出 YiGo – Portal 套件。据悉，该套件突破传统业务模式禁锢，实现供应链管理、企业资源计划和电子商务门户的整合，解决数据和业务在不同信息系统间的穿透，从系统支持上彻底化解了电子商务物流的后顾之忧。

对企业来讲，电子商务和物流信息系统正如前端与后台、外部与内部的关系，两者息息相关。一个成功的企业信息系统在运行期间，外部、内部任一环节所发生的变化应能迅速传递到其他相关环节。例如，企业通过电子商务在网上拿到订单后，应能立即将订单信息传递到企业内部 ERP 系统，以便采购、生产、财务、销售各部门组织安排原料、资金、生产和预售。如果企业前端的电子商务和后台的 ERP 系统脱节，会导致很多关键的信息和数据被封闭在相互独立的系统中，从电子商务（EC）平台上获得的销售订单、市场信息不能及时传递到后台 ERP 系统中；同样，由于没有 EC 系统与 ERP 系统的集成，前台的 EC 系统也不能读取 ERP 系统中的有关产品的价格、客户等信息，造成前后台信息的脱节。企业物流、资金流和信息流不能有机统一，数据的一致性、完整性和准确性不能保证，部门间重复着冗余的工作，不能对客户作出及时有效的响应，使企业工作效率下降以及运营成本上升，从而给企业自身带来极大的损害。因此，企业的电子商务和物流信息系统的整合势在必行。

物流信息系统与电子商务整合之后，企业的供应链管理、客户关系管理、商业智能、电子商务、办公业务自动化等功能全面集成，实现资源共享和数据共享，企业内部各部门

---

① 资料来源：http：//www.enet.com.cn/article/2010/1119/A20101119776992.shtml

的流程将更加合理、规范，衔接更加平滑，生产效率更高，库存占用资金更少。企业各层领导可以迅速准确地得到所需信息，对市场作出最及时的反映，在最短的时间内做出最有效的决策。

思考：

1. 物流信息系统的建立能为电子商务的发展解决哪些问题？
2. 物流企业的信息系统应为适应电子商务的发展做出哪些调整？

 **作　业**

根据我国电子商务的发展现状，针对电子商务在物流配送上存在的问题，请同学们思考如何能利用物流企业信息管理技术或系统解决这个问题。

模块小·结

本模块主要介绍物流信息系统的定义及其最终目标。其系统的目标是解决配送中心订货、库存、采购、发货等一系列信息及时准确传递的任务，并收集各种表单以及关于物流成本、仓库和车辆等物流设施、设备运转等资料，帮助物流管理部门有效地管理物流活动。系统主要功能有销售管理功能，采购管理系统，仓库管理系统，财务管理系统，辅助决策系统。物流企业信息还包括物流管理综合系统。

物流信息系统维护的对象有系统应用程序维护、数据维护、代码维护、硬件设备维护。系统维护的类型包括纠错性维护、适应性维护、完善性维护、预防性维护。在物流企业信息系统维护中需要考虑维护的背景，维护工作的影响和资源要求三个要素。在对物流企业信息管理系统维护过程中还应从行政管理、人员教育、技术措施、法律法规几个方面着手。

我国的电子商务物流体系可以有以下几种组建模式：电子商务与普通商务活动共用一套物流系统；自己建立物流系统或利用社会化的物流、配送服务。电子商务物流信息系统的组成如下：综合门户，电子商务与物流信息动态集成。

模块十　物流企业客户服务管理

知识目标

1. 了解物流企业的客户服务的特殊性和显著特点

2. 理解物流企业同客户企业的关系

3. 掌握物流企业客户服务管理的原则

4. 掌握物流企业客户满意度管理方法

能力目标

1. 能够掌握物流企业在进行客户需求管理工作时的步骤

2. 能够对物流企业客户的需求进行管理

3. 掌握物流企业客户服务的基本技能

任务一　物流企业客户服务的内涵建设

任务描述

服务质量的内涵与有形产品质量的内涵有所区别，因为客户对服务质量的评价不仅要考虑服务的结果，而且要涉及服务的过程。服务质量要比产品质量更加难以定义和判别。服务质量发生在服务生产和交易过程中，并是在服务企业与客户交易的真实瞬间实现。

知识准备

一、物流企业客户服务及其特殊性

国外对生产制造类企业的物流活动的分类，比较权威的是将其物流活动归纳为两类，即物流中的关键性活动和物流中的支持性活动。

在生产或制造企业中，它们的物流活动是担负着其客户服务职能的，而且客户服务是其物流中的关键性活动。那么，当生产或制造类企业将其物流业务外包，采取第三方物流的合作形式时，就意味着生产或制造类企业通过第三方物流企业完成他们的客户服务工作。其实，对第三方物流企业服务的其他类别的企业来说，也存在类似的情况，即通过第三方物流企业完成他们的客户服务工作。因此，第三方物流企业的客户服务包括两方面，即代替客户企业为客户企业做客户服务和针对客户企业的客户服务。同时，由于第三方物流企业在运作过程中，一般都有采用外协的情况，通过整合利用社会资源以及其他第三方物流企业来满足客户企业的多样化、个性化物流服务需求。所以，物流企业的客户服务又包括供方代替物流企业所作的客户服务。

物流企业客户服务的这种特殊性，导致物流企业客户服务具有以下两个特点：一是物流企业及其分供方需要深刻理解客户服务政策，在特殊情况下，甚至需要参与客户企业客户服务政策的制订，以便能较好地代替客户企业为客户企业的客户服务；二是物流企业客户服务水平的高低，不仅取决于客户企业的评价，还取决于客户企业的客户的评价；不仅取决于客户企业和其客户对物流企业客户服务水平的评价，还取决于客户企业和其客户对第三方物流企业利用的分供方的客户服务水平的评价。

 小贴士

服务质量同有形产品质量的区别如表 10 - 1 - 1 所示。

表 10 - 1 - 1　　　　　　服务质量同有形产品质量的区别

服务质量	有形产品质量
较难被客户评价	较易被客户评价
服务质量	有形产品的质量
客户预期同实际所感受到的服务水平的对比	客户实际感受到的满意程度
考虑服务的过程与结果	仅考虑使用的结果

二、物流企业与客户企业的关系的特点

物流企业从一开始，就是作为客户企业的战略联盟伙伴出现的。因此，物流企业同客户企业必须体现为一种互惠双赢、长期发展的战略性合作伙伴关系。物流企业与客户企业的关系特点如下：

1. 互惠双赢

物流企业同客户表现为一种双赢的合作关系，这是最基本的原则，也是战略合作关系赖以存在的基石。

2. 服务的柔性化和个性化

物流企业提供的是个性化的服务，尤其是客户企业的产品、市场策略、行业、管理模式等不同，决定了物流企业合作方式的多样性。在典型的第三方物流项目合作过程中，物流企业一般为客户配备专门的服务小组，服务小组将接受客户的关于产品、客户服务和安全等的培训，服务人员有些要工作在客户企业的作业现场，甚至办公室。在信息系统方面，物流企业一般会采用客户兼容的系统，有些还根据客户需要，为客户单独定制信息系统。

3. 合作的战略性

对于生产企业而言，与物流企业的合作是一种战略层面的合作，这是因为，物流企业既是客户企业战略的重要组成部分，又是企业战略的重要实施者。客户企业的市场、销

售、生产、客户服务等，都需要第三方物流的配合，同时，第三方物流还掌握客户企业最重要的战略信息等。因此，物流企业，其实是客户企业成功的一个关键环节。

三、物流客户服务政策的特点

在我国，很多客户企业认识不到第三方物流的战略意义，有些跨国企业的中方管理人员，将第三方物流等同于一般的运输车队，甚至将第三方物流人员看成是花钱雇来的保姆，这对物流合作伙伴自然是不公平的，对自己的企业也是危险的。物流企业的客户服务其实是有别于一般的产品服务，同传统的储运类业务相比也有很大的不同。尤其在客户服务的制订上，物流企业具有显著的特点。

1. 每一个客户都是重要的

一般的有形产品的客户服务会根据客户的销售额、信用记录、发展潜力等对客户进行分类，然后对不同类别的客户提供不同的客户服务水平，如订货提前期的长短、订单满足水平高低、信用额度大小等。如对于销售额大、信用记录良好、发展潜力又大的客户，要提供最好的客户服务，如订货提前期可以比较短、订单的满足水平要高、信用额度可以比较大等。这个过程其实就是客户服务政策的设计。

2. 100%的服务

从事过有形产品的客户服务的人一定清楚：客户订单有一个满足水平的问题，订单的满足水平被认为是客户服务最重要的指标，一般来讲，维持越高的客户订单满足水平，成本会越高，因此，往往需要在成本和客户订单满足水平之间做一个权衡。一般情况下，客户订单的履行水平是不会达到100%的。对于传统的物流企业而言，一个客户往往同时拥有几家同类的物流服务商，因此，他对每一家物流服务商的依赖度是类似的。物流企业，往往存在在自己能力不足的情况下，拒绝客户的服务订单，如一个车队，在没有足够的车辆时，往往不接受客户的运输申请，在海运服务中，船公司在舱位不足时，经常发生甩箱的现象，也是这种情况。

所以，对于物流服务企业而言，客户的每个服务申请，都必须100%地完成，这同传统的物流服务项目是有本质区别的。如果一定要按照有形产品的客户服务设定物流服务，那么，所有的客户都是最重要的那一类，而服务的标准就是100%地满足客户的服务订单。

四、物流客户服务管理的建立政策

1. 重视每一个客户

客户一旦接受了物流企业周到细致的接待和满意的物流服务后，很可能再次去与该企业联系，要求提供更多的物流服务，长此以往不仅可能成为企业稳定的客户，而且还可能成为企业对外宣传的力量。失去一个客户可能使企业失去一片市场。因此，物流企业在对客户服务时必须重视每一位客户，在客户服务管理中把保证服务力量，让需要接待的客户都能得到及时周到地接待，不致因为等待时间太长或接待不周到而对企业不满意。

2. 重视建立与客户的伙伴关系

物流企业与其客户之间应该是一种战略合作伙伴关系。此关系可以给物流企业带来稳定的客户，是稳定和长期的收入保证，是企业生存和发展的条件。但是，这种关系不是天生就有的。物流企业要能够处理这种关系，必须在提供高质、低价的物流服务时，经常性与客户联系、做好客户关系管理的各项工作，在适当时还需让利于客户。

3. 为客户提供差别化的服务

不同的客户对物流服务要求不一。物流企业的客户肯定不是一家企业，这也会有不同的需求。物流企业的客户要求的差别要求物流企业提供的客户服务也应各有特色。同时差别化的服务也是物流企业被客户注意，获得竞争力的法宝。

4. 注重客户服务的发展性

客户服务的变化往往会产生新的客户服务需求，所以在客户服务管理中，应当充分重视研究客户服务的发展方向和趋势。例如，虽然以前就开始实施在库、再订货、商品到达时间、断货信息、在途信息、货物追踪等管理活动，但随着交易对象如零售业业务的简单化、效率化革新、EDI 的导入、账单格式统一、商品订货统计表制订等信息提供服务就成为客户服务的重要因素。

5. 建立把握市场环境变化的客户服务管理制度

物流企业的客户服务必须制度化。因只有制度化的管理制度，在实施客户服务时物流企业才能有章可循，其工作人员才知道如何对客户进行服务是正确的。客户服务水平是根据市场形势，竞争企业的状况、商品特性和季节的变化而变化。所以，在物流企业建立能把握市场环境变化的客户服务管理制度十分必要。

 任务实施

物流企业寻找客户来源

在其他国家的经济一版萧条的景色中，唯有中国"风景独好"，有着较强的发展势头，而中国正在成为亚洲乃至全球的制造业中心。因此，具有强大资金优势的外资物流企业纷纷抢滩中国，他们凭借先进的物流技术、丰富管理经验，以及遍布世界各地的网络，开始挺进中国逐步开放的物流市场。在这样的条件下，我国物流企业应该迅速选择目标客户进行市场定位，采用判别化的市场经营对策，加强服务，这样就一定能够提高市场竞争力。

一、进入目标客户的供应链系统

历史进入 20 世纪 90 年代后，随着科学技术的进步和生产力的发展，顾客消费水平不断提高，企业之间的竞争日益加剧，加上政治、经济、社会环境的巨大变化，使得整个市场需求的不确定性大大增加。传统的"纵向一体化"的管理方法已经不能使企业对千变万化的市场作出快速反应，因此以"供应链管理"为代表的"横向一体化"经营运作方式应运而生。

供应链管理强调核心企业与最杰出的企业建立战略合作关系，委托这些企业完成一部分业务工作，自己则集中精力和各种资源，通过重新设计业务流程，做好本企业能创造特殊价值、比竞争对手更擅长的关键性业务工作，这样不仅大大提高本企业的竞争能力，而且使供应链上的其他企业都能受益。在供应链思想的指导下，物流外包成为许多企业供应链管理的重要内容。因此，无论从理论上，还是实践中，我们都已经看到，物流企业若能进入客户的供应链系统，对其提高竞争能力，获得较稳定的发展机会，将大有益处。当然，物流企业必须能够为客户提供及时、安全、经济的服务，使客户的生产或销售目标顺利实现，才有可能获得作为合作伙伴的机会。

目前我国现有物流供给能力总体上大于物流市场需求，传统物流企业规模较小，能力分散，运输能力远远小于用户企业运输需求规模，仓储供给能力略微剩余。物流总供给能力大于物流市场需求以及物流供给能力又很分散的情况，说明现在用户企业拥有更多选择的主动权，我国传统物流企业的市场竞争能力令人担忧。在这样的市场前提下，能够获得一个可持续发展的客户是非常幸运的。现在许多用户企业只与物流企业签订为期一年的委托协议或合同，就是基于这样的市场前提。虽然有许多用户企业在找寻合作物流商时，仍然考虑的是获得最全的物流服务，但是物流企业如果仍然采用降低价格的方式去争取用户，那无疑是步入了恶性循环的泥潭。

因此传统物流企业尽快确定自己的目标客户群，通过为其提供相适应的物流服务，甚至在必要的时候与其共渡难关，力争进入用户企业的供应链系统中，与用户企业共同成长。

传统的物流企业在过去的经营活动中可以说是不为用户承担任何市场风险的，而在今天让物流企业为用户分担风险的想法似乎也很难实现，但是如果物流企业在与用户企业的合作中能够为企业想得更多一些，做得更多一些，让物流服务为用户企业的产品带来竞争优势，就会有分享客户发展与壮大的成果的可能，在用户企业的供应链系统中扎根。

二、采用"一对一"方式，对客户实施"紧逼盯人"

传统物流企业要进入目标客户的供应链系统绝非易事，在这里，用户企业对物流供应商提供的服务的满意度至关重要，而"一对一"营销正是解决传统物流企业针对用户企业要求，提供用户企业满意服务的有效方法。

所谓"一对一"营销，或者叫做关系营销、客户关系管理，是企业愿意并能根据客户的特殊需求来相应调整自己的经营行为。

作为物流供应商，传统物流企业一方面不存在资源优势，另一方面同样要面对多层次的客户。这些客户的企业规模和实力、在该地区的发展计划以及对现代物流的理解和对物流服务的要求会千差万别。传统物流企业总希望在现有储运资源的基础上发展物流服务，并且多开发客户。而从理论和实践来看，面面俱到是非常困难的，传统物流企业应该注意以下三个方面的问题。

首先，在市场定位上，应该遵循"不熟不做"的原则、"集中一点"即专业化服务的原则、"重点客户，重点服务"的原则、"延伸服务"即服务品种创新原则、"精益求精"即服务技术创新原则。

其次，在制订物流服务战略时，最适宜的指导思想就是从小的做起和从简单的做起。

最后，在制订物流标准时，要考虑到自身服务资源的能力，创造和维持自身品牌的可信度。为了保证服务质量的稳定，最有效的选择是收缩市场，如果客户太多，要同时满足客户的个性化要求是非常困难的。

总之，传统物流企业实施"一对一"营销，要对需要战略支持的客户和对需要战术支援的客户，确定不同的服务内容、制订不同的服务计划，包括采取不同的价格策略。在实施"一对一"的营销过程中，企业可以与用户企业共同商定服务标准和开发物流解决方案，这样会比较具有针对性，易于取得顾客满意的效果。

三、提升水准，"保住"客户

全球经济一体化催生了现代物流，现代物流服务为用户企业提供的是集成化的物流服务。尽管我国仍然有许多本土企业对物流存在着比较片面的认识，目前还停留在简单地寻找最便宜的物流服务阶段，但在未来的发展中，随着企业国际化程度的加深，他们对集成化物流服务的认识和需求会进一步增加，不仅在仓储保管、市内配送、信息咨询等"传统的、标准的"物流外包服务方面向物流供应商提出更高的要求，还将在库存控制，仓库地址选择、运输方式选择运费及货款结算方面提出新的服务，甚至会要求物流企业在提供专业化物流服务的同时，还能帮助他们作出诸如延迟生产、虚拟仓库、库存拥有权、分拨网络优化等战略性决策。

从目前的情况来看，我国传统物流企业与外资以及一些先进的物流企业相比，在订单处理能力、信息反馈能力、项目策划和推动能力、流程管理能力四个方面存在较大的差距。这也就说明，传统物流企业只有在这四个方面提高水平，才有可能提高竞争能力。

订单处理能力是指物流企业是否能够处理用户企业的订单，这些订单在物流企业进行整合，然后再分配到供应链的各个执行部门去，促进用户企业生产或销售业务的顺利完成。

信息反馈能力是指物流企业是否能够为用户企业提供足够的企业需要的库存信息。例如，当因质量问题发生客户退货的时候，物流企业能够提供相应信息，追溯是哪一笔出库，哪一批入库出现了问题，为企业进行索赔和事故处理提供依据；另外，能够为用户企业及时提供库存在一定时期的变化趋势，将非常有利于用户调整库存，进行采购和销售决策。

项目策划和推动能力是指物流企业是否可以为用户企业进行项目策划，或者当用户企业在进行市场扩展的时候，是否能够提供相对应的物流支持。

流程管理能力是指物流企业是否可以对物流过程进行有效的监控。物流企业的目标市场定位、服务战略规划、战术选择以及服务标准的制订，归根结底还是要看物流服务过程的实际效果。对物流过程的有效监控是实现物流服务目标的唯一手段。监控过程是一个复杂的过程，包括跟踪监测、绩效评价和作出响应。

总之，在我国有着庞大的物流市场需求，我国传统的物流企业仍然具有一定的发展空间。只要我们抓住机遇正确选择目标客户，尽快提高服务水平，再加上其他用户以及软件供应商们的共同努力，就一定能够提高竞争力，实现与外资共享市场。

知识拓展

北京中储物流"留住"客户技巧①

北京中储物流有限责任公司在物流业竞争日趋激烈的市场环境中,面对纷繁复杂的客户市场,将维持牢固的客户群作为企业的重要任务。它们掌握了较好的客户开发技巧,收到了"既要寻找客户,又要筛选客户,还要留住客户"的成效。

技巧1:诚信为本,真情服务,公司友善对待客户,让客户感到家的温暖,用真诚感动客户。如有一位客户正巧中午12点来到公司,有关部门让食堂送来一份盒饭,客户说:"业务还未谈成,怎么好意思吃饭呢?"接待人员说:"既然你来到我们企业,就是我们的客人,业务谈不成也没关系,就算结识一位朋友。"后来尽管该项业务未谈成,但客户非常感激,并把其他客户介绍给了公司。

技巧2:科学报价,实现双赢。面对找上门来询价的客户,既要抓住对方,又不能把价格压得太低。在开发业务工作中,公司将自己的服务水平进行了估价,确定一个范围,对任何客户的收费标准都是统一的,不会因人而异。报价时要有理有据,不能漫天要价,不能不着边际,让客户感觉不可靠。如在开发一家药品B公司业务时,由于公司不了解产品的保管条件及作业环节,就提出到对方仓库看一看。在B公司,通过与经办人交谈,了解到该公司的药品从公司至用户全过程的物流成本是1.2元/箱。通过测算,如果由中储物流有限责任公司负责这部分物流业务,对方物流成本则可降至0.95元/箱,并且B公司还能获得正常的回报。

思考:
中储物流有限责任公司的客户开发技巧发挥了什么作用?它如何体现为客户服务的理念?

作 业

1. 根据所学知识及案例,分析我国从事运输的物流企业应如何寻求更多客户资源?
2. 物流客户服务管理的政策如何建立?

任务二 影响物流客户服务因素与客户满意度维度分析

任务描述

物流企业是服务型企业,加强对物流企业客户服务因素的分析有利于物流企业完善和

---

① 资料来源:杨穗萍. 物流客户服务(第二版)[M]. 北京:机械工业出版社,2010年.

提高服务水平，从而增强企业竞争能力。通过对客户满意度维度的分析可以使物流企业更加了解客户需求，从而使企业懂得如何才能提高顾客满意度水平，进而与客户形成长期的、稳定的合作关系。

 知识准备

一、影响物流客户服务的因素

（一）物流客户服务的要素

从物流服务的时间顺序看，物流客户服务要素可分为交易前、交易中、交易后三要素。

1. 交易前要素

交易前要素主要是为了开展良好的客户服务创造适宜的环境。这部分要素直接影响客户对物流企业的初始印象，为物流企业稳定持久地开展客户服务活动打下良好的基础。主要有：

（1）客户服务条例。客户服务条例以正式的文字说明形式表示，其内容一般包括：如何为客户提供满意服务、客户服务标准、客户服务职员的工作职责和服务规范等。

（2）客户服务组织结构。物流企业一般应有一个较完善的客户服务组织机构，并要明确各组织结构的权责范围，并促进各职能部门之间的沟通与协作。

（3）物流系统的应急服务。为了使客户得到满意的服务，在缺货、自然灾害、劳力紧张等突发事件出现时，必须有应急措施来保障物流系统正常高效运作。

（4）增值服务。增值服务是为了巩固同客户的合作伙伴关系，向客户提供管理咨询及培训等，以利于同客户的长期合作。

2. 交易中要素

交易中要素主要是指直接发生在物流过程中的客户服务活动，主要有：

（1）缺货要素。这是衡量产品现货供应比率的重要指标。一旦脱销，要努力为客户寻找替代品或者在补进货物后再送货。由于缺货成本一般较高，所以要对这一因素详细考察，逐个产品、逐个客户进行统计，确定问题所在，有针对性地提出解决方案。

（2）订货时间。要求向客户快速准确地提供库存信息、配送日期等信息，确定准确的订货时间。

（3）订、发货周期的稳定性。订、发货周期是从客户下订单到收到货物为止所跨越的时间，随着竞争的日益激烈，控制好订、发货周期对客户来说非常重要的。

（4）特殊货物的运送。有些货物不能按常规方法运送，而需要采取特殊运送方式。提供特殊运送成本要高于正常运送。但为了跟客户长期合作，这一服务也是非常重要的。

（5）订货便利性。一般来说，客户最喜欢同反应快速、工作效率高的物流企业合作。所以提供便利、快捷的订货服务非常重要。

3. 交易后要素

交易后要素即售后服务，是物流企业客户服务中非常重要的要素。其主要内容有：

（1）安装、保修、更换、提供零配件等。

（2）产品跟踪。

（3）处理客户投诉。

（4）处理索赔事宜。

（5）进行客户满意度调查等。

（二）物流客户服务标准

提供有效的物流客户服务无论是对物流企业，还是对物流企业的客户，都是非常重要的。物流客户服务的标准，可以用"7R"来描述，这"7R"就是在合适的时间、合适的场合、以合适的价格、通过合适的方式为合适的客户提供合适的产品和服务，使客户的合适需求得到满足，客户价值得到提高。

1. 合适的客户

物流企业必须对客户进行筛选，对客户进行分类管理，为客户提供有差别的物流服务。一般客户提供基本服务，合适客户提供完善服务，关键客户提供完美服务，对有害的客户提供防御服务。

2. 合适的产品和服务

合适的产品和服务指产品或服务是客户真正需求的，按客户的要求提供有特色的、个性化服务。

3. 合适的价格

服务价格应确定在合理水平、应符合客户愿望，既不是越高越好，也不是越低越好。服务价格的制订应在考虑双方共同利益的前提下，在物流企业和客户之间寻找到最佳结合点。

4. 合适的时间

客户的需要是一定时间的需要，物流企业要在客户最需要的时候满足客户的需要，只有这样，才能真正实现物流服务的目的。

5. 合适的场所

在客户需要的地方、合适的情景中为客户提供恰当的服务，往往会达到事半功倍的效果。

6. 合适的渠道

物流企业的服务方式要与客户的客观需求相适应，要能满足客户的要求。

7. 合适的需求

客户的需求有不同种类、不同层次。物流企业寻找到合适的客户之后，还应该找准客户的需求，重要的产品和服务应该有相对集中的需求对象和需求点。

二、客户满意度维度分析

（一）影响客户满意度的因素分析

从客户满意度的定义来看，影响客户满意度的因素是客户期望和客户评价。而从服务提供者的角度来看，决定客户满意度的是客户期望和企业提供的服务标准之间的差距。分析客户实际体验和预期效果之间差距的来源，可以找到问题的根源和症结，提高物流服务质量和客户满意度。实践研究发现，客户对服务的满意度主要取决于以下七个因素：

1. 设计

设计符合客户需要的服务是物流企业令客户满意的首要工作。如果企业在进行服务设计时没有把客户需求考虑进去，招致失败不可避免。服务的基本设计不仅影响到客户对服务的购买，还会影响到员工工作的信心与态度、广告与促销的效果、客户投诉、提供售后服务的成本等，最终影响客户满意度。

2. 品质

服务过程的质量对客户满意度具有极大影响。许多企业已经意识到，通过加强客户服务过程的管理，可以有效提高客户满意度。

3. 品位

由马斯洛的需求层次理论可知，客户的服务需求往往是多方位、多层次的。服务品位对客户来说是实现自我价值的一种标志和体现。品位高的服务自然可以提高客户满意度。

4. 价格

价格是客户是否选择物流企业服务的重要影响因素，特别是价格与品质的匹配程度关系到客户满意度的高低。价格高了，超出客户对服务的预期，影响客户的利益；价格过低，容易使客户低估服务的品质，影响企业的品牌价值，降低经济效益。

5. 服务

优质的服务会大大提高客户满意度。提供服务的方式包括免费热线、信息与决策的服务、回访等。服务质量不仅直接影响客户满意度，还可以对销售中出现的失误给予补救，达到客户满意的目的。

6. 销售

物流客户服务的销售，实际上就是与客户沟通交流的过程。销售人员在销售环节中扮演了非常重要的角色。客户接受企业服务的前提往往是认可企业的销售人员，客户对企业的信任往往也是建立在对销售人员信任的基础之上的。因此，对销售人员的管理和培训至关重要。

7. 文化

企业文化是企业销售活动和售后服务的有力推动者。信奉"客户满意能保证长期成功"的企业在其经营管理各环节中都应尽力贯彻这样的思想。

（二）衡量客户满意度的维度

研究表明，客户认为服务质量不是一个一维的概念，也就是说，客户对质量的评价包括对多个要素的感知。美国营销学家贝里（Berry）、帕拉苏拉曼（Parasuraman）和泽塞莫尔（Zeithaml）建立了一个普遍适用的模型。他们认为，正确评估服务质量首先应对客户评估服务质量所依据的主要的内在情况进行研究。为此，他们将客户评价服务质量的 22 个项目的因素进行分类，认为客户在评估服务质量时主要根据 10 个决定性要素：可感知、可靠、反应、胜任的能力、友爱、可信、安全、易接触、易沟通和对客户了解。后来，他们又将这 10 个决定要素归结为五大标准，即客户在评估服务质量时会考虑的五个维度。

1. 可靠性

可靠性是准确、可靠地履行服务承诺的能力。它是这五个维度中，被客户一致认为是服务质量感知最重要的决定因素。可靠的服务是客户所希望的，它意味着服务以相同的方式，无差别地准时完成。例如，联邦快递是一家在可靠性维度方面进行了有效宣传并执行较好的公司。该公司的可靠性信息——在规定的时间内绝对、必须把货物送达指定的地点，反映了公司的服务定位。所有的企业都需要意识到客户对可靠性的预期，如果提供给客户的是与其感知不相符的核心服务，将会直接导致客户失望，以致客户流失。

2. 响应性

响应性是帮助客户及提供便捷服务的自发性。让客户等待特别是无原因的等待，会对质量感知造成消极影响。该维度强调在处理客户要求、询问、投诉问题时必须专注和快捷。快速响应已成为企业运作和发展的一个重要要求。

3. 安全性

安全性是指员工所具有的知识、理解力以及表达出自信与可信，保证客户感到安全的能力。当客户感知的服务包含高风险或其不能确定自己有能力评价服务的产出时，如客户在使用银行、保险和法律等专业性较强的服务时，该维度可能特别重要。

4. 移情性

移情性是指设身处地地为客户着想和对客户给予特别的关注。移情性的本质是通过个性化的或者客户化的服务使每个客户感到自己是唯一和特殊的。客户想要感到向其提供的企业对他们的理解和重视。移情性表现在下列方面：接近客户的能力，敏感性和有效地理解客户需求的能力。

5. 有形性

有形性是指有形的设施、设备、人员和书面材料的外表。有形的环境条件是服务人员对客户更细致的照顾和关心的有形展示。强调有形展示的服务行业只要包括客户到企业所在地接受服务的行业，如零售服务等。

客户主要从这五个维度将预期的服务和体验到的服务相比较，最终形成自己对服务质量的判断。当体验质量超出期望质量时，客户表现出惊讶和高兴；当期望质量超出体验质量时，服务是让失望或不可接受的；当期望质量与体验质量一致时，服务是满意的。此外，客户对服务的预期还受到服务的口碑、个人的需要、客户过去的经验和改进的期望等的影响。如图 10 - 2 - 1 所示

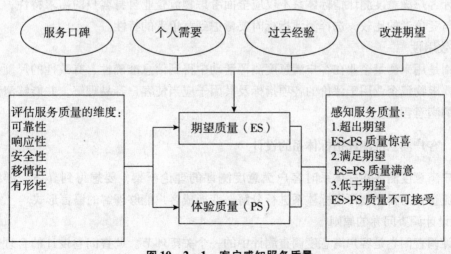

图 10 - 2 - 1　客户感知服务质量

物流客户满意度的测评

客户满意度测评的基本指导思想是：企业的整个经营活动要以客户满意度为指针，要从客户的角度，用客户的观点而不是企业自身的利益和观点来分析考虑客户的需求，尽可能全面尊重的维护客户的利益。

一、设计客户满意度测评指标体系的原则

客户满意度测评指标体系的设计不仅是客户满意度测评的核心部分，而且在很大程度上决定了测评结果的有效性和可靠性。设计客户满意度测评指标体系时，应该遵循以下几条原则：

1. 以客户认知为中心

"由客户来确定测评指标体系"是设定测评指标体系最基本的要求。物流企业要准确把握客户的需求，以客户的认知为中心，选择客户认为最关键的测评指标。

2. 可控性

客户满意度测评会使客户产生新的期望，促使物流企业采取改进措施。客户满意度测评指标必须是物流企业可以控制和掌握的，如果企业在某一领域还无条件或无能力采取行动加以改进，则应暂不采用这方面的测评指标。

3. 可测量

在客户满意度测评时，要将定性分析和定量分析结合使用。为提高客户满意度管理的针对性，量化管理是一个必要的条件。客户满意度测评的结果是一个量化的值，因此，设计的测评指标必须是可以进行统计、计算和分析的。

4. 全面性

设计客户满意度测评指标体系不仅应全面考虑物流企业自身客户的需求特性，还需要考虑到与竞争者的比较，选择测评指标时要考虑到竞争者的特性。

5. 效用性

效用是用来衡量企业在客户满意度测评活动中得到信息准确性、有效性的尺度。效用性指标要求物流企业用于评价的各项指标及其因子应当使客户容易理解，并能够清楚表达其实际的满意程度。

二、客户满意度测评指标体系的设计

客户满意度测评指标体系时客户满意度测评的理论框架，要想得到具体、详细的信息，物流企业需要把测评指标体系进行分解，变换成客户能够理解的语言形式。

1. 设计调查问卷的原则

设计调查问卷是客户满意度调查测评中的一个关键环节。调查问卷设计的合理性会影响测评的准确性和有效性。因此，设计调查问卷时应遵循以下几个原则：

（1）所有结构变量应正确地转化测评变量，测评变量可以适当地分解成若干个具体的问题。

（2）问题应尽量以封闭性问题为主，必要时可以适当设置一些开放性问题，但不宜过多。

（3）问题应该具有一定的逻辑性和系统性。

（4）比较复杂的问题必要时要有适当的指导说明用语。

（5）调查问卷中尽量不要出现客户不愿回答或不能回答的问题，以免引起客户反感。

2. 测评指标体系结构

客户满意度调查问卷的设计是一项复杂的工作，特别是对其中的结构变量的处理。测评指标中的客户期望、客户对质量的感知、客户对价值的感知、客户满意度、客户抱怨和客户忠诚等均为隐变量，都是不可以直接测评的。设计人员需要对这些隐变量进行逐级展开，直到形成一系列可以直接测评的指标。这些逐级展开的测评指标就构成了客户满意度测评指标体系。

客户满意度测评指标体系是一个多指标的结构，通常运用层次化结构设定测评指标，能够由表及里、深入清晰地表述客户满意度测评指标体系的内涵。

一般来说，将测评指标体系划分四个层次较为合理。每一层次的测评指标都是由上一层测评指标展开的，而上一层测评指标的测评结果是则是通过下一层的测评结果反映出来的。这四个层次的指标分别为：

一级指标。客户满意度指数是总的测评目标，为一级指标，即第一层次。

二级指标。客户期望、客户对质量的感知、客户对价值的感知、客户满意度、客户抱怨和客户忠诚等六大要素作为二级指标，即第二层次。

三级指标。根据不同的产品、服务、企业或行业的特点，可将六大要素展开为具体的三级指标，即第三层次。三级指标的具体内容可归纳为表 10－2－1，共有 17 项三级测评指标。这些三级指标时一个逻辑框架，原则上在各行业都是可以运用的。对某一具体产品或服务的客户满意测评的实际操作中，应该根据客户对产品或服务和关注具体选择，灵活运用。

表 10－2－1　　　　　　　　　　　　　客户满意度三级层次指标

一级指标	二级指标	三级指标
客户满意度指标	客户期望	对产品或服务质量的总体期望
		对产品或服务质量满足客户需求程度的期望
		对产品或服务质量稳定性的期望
	客户对服务质量的感知	客户对服务质量的总体评价
		客户对服务质量满足需求程度的评价
		客户对服务质量的可靠性的评价
	客户对价值的感知	给定价格时客户对质量级别的评价

一级指标	二级指标	三级指标
客户满意度指标	客户对价值的感知	给定质量时客户对价格级别的评价
		客户对总成本的感知
		客户对总价值的感知
	客户满意度	总体满意度
		感知与期望的比较
	客户抱怨	客户抱怨
		客户投诉情况
	客户忠诚	重复购买的类别
		能承受的涨价幅度
		能抵制的竞争者的降价幅度

四级指标。三级指标可以展开为问卷上所提的问题，这就形成了测评指标体系的四级指标，即第四层次。四级指标是客户满意度测评中直接面对客户的指标，它是和客户满意度测评问卷中的问题相对应的。

3. 测评指标的量化

客户满意度测评的本质是一个定量分析的过程，即用数字反映客户对测量对象的属性的态度。因此，需要对测评指标进行量化。客户满意度测评了解的是客户对产品、服务或企业的看法、偏好和态度，通过直接询问或观察的方法很难了解客户态度。利用某些特殊的态度测量技术进行量化处理，将会使那些难于表达和衡量的"态度"既真实又具体地表示出来。这种态度测量技术所运用的基本工具，就是所谓的"量表"。

量表的设计包括两步。第一步是赋值，根据设定的规则，对不同的态度特性赋予不同的数值。第二步是定位。量表中用数字表征态度的特性出于两个目的：首先，数字便于统计分析；其次，数字使态度测量活动本身变得容易、清楚和明确。

客户满意度测评可以使用五级量表，采用的五级态度是：满意、较满意、一般、较不满意和不满意，相应赋值为5、4、3、2、1。表10－2－2是一个利用量表测评客户对某服务质量满意度的例子。

表10－2－2　　　　　　　　　客户满意度测评量表

测评指标	客户态度				不满意
	满意	较满意	一般	较不满意	
服务有形性	5	4	3	2	1
质量稳定性	5	4	3	2	1
响应性	5	4	3	2	1
安全性	5	4	3	2	1

4. 测评指标权重的确定

客户满意度测评指标体系反映的是测评对象的质量水平状况和特征，而每一测评指标的变化对客户满意指数变化的影响程度是不同的。反映影响程度的重要性的尺度是权重。权重的确定与分配是测评指标体系设计中非常关键的一个步骤，对于能否客观、真实地反映客户满意度起着至关重要的作用。

确定权重时，测评人员需对客户满意度测评、企业经营规律、服务的特性和社会心理学都有较深刻的了解，并具有丰富的时间经验。由于客户对测评指标的看法和评价不同，因而它们对客户满意度的影响不同。同时，测评人员也应该认识到，即使是同一个测评指标，由于测评对象不同，对客户满意度的重要性也有可能不同。测评人员可以依据经验，根据对测评指标体系各项指标重要程度的认识来确定权重。

三、客户满意度测评报告

客户满意度测评活动的一个重要环节就是根据调查结构撰写调查报告，这是为企业管理者提供决策依据的重要步骤。通常来说，一个完整的测评报告，一般包括如下内容：

（1）测评背景和目的。

（2）调查测评工作的实施情况。

（3）调查测评指标的设置说明。

（4）调查和抽样方法的说明。

（5）主要测评变量与客户满意度之间的关系。

（6）主要测评变量与客户忠诚度之间的关系。

（7）对客户评价的各种分层分析。

（8）客户对物流认知程度分析。

（9）客户潜在需求分析。

（10）测评结论。

（11）存在问题分析。

（12）服务质量改进的措施。

在撰写调查报告时，除可以借鉴以上内容外，还要与测评的目的、调查所得资料相一致，一定要实事求是、客观公正、科学评价的进行撰写。

知识拓展

××物流有限公司物流客户服务满意度调查问卷

尊敬的客户：

　您好！

　非常感谢您在百忙之中参加我们的客户满意度调查。

　××物流感谢您多年来的支持！欢迎您提出宝贵的意见，并一如既往地支持和使用××物流为您提供的服务！

谢谢您！

××物流有限公司

二零一零年一月十二日

第一部分：客户基本信息

1. 公司名称：

2. 企业性质

□国营　□合资　□外资　□民营　□其他

3. 所属行业

□通信业　□IT/电子业　□机械制造业　□医药业　□服装纺织业

□金融业　□汽配业　□印刷广告业　□日化工业　□其他行业

4. 月均运费

□5000~1万元　□1万~5万元　□5万~10万元

□10万~20万元　□20万元以上

5. 合作时间

□1年以下　□1~3年　□3~6年　□6年以上

6. 现阶段及未来新增业务的需求：

第二部分：调查内容（全部为选择方式）

（一）人员情况（单选）

1. 您对我公司以下岗位人员服务的满意度为

司机/提交货人员　□非常满意　□满意　□一般　□不满意　□非常不满意

前台客服人员　　□非常满意　□满意　□一般　□不满意　□非常不满意

查询员　　　　　□非常满意　□满意　□一般　□不满意　□非常不满意

操作员　　　　　□非常满意　□满意　□一般　□不满意　□非常不满意

财务人员　　　　□非常满意　□满意　□一般　□不满意　□非常不满意

公司干部　　　　□非常满意　□满意　□一般　□不满意　□非常不满意

2. 您对我公司以下岗位人员服务不满意的主要方面为

司机/提交货人员　□服务用语　□仪容仪表　□服务态度　□服务意识

　　　　　　　　□操作规范　□业务知识　□技能掌握　□基本良好

前台客服人员　□服务用语　□语音语调　□服务态度　□专业知识　□基本良好

查询员　　　　□服务态度　□查询速递　□结果反馈　□准确程度　□基本良好

操作员　　　　□服务意识　□仪容仪表　□专业水平　□问题处理　□基本良好

财务人员　　　□服务态度　□准确程度　□工作效率　□专业水平　□基本良好

公司干部　　　□服务态度　□服务意识　□改进落实　□基本良好

（二）运营服务情况（单选）

1. 您对我公司目前运营操作水平及质量的感觉为

□非常满意　□满意　□一般　□不满意　□非常不满意

2. 您对我公司运营服务不满意的原因主要为

☐服务事故多 　☐提货不准时 　☐派送不准时 　☐操作不规范

☐网络协调弱 　☐信息反馈慢 　☐业务流程复杂 ☐应急处理能力差

☐信息建设支持弱 ☐特殊需求难保障 ☐增强特殊操作保障

3. 贵公司当前最急需我公司予以解决的问题为

☐提高提货准点率 ☐提高派送货物准点率 ☐减少丢失事故

☐减少破损事故 　☐提高信息反馈及时准确率 ☐提高信息化建设能力

☐改进服务态度和意识 ☐加强操作规范性 　☐加强操作专业化

☐增强特殊操作保障

（三）客户服务情况（单选）

1. 您对我公司目前客户服务工作整体的感觉为

☐非常满意 ☐满意 ☐一般 ☐不满意 ☐非常不满意

2. 您对我公司客户服务工作不满意的原因主要为

☐主动服务意识差 ☐专业方案建议少 ☐客户维护力度弱

☐问题解决能力弱 ☐工作责任心不强 ☐人员基本素质差

☐服务事故处理慢 ☐基本良好

（四）公司情况

1. 您对我公司以下哪方面比较满意

☐服务态度好 　☐服务准点率高 　☐服务安全性高

☐承运价格合理 ☐信息化程度高 　☐特殊操作保障好

☐公司形象好 　☐员工品质好

2. 您认为我公司当前亟待提升改进的内容为

☐提升运营质量 ☐提升客服质量 ☐增加产品类型

☐提高员工素质 ☐降低服务价格 ☐增强人员稳定性

☐加大宣传力度 ☐加速信息建设 ☐提高专业化水平

☐其他

3. 未来是否愿意继续与我公司保持合作伙伴关系

☐愿意 ☐考虑 ☐不愿意

4. 欢迎您填写本调查表之外的意见及建议：

思考：

该物流有限公司对客户满意度进行测评的内容有哪些方面？

 **作 业**

分小组到社会调研，通过调研为某物流企业设计一份测量物流客户满意度的问卷并进行维度分析。

考评标准：物流客户满意度调查问卷的设计（50%）＋分析客户满意度（30%）＋小组评议（20）%。

任务三　物流表现与客户满意度管理

任务描述

客户满意是企业效益的源泉，让客户感动的理念是驱动企业服务创新的动力。物流企业的客户满意度直接影响客户企业对物流服务的接受程度。因此，它在对客户提供各种物流服务的同时必须重视客户的满意度，做好满意度管理。

知识准备

一、物流服务过程的表现

（一）物流客户服务的主要内容

1. 核心服务——订单服务

订单服务是构成物流客户服务的主要内容，物流的所有业务都是围绕客户的订单而开展的，它是从接到客户的订单开始发货至将货品送达客户手中的一系列物流过程。随着物流管理的信息化，电子资料交换的方式代替了传统的交接单方式，使物流订单的处理更加精确和快速。订单服务包括订单传递、订单处理、订单分拣与整合、退货处理对策等过程，每个程序都有具体的操作原则、标准和规程。具体有接受订货、订单确认、设定订单号码、建立客户档案、存货查询及按订单分配存货、依订单排定出货的拣货顺序、分配后存货的不足的处理以及订单资料处理输出等步骤。

2. 基础服务——储存、运输与配送服务

在物流储存、运输与配送等基础业务中，都需要企业提供优质的客户服务。储存服务主要是要为客户做好原材料、配件以及在制品、半成品的出入库保存和管理的服务；运输服务主要是利用设备和工具，将物品从一个地点向另一个地点运送的物流服务，其中包括集货、搬运、中转、装入、卸下和分散等一系列操作；配送服务是输送的一种特殊形式，是为了满足客户的多种需求而实行的，是在一定范围内进行的从配送中心到客户之间的物品运输服务。以上这些服务都是物流客户服务的基础业务，其他的物流服务都是在他们的基础上延伸出来的。可以说，没有物流的基础服务就没有物流的延伸服务。

3. 辅助服务——包装与流通加工服务

在物流基础服务做好后，还必须做好包装与流通加工服务。包装是在物流过程中为保护货品、方便运输、促进销售而采用容器、材料和辅助物，施加一定的技术方法进行操作的物流服务；流通加工是在物品从生产领域向消费领域流动的过程中对其进行一定程度的加工服务，它服务的目的主要是为了促进销售、维护产品和提高物流效率。

4. 增值服务——延伸服务

现代物流服务的范围更广、更有新意、物流企业除了为客户提供基本服务项目以外，还要根据客户的个性化需求提供多样的延伸服务业务，不断开拓新颖独特的增值服务，使企业的客户服务技术和水平更上一个台阶，对客户更具竞争力和吸引力。物流的延伸服务可以在基本服务的基础上向上、向下延伸，如需求预测、贷款回收与结算、物流系统设计、物流方案规划制作与选择、物流教育与培训和物流咨询等，这些服务是比较有竞争性的，也具有良好的增值性，是衡量物流企业竞争实力的尺度之一。客户可能将企业能否为其提供差异化服务看得很重要。物流客户服务是物流企业和客户直接交流的对手。

5. 沟通服务——客户信息服务

在物流供应链的运作中，特别是在物流规模化、国际化的现代物流活动中，物流信息服务是极其重要的手段和工具，体现出它不可或缺的重要地位，无论是在库存管理、配送管理、成本管理、订单处理、物流与电子商务的接口和客户信息管理等方面都离不开信息的沟通与交流。随着计算机网络技术的普及和推广，物流信息技术的应用得到进一步的发展和提升，物流信息在物流供应链各个环节的运作中都发挥着重要的沟通和连接作用，各个物流企业即是利用有效的信息对物流活动进行计划、指挥与调控，从而从整体上提高管理效率和效益。物流企业每天要获得大量的内部和外部信息，从中获得大量的客户信息与资料，以便更好地掌握和了解客户的信息和需求，建立良好的反馈机制，作为物流客户分析需求与服务的依据和指引，及时地调整、丰富、更新、开发客户服务的项目，提出有针对性的营销措施，为客户提供满意的物流客户服务解决方案，进一步提高为客户服务的能力和水平。

小贴士

海尔公司不断完善面向消费者的配送体系，在全国建立里 42 个配送中心，每天按照订单向 1550 个专卖店、9000 多个网点配送 100 多个品种、5 万多台产品，形成了快速的产品分拨配送体系、备件配送体系和返回物流体系。

（二）物流服务过程的表现

物流服务过程包括规划、组织资源及控制这些资源的变化。变化过程的目的是为了取得系统的投入以及在进行转化过程中所发生的一切成本上或成本以外的加入效用或价值。为了管理转化过程，有必要了解传统的作业管理领域。

1. 过程规划与控制

作业选择和规格化的目的，在于使服务产出在质量、数量、递送方式和成本方面能适合客户的要求。

2. 作业规划

作业规划是对每项作业的详细规格化，其目的在于使服务能符合所要求的质量、价格、成本。

3. 装备设计、陈设布局、材料处理和维护

装备设计、陈设布局、材料处理和维护主要是对有关的设计、所在地点、布局、各种

材料有关的处置以及任何有关设备的维护保养，旨在通过作业系统，使各种材料和人员的流动更加顺畅。

4. 日程

日程是作业推进的详细时间规划，依据日程能使服务在约定递送的期间内完成，同时符合资源利用的经济效用原则。

5. 库存规划与控制

对库存（包括人员和生产能力）进行规划和控制是为了达到服务所期望和约定的水平。

6. 质量控制

质量控制对于服务系统的有关重点，采取适当的检查和控制技术及其做法，以确保达成预定的质量水平。

7. 作业控制

各种服务系统的信息流出与流入务必畅通，以确保各项作业的进行，可以按照约定日程的特定时间去执行；同时，配合监测服务系统内的工作，依照必要的程序完成工作。

8. 预测及长期规划

预测服务业公司的未来需求量，预测必须纳入服务系统的各种产能，并对企业的发展进行长期规划。

二、物流企业客户服务的满意度管理

（一）贴近并研究客户

1. 明确部分"坏"客户的心理

"坏"客户的心理是对你服务持冷漠态度，因为他们从没想到或享用过；缺乏责任感，把好话送给企业服务人员，把真实想法留给自己；把对其他服务的不满发泄到你的身上，让你丧失信心。

2. 贴近客户

第一，物流企业首先要确立以客户为中心的理念，通过实施一系列的项目来获取客户体验资料，对企业员工培训客户关系，并将客户的需求写入所有的工作日程。

第二，企业根据客户需求的变化调整业务机构。客户的需求是在不断变化的。一直以来，服务的内容主要是技术支持、维修、售后服务和商务等，但随着市场的发展，融资要求已经成为客户的一个需求，所以企业可以通过和大银行结盟，为客户提供买方信贷，从而充分体现精诚为客户服务的思想。

第三，加强与客户的沟通，缩短与客户的距离。要求研发部门把50%的时间和精力用于客户的接触上，与客户建立有效的沟通关系，及时了解客户的需求，并对客户需求进行快速反应，拿出满足客户需求的方案。

第四，建立"内部客户"制度。按照"内部客户"的概念，企业内部在整个工作流程中，上个环节的部门把下个环节的部门当做客户，是企业的整个工作都围绕客户服务来展开，最后提供给客户最好的服务。如市场部门为相关几个部门服务，其客户如产品部、销售部就对它打分，作为市场部工作业绩的重要考核标准。

（二）聘用客户喜欢的服务人员

企业在招聘服务人员时，应避免走入只招聘自己喜欢的人的误区，因为只有提供了让客户满意服务的服务人员才可能让客户喜欢，客户喜欢的服务人员才可能提供让客户满意的服务，而且根据人际关系的"光环效应"，客户喜欢的服务人员还可以增强客户对良好服务的感知。

1. 确保服务人员的招聘质量

从招聘程序上进行控制。公司派去的招聘人员必须具有良好的主动性，公司要从性情、品格和经验等方面测试服务人员的特质，应该是能按照公司部署为客户服务的人。

在招聘的程序上，有两条平行的路：一条是根据内部部门的需求反馈进行招聘。每个职位的申请要填写非常正式的申请单，对职位的要求进行严格和详尽的描述；另一条是每半年在几个大城市定期进行招聘，以补充新鲜血液。

2. 系统地培训员工

招聘到合适的服务人员后，物流企业应对他们进行培训，直到他成为企业形象的一部分，成为客户信赖的品牌。

（1）培训他们的有关客户服务的全局观念。

（2）让他们熟悉同企业其他部门的运作，使他们能够回答关于其他部门位置之间的问题或响应客户需求，正确地指引有管辖权的职能部门，一旦他们需要与企业内部进行协同作业时，也有利于准确到位。

（3）培训适当的决策技能，使他们明确掌握企业的授权，而不是当客户需要是推诿，或者滥用承诺。

（4）物流服务知识和企业背景知识培训。

（三）提供个性化的服务

所谓个性化物流服务，是指物流企业根据自身的设施资源特色、物流服务手段的综合运用能力、区域服务能力和专业化技能，针对用户的各种需求以及过去为这些客户提供的服务，因人而异地提供有针对性的运输、仓储、配送、流通加工、包装、装卸搬运及物流信息物流服务。

个性化物流服务主要包括特色服务、灵活服务、细节服务和特殊服务等。从服务内容上看，物流企业要从客户的具体需求出发，选择和整合仓储、运输、配送、包装、流通加工、装卸搬运、信息处理等物流基本功能要素和资源，为客户提供个性化增值物流服务；从技术层面上看，物流服务的个性化体现在第三方物流企业要根据物品在价值、密度、形状、易腐性、危险性、紧急性等方面的特点，选择适宜的运输工具、积载方式、运输路线开展特色运输服务，或者在堆垛方式、储存管理方式方面开展特色仓储服务，或者为客户提供专业包装服务；从管理角度，通过内外部资源整合和专业化合作，为客户提供低成本、高速度、超安全的物流服务。个性化物流服务的实质就是物流企业在合理的利润水平条件下，实现客户"满意度"和"客户价值"的最大化。

为客户提供个性化和及时服务是提高客户满意度的关键因素。物流企业根据客户对体现个性的服务越来越青睐的需求特点，企业应在保持一定规模经济的同时，为客户提供满足其不同需求的个性化服务。

（四）增强客户体验

增强客户体验是培养客户信任感的重要方法。物流企业应该将为客户服务的观念贯穿到营销服务的全过程，具体措施如下：

（1）对每个客户都要进行"服务"这一企业理念的培训，帮助他们懂得本企业的宗旨，就是为客户提供最好的服务，达到客户满意水平，并使员工认识到与客户打交道，不单纯是为了企业经营，而是要为客户解决实际问题。

（2）要以完善的服务和对客户负责的精神使人们对企业产生充分的信赖感。

（3）制订合理、有效的服务质量标准。

（4）向客户作出承诺后一定要兑现。

（5）服务质量的考核和改进。

物流企业应定期考核员工的服务质量，并将考核结果及时反馈给有关员工；要经常研究和改进措施，不断提高服务质量。

（五）重视客户关怀

客户背离现象越来越引起物流企业的重视。客户背离的实质就是企业对客户的关怀不够。其主要原因有：当客户需要企业提供帮助时企业不能即时响应，为他们排忧解难并满足他们的需求；客户需要物流服务时，企业没有为他们提供很便利的条件，使他们不如找别的物流企业便利而造成客户背离，有的客户因条件发生变化，而企业没能继续给他们以便利，他们便会选择更为便利的相同企业取而代之；感到不可靠，怠慢或态度不好，即使在客户有充足的闲暇时间的时候，服务的速度仍是客户关怀的最重要的因素之一；服务人员不专业，不能准确地给予明确的专业咨询或培训。针对以上客户背离的原因，物流企业的服务人员实施客户关怀的要做到：对客户有礼貌，实行微笑服务；不回避客户的目光，注意声音的控制；提供满足客户需要的标准服务，让客户关怀活动包含在接受产品和服务的客户体验的全过程中。

 任务实施

正确处理客户的抱怨和投诉

一、客户投诉的处理流程

被客户投诉的事件，企业相关部门负责人应立即组织处理，主动向客户道歉，并及时将情况上报，按照公司的规定对当事人进行处理。人为因素造成的客户投诉，企业相关部门应立即组织处理，如不能及时解决的应向上级报告，并主动向客户解释。一般情况下，客户投诉处理流程可用图10-3-1表示。一般的客户投诉处理步骤如下：

（1）投诉处理，在"客户投诉登记表"上，登记受理时间、投诉事项。

（2）投诉调查，在客户投诉发生后，即刻对投诉进行调查，填写"客户投诉处理表"，写明客户投诉的事项和初步调查原因。

（3）处理意见，一般性投诉，由客户经理在"客户投诉处理表"上填写处理意见，

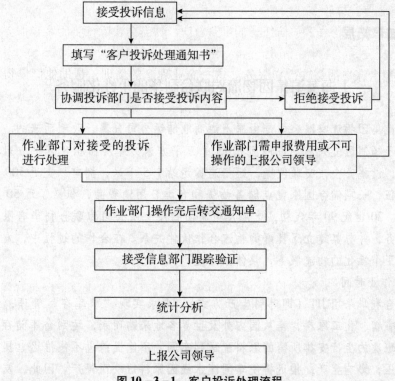

图 10 – 3 – 1 客户投诉处理流程

对于引起严重后果的投诉，将填好的"客户投诉处理表"交给项目经理，填写处理意见。处理意见一般包括消除影响的各种补救措施。填写完毕后，交相关的人员办理。

（4）处理结果，在跟踪处理过程的基础上，在"客户投诉处理表"上填写事故的处理意见。

（5）客户反馈，客户投诉处理完毕后，通过电话或现场走访的方式，调查客户对处理结果的意见。

（6）项目经理签字，投诉处理完毕后，交项目经理审核"客户投诉处理表"，填写对处理结果的意见，意见必须对处理结果是否达到要求做出明确的评价，此意见结合客户的反馈意见，将作为对客户服务绩效进行考核的基础。

二、客户服务部门的职责

在物流企业的服务过程中，差错或意外是不可避免的，对这些差错和意外的管理水平，有时比正常的服务更能显示一个公司的能力和素质。为了处理物流服务中的意外，一般物流企业都设有专门的客户服务部门，对意外情况进行处理。客户服务部一般负责以下工作：

（1）记录、处理、跟踪一般性客户投诉，并提出改进服务的建议。

（2）客户满意度调查。

（3）组织召开客户服务协调会。

（4）建立并完善客户服务体系。

上海友谊集团物流对联合利华的个性化服务①

上海友谊集团物流有限公司是由原上海商业储运公司分离、改制而来的。公司的主要物流基地处于杨浦区复兴岛，占地面积 15.1 万平方米，库房面积 8 万平方米，货车及货柜车 200 辆，设施齐全，交通便捷，距杨浦货运站 1.5 千米，拥有一支近 500 人的专业技术人员的队伍，长期储存国家重点储备物资和各类日用消费品，积累了近 50 年的物流管理丰富经验。20 世纪 90 年代初，上海友谊集团物流有限公司为联合利华有限公司提供专业的物流服务，并与其建立了良好的物流合作伙伴关系。在合作的过程中，友谊物流为联合利华提供了个性化的物流服务，具体做法是：

1. 改变作业时间

由于联合利华采用 JIT（即时制生产方式），要求实现"零库存"管理，如生产力士香皂的各种香精、化工原料，需从国内外及世界各地采购而来，运到仓库储存起来，然后根据每天各班次的生产安排所需的原料配送到车间，不能提前也不能推迟。提前将造成车间里原料积压，影响生产；推迟将使车间流水线因原料短缺而停产。因此，友谊物流改革了传统储运的白天上班、夜间和双休日休息的惯例，实施 24 小时作业制和双休日轮休制，法定的节假日与物流需求方实施同步休息的方法，来满足市场和客户对物流服务的需求，保证了全天候物流服务。

2. 更改作业方式

友谊物流根据不同商品、流向、需求对象，实行不同的作业方式。在商品入库这一环节上，除了做好验收货物有无损坏、数量、品名、规格是否正确等工作之外，针对联合利华公司内部无仓库的特点，友谊物流采取了两条措施来确保其商品迅速及时地入库。

（1）实行托盘厂库对流，产品从流水线下来后，直接放在托盘上，通过货车运输进入仓库。

（2）对从流水线上下来的香皂，因为现在工艺上没有冷却到常温这一环节，工厂又无周转仓库，每班生产出来的产品，必须立即运到仓库，这样进仓的香皂箱内温度为 50℃ ~ 60℃。为保证这样高温的商品不发生质量问题，香皂到库后立即进行翻板，摆置成蜂窝状以利于散热散潮。

商品出库是仓库保管与运输配送两个业务部门之间在现场交接商品的作业，交接优劣直接影响商品送达到商店（中转仓）的时效性和正确性。在出货过程中，为了提高车辆的满载率，将几十种品种及相邻近地区需要的产品，首先进行组配成套装车，送入市内、华东地区的采用货车以商店为单位组合装车；发往中转仓的商品，采用集装箱运输，每箱的装运清单，由仓库复核签字后的一联贴在集装箱门的内侧，使开箱后对该箱所装货物一目了然。

---

① 资料来源：豆丁网.

3. 仓库重新布局

在商品布局上，友谊物流将联合利华的储备库、配销库分离。储备库储存的物资包括各种原料、半成品、广告促销品、包装材料、退货品及外销品等；配销库则按商品大类进行分区分类管理。

4. 商品在库管理

友谊物流对联合利华的所有在库商品实施批号、项目号管理，各种商品根据批号进、出仓，凡同种商品不同批号不得混淆，并用计算机管理，来确保商品的先进先出，保持商品的较长保质期，最大限度地保护消费者的利益。此外，按照要求定期进行仓间消毒，每月进行仓间微生物、细菌测试，确保库存商品质量安全。

5. 流通加工

根据市场需要和购销企业的要求，对储存保管的一些商品，进行再加工包装，满足市场需要，提高商品附加值。为此，友谊物流专门开辟出约 1000 平方米加工场地，为联合利华进行诸如贴标签、热塑包装、促销赠品搭配等加工作业。

这样的流通加工作业在物流企业内进行，能把需要加工的商品最大限度地集中起来，统一地作加工处理，以达到从运输包装改为销售包装、礼品包装或促销包装的要求，从而使商品出库能在超市、各商店直接上柜，可让供应商、制造商、商店、超市各门店节省相当可观的人力和时间成本。

6. 信息服务

友谊物流除了每天进行记账、销账、制作各类业务报表外，还按单价、品类、颜色、销售包装分门别类作出商品统计，每天的进出货动态输入计算机，及时将库存信息传送给联合利华，使联合利华能够随时了解销售情况及库存动态。

7. 退货整理

退货与坏货作业是物流企业对客户的后续服务。借鉴国外先进经验，两年来，友谊物流组织人员进行整理、分类，对选拣出来无质量问题的商品，重新打包成箱，将坏货选拣出来，以便集中处理。并且设立退货整理仓，解除了顾客对能否退货的后顾之忧，改善了供求关系，同时也提高了供应商成品的完好率。

8. 为客户提供个性化的服务

物流需求方的业务流程各不一样，所需要的服务也不尽相同，一项独特的物流服务能给客户带来高效、可靠的物流支持，而且使客户在市场中具有特别的、不可模仿的竞争优势，友谊物流就是通过向客户提供个性化的服务，使客户满意而获得成功的。

思考：
1. 联合利华的生产特色对其物流管理有哪些要求？
2. 友谊物流如何对联合利华进行个性化服务？这样做的好处是什么？

 **作　业**

将学生分组开辩论会。

准备：把学生分成正反两方，另选一人作主持，3~4人作裁判。

正方论题：当今社会，实施标准化服务与个性化服务是不冲突的，标准化可以使服务更有保障。

反方论题：在个性化日益彰显的今天，标准化只能使服务变得更糟。

评价表：

组别	演讲论据充分，说服力强（60%）	语言表达流畅且有条理（40%）	总分（ ）
正方			
反方			

任务四　以客户为中心的物流战略分析

任务描述

企业满足客户需求的基本标准是达到参与市场竞争的基本要求，而要保持竞争优势要达到较高水准的客户满意度。从本质上而言，物理客户服务的绩效评价就是对物流客户的满意度进行评价。实践表明，客户满意战略是一种行之有效的现代企业经营战略，它可以为企业创造宝贵的无形资产，可以极大地增强组织的凝聚力和竞争力。在激烈的市场竞争中，只有使客户满意的物流企业才会具有较强的竞争力。

知识准备

一、客户满意度

（一）客户满意度内涵

客户满意度是指客户通过对一个产品和相关服务的可感知效果预期期望相比较后，所形成的愉悦或失望的感觉状态。对于客户满意度定义的理解，要注意把握以下几点：

（1）客户满意度是一个相对的概念，是客户期望值与最终获得值之间的匹配程度。

（2）客户的期望值与其付出的成本相关，付出的成本越高，期望值越高。

（3）客户参与程度越高，付出的努力越多，客户满意度就会越高。

（4）客户可以是个人、群体或一个单位，其需求构成市场。

（二）客户满意度指数

客户满意度指数（CSI）是一个感性满意度综合体，或是由一个机构收集的服务质量标准，是企业评估客户满意度的重要系统要素。CSI体系是目前唯一一种可以跨行业测量商品和服务质量的指标体系，是对企业满意度进行量化的一种标志。

（三）客户满意的重要性

研究表明，在25个不满意的客户中：有1个客户抱怨；24个客户不满意，但不抱怨；

这 24 个不抱怨的客户中，有 6 个存在"严重"问题；这 24 个不抱怨客户会分别向 10~20 个人讲述他们的不满经历。从上述数据中，我们可以看出：第一，当企业没有接到投诉时，并不代表一切情况良好，因为有些不满的客户可能选择了沉默；第二，不满的客户如果通过与其他人的交流传播企业的不足，那就会像"计算机病毒"在互联网中的传播一样，会给企业带来难以估量的损失。因此，做好企业客户服务工作，提高客户满意度至关重要。

如果客户对企业的服务不满意，将会表现出以下对企业有影响力的行为：

（1）客户会将不满意进行扩散，并建议与他紧密接触的人远离该企业的产品或服务。

（2）客户不会把该企业介绍给需要该企业产品或服务的其他客户。

（3）这位客户从此会远离企业的产品或服务。

而满意的客户会给企业带来以下好处：

（1）1 个满意的客户会告诉 1~5 人。

（2）100 个满意的客户会带来 25 个客户。

（3）维持 1 个老客户的成本只有吸引 1 个新客户的 1/5。

（4）更多地购买并且长时间地对该企业的产品或服务保持忠诚。

（5）购买企业推荐的其他产品并且提高购买产品的等级。

（6）对他人赞扬该企业及其产品或服务，较少注意其他竞争品牌的广告，并且对价格也不敏感。

（7）会给企业提供一些有关产品或服务的建议。

根据以上调查结果可以看出，客户满意度的高低会给企业带来较大的影响。客户满意度成为企业运营状况的"晴雨表"。近年来，越来越多的管理者都认识到了客户满意度对企业管理的重要性，并认同"满意而忠诚的客户是企业永续经营的基石"的观点。

 小贴士

衡量客户服务质量的 RATER 指数

美国研究客户服务的机构——美国论坛公司投入数百名调查研究人员，用近十年的时间对全美国的零售业、信用卡业、银行业、制造业、保险业、服务维修业等 14 个行业的近万名客户服务人员和这些行业的客户进行了细致而深入的调查研究，发现了一个可以有效衡量客户服务质量的 RATER 指数。RATER 是 Reliability（信赖度）、Assurance（专业度）、Tangibles（有形度）、Empathy（同理度）、Responsiveness（反应度）五个单词首字母的缩写。客户对企业的满意度程度直接取决于 RATER 指数的高低。

（1）信赖度是指一个企业能否始终如一地履行自己对客户所作的承诺。当这个企业能真正做到这一点的时候，就会拥有良好的口碑，赢得客户的信赖。

（2）专业度是指企业的服务人员所具备的专业知识、技能和职业素质水平，包括提供优质服务的能力、对客户的礼貌和尊敬、与客户有效沟通的技巧。

（3）有形度是指有形的服务设施、环境、服务人员的仪表以及服务对客户的帮助和关怀的有形表现。服务本身是一种无形的产品，但是整洁的服务环境、餐厅里为幼儿提供优质服务的能力、对客户的礼貌和尊敬、与客户有效沟通的技巧。

（4）同理度是指服务人员能否随时设身处地地为客户着想，真正地同情理解客户的处境、了解客户的需求。

（5）反应度是指服务人员对于客户的需求能否给予及时回应并迅速提供服务。当服务出现时，马上回应、迅速解决能够给服务质量带来积极的影响。作为客户，需要的是积极主动的服务态度。

经过美国论坛公司的深入调查研究发现，对于服务质量这五个要素重要性的认知，客户的观点和企业的观点有所不同。客户认为，这五个服务要素中信赖度和反应度是最重要的。这说明客户更希望企业或服务人员能够完全履行自己的承诺并及时地为其解决问题。而企业认为，这五个服务要素中有形度是最重要的。由此可以看出，客户服务的满意度与客户对服务的期望值是相连的。企业需要站在客户的角度不断地通过服务质量的五大要素来衡量自己所提供服务的质量，只有企业所提供的服务超出客户的期望值时，企业才能获得持久的竞争优势。

二、物流客户服务战略

（一）物流客户服务战略的含义

物流客户服务战略是指在企业经营发展的总体规划中，把客户服务作为企业经营战略重要组成部分的长远规划以及相应采取的方案，包括服务目标、企业服务的目标市场、服务竞争策略、服务内容、服务制度、服务标准、服务管理、服务体系等。它是物流企业一项长远的、宏远的管理工作，是物流企业通过对内部、外部环境的分析研究后制订的物流客户服务的总体和长远的规划，是物流企业为寻求维持长久的竞争优势，降低成本获得客户的长期合作，赢得最大的客户价值，增加企业利益的重要手段，具有全局、重要、长期的可持续性发展的重要意义。

（二）物流客户服务战略的要素

无论是哪种客户服务战略，都包含了以下四个基本要素。

（1）客户选择：在众多的客户中，选定适合本企业服务的客户，也就是选定目标市场，以集中优势为其提供服务，扩大市场占有率。

（2）价值获取：在为目标客户提供物流服务的过程中为其创造价值，同时本着"双赢"的原则，获取企业最大的利润和价值。

（3）战略控制：采取先进合理的策略确保竞争的优势，及时进行战略的调控，保护企业赢得的利益，促进企业长久的发展。

（4）业务范围：企业要根据自身的实力和目标市场客户的特点，正确选择业务范围，特别是选择核心业务，同时不断开发出新的业务项目，突出业务特色，以增强竞争力。

（三）客户满意战略

客户满意战略的核心思想是，企业的全部经营活动都要从满足客户需求出发，以提供满足客户需要的产品或服务为企业的责任和义务，其目的是提高客户对企业的总体满意程度，营造适合企业生存发展的良好内外部环境。

客户满意管理的指导思想是将客户需求作为企业进行产品开发或服务设计的源头，在产品功能设计、价格设定，分销促销环节建立以及售后服务系统完善等方面以客户需求为导向，最大限度地使客户感到满意。

 任务实施

实施客户满意战略管理给物流企业带来的成效

一、客户满意是企业长期赢利的源泉

专家经调查研究得出这样一组数据：

（1）开发 1 个新客户的成本是留住 1 个老客户的 5 倍；而流失 1 个老客户的损失，要争取 10 个新客户才能弥补。

（2）企业只要将客户保留率提升 5%，就可以将其利润提高 85%。

（3）将产品或服务推销给 1 个新客户和 1 个老客户的成交机会分别为 15% 和 50%。

（4）如果事后补救得法，70% 的不满意客户仍然将继续购买企业的产品或服务。

（5）1 个满意的客户会带来 8 笔生意，其中至少 1 笔成交；1 个不满意的客户会影响 10~20 个人的购买意愿。

调查数据表明，企业对客户需求的满足程度决定着企业的获利能力，客户满意被认为是企业效益的源泉。满意的客户会重复使用企业的产品或服务，同时他们往往愿意额外付出，这就大大增加了企业的利润，降低了与客户交易和沟通的成本。客户满意度对企业收益的影响如图 10-4-1 所示。

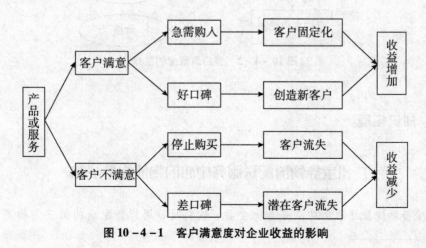

图 10-4-1　客户满意度对企业收益的影响

二、客户满意使企业在竞争中得到保护

满意的客户不但对企业忠诚，而且能够保持这种忠诚，他们不大可能使用其他产品或为了更低的价格抛弃原来的供应商。即使在企业出现困难时，这些客户也会在一定范围内对企业保持忠诚，这将给企业提供喘息的机会和缓解困境的时间，能在一定程度上保护企业，最大限度减小对企业的影响。

当竞争者推出新型服务时，满意度较高的客户不会立即选择竞争对手的服务；当企业提高服务价格时，满意度较高的客户也不会很快转向服务价格较低的企业。正如满意的客户愿意额外付出一样，他们同样不太可能仅仅因为低价格的诱惑而转向新的供应商。

三、客户满意使企业足以应对客户需求的变化

随着时代的变迁，客户需求也在不断变化，这是企业在发展中普遍遇到的问题。客户满意度最大化对解决这一问题具有现实意义，因为以客户满意为服务宗旨的企业可以通过平时的服务过程预测到客户需求的变化，而且满意的客户一般也会给企业提供改变做法的时间。

客户满意水平的高低与客户忠诚及企业的赢利水平有密切联系。客户满意与客户忠诚之间有密切的正相关关系，客户非常满意时这种关系表现得尤为明显。客户忠诚度受多种因素的影响，但建立客户忠诚的一个基本条件就是客户对企业服务感知的满意度。如图10 - 4 - 2所示。

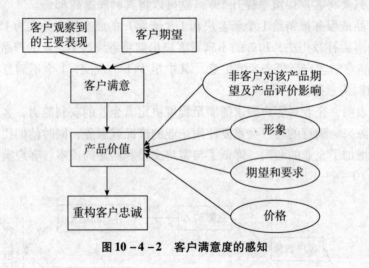

图10 - 4 - 2　客户满意度的感知

 知识拓展

广州宝捷物流配送服务中心的物流服务战略[①]

广州宝捷物流配送服务中心是专做食品、饮料及日用百货配送的第三方物流企业，该

---

① 资料来源：杨穗萍. 物流客户服务（第二版）[M]. 北京：机械工业出版社，2010年.

公司以"最后一公里配送"、提供"多品种、小批量"的难度较大的便利店配送服务赢得了的客户，为广州数百家便利公司和便利店提供物流配送，同时也在发展珠三角其他地区的物流配送。在提供服务的过程中与企业达成了很好的战略伙伴关系。宝捷物流配送服务中心与客户加强合作，为客户做增值服务，为客户提供超过合作初期约定范围的服务，很多有关开拓市场的业务会直接与企业高层共同探讨。目前，该配送服务中心已分别设置了加工区、低温区、恒温库、常温库区，还设置了退货仓负责客户的逆向大中型生产企业的原料供应与产成品销售提供服务，为商业连锁企业实现多点上门进货、多点分送的配送系统提供服务，为批发市场、网络商城、电子商务交割仓及物流体系提供服务。宝捷物流配送服务中心的目标之一是服务好现有客户，发展潜力客户，与更多的商业合作伙伴开展多种形式的合作，充分利用社会资源，通过资源共享建立双赢、互惠互利的战略伙伴关系，以求得公司更大、更快、更高的发展。

思考：

广州宝捷物流配送服务中心是如何建立和发展物流客户服务战略的？

作　业

请同学们思考如何通过分析影响客户满意度的因素，进行物流客户满意度分析，并实地调研某物流企业根据其目前的客户服务情况为该企业制订更具有竞争力的战略规划。

模块小结

本模块介绍了物流企业客户服务的特殊性，物流企业寻找客户来源的方法。物流企业与客户企业关系具有以下几个鲜明的特点：双赢的原则，服务的柔性化和个性化，合作的战略性。物流客户服务的政策是对于物流企业来说每一个客户都是重要的。要为客户提供100%的服务。

从物流服务的时间顺序看，物流客户服务要素可分为交易前、交易中、交易后三要素。客户对服务的满意度主要取决于以下七个因素：设计、品质、品位、价格、服务、销售、文化。客户在评估服务质量时会考虑的五个维度分别是可靠性、响应性、安全性、移情性、有形性。

物流客户服务的主要内容包括核心服务（订单服务），基础服务（储存、运输与配送服务），辅助服务（包装与流通加工服务），增值服务（延伸服务），沟通服务（客户信息服务）。物流服务过程包括规划、组织资源及控制这些资源的变化。

客户满意度是指客户通过对一个产品和相关服务的可感知效果预期期望相比较后，所形成的愉悦或失望的感觉状态。物流客户服务战略是指在企业经营发展的总体规划中，把客户服务作为企业经营战略重要组成部分的长远规划以及相应采取的方案，包括服务目标、企业服务的目标市场、服务竞争策略、服务内容、服务制度、服务标准、服务管理、服务体系等。

参考文献

[1] 贾瑞峰. 物流企业管理 [M]. 上海：上海交通大学出版社，2008.

[2] 刘玉玲. 市场调查与预测 [M]. 2 版. 北京：科学出版社，2010.

[3] 柳和玲. 物流企业管理实务 [M]. 北京：高等教育出版社，2006.

[4] 赵家俊，王淑华. 物流企业管理 [M]. 北京：科学出版社，2009.

[5] 王淑荣. 物理企业管理实务 [M]. 北京：中国物资出版社，2006.

[6] 万志坚. 物流企业管理实务 [M]. 广州：广东高等教育出版社，2008.

[7] 戢守峰，李雪欣. 现代物流企业经营战略 [M]. 北京：科学出版社，2006.

[8] 周启蕾. 物流学概论 [M]. 北京：清华大学出版社，2005.

[9] 官金华. 物流财务管理 [M]. 上海：上海交通大学出版社，2009.

[10] 姚志英. 物流信息技术与信息系统 [M]. 上海：上海交通大学出版社，2008.

[11] 周旻. 物流信息技术 [M]. 北京：科学出版社，2008.

[12] 董秀科. 物流信息系统 [M]. 北京：冶金工业出版社，2008.

[13] 郑克俊. 第三方物流 [M]. 北京：科学出版社，2007.

[14] 马君. 物流客户管理 [M]. 上海：上海交通大学出版社，2010.

[15] 廖素娟. 第三方物流管理 [M]. 北京：科学出版社，2009.

[16] 杨穗萍. 物流客户管理. [M]. 北京：机械工业出版社，2010.

[17] 丁俊发. 中国物流 [M]. 北京：中国物资出版社，2000.

[18] 杜文，任民. 第三方物流 [M]. 北京：机械工业出版社，2004.

[19] 鄢丹，李建民. 物流外包在现代企业中的应用 [J]. 中国水运，2002 (12)：19 - 20.

[20] 陈柳钦. "放手"和"放心"——浅析企业物流外包服务 [J]. 市场与电脑，2002 (6)：40 - 436.

[21] 王淼，葛雍，潘学峰. 中小企业的物流如何外包 [J]. 中国物流与采购，2003 (9)：20 - 21.

[22] 王玖河. 连锁企业物流管理 [M]. 上海：上海交通大学出版社，2009.

[23] 邓永胜，向曦，马俊生. 物流管理案例与实训 [M]. 北京：清华大学出版社，北京交通大学出版社，2008.

[24] 刘华. 物流采购管理 [M]. 北京：清华大学出版社，2008.

[25] 丁立言，张铎. 物流企业管理 [M]. 北京：清华大学出版社，2004.

[26] 李创，王丽萍. 物流管理 [M]. 北京：清华大学出版社，2008.

[27] 霍红. 物流学导论 [M]. 北京：科学出版社，2009.

[28] 戴军，吴玉贤. 物流管理基础 [M]. 天津：南开大学出版社，2010.

[29] 董千里，陈树公. 物流市场营销学 [M]. 北京：电子工业出版社，2010.

［30］陈玲，王爽．物流服务营销［M］．上海：立信会计出版社，2010.

［31］单汨源．现代物流管理［M］．长沙：湖南大学出版社，2003.

［32］张树山．物流企业管理学［M］．北京：中国铁路出版社，2007.

［33］彭岩，高举红，罗宜美．物流企业管理［M］．北京：清华大学出版社，2009.

［34］薛伟，孙鸿．物流企业管理［M］．北京：机械工业出版社，2003.

［35］曲建科，杨明，王海蛟．现代物流企业管理［M］．北京：中国经济出版社，2005.

［36］张大成．现代物流企业经营管理［M］．北京：中国物资出版社，2005.

［37］李晓龙，李锦瑾，孙慧．现代物流企业管理［M］．北京：北京大学出版社，2004.

［38］伍争荣．人力资源管理教程［M］．北京：中国发展出版社，2001.

［39］张红波，邹安全．物流企业人力资源管理［M］．北京：中国物资出版社，2006.

［40］万至里．物流企业管理［M］．广州：广东经济出版社，2005.

［41］GB/T 19680—2005 物流企业分类与评估指标［S］．